한국의 名 방파제 100+100선

–전국 950개 방파제 색인 및 위치도 수록

낚시춘추 편집부

예조원

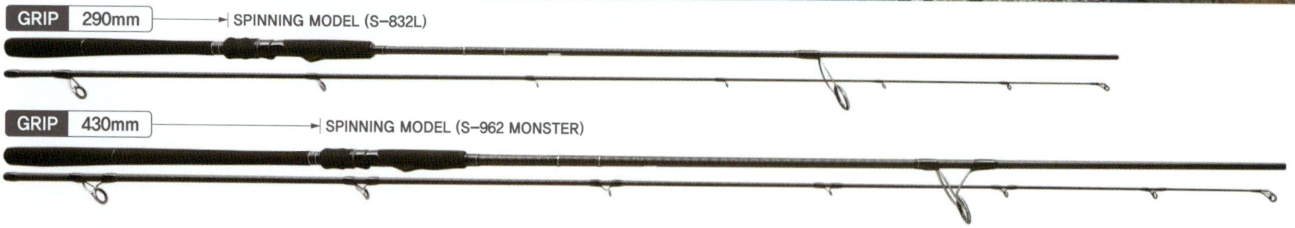

HURRICANE-X INSHORE 허리케인-X 인쇼어

규격	전장 (m)	절수 (本)	접은길이 (cm)	무게 (g)	선경 (mm)	원경 (mm)	LURE wt. (g)	P.E LINE (호)	GUIDE (ea)	GRIP (mm)	판매가 (원/₩)
S-832L	2.52	2	130.0	141.5	1.7	12.1	6~25	0.6~1.2	8	290	175,000
S-872ML	2.62	2	135.0	151.6	1.8	12.3	10~35	0.8~1.5	8	305	180,000
S-922ML	2.80	2	144.0	158.9	1.7	12.8	12~45	1.0~1.75	9	315	185,000
S-982M	2.95	2	151.5	180.5	1.8	13.4	18~60	1.2~2.0	9	330	190,000
S-962 MONSTER	2.90	2	149.5	233.4	2.2	17.0	20~80	2.0~4.0	8	430	195,000

※구매일로부터 1년 이내 1회 무상 A/S
※제품 규격 및 디자인과 판매가는 품질향상 등의 이유로 사전 예고 없이 변경될 수 있습니다.

CARBON 99%

1. FUJI "K" + ALCONITE GUIDE
2. FUJI VSS 16 REEL SEAT 적용
3. 하그립부 원그립 적용으로 편리성 및 선상낚시에서 홀더 사용시에 스크레치 현상 최소화
4. CTX적용으로 초고강도와 최고 감도를 동시에 실현

CTX
CARBON TAPE X-WARPING

Uni-Direct 형 Carbon 원사의 최대 취약점인 압축 강도를 보강하기 위하여 Blank 작업 시 최 외측에 24ton 또는 30ton Carbon Tape 을 X-자 형태로 일정한 Pitch로 감음으로서 압축 강도 및 외관을 화려하게 연출 할 수 있는 공법이다.

허리케인-X 에깅 [HURRICANE-X EGING]

HURRICANE-X eGING

완벽한 캐스팅 밸런스로 가성비 극대화!

GRIP 230mm → SPINNING MODEL (ES-832M)

GRIP 215mm → SPINNING MODEL (ES-722ML / TIP RUN)

HURRICANE-X eGING 허리케인-X 에깅

규격	전장 (m)	절수 (本)	접은길이 (cm)	무게 (g)	선경 (mm)	원경 (mm)	EGI / MAX (호/g)	P.E LINE (호)	GUIDE (ea)	GRIP (mm)	판매가 (원/₩)
ES-832M	2.52	2	129.0	111.4	1.7	12.2	3.0~4.0	0.6~1.25	10	230	165,000
ES-852ML	2.57	2	131.5	107.1	1.5	12.6	2.5~3.5	0.6~1.0	10	240	165,000
ES-872M	2.62	2	134.0	116.8	1.7	12.7	3.0~4.0	0.6~1.25	10	245	170,000
ES-682L (TIP RUN)	2.03	2	104.5	98.2	1.4	11.2	2.0~3.5 (40g)	0.4~0.8	9	215	150,000
ES-722ML (TIP RUN)	2.19	2	112.5	104.0	1.5	11.7	2.0~3.5 (40g)	0.6~1.0	9	215	160,000

※구매일로부터 1년 이내 1회 무상 A/S
※제품 규격 및 디자인과 판매가는 품질향상 등의 이유로 사전 예고 없이 변경될 수 있습니다.
※ES-682L / ES-722ML Tip Run (팁런) 모델은 선상용 모델입니다.

CARBON 99%

1. FUJI "K" + ALCONITE GUIDE
2. FUJI VSS 16 REEL SEAT 적용
3. 하그립부 원그립 적용으로 편리성 및 선상낚시에서 홀더 사용시에 스크레치 현상 최소화
4. CTX적용으로 초고강도와 최고 감도를 동시에 실현

CTX
CARBON TAPE X-WARPING

Uni-Direct 형 Carbon 원사의 최대 취약점인 압축 강도를 보강하기 위하여 Blank 작업 시 최 외측에 24ton 또는 30ton Carbon Tape 을 X-자 형태로 일정한 Pitch로 감음으로서 압축 강도 및 외관을 화려하게 연출 할 수 있는 공법이다.

N·S 주)엔에스 인천광역시 남동구 염전로411번길 38 Web: http://www.nsrod.co.kr
TEL 032)868-5427 A/S 문의처 032)868-1004 FAX : 032)868-5423

크로져 기 SS [CLOSER 磯 SS]
CLOSER 磯 SS
크로져기의 성능을 이어받은 새로운 국민 로드 탄생!
COMPLETE FIGHTING
CLOSER 磯 SS
N·S
PRO STAFF
성조
대한민국 대표 낚시브랜드 Black Hole

CTX
CARBON TAPE X-WARPING

CLOSER 磯 SS

크로져 기 SS [CLOSER 磯 SS]

규격	전장 (m)	절수 (本)	접은길이 (cm)	무게 (g)	선경 (mm)	원경 (mm)	추부하 (호)	적합목줄 (호)	Guide (ea)	GRIP (mm)	판매가 (원/₩)
1-530	5.3	5	120	228	0.8	24	1~3	1~3	12	310	95,000
1.5-530	5.3	5	120	244	0.9	24	1~4	1.5~3	12	320	98,000

※ 제품 규격 및 디자인과 판매가는 품질향상 등의 이유로 사전 예고 없이 변경될 수 있습니다.

CARBON 99%

GUIDE SYSTEM	1.EU-XTMAG GUIDE 적용
REEL SEAT DESIGN	2.일체형 SCREW REEL SEAT 적용
BLANK TECHNOLOGY	3.BUTT 전체 "CTX" 공법 적용, #2-#4 절번 GUIDE LINE 적용
SPECIAL TECHNOLOGY	4.LOW RESIN CARBON 적용으로 경량화 및 강도 향상

로드스 알파 인쇼어 [Rods α INSHORE]

Rods α INSHORE

국민 로드의 새로운 탄생!

GRIP 270mm → SPINNING MODEL (S-762L)

GRIP 300mm → SPINNING MODEL (S-802ML)

Rods α INSHORE 로드스 알파 인쇼어

규 격	전장 (m)	절수 (本)	접은길이 (cm)	무게 (g)	선경 (mm)	원경 (mm)	LURE wt. (g)	P.E LINE (호)	Guide (ea)	Grip (mm)	판매가 (원/₩)
S-762L	2.28	2	119	104	1.4	12.3	5~21	0.8~1.25	7	270	60,000
S-802ML	2.43	2	125	112	1.5	12.7	8~28	0.8~1.5	7	300	65,000
S-862ML	2.58	2	134	120	1.5	12.7	8~32	1~2	7	330	68,000

※ 제품의 개선을 위하여 디자인 및 사양은 사전 예고 없이 변경될 수 있습니다. CARBON 99%

1. FUJI "BCLOG+BCLYOG" 슬립 GUIDE
2. 초경량 "VSS" REEL SEAT
3. PUT OVER 결합방식
4. 고탄성 카본 블랭크 사용

대한민국 대표 낚시브랜드 Black Hole

로드스 알파 락피쉬 [Rods α ROCKFISH]

Rods α ROCKFISH

경량화, 경쾌함의 진가를 느낄 수 있는 엔트리급 국민 로드 탄생!

GRIP 190mm → SPINNING MODEL (S-742UL-ST)

GRIP 205mm → SPINNING MODEL (S-782L-T)

Rods α ROCKFISH

로드스 알파 락피쉬

규 격	전 장 (m)	절 수 (本)	접은길이 (cm)	무 게 (g)	선 경 (mm)	원 경 (mm)	LURE wt. (g)	P.E LINE (호)	Guide (ea)	Grip (mm)	판 매 가 (원/₩)
S-742UL-ST	2.23	2	115	85	0.8	10.8	0.8~3	0.2~0.4	9	190	60,000
S-782L-T	2.33	2	120	88	1.2	11.5	1~4	0.4~0.8	9	205	63,000

※ 제품의 개선을 위하여 디자인 및 사양은 사전 예고 없이 변경될 수 있습니다. CARBON 99%

1. FUJI "BCLOG+BCLYOG" 슬립 GUIDE
2. 초경량 "VSS" REEL SEAT
3. PUT OVER 결합방식
4. 고탄성 카본 블랭크 사용 (S-742UL-ST는 고탄성 CARBON SOLID 채용)

文武兼備(문무겸비) – 이론과 실전을 겸비한 낚시

붕어낚시 이론서

송귀섭의 붕어낚시 첫걸음

FTV 〈월척특급〉을 통해 잘 알려진 평산 송귀섭 선생이 그의 일생에 걸친 낚시 노하우를 알기쉽게 풀어낸 '전통 붕어낚시 교과서'

송귀섭 | 올컬러 248쪽 | 13,000원

붕어 전층낚시 첫걸음

일본 떡붕어낚시 명인(名人) 고야마 게이조씨가 특별 집필한 붕어 전층낚시 바이블. 부록으로 '한국의 名떡붕어낚시터 200선' 수록.

고야마 게이조 | 올컬러 204쪽 | 13,000원

송귀섭의 붕어 대물낚시

취대비취소(取大非取小)! 30.3cm 월척을 넘어 4짜, 5짜를 위한 특급 프로젝트. FTV 월척 전도사 송귀섭 씨가 밝히는 대물 붕어 공략의 준비에서 완성까지.

송귀섭 | 올컬러 400쪽 | 17,000원

실전! 월척 쉽게 낚는 책

'초고속 월척 사냥술'로 불리는 〈서찬수의 갓낚시〉를 체계화한 이론서. 새우 미끼로 떡밥보다 더 많은 마릿수를 올리는 비결은?

허만갑 | 312쪽 | 13,000원

붕어낚시 100문 1000답

우리나라 붕어낚시의 기초에서부터 전층(중층) 기법에 이르기까지 붕어낚시 전 분야를 가장 알기 쉽게 풀이한 문답식 가이드 북.

낚시춘추 편집부 | 336쪽 | 13,000원

민물낚시터 안내

낚시터백과 1 – 경기 · 강원편

인천 · 경기 · 강원 지역의 붕어낚시 명당 208개소의 상세정보 외, 전체 803개 낚시터에 대한 기본정보가 부록으로 수록돼 있다.

이영규 | 올컬러 256쪽 | 14,000원

낚시터백과 2 – 충남 · 충북편

대전 · 충남 · 충북 지역의 붕어낚시 명당 210개소의 상세정보 외, 전체 1,783개 낚시터에 대한 기본정보가 부록으로 수록돼 있다.

서성모 | 올컬러 272쪽 | 14,000원

낚시터백과 3 – 대구 · 경북편

대구 · 경북 지역에 소재한 붕어낚시 명당 308개소의 상세정보 외, 전체 3,300여개 낚시터에 대한 기본정보가 부록으로 수록돼 있다.

이기선 | 올컬러 328쪽 | 14,000원

낚시터백과 4 – 부산 · 경남편

부산 · 울산 · 경남 지역의 붕어낚시 명당 381개소의 상세정보 외, 전체 3,531개 낚시터에 대한 기본정보가 부록으로 수록돼 있다

서찬수 · 허만갑 | 올컬러 368쪽 | 16,000원

낚시터백과 5 – 전남 · 전북편

광주 · 전남 · 전북 지역의 붕어낚시 명당 390개소의 상세정보 외, 전체 5,416개 낚시터에 대한 기본정보가 부록으로 수록돼 있다.

낚시춘추 편집부 | 올컬러 472쪽 | 18,000원

Steady seller

최신 전국낚시지도

민물 · 바다 · 루어낚시터 총 10만여 개소의 위치를 한 권의 책에 집대성하여 대한민국 낚시터를 한 눈에 볼 수 있는 500만 낚시인의 출조 길잡이.

낚시춘추 편집부 | 올컬러 408쪽 | 30,000원

우리바다 어류도감

국내 최초! 육상 및 수중에서 촬영한 우리 바다 어류 334종 자연 모습 그대로! 낚시인과 낚시점, 수산업 관계자들의 필독 애장서.

명정구 외 | 올컬러 288쪽 | 30,000원

Total fishing

낚시 채비 대백과

민물과 바다, 우리나라 낚시대상어 80여종의 생태와 장비 · 채비 · 기법 및 미끼 사용법까지를 일목요연하게 정리한 종합 백과사전.

낚시춘추 편집부 | 올컬러 370쪽 | 18,000원

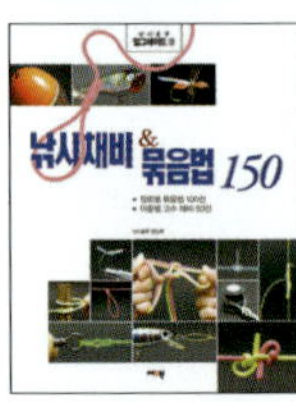

낚시 채비&묶음법 150

낚시의 기본은 채비! 채비의 기본은 묶음법! 각종 채비 묶음법 150가지로 초보자도 단숨에 고참의 경지에 오를 수 있는 마술의 책!

낚시춘추 편집부 | 276쪽 | 12,000원

전국 대형 온,오프라인서점 및 낚시 쇼핑몰에서 절찬리 판매중!

1. 울산광역시 정자항 방파제의 일출 광경.
2. 경북권 방파제낚시터의 대명사 격인 후포방파제(울진).
3. 벵에돔은 서해를 제외한 방파제낚시터의 간판 어종이다.
4. 초가을 고등어 떼가 나타나면 남녀노소가 이렇듯 장사진을 이룬다(경북 울진 죽변방파제).
5. 감성돔. 가까운 방파제에서도 얼마든지 건질 수 있다.
6. 예쁜 망상어는 동해 및 남해 동부 지역에서 연중 노릴 수 있다.
7. 쓸만한 물건(?)이 잘 낚이는 남해도 물건방파제.
8. 봄철이면 임연수어 잔치가 벌어지는 강원도 양양의 죽도방파제.

방파제는 바다낚시 종합운동장

항구와 포구마다에 위치하는 방파제는 접근성이 좋아 누구나 편리하게 찾을 수 있다. 테트라포드를 포함한 각종 사석(捨石 · 버림돌)이 투입된 방파제 주변은 온갖 패류와 해조류가 발달함으로써 철따라 다양한 어종이 찾아들어 일정 기간 산란을 하고 성장을 하기도 한다. 방파제야말로 바다낚시터로서의 조건을 고루 갖추고 있는 셈이다. 게다가 안전성과 편의성이 가장 뛰어난 바다낚시터라 할 수 있다. 이 같은 여건으로 인해 방파제는 철따라 세력을 달리하는 대상어를 겨냥, 다양한 낚시기법을 구사할 수 있다. 찌낚시와 맥낚시는 물론, 던질낚시와 루어낚시 등 온갖 바다낚시 기법을 연마할 수 있다는 점에서 방파제야말로 복잡한 바다낚시를 체계적으로 익힐 수 있는 종합훈련소라 할 수 있다. 또한 시간과 경비 부담 없이 프로와 아마추어 꾼들이 두루 즐겨 찾는 바다낚시의 종합운동장이기도 하다.

4

5

7

6

8

먹거리 넘치는 공동어시장

방파제낚시의 매력은 철 따라 다양한 어종을 만날 수 있다는 점이다. 감성돔 · 벵에돔 · 볼락 · 망상어 · 노래미 · 우럭 · 가자미 · 학공치 · 숭어 · 고등어 · 전갱이 · 망둥어 등등, 가족 동반으로 손쉽게 즐길 수 있는 어종이 있는가 하면, 전문 장비 및 채비 · 기법을 필요로 하는 본격 낚시 대상어들도 많다. 뿐만 아니다. 지역과 계절에 따라선 갈치 · 삼치 · 오징어 · 임연수어 등의 별미 어종들까지 출현하여 푸짐한 먹거리를 제공하기도 한다. 이런 점에서 방파제는 초보자와 전문꾼들은 물론, 온 가족이 함께 찾아 손맛과 입맛을 함께 즐길 수 있는 공동어시장이기도 하다. 그리하여 방파제는 21세기형 웰빙낚시터라 할 수 있는데, 외국의 사례에서 보듯 우리나라 중앙 행정부처 및 일부 지자체에서도 어항이나 항만, 또는 해상공원을 건설할 때 시민들의 휴식 및 레저 공간으로서의 낚시 시설을 포함시켜 나가는 것이 최근의 추세이기도 하다.

9. 한여름밤의 별미 어종 갈치. **10.** 즉석 요리 또한 방파제낚시의 장점. **11.** 최근 여름철이면 갈치가 파시를 이루는, 충남 서천 부사호방조제의 밤낚시 광경. **12.** 누구나 손쉽게 낚을 수 있는 망둥어. **13.** 실속파 꾼들이 즐겨 노리는 볼락. **14.** 동서남해를 가리지 않는 학공치. **15.** 임연수어는 봄철 한때 강원도 지역 방파제에만 나타난다. **16.** 대규모 인원을 수용하는 전북 군산 비응도방파제에서의 낚시대회 장면.

12

13

14

15

16

머|리|말

방파제는 21세기형 웰빙 낚시터

규모가 큰 도회지 항구이건, 규모가 작은 갯마을 포구이건, 항구와 포구는 이방인들의 마음을 설레게 한다. 온갖 활어(活魚)와 함께 일상의 분주함이 푸득대고, 활력이 넘치다 못해 악다구니마저 넘실거려 이곳에 발을 들이는 이방인들은 절로 생기가 돋고 신명이 부푼다.

이 같은 항 · 포구를 찾는 꾼들의 마음은 더욱 각별하다. 갯바위 · 배낚시를 위해 새로이 떠나는 가슴 설레임은 말할 것도 없고, 바다 앞 저쪽에서 언제나 팔 벌리고 반기는 방파제는 모두가 꾼들의 몫이기 때문이다.

접근이 용이해 시간적 · 경제적 부담이 없는 데다, 위험 부담 또한 적어 남녀노소가 함께 어울릴 수 있는 방파제는 가장 대중적인 바다낚시터라 할 수 있다. 게다가 사계절 다양한 어종을 대상으로, 온갖 낚시기법을 연마할 수 있는 바다낚시의 종합운동장이기도 하다.

이들 방파제는 그 자체가 육지와 연결된 섬이기도 하며, 주변 해저엔 인공으로 조성된 고기집까지 존재한다. 이로써 우리나라 동서남해 연안 및 도서 지역에 산재한 방파제들 대부분이 훌륭한 바다낚시터 역할을 하며, 때로는 가족 단위의 휴식공간이 되기도 한다.

특히 최근 축조되는 방파제일수록 그 고유 기능과 목적 외, 국민들이 손쉽게 찾아 즐겁게 놀 수 있는 친수공간으로서의 레저 시설 조성이 포함되는 추세다. 이런 점에서 방파제야말로 21세기형, 가족 웰빙 낚시터라 할만하다.

그렇다면 우리나라에 산재한 방파제는, 그리고 낚시터로서 가치가 있는 방파제 숫자는 얼마나 될까?

우리나라 어항(漁港)은 790여 개. 여기에 비법정어항(非法定漁港)으로서 1,400여 개의 포구(浦口)까지 합치면 우리나라 항 · 포구 숫자는 대소 2,200여 개소에 이른다. 결국 이들 항 · 포구에 평균 2개소의 방파제가 있다고 계산하면 우리나라의 방파제는 4,400여개 이상으로 추산된다.

본서 〈한국의 名방파제 100+100선〉은 우리나라 동서남해 연안 및 도서 지역에 산재한

4,400여개의 방파제(일부 방조제 및 매립지 포함) 가운데, 우선 낚시터로서의 가치가 높은 200개소를 엄선한 후, 이를 다시 A · B 등급 100개씩으로 재분류했다.

A · B 등급 분류에는 나름대로 기준을 두었다. 즉, 1개 장소 당 2페이지씩으로 구성한 A급 방파제 100개소는 '규모' 및 '시즌'에 비중을 두었다. 가급적 많은 인구를 수용할 수 있되, 낚시 시즌 또한 오래 지속되는 곳에 초점을 맞춘 것이다. 그러나 규모는 작을지라도 조황이 뛰어나다고 판단되는 곳은 과감히 A등급에 포함시켰다.

이에 비해 B등급으로 분류된 100개소는 규모가 작거나 시즌이 다소 짧은 측면이 있을지라도, A그룹에 비해 낚시터로서의 가치만큼은 결코 뒤지지 않는 장소들도 많다. 결국 A, B 그룹은 편의상의 분류일 뿐, 조황 면에선 서로 우열을 가리기 힘든 곳이 많은 점 밝혀둔다.

한편, 본서는 방파제 낚시터 가이드북으로서의 역할뿐만 아니라, 우리나라 방파제 전모를 한눈에 살펴볼 수 있는 '총람'으로서의 가치도 부여했다. 즉 본문으로 소개한 방파제는 200개소이지만, 낚시터로서 가능성이 있는 전국의 방파제들을 일일이 찾아내 별도 〈색인〉으로 소개했다. 나아가 〈색인〉에 수록한 총 950여개소의 방파제는 본문 〈지도〉에 그 위치를 모두 표기함으로써, 본서의 〈지도〉 역시 우리나라 방파제 현황을 한눈에 찾아볼 수 있는 길잡이가 되도록 했다.

이렇게 만든 본서는 낚시春秋 취재기자들이 흘린 땀의 결정체라 할 수 있다. 기획 5년 만에 완성된 작품이기 때문이다. 그러나 많은 분들의 도움이 없었더라면 불가능했을지도 모른다. 전국 해안가 도시에 거주하는 낚시春秋 통신원 여러분들이 까다로운 지도 작업에 많은 협조를 아끼지 않았으며, 특히 한국어항협회 송영택 님은 '항구와 방파제'에 관한 여러 가지 전문지식을 제공해 주었다. 해양수산부에서는 항공사진 저작권 사용을 승인해 주었다. 모든 분들께 이 지면을 빌어 감사의 뜻을 전한다.

2005년 5월 1일　낚시春秋 편집부

차 | 례

한국의 名 방파제 100+100선

제1부

방파제 & 방파제낚시 상식

제1장 항구와 방파제에 관한 상식

낚시인들에게 방파제는 어떠한 공간일까?

갯바위나 배 위에서 대물을 낚는 것에 비해 격정적인 맛은 덜하지만 편안하고 안전하게 손맛을 즐길 수 있는, 어쩌면 가장 대중성 높은 바다낚시터라 할 수 있을 것이다. 테트라포드 사이로 고기를 뽑아 먹는 재미가 쏠쏠한 이 곳은 일단 노약자들도 쉽게 즐길 수가 있어 가족낚시 장소로도 적합하다. 또 접근성이 좋아 잠깐 짬을 내서 손맛을 보고자하는 전문 꾼들도 자주 찾게 된다.

그러나 이러한 방파제는 단순히 낚시인들의 손맛을 제공해 주는 용도 그 이상으로, 국민의 재산을 보호하는 매우 중요한 국가 공공 인프라이기도 하다. 우선 태풍이나 해일로 생기는 큰 파도를 막아 선박의 안전을 보호하는 기능을 하지만, 이러한 단순 기능 이외에도 유통 물류, 인적 교류 등 지역 경제의 핵심 시설이라는 점을 상기해야 한다.

이러한 방파제의 의미와 기능을 제대로 알고 현장에 접근한다면 물고기와의 만남뿐만 아니라, 바다의 다양성을 이해하는 진정한 해양 레저인이 되리라 본다.

항구(港口)와 항만(港灣)은 어떻게 다른가

3면이 바다로 둘러 싸여 있는 우리나라의 해안선 길이는 총 16,875km이다. 이 가운데 남한이 차지하는 비중은 약 75.8%로, 총 12,789km에 달한다. 또 주요 해

하늘에서 내려다 본 강원도 양양군 현남면 남애리 소재의 남애항. 국가 지정 어항으로, 전국의 어선들이 이용하는 대규모 어항에 속한다.

양활동 공간인 대륙붕은 남한을 기준으로 할 때 국토 면적의 3배가 넘는다. 현재 우리나라가 관할하는 바다의 넓이는 447,000㎢로서 남한 육지면적의 4.5배에 달한다.

이처럼 우리는 육상 영토보다는 해상 영토가 더 넓은 나라다. 왜 우리나라가 해양대국을 꿈꿔야 하는가가 여기에서 확인된다.

우리나라 동서남해안에는 부산항과 같은 대규모 항만을 비롯, 어촌의 조그만 포구까지 합쳐 배를 정박할 수 있는 항구가 대략 2,200여 개가 있다.

항구는 크게 항만과 어항으로 나뉜다.

항만은 또 무역항과 연안항으로 나뉜다. 무역항은 원양 구역을 항행하는 선박이 이용하는 곳이고, 연안항은 연안을 항행하는 선박이 이용하는 항만을 말한다. 현재 무역항은 부산항 · 광양항 · 울산항 · 인천항 등을 포함해 전국에 31개가 있으며, 연안항은 주문진항을 비롯해 전국에 26개가 있다(〈표3〉 참조).

이에 비해 어항은 어업활동의 근거지가 되는 곳을 말한다.

단순히 배를 정박시키는 것만 생각한다면 서로 비슷하겠으나, 어항과 항만은 수산진흥기지와 물류유통기지로서 그 기능과 시설이 근본적으로 차이가 있으며, 시설 이용자 또한 틀린다. 또 위치적으로도 항만은 대단위 배후 부지를 확보한 독립된 장소인 데 반해, 어항은 어촌 등 지역주민의 생활근거지와 인접해 있다. 관련법도 다르다. 항만은 항만법에서, 어항은 어항법에 의해 시공 · 관리되는 것이다.

우리나라 어항은 768개, 포구는 1,400여 개

어항은 자연재해로부터 어선과 어업인의 재산 및 생명을 안전하게 보호하고 수산물의 생산 · 유통 · 보급 및 출어 준비를 위한 휴식 등, 수산업 활동을 위한 기반시설로서의 기본적인 기능과 수산업을 주로 하는 어촌지역의 특성상 어촌생활경제의 중심지로서 그 역할을 담당하는 곳이다. 더불어 도서 · 벽지 어촌과 외부사회를 연결하는 교통 · 정보의 교류 역할을 수행한다.

최근 들어서는 국민들의 생활수준 향상과 주5일근무제 실시 및 교통 · 정보망

〈표1〉 항구의 종류와 기능

구분	정의	종류	정의	사례 및 숫자
항만	대단위 배후 부지를 확보한 독립된 장소로서 물류유통기지가 됨.	1)무역항	원양 구역을 항행하는 선박이 이용하는 곳.	울산항 · 부산항 · 광양항 · 인천항 등 31개
		2)연안항	연안을 항행하는 선박이 이용하는 곳.	주문진항 · 구룡포항 · 추자항 · 거문도항 등 26개
어항	어촌 주민의 생활 근거지와 인접한 곳으로서 수산진흥기지가 됨.	1)국가어항	전국의 어선들이 이용하는 대규모 어항.	총 110개
		2)지방어항	연안어업 지원의 근거지가 되는 중형급 어항.	총 285개
		3)어촌정주어항	어촌의 생활 근거지가 되는 소규모 어항.	총 373개
		4)기타 포구(浦口)	비법정어항.	총 1,400여개

의 획기적인 발전으로 인하여 그 동안 어항이 주로 제공하던 수산업 지원 기능 이외에 국민에게 휴양 · 문화체험 · 관광 및 도시민의 휴식 공간으로서의 부수적인 기능 또한 높아지면서 다기능 어항으로 변모해 가고 있다.

이에 비해 항만은 친수공간을 제공하는 몇몇 곳을 제외하고는 보안상의 문제로 인해 개방이 되지 않고 있다. 따라서 낚시인들이 주로 찾는 곳은 전국적으로 산재해 있는 어항이 되겠다.

한편, 어항은 법에 따라 국가어항 · 지방어항 · 어촌정주어항 등, 3가지로 분류되고 있다. 국가어항은 전국 어선들이 이용하는 어장의 개발 및 어선의 대피에 필요한 비교적 큰 어항으로서, 현재 육지 지역에 73개, 도서 지역에 37개가 위치하여 전국적으로는 110개가 있다.

지방어항은 국가어항에 비해 이용 범위가 지역적이고 연안어업지원의 근거지가 되는 어항으로서, 전국적으로 285개로 지정되어 있다. 그리고 어촌정주어항은 어촌의 생활근거지가 되는 소규모

〈표2〉 국가 지정 어항 현황

시도	계	연안	도서
합계	110개소	73개소	37개소
부산	3	다대포, 대변, 천성	
인천,경기	6	궁평	어유정, 장봉, 선진포, 덕적도, 울도
울산	2	정자, 방어진	
강원	14	대진, 거진, 대포, 아야진, 사천진, 수산, 남애, 안목, 금진, 덕산, 장호, 임원, 공현진, 궁촌	
충남	8	모항, 안흥, 삼길포, 남당, 오천, 홍원, 장고	외연도
전북	6	격포, 구시포	어청도, 연도, 말도, 위도
전남	31	계마, 수품, 서망, 전장포, 어란진, 마량, 녹동, 풍남, 발포, 국동, 돌산, 회진, 여호	안마,원평,득암,가거도,사동,서거차,청산도,소안,보옥,여서,낭도,시산,연도,도장,안도,초도,우이도,이목
경북	15	죽변, 오산, 사동, 구산, 대진, 축산, 강구, 구계, 대보, 양포, 감포, 읍천	울릉도 현포, 저동, 남양
경남	19	외포, 능포, 광암, 지세포, 다대다포, 구조라, 맥전포, 대포근포, 물건, 미조, 삼덕, 원전, 노량, 남포	능양, 욕지, 신수, 매물도, 호두
제주	6	김녕, 도두, 위미, 모슬포, 하효	신양

〈표3〉 우리나라 항만 지정 현황

구분	계	무역항	연안항
합계	57개소	31개소	26개소
서해안	18	서울, 경인, 인천, 평택, 대산, 보령, 장항, 군산, 목포, 태안	연평도,대천,비인,대흑산도,홍도,용기포,송공,팽목
남해안	27	완도, 여수, 광양, 제주, 서귀포, 하동, 삼천포, 통영, 고현, 옥포, 장승포, 마산, 진해, 부산	녹동신, 나로도, 거문도, 한림, 화순, 성산포, 애월, 부산남, 갈두, 중화, 신마, 추자, 화흥포
동해안	12	울산, 포항, 삼척, 동해, 묵호, 옥계, 속초	구룡포, 월포, 후포, 울릉, 주문진

어항으로 373개가 있다. 이밖에 어촌의 생활권과 인접해 있는 비법정어항으로서의 포구(浦口)가 전국적으로 1,400여 개에 이른다.

방파제 · 방사제 · 방조제 · 도류제란?

낚시인들이 많이 이용하는 방파제를 포함한 어항 내의 시설들은 크게 기본시설과 기능시설로 나눌 수 있다.

기본시설은 다시 3가지 형태로 나뉜다. 즉, 방파제(防波堤) · 방사제(防砂堤) · 방조제(防潮堤) · 도류제(導流堤) · 수문(水門) · 갑문(閘門) · 호안(護岸) · 제방(堤防) · 돌제(突堤) 및 흉벽 (胸壁) 등의 외곽시설과, 안벽(岸壁) · 물양장(物揚場) · 계선부표(繫船浮標) · 계선말뚝 · 잔교(棧橋) · 부잔교(浮棧橋) 및 선양장(船揚場) 등의 계류시설, 그리고 항로 및 박지(泊地)를 포함하는 수역시설이 그것이다.

다음으로 기능시설은 수송시설, 항행보조시설, 어선 · 어구보전시설, 급수 · 급빙 · 급유시설, 전기수용설비 · 선수품보급시설, 수산물유통 · 판매시설, 수산물

〈그림1〉 어란진항 계획 평면도(1종)

※ 전남 해남군 송지면 어란리

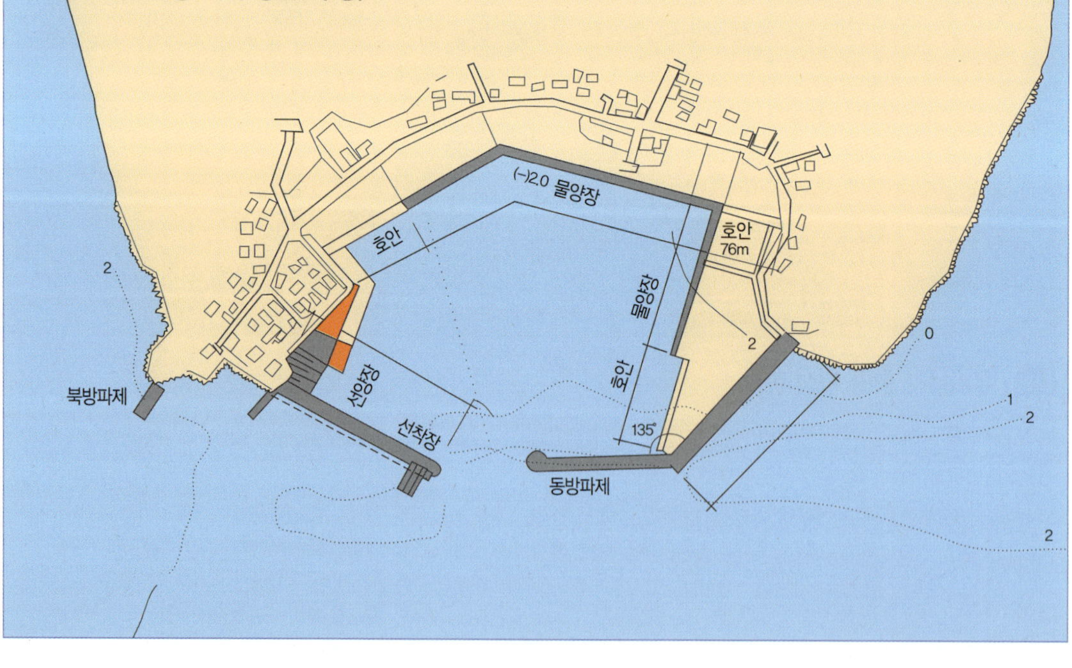

처리 · 가공시설, 어업용 통신시설, 어항관리시설 · 해양관측시설 · 출입항관리사무소 등 해양수산관련 공공시설, 환경오염방지를 위한 도수시설, 어항정화시설 등이다. 또 문화 · 복지시설, 문화시설, 관광시설, 휴게시설 등도 어항 시설물에 포함된다.

이제 어항을 방문할 때 유심히 살펴보면 법적으로 지정된 이러한 시설들로 어항이 구성되어 있다는 사실을 확인할 수 있을 것이다.

다음은 낚시인들의 관심 대상이 되는 어항 내 주요 시설에 대해 설명해 보기로 한다. 다만 방사제(防砂堤)나 도류제(導流堤)는 우리나라에서 시공되는 경우가 드물기 때문에 생략하기로 한다.

어항은 어떻게 조성되는가?

■방파제(防波堤) – 항내에서 정온(靜穩)을 유지하여 선박이 안전하게 정박하고 하역하며, 항내 수역 및 육지에 있는 모든 항만 시설물을 파랑과 표사로부터 보호하기 위해 만드는 항만 외곽시설을 말한다.

수심과 기초 지반 또는 파도의 성질이나 크기에 따라 여러 가지 구조가 있으나 보통 직립제와 혼성제 · 경사제(사석방파제) 등으로 구분된다. 이외에 기포를 분출하여 소파를 하는 공기방파제나 부체에 의하여 파도를 반사하거나 소멸하는 부방파제 등이 있다.

이밖에 방파제와 비슷한 제방으로 연안 표사가 항내로 진입하는 것을 막아내는 방사제(防砂堤), 유사(流砂)를 바다 깊숙이 유도하기 위한 도류제(導流堤)도 있다.

■호안(護岸) – 하안(河岸) 또는 제방을 유수로 인한 파괴와 침식으로부터 직접 보호하기 위하여 축조하는 구조물이다. 기존 토지나 매립지의 지반이 토압에 의해 붕괴되거나, 조류나 파랑으로 해안 침식 또는 해안의 흙이 붕괴되는 등, 그러한 피해를 방지하기 위하여 해안의 원 지반을 침식에 견디도록 강한 재료로 피복한다.

■물양장(物揚場) – 소형 선박이 접안하는 부두로, 주로 어선과 부선(艀船 · 바지선) 등이 접안하여 하역하는 접안 시설을 말하며, 일반적으로 전면 수심이 보통 4.5m 이내이다.

■선양장(船揚場) – 수중에서 육상으로 경사진 레일을 부설하여 이 레일의 대차 위에 선체를 올려놓고 강력한 윈치를 사용하여 육상으로 끌어 올리는 시설을 말한다. 소형선의 수리에 주로 사용되며, 이러한 장치에 의하여 배를 육상으로 끌어 올리는 것을 상가(上架)라고 한다. 선박을 올리는 이유는 수리, 또는 파랑이나 고조(高潮)로부터 선박을 보호하거나 월동을 위한 목적 등이다.

방파제의 구조와 종류를 알아두자

방파제는 앞서 밝혔듯이 기본적으로 외해로부터의 파랑이나 조류를 막아 항내의 정온을 확보하고, 항내에 모래가 쌓이는 것을 막아 수심을 유지하는 기능을 한다.

이 같은 방파제는 그 기능이나 사용된 재료, 시공 방법 등에 따라 분류가 달라지는데, 기본적으로는 경사제 · 직립제 · 혼성제 등 세 가지로 크게 나뉜다.

■경사제(傾斜堤) – 사석제(捨石堤)라고도 불리는데, 돌이나 소파블록(테트라포드 등) 등을 쌓아 만든다. 그 특징은 연약한 해저지반에도 적용이 용이하고, 시공 · 보수 유지가 편리하다. 또한 경사져 있기 때문에 파도의 되돌림, 즉 반사파의

〈그림2〉경사제 방파제의 평면도

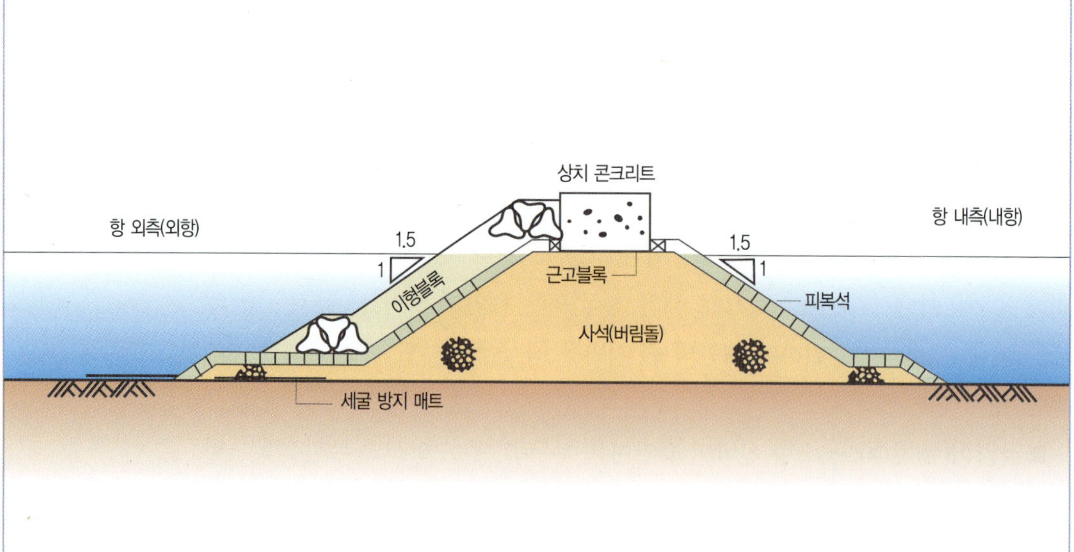

발생이 적다. 그러나 바닥 시공 폭이 넓기 때문에, 필연적으로 항내의 이용 가능한 수역이 좁아진다. 또한 수심이 깊을 경우 대량의 재료가 필요해 비경제적이며, 정기적인 유지보수가 필요하다.

■**직립제(直立堤)** – 직립제는 파도를 몸체로 반사하는 것을 목적으로 하고 있어, 반사식 방파제라고도 불린다.

콘크리트 블록이나 케이슨(철근 콘크리트제의 상자에 모래나 돌 등을 안에 채운 구조물)등을 사용하여 해저로부터 해면상까지 거의 수직으로 만든다. 그 특징은 단면적이 작고 재료비를 경감할 수 있으며, 경사제에 비해 항구를 넓게 만들지 않아도 유효 항구 폭을 확보할 수 있다. 또한 방파제 배면을 선박의 계류 호안으로 이용할 수 있다는 장점이 있다.

해저 지반이 안정된 암초지대나 파도가 온화한 곳에 적용되는 경우가 많다.

■**혼성제(混成堤)** – 사석의 마운드를 기초로 하여 그 상부에 직립제를 설치한 것으로, 경사제와 직립제의 복합적인 구조다. 수심이 깊은 장소나 해저지반의 요철에도 대응하기 쉽다. 직립부가 있기 때문에 경사제에 비해 재료가 적게 든다. 우리나라의 어항은 항만과 비교했을 때 규모가 그리 크지 않아 사용되는 사석의

〈그림3〉직립제 방파제의 평면도

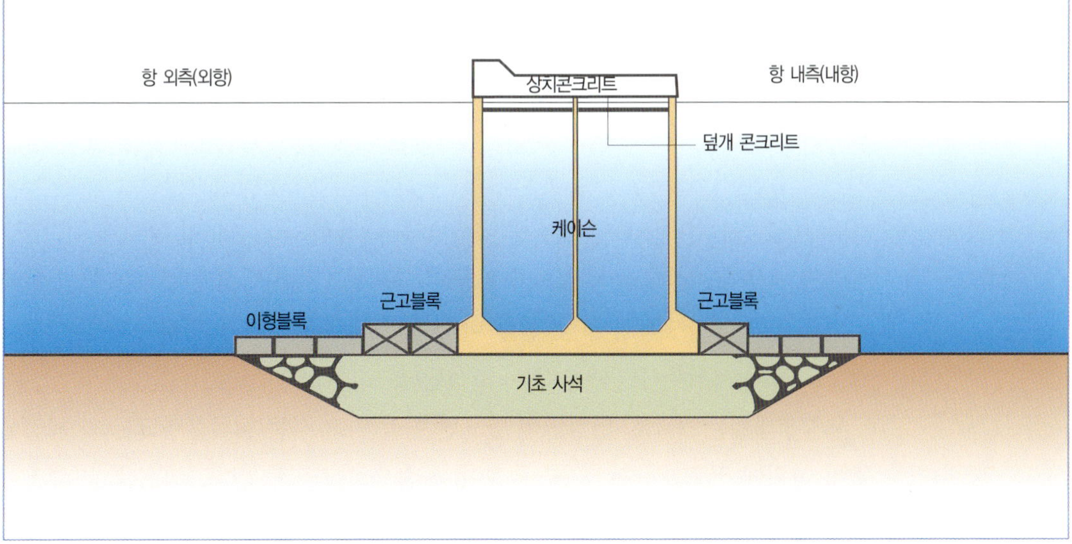

〈그림4〉혼성제 방파제의 평면도

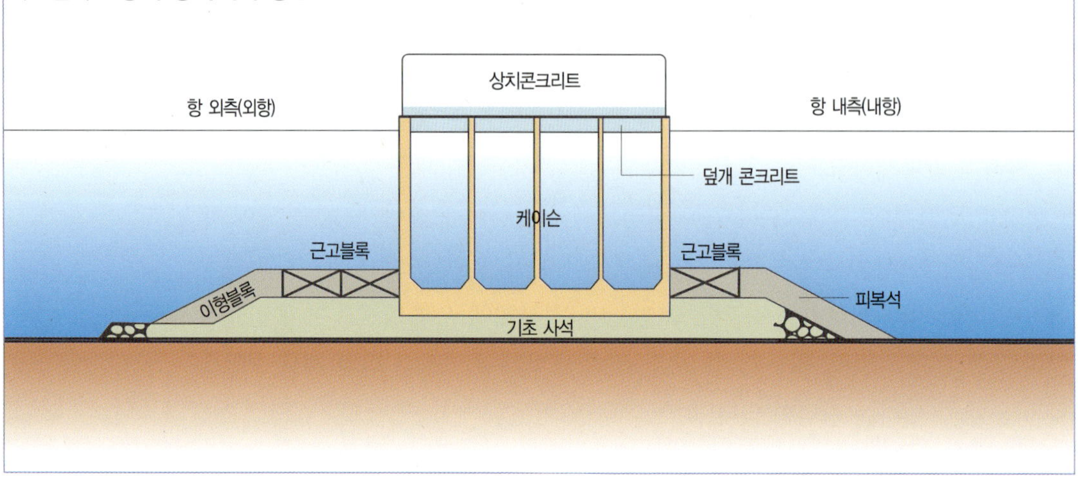

양이 상대적으로 적으며, 우리나라 지형 특성상 인근에 사석을 확보하기 용이하기 때문에 사석식 경사제를 주로 사용한다.

방파제 주변은 다양한 어종의 생육장이자 서식처

방파제는 겉으로 드러나 우리 눈에 보이는 부분은 전체의 10%도 채 되지 않는다. 즉 물속에서는 빙산의 일각처럼 우리가 알지 못하는 세계가 펼쳐져 있다.

우리나라 어항에서 주로 사용되는 방파제는 사석식 경사제이기 때문에 물 속에는 지반에서부터 수면으로 산과 같이 비스듬한 형태의 구조물이 구성된다. 육지에서 일정한 거리를 둔 곳에 인공 섬이 하나 생긴 것이나 마찬가지다.

바닥에는 사석이나 케이슨, 테트라포드 등 다양한 구조물들이 깔리게 된다. 이곳에는 처음에는 생물들이 없으나 완공 후 1년 정도가 지나면 온갖 패류들이 부착되고 해조류가 착생하여 조장(藻場-바다 속에 대형 갈조류가 밀생하고 있는 장소로 고기들의 서식 · 산란장이 됨)이 조성된다.

해양생태계는 풍부한 영양염이 있으면 이를 먹고 사는 식물플랑크톤 및 해양식물이 하위에 있고, 동물 플랑크톤과 어류 순으로 자리를 잡게 된다. 특히 해조류가 무리를 형성하는 조장에는 먹이 공급과 함께 햇빛을 차단하고 은신처를 제공하기 때문에 물고기들이 좋아하는 서식처가 된다.

방파제의 해면이나 사석 마운드, 소파블록 주변에는 이러한 조장들이 형성되기 좋은 조건을 제공한다. 또 물고기의 먹이가 되는 패류나 갯지렁이 같은 충류도 자연히 서식하게 된다.

이러한 사이클로 생태계가 구축되는 것이다. 이에 따라 해저는 고착성 어종인 베도라치 · 망둑어류와 감성돔 · 농어 · 볼락 · 쥐노래미 등의 치어(稚魚)의 생육장이 된다. 이에 요즈음은 방파제의 설계 단계에서부터 환경적인 요소를 고려하는 에코포트 개념이 도입되기도 한다.

이와 함께 방파제의 천단부나 내만 면과 외해 면을 흐르는 조류는 구조물에 의해 흐름이 달라지게 된다. 때문에 바닥을 감안해 가면서 이러한 조류의 흐름을 이용한다면 방파제낚시의 재미를 더 높일 수 있다. 뿐만 아니라 낚시를 드리우는 바닥의 성질이 일반 사석인지, 테트라포드인지, 아니면 케이슨인지를 감안, 낚시기법을 조금씩 달리해 보는 것도 흥미를 더할 수 있을 것이다.

방파제는 공공시설, 아끼고 깨끗이 사용해야

최근엔 설계 단계에서부터 어항 내에 바다낚시터 개념을 도입하는 등, 국민들의 레저 수요를 수용하려는 움직임을 보이고 있으나, 기존의 방파제를 비롯한 어항 구조물은 낚시인에 대한 안전 대비가 부족한 편이다. 낚시인들이 올라서게 되는 테트라포드는 대형화되어 가고 있고, 또 해조류가 착생하여 미끄러움의 위험에 노출되어 있는 것을 간과해서는 안 된다. 특히 파도가 높은 시기에는 직접 큰 파도를 바로 막아내기 때문에 그 위험 또한 크다.

마지막으로 이 공간이 낚시인들에게는 휴식의 공간이 되겠지만 시설물의 주 이용자인 어업인들에게는 삶의 터전이다. 태풍이 내습해 엄청난 피해를 입고 시름에 잠겨 있는 어업인들을 앞에 두고 위화감을 조성하는 낚시는 삼가도록 해야겠다. 내방객의 입장에서 중요한 국가의 인프라를 잘 활용하고 간다는 감사의 마음가짐으로 어업인에게 피해를 주지 않도록 주의하는 낚시인이 되자.

제2장 방파제낚시의 묘미와 특징

우리나라 서해와 남해, 동해 어느 곳에나 자리 잡고 있는 방파제. 낚시꾼들에겐 훌륭한 낚시터인 것은 물론, 낚시를 모르는 일반 시민들에겐 편리하고도 안전하게 바다의 정취를 접할 수 있는 친수공간이기도 하다.

물론 바다야 해수욕장 모래밭에서도 접할 수 있다. 그러나 파도의 종착점에서 마주치는 평범한 바다와 방파제 등대 밑에서 느끼는 '바다의 깊이' 는 다를 수밖에 없다. 먼 바다 섬낚시터에서나 느낄 수 있는 깊은 수심과 강한 조류, 광활한 수면은 누구에게나 손맛과 대물에 대한 원대한 포부를 갖게 만든다.

편리한 접근성이 장점

방파제낚시의 가장 큰 장점은 역시 편리한 접근성을 꼽을 수 있다. 거친 산을 타고 장거리를 걷는 데 이력이 난 꾼들에게야 큰 문제가 안 되겠지만, 가족 단위 나들이 출조에서의 접근성 여부는 가장 우선시돼야 할 점검 사항이 아닐 수 없다.

방파제는 육지에서 바다로 뻗어나간 구조물인 만큼 차량이 방파제 끝까지 진입할 수도 있으며, 진입이 통제된 곳이라 하더라도 대부분 초입까지는 접근이 가능하다. 차량 진입이 통제된 곳일지라도 소형 오토바이나 자전거 등의 통행은 얼마든지 가능하다. 게다가 거의 모든 방파제는 시멘트로 깔끔하게 포장이 돼 있어 안정적이며, 여성이나 어린 아이들이 활동하기에도 불편함이 없다. 텐트와 돗자리 등을 설치하고 야유회를 즐기기에도 좋은 발판을 제공한다.

진입과 철수가 자유롭다

일반 갯바위 포인트처럼 낚싯배를 이용해 진입하는 것이 아니기 때문에 원하는 시간에 진입과 철수를 할 수 있다는 점도 편리하다.

갯바위낚시의 경우는 갑작스런 불상사나 업무에 차질이 생겼을 경우 신속한 철수가 어려운 것이 가장 곤란한 점으로 꼽힌다. 낚시인을 하선시킨 낚싯배는 일단 출항지로 되돌아가는 경우가 흔하고, 근처에 정박해 있다 하더라도 개인 사정으로 혼자 철수한다는 것은 여러모로 부담스럽기 때문이다.

충남 서천 홍원방파제. 차량 진입이 가능하며 낚시점과 식당, 민박 등의 제반 시설이 잘 갖춰져 있다.

반면 방파제는 언제든지 낚싯대를 접고 철수할 수 있을 뿐더러, 잠시 철수했다가 볼일을 마치고 다시 찾아올 수도 있는 장점이 있는 셈이다. 따라서 갯바위낚시처럼 이른 새벽 출조했다 오후 늦게 철수할 필요 없이, 원하는 시간에 출조와 철수를 결정할 할 수 있다는 점 또한 방파제낚시의 메리트라고 할 수 있겠다.

사계절 낚이는 다양한 어종

감성돔이나 돌돔 같은 대형 고급 어종은 드물지만 사계절 다양한 어종이 낚인다는 점도 빼놓을 수 없다.

동해안 방파제의 경우 봄철엔 도다리 · 망상어 · 노래미 · 학공치, 여름철엔 보

충남 태안군 근흥면 소재의 마도방파제. 직접 낚은 학공치와 고등어 회를 즐기고 있다.

리멸 · 벵에돔 · 학공치 · 가자미, 가을철엔 벵에돔 · 고등어 · 감성돔, 겨울철엔 감성돔 · 이면수 · 망상어 · 황어 등이 낚이는데, 유독 한 계절에만 잘 낚이는 어종이 있는가 하면, 봄부터 겨울까지 꾸준하게 입질을 해대는 어종도 적지 않다.

'대물은 드물어도 대박은 흔하다'는 방파제 속성처럼 대부분 잡고기 위주의 낚시가 주류를 이루는 것이 사실이다. 그만큼 낚기 쉽고 마릿수 조과도 가능한 것이다. 이제 막 낚시에 입문한 초심자나 여성, 아이들에게 손맛을 보여주기 위해선 방파제만큼 확률 높은 낚시터도 드문 셈이다.

반면 방파제의 특성을 잘만 알고 떠난다면 갯바위에서나 낚일 법한 고급 어종을 낚는 것도 어렵진 않다. 동해안 감성돔의 경우 파도가 높게 일어 포말이 이는 날, 또는 이른 새벽과 해질녘을 노리면 확률이 높다. 제주도 해안가 방파제에선 매년 5월을 전후해 50cm가 넘는 대형 돌돔이 찌낚시에 낚인다. 초여름 제주도 방파제에선 한치(화살오징어)와 흰오징어 같은 고급 횟감들이 낚이는데, 이처럼 계절별 어종을 제대로 파악해 놓으면 쏠쏠한 재미를 맛볼 수 있다.

자연산 횟감 즉석에서 맛본다

방파제낚시가 즐거운 또 하나의 이유는 신선한 자연산 횟감을 즉석에서 맛볼 수 있다는 점이다. 일례로 전문꾼들이 하찮은 잡어로 여기는 학공치는 사실 횟감으로 최상급에 속한다. 신선한 학공치는 고급 일식집에서도 구경하기 힘들며, 설령 있다 해도 값만 비쌀 뿐 신선도가 떨어져 본래의 맛을 즐기기 힘들다.

이제 막 낚여 올라온 고등어를 즉석 불판에 올려놓고 소금을 뿌려먹는 즐거움도 빼놓을 수 없는데, 오랜 동안 소금 간이 배어 식탁에 올려지는 자반고등어와는 결코 비교가 안 된다. 누구나 손쉽게 낚고 신선한 회맛을 볼 수 있으니 초심자나 주부들에게는 돈을 주고도 맛볼 수 없는 좋은 경험이 아닐 수 없다.

제3장 지역별 어종과 시즌

방파제낚시는 계절에 따른 기후 변화 및 해수온도 변화와 밀접한 관계를 이룬다. 우선 기후를 보자. 우리나라는 대륙에서 1,000km 가량 뻗어 나온 반도(半島)이자, 북위 34~43 ° 의 북반구 중위도에 자리하여 봄 · 여름 · 가을 · 겨울의 사계절이 뚜렷하게 나타난다. 또 겨울엔 한랭 건조한 대륙성 고기압의 영향을 받아 춥고 건조하며, 여름엔 북태평양의 영향으로 고온다습한 날씨를 보이지만 전체적으로는 온대성 기후대로 분류된다.

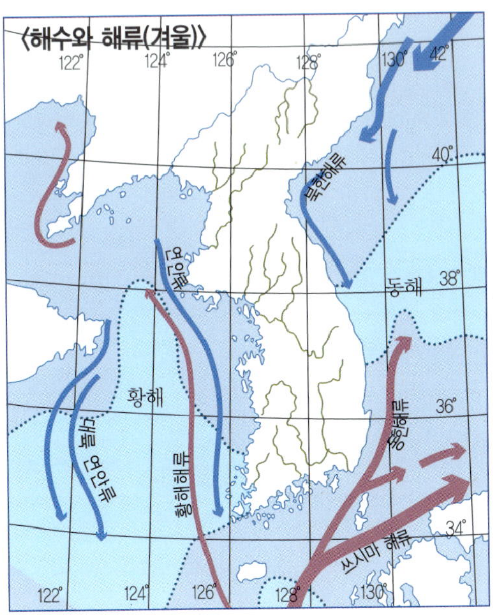

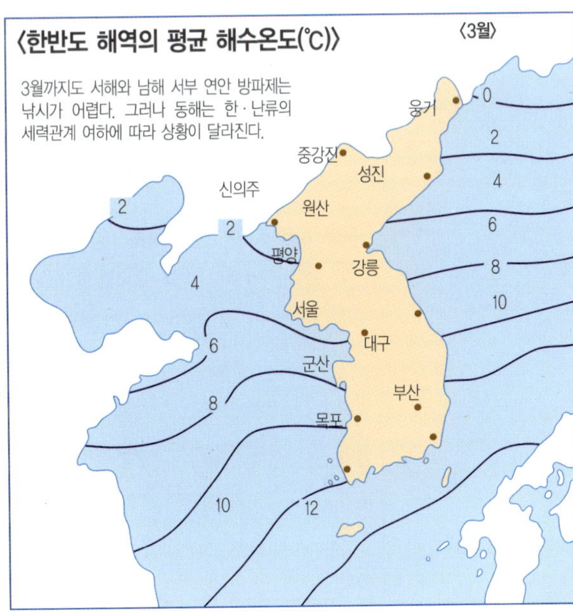

해수온도는 방파제낚시에 더욱 직접적인 영향을 주는데, 한반도 해역의 수온을 좌우하는 한 · 난류의 세력 여하에 따라 낚시 시즌이 빨라지기도 하고 늦어지기도 하며, 심할 경우는 시즌 형성이 아예 이뤄지지 않는 경우도 있다.

1.동해(東海) 지역의 어종과 시즌

동해는 멀리 쿠릴열도에서부터 내려오는 북한해류(한류)와, 쿠로시오 난류의 한 지류인 동한해류(난류)의 세력 관계에 크게 좌우된다. 즉 한류가 더 강하게 내려오면 냉수대가 발달하면서 낚시가 위축되고, 난류가 세력을 키워 한류를 밀어 올리면 낚시는 대체로 호조를 띠고 낚시터 또한 넓어지곤 한다.

때문에 지역과 한 · 난류의 세력 교차점을 감안해 예로부터 동해는 고성 · 속초 · 양양 · 강릉 등 강릉 이북의 북부권과, 동해 · 삼척 · 울진 등지의 중부권, 영덕 · 포항 · 경주 · 울산 등지의 남부권으로 나눠 볼 수 있다. 이들 각 지역마다는 서식 어종과 시즌이 적지 않게 차이가 있기 때문이다.

먼저 동해북부는 벵에돔 · 보리멸 · 볼락 · 농어 · 붕장어 등 동해중부나 남부에서 쉽게 만날 수 있는 어종들이 드물거나 거의 서식하지 않는다. 반면 동해중부로 내려가면 벵에돔과 농어가 출몰하고, 노래미 · 가자미 · 황어 · 우럭 · 붕장어 · 망상어 · 숭어 · 졸복 등 일년 내내 낚이는 어종들이 언제든 꾼들을 맞아 주곤 한다. 동해남부로 내려가면 좀더 높은 수온을 선호하는 볼락과 벵에돔 배출이 많아져 꾼들의 재미를 더해 준다.

□동해 북부 지역(고성 · 속초 · 양양 · 강릉)

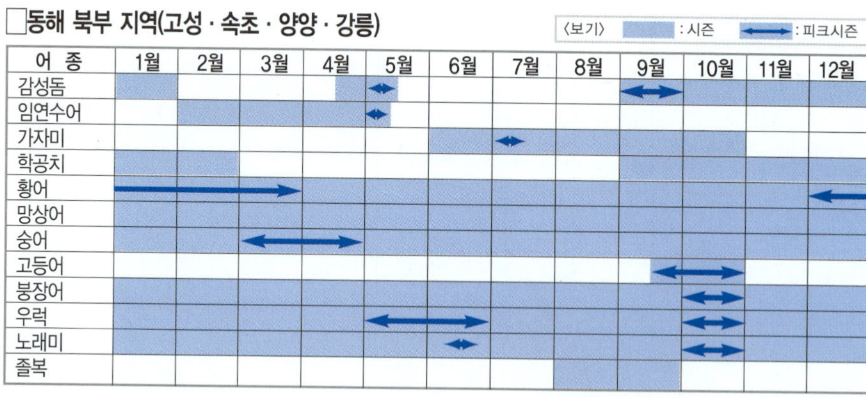

□동해 중부 지역(동해 · 삼척 · 울진)

〈보기〉 : 시즌 : 피크시즌

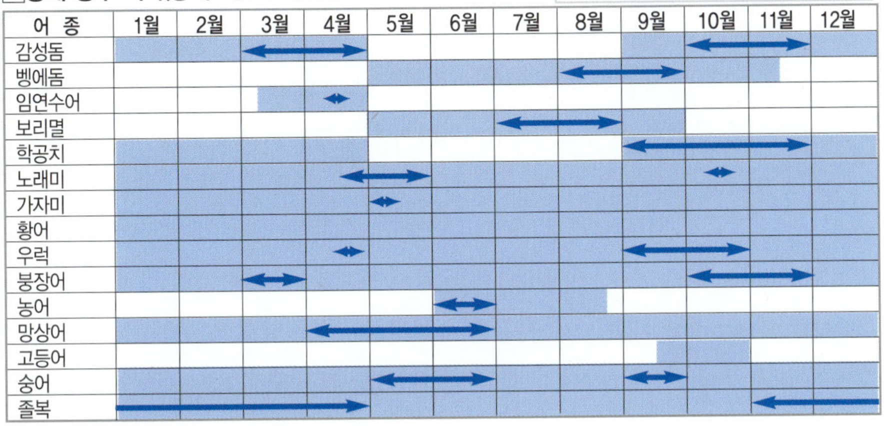

□동해 남부 지역(영덕 · 포항 · 경주)

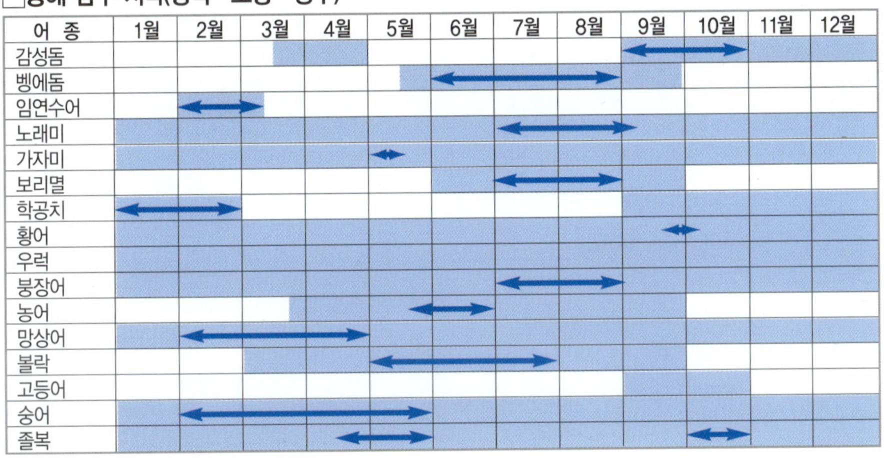

2.남해(南海) 지역의 어종과 시즌

남해는 크게 남해서부 · 남해중부 · 남해동부 3개권으로 나눠 볼 필요가 있다.

■남해동부 – 부산과 거제를 중심으로 하는 남해동부는 한반도 연안 중에서 쿠로시오 난류의 영향을 가장 강하게 받는 곳이다. 때문에 연중 수온이 최저로 내려가는 동절기에도 평균수온이 10℃ 이상으로, 감성돔을 비롯한 볼락 · 숭어 · 망상어 · 노래미 등이 거의 연중 낚이고, 이 밖에도 다양한 어종이 서식한다.

또한 사철 낚이는 것은 아니지만 낚시시즌이 다른 지역에 비해 훨씬 긴 것도 매력이다. 예를 들어 거제 · 통영 앞바다의 경우 벵에돔은 2~3월을 제외한 나머지

10개월 동안 만나볼 수 있고, 도다리도 3월~11월까지 9개월여 동안 줄곧 낚인다.

■**남해중부** – 여수를 중심으로 하는 남해중부는 여러모로 재밌는 특징을 가진다. 우선 여수 좌측(서편)으로는 갯벌이 발달하고 수심이 얕은 반면, 우측(동편)으로는 갯벌이 드물고 수심이 깊은 지형을 사이좋게 거느리고 있다.

때문에 이곳은 다양한 어종이 서식하고 시즌도 남해서부와는 많이 다른 모습을 보이게 된다. 가장 대표적인 어종이 바로 볼락과 벵에돔이다. 즉 여수 오동도 방파제를 비롯, 돌산도와 그 앞바다에 무수히 산재하는 도서 지역 방파제에서 볼락과 벵에돔은 가장 대표적인 어종에 속한다. 하지만 바로 이웃한 고흥 지역의 경우는 볼락과 벵에돔을 만나기가 쉽지 않다. 볼락과 벵에돔은 남해 중부 , 남해 동부와 동해 남부 · 중부의 지역적 특성을 강하게 나타내는 지표어종인 셈이다.

□부산 지역

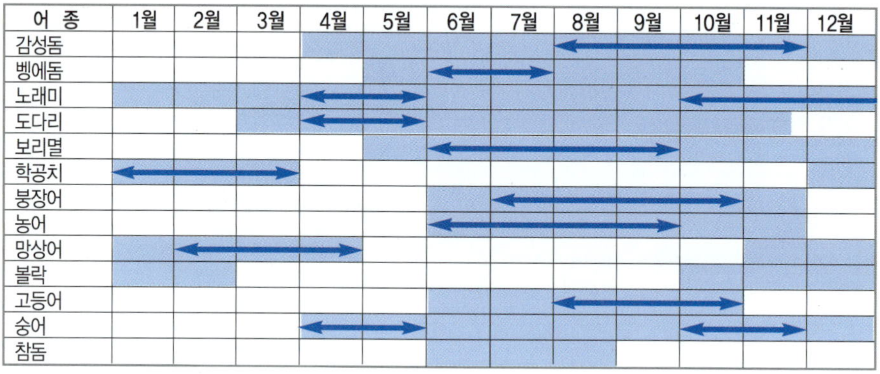

□남해 동부 지역(거제 · 통영)

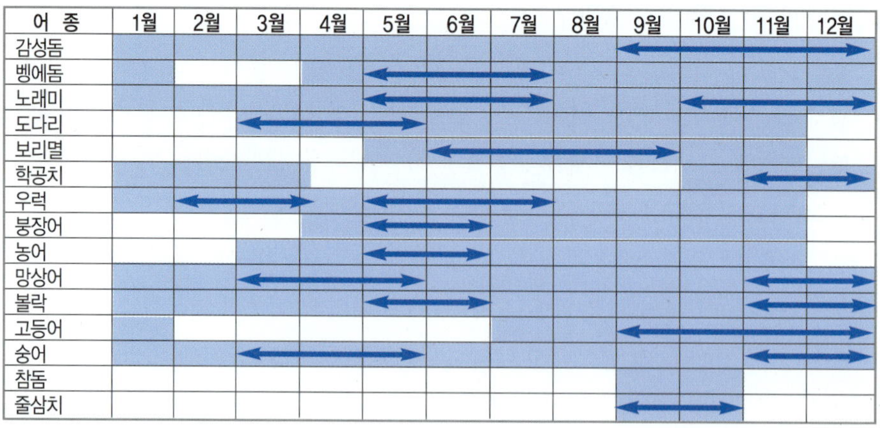

□남해 중부 지역(남해도 · 여수)

〈보기〉 : 시즌 ↔ : 피크시즌

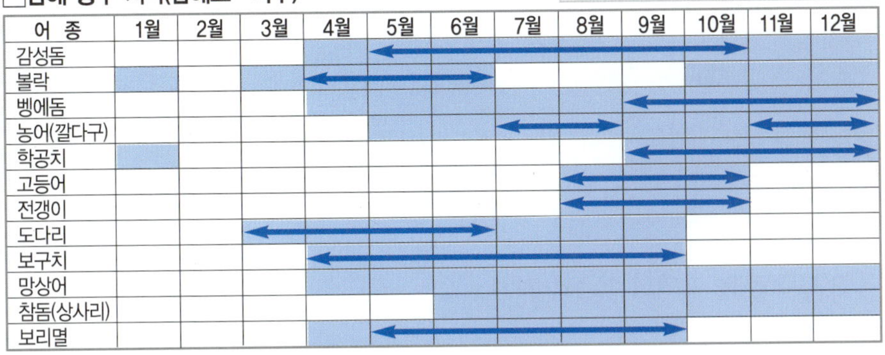

□남해 서부 지역(진도 · 해남 · 완도 · 고흥)

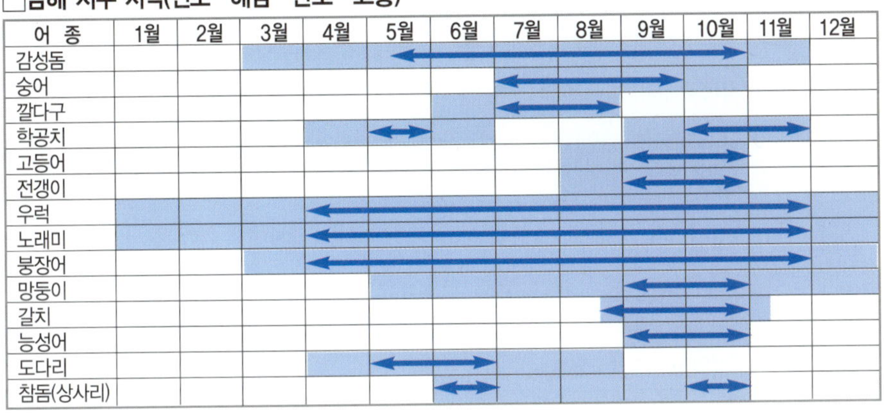

■**남해서부** – 대륙과 서해에서 가까운 남해서부는 해수온의 변화도 서해남부와 유사한 데다, 연안의 지형 또한 대부분 서해 지역처럼 갯벌이 넓게 발달해 있고 수심도 얕은 편이다. 때문에 남해중부나 동부에 비해 시즌이 한 달 가량 늦게 시작되고 일찍 끝난다. 예를 들어 학공치의 경우 격포 · 군산권에서는 적어도 5월 중순이 돼야 출몰하지만, 해남 · 진도권에서는 4월이면 벌써 학공치가 출몰할 때가 많다.

또한 연중 수온이 최저로 내려가는 12~2월에도 남해서부의 평균 수온은 10℃ 이상을 유지함으로써 우럭 · 노래미 · 붕장어 같은 어종은 한겨울에도 낚시가 이뤄진다.

이밖에 지난 90년대 중반 처음 출몰한 목포 내만권 갈치는 이젠 전국적 지명도를 가진 또 하나의 명물로 자리를 잡아, 갈치가 붙기 시작하는 8월 중순부터 10

월 말까지는 밤만 되면 방조제 전 구간에 수천, 수만 명의 꾼들이 몰려 일대 장관을 이루곤 한다.

한편 남해서부 지역에서는 서해안에서는 볼 수 없는 고등어와 전갱이(8~9월) · 능성어(9~10월) · 도다리(7~8월) · 참돔(6~10월)이 낚여 남해의 매력을 맘껏 자랑한다.

3.서해(西海) 지역의 어종과 시즌

서해는 수온이 10℃ 이하로 떨어지는 12월 초부터 이듬해 4월 초까지는 침선낚시 등 극히 일부 낚시를 제외한 대부분 낚시가 올 스톱되는 죽음의 바다가 된다. 이른바 조한기(釣閑期)인 것이다. 동절기 서해안에는 요동성과 압록강 일대에서 발원하는 연안 한류가 해안선을 따라 남하하는데, 북쪽으로 올라갈수록 한류의 영향이 강해진다.

예를 들어 12월 평균 해수온도를 보면 목포 앞바다는 10~12℃를 유지하는 데 비해, 군산 이북으로는 벌써 9℃ 이하로 떨어지며, 인천 이북은 8℃ 미만, 신의주

□서해 남부 지역(영광 · 무안 · 목포)

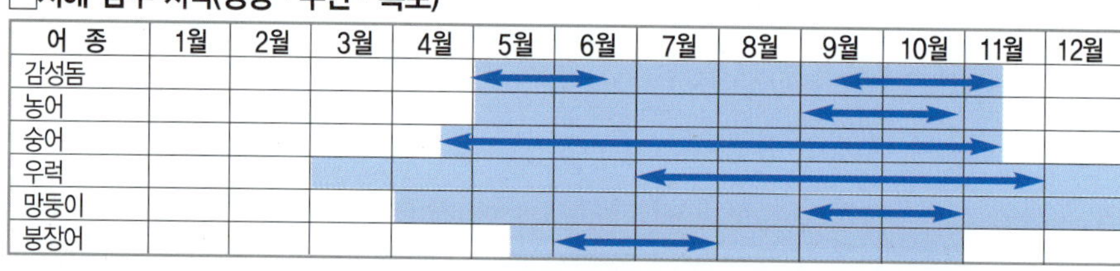

□서해 중부 지역(서천 · 군산 · 격포)

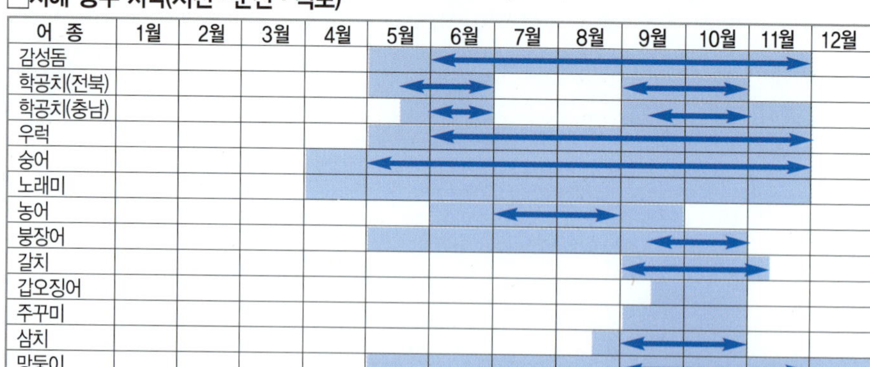

□서해 북부 지역(경기 · 인천권)

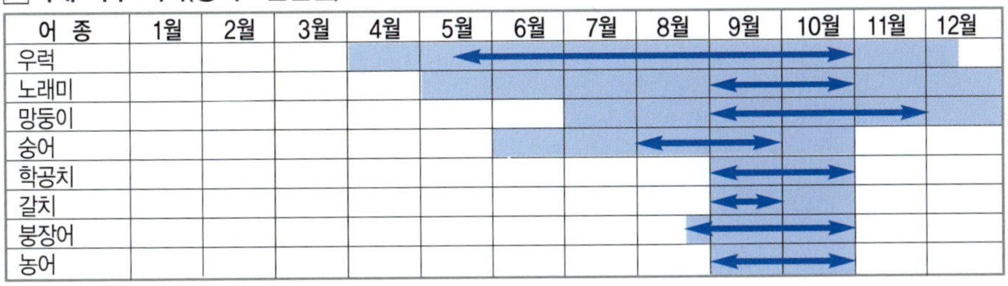

앞바다는 7℃에도 못 미치는 냉탕(冷湯)이 된다.

이러한 저수온 상태는 해가 바뀌고 2월에 최저로 떨어졌다가, 동지나(동중국)해에서 올라오는 황해난류가 세력을 확장하는 3월부터 서서히 상승하기 시작, 4월이 되면 군산권까지 10℃를 회복하면서 우럭 · 노래미를 필두로 붙박이 어종들이 조금씩 낚이기 시작한다.

하지만 서해의 본격적인 낚시는 12~13℃까지 수온이 상승하는 5월부터다. 이때는 우럭 · 노래미에 더하여 감성돔 · 학공치 · 숭어 · 붕장어가 격포 · 군산 · 서천 · 서산 · 당진 등 충남 서해안 연안 방파제까지 올라붙으면서 꾼들을 불러 모으기 시작한다.

수온이 17~18℃까지 오르는 6월이면 농어도 가세할 뿐만 아니라, 경기권의 대부도 · 영흥도 · 시화방조제는 물론, 멀리 북단의 백령도와 서해5도 해역의 연안 방파제와 선착장에서도 낚시가 쾌조를 보이게 된다.

이상을 요약하면, 서해는 12월~이듬해 4월 초까지는 수온이 10℃ 미만의 저수온 상태로서 조한기이고, 수온이 빠르게 상승하는 4월 중순 이후부터 낚시가 기지개를 펴기 시작, 5월을 거쳐 6월이면 피크에 돌입하는데, 이때부터 서해는 어느 바다보다 풍성한 어장으로 탈바꿈하게 된다. 또한 봄 시즌 전개는 난류의 영향을 먼저 받는 남쪽부터 시작해 점차 북상하고, 겨울철 시즌 마감은 한류의 영향을 먼저 받는 북쪽부터 시작해 남쪽으로 남하하게 된다.

한편 2000년대 초반부터 서천 부사방조제 앞과 오천 앞바다 등, 서해안 여기저기에서 갈치가 새롭게 출몰하는가 하면, 당진 석문방조제와 대호방조제, 안산 시화방조제 일대에서 삼치 떼가 다량 출몰하고 있어 꾼들을 즐겁게 하고 있다. 해마다 추석 무렵이면 등장하는 오천 앞바다의 갑오징어 또한 전국적인 바다 루어낚시 명물로 자리 잡았다.

4.기타 지역의 어종과 시즌

한편 같은 지역에서도 남쪽으로 돌출된 반도일수록, 그리고 연륙교와 연도교로 육지와 연결된 '섬 아닌 섬' 일수록 봄철 시즌 돌입이 빠르고 동절기 시즌 마감이 늦어지게 된다. 남쪽으로, 그리고 먼 바다로 나아갈수록 해수온도가 높은 데다 수심 또한 깊어지기 때문이다. 따지고 보면 이런 곳은 무수히 많다. 진도 · 완도 · 나로도 · 돌산도 · 남해도 · 거제도 등 대다수의 유명 섬 지방이 해당됨을 알 수 있다. 이처럼 육로로 연결된 섬 지방의 방파제를 적극 찾아나서는 것도 방파제낚시의 묘미를 만끽할 수 있는 지혜의 하나라 하겠다.

한편 육지의 연안 방파제 이외에도 섬에 들어선 방파제 또한 훌륭한 낚시터들이다. 동,서,남해의 3,170여개에 달하는 유,무인도에도 크고 작은 방파제가 들어서 있다. 이들 섬 방파제는 진입과 철수가 불편한 대신 어종이 다양하고 풍부할뿐더러 시즌 또한 육지에 비해 훨씬 길게 마련이다.

특히 거문도, 추자도, 여서도, 청산도 등 원도(遠島)와 제주도처럼 육지에서 육지에서 멀리 떨어진 섬일수록 어종과 자원량, 시즌은 길어진다. 예를 들어 제주도나 추자도, 거문도 등 남해 원도의 경우 쿠로시오 난류의 영향을 사철 강하게 받으므로 방파제낚시 또한 일년내내 가능하게 된다.

□제주도 지역

어 종	1월	2월	3월	4월	5월	6월	7월	8월	9월	10월	11월	12월
벵에돔												
감성돔												
농어												
오징어 · 한치												
부시리												
독가시치												
돌돔				찌낚				원투				
다금바리												
숭어												
자리돔												
참돔												
전갱이												
학공치												
벤자리												
보리멸												

제4장 방파제낚시 장비 · 채비 · 미끼

방파제는 인위적인 구조물인 만큼 발판이 좋고, 폭풍우 등 악천후만 아니라면 언제든 자유롭게 드나들 수 있어 사철 다양한 장르의 낚시가 가능하다. 방파제에서 즐길 수 있는 낚시는 크게 던질낚시 · 찌낚시 · 루어낚시 등 3개 장르로 나눌 수 있다. 이들 장르에 따른 기본 낚시 장비와 채비, 미끼를 살펴보자.

1. 던질낚시(원투낚시)

던질낚시는 원투(遠投 · Long casting)낚시로도 부르는데, 영어로는 서프캐스팅(Surf-casting)에 해당된다. 강 · 호수 등 민물수계의 잉어 던질낚시처럼, 방파제를 포함한 백사장이나 갯바위 · 배낚시에서 포인트가 수십 미터 이상 먼 거리에 형성될 때 구사된다.

울진 · 삼척을 비롯한 동해 전역의 방파제에서 황어나 졸복 · 감성돔 · 보리멸을 원투낚시로 노리는 꾼들을 쉽게 만날 수 있으며, 서 · 남해에서도 감성돔 · 붕장어 · 망둥이로부터 제주도나 원도 방파제의 돌돔 · 혹돔에 이르기까지 지역과 어종을 가리지 않고 오랜 세월 널리 애용되고 있는 방파제 낚시 기법이기도 하다.

던질낚시는 가깝게는 20~30m, 멀게는 100m 이상까지도 채비를 던지는 낚시다. 따라서 채비를 멀리 던지기 위해서는 봉돌이 충분한 무게를 가지고 있어야 한다. 중질(中質)대에는 약 15~25호(56.25~93.75g) 봉돌을 쓰고, 휨새가 빳빳한

〈그림1〉 방파제 던질(원투)낚시 기본장비와 채비

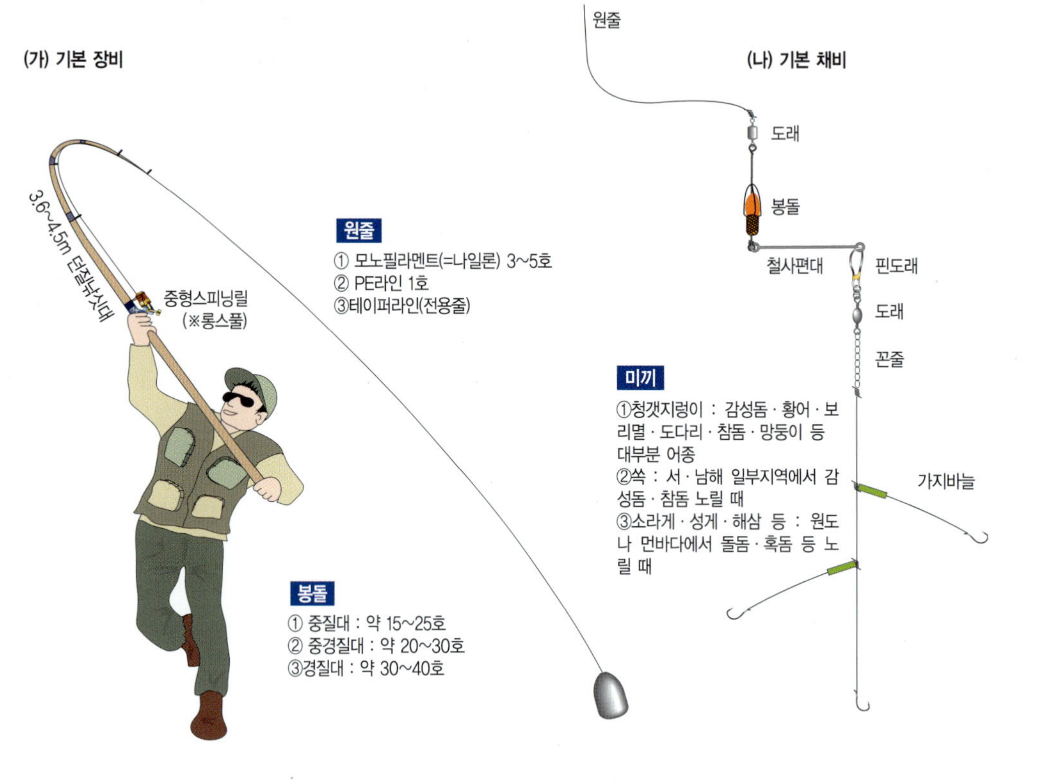

경질(硬質) 던질낚싯대에는 약 30~40호(112.5~150g) 봉돌까지도 쓴다(봉돌 1호=3.75g).

채비를 멀리 던지다보니 낚싯줄도 3~4호 이상 굵게 써야 하며, 보통 4~5호 줄을 널리 쓴다. 외국의 경우는 낚싯줄 전반부 약 10여m는 10~12호 굵기로 시작, 점점 안쪽에 이를수록 가늘어져 드디어 원줄 굵기(3~4호 또는 4~5호)가 되는, 이른바 테이퍼 라인(Taper line)이 시판되는데, 주로 경기에 참가하는 전문꾼들이 애용한다.

원투용 장비는 〈그림1〉처럼 3.6~4.5m 길이의 중질 이상 낚싯대와 중형 스피닝릴이 필요하다. 전문꾼들은 낚싯줄이 잘 풀리게끔 스풀이 길고 깊이가 낮은 롱스풀(long spool) 스피닝릴을 쓰기도 한다.

원투 채비는 대개 3~5개 혹은 그 이상의 가지바늘을 세팅하는데, 원투 시 채비의 꼬임을 방지하기 위해 편대채비를 주로 쓴다. 전문꾼들의 경우 편대채비를 자작하기도 하지만, 대부분 방파제 인근 낚시가게마다 완성품으로 시판되고 있어 간편하게 구입해 쓸 수 있다.

원투낚시 미끼는 대상어종과 지역에 따라 차이가 있지만, 원투 시 이탈 우려가 적으면서도 미끼 효과가 높은 청갯지렁이가 가장 대중적으로 쓰인다. 이밖에 서 · 남해 일부 지역에서는 감성돔 · 돌돔 · 참돔 등을 노릴 때 참갯지렁이 또는 쏙을 쓰기도 하고, 제주도나 원도 방파제에서는 돌돔 · 혹돔을 대상으로 소라게 · 성게 · 전복 · 해삼 등을 쓰는 경우도 있다.

2. 찌낚시

90년대 초반 국내 갯바위에 찌낚시 붐이 시작된 이래, 방파제 또한 90년대 중 · 후반 들어 찌낚시가 급속도로 보급되어 이제는 시골의 외진 방파제가 아니라면 동 · 서 · 남해 대부분 지역의 방파제 역시 찌낚시가 주류를 이루고 있는 실정이다.

현재 쓰이는 '찌낚시'는 정확하게는 '밑밥을 이용한 찌 흘림낚시' 또는 '밑밥을 이용한 (찌)채비 흘림낚시'라고 정의할 수 있다. 구멍찌를 쓰건 막대찌를 쓰건 밑밥의 띠 속에 채비를 흘려주면서 입질을 받아내는 낚시가 바로 찌 흘림낚시다(〈그림2〉 참조).

또 찌낚시는 찌 밑 수심을 자유롭게 조절할 수 있어 대상어의 유영층을 효과적으로 찾아낼 수 있고, 찌의 입수 동작으로 입질을 확인할 수 있는 등, 여러 가지 이점이 있어 갯바위는 물론 방파제에서도 중 · 상층 회유어에서부터 바닥층의 감성돔이나 황어 · 우럭 · 노래미에 이르기까지 대부분 어종에 구사된다. 쉽게 말해 찌낚싯대 한 대만 챙겨 가면 방파제에서 못 낚을 고기가 없다고 해도 큰 무리는 아니다.

방파제 찌낚시는 낚싯대 길이, 채비 · 미끼 · 기법 등, 거의 모든 면에서 갯바위 찌낚시와 대동소이하다. 특히 밑밥을 이용해 고기를 불러 모으거나 밑밥 띠 속에 채비를 동조, 흘려주면서 입질을 받아내는 흘림찌낚시 기법이 그대로 쓰인다.

장비의 경우는 5.3m 길이의 1~1.5호 낚싯대에 2.5~3호 줄이 100~150m 가량

〈그림2〉 방파제 찌낚시 기본장비와 채비

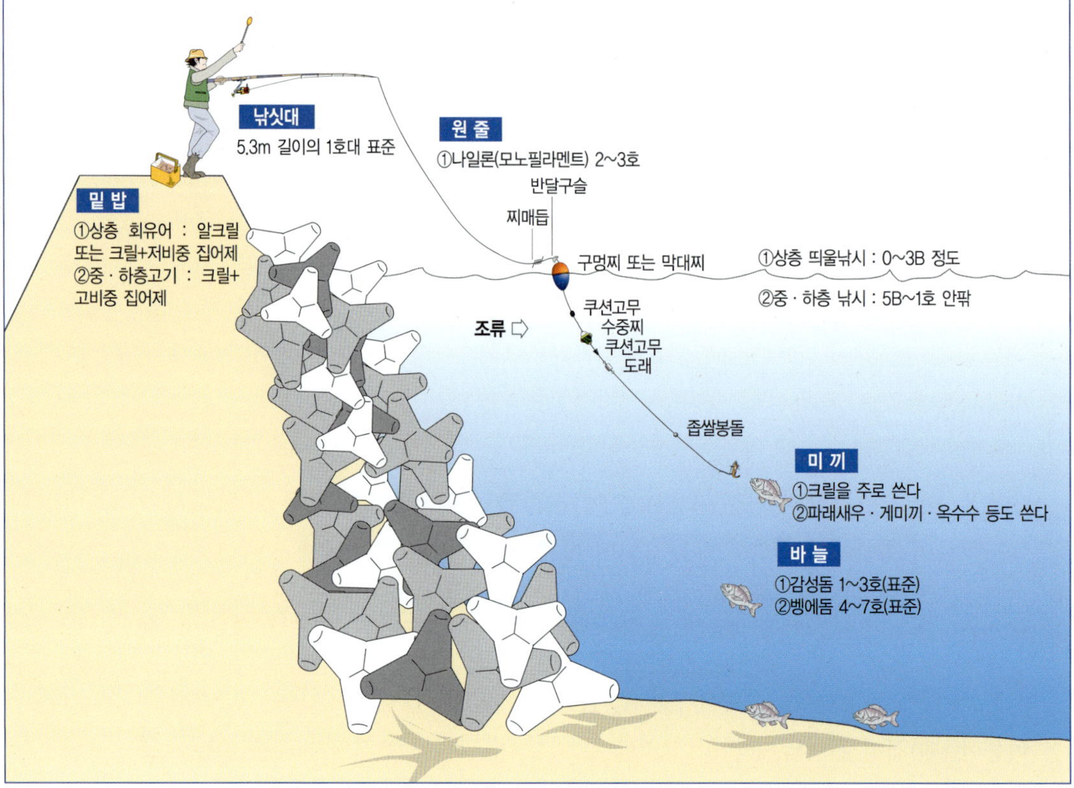

감기는 소형 스피닝릴이면 우럭 · 노래미로부터 감성돔 · 벵에돔 · 황어 · 벤자리 · 부시리까지 전국의 방파제에서 낚이는 대부분 어종을 충분히 커버할 수 있다.

방파제에서 쓰이는 채비는 파도가 잔잔하고 조류가 완만한 지역과 시기에는 0~3B 정도의 저부력 구멍찌 채비가 널리 쓰이는 편이고, 파도가 높고 조류가 셀 경우는 0.5~1호 안팎의 중간 부력 이상 구멍찌나 막대찌가 애용된다.

찌낚시에서 또 하나 중요한 것은 밑밥이다. 앞에서도 언급했듯이 찌낚시 자체가 철저히 밑밥에 의존하는 낚시이기 때문이다. 밑밥은 냉동크릴을 녹여 집어제 없이 크릴만을 잘라 쓰거나, 집어제(파우더)와 적당한 비율로 섞어 쓴다.

근거리를 노리거나 벵에돔 · 학공치처럼 표층어를 노릴 경우는 크릴만 녹여 쓰거나, 빵가루처럼 비중이 가벼운 집어제를 섞어야 하고, 포인트가 멀리 형성되거나 감성돔처럼 바닥층 어종을 노릴 경우엔 비중이 무거운 집어제를 섞어 써야 원투력과 빠른 침강성으로 고기를 신속하게 불러 모을 수 있다.

미끼로는 크릴과 청갯지렁이가 대표적이다. 기본적으로 크릴과 청갯지렁이 한 통씩만 챙겨 가면 어느 지역 방파제를 가건 낚시가 가능하다고 봐도 크게 무리가 없다. 다만 일부 지역에선 그 지역 특유의 미끼가 사용되기도 하는데, 예를 들어 동해 중부 이남권에선 벵에돔을 노릴 때 파래새우나 곤쟁이를 애용하며, 남해안 일부 방파제에서는 가을철 잡어를 피하기 위해 게 또는 옥수수를 미끼로 쓰기도 한다.

3.루어낚시

바다 루어낚시 장비를 이해하기 위해서는 먼저 바다 루어낚시계의 흐름을 살펴볼 필요가 있다. 90년대 초반 서산 · 태안 등 일부 서해안 방파제와 갯바위에서 일기 시작한 바다 루어낚시는 2000년대 이후 '붐'이라는 말을 붙여도 무방할 정도로 인기를 끌고 있다. 첫 번째 대상어로는 단연 우럭을 꼽는다. 하지만 우럭낚시 도중 손님고기로 심심찮게 낚이는 광어와 노래미도 이제는 당당히 같은 대상어의 지위를 차지해 나가는 중이다.

그렇다고 이들 중 · 소형 어류만이 바다 루어의 대상어는 아니다. 초여름부터 가을 사이엔 대형급 농어가 덤비고, 부시리와 줄삼치가 출몰하는 곳도 점점 증가하는 추세다. 목포 내만이나 여수 오동도, 서천 부사호 등지에선 늦여름~가을 사이 갈치 떼가 붙곤 해 또 하나의 루어 대상어로 자리 잡아가고 있기도 하다.

이처럼 바다 루어낚시의 대상어가 늘어나고 있는 데 비해 루어낚시 장비는 의외로 간단한 편이다. 우럭 · 노래미 · 광어처럼 소형 어류를 대상으로 하는 라이트급 루어낚시에서는 민물의 쏘가리 또는 배스용 낚싯대와 릴 및 루어를 고스란히 활용할 수 있다(〈그림3〉 참조).

구체적으로는 허리힘이 강한 패스트(fast) 액션의 6~6.6피트 길이에, 미디엄 또는 미디엄라이트 파워를 가진 루어대에 2호 줄이 약 150m 가량 감기는 2000~2500번의 소형 스피닝릴이 좋다. 단 농어나 부시리처럼 대형어를 노릴 경우는 3.9m 전후의 전용 루어대에 3000~4000번의 중형 스피닝릴을 갖출 필요가 있다.

낚싯줄은 우럭의 경우 4~6파운드, 광어와 중소형급 농어를 노릴 때는 8~9파운드 줄이 적당하고, 대형급 농어를 겨냥할 때는 나일론 4~5호를 갖춰야 한다.

루어는 우럭 · 노래미 · 광어의 경우는 쏘가리 · 꺽지가 선호하는 그럽웜을 표준으로 하는데, 이외에도 배스용 스트레이트 웜이나 각종 미노우를 쓰는 꾼들도 늘고 있다. 농어용 루어는 10cm 전후의 물에 뜨는 플로팅(floating), 또는 가라앉는 싱킹(sinking) 타입의 미노우 플러그를 기본으로 하고, 이밖에도 배스용 각종 메탈도 효과가 있다.

한편 루어낚시는 한 자리를 고수하기보다는 부단히 자리를 옮겨 다닐 경우가 많으므로 중간 중간 낚아낸 조과를 보관하기 위한 꿰미를 갖출 필요가 있다.

〈그림3〉 방파제 루어낚시 기본장비와 채비

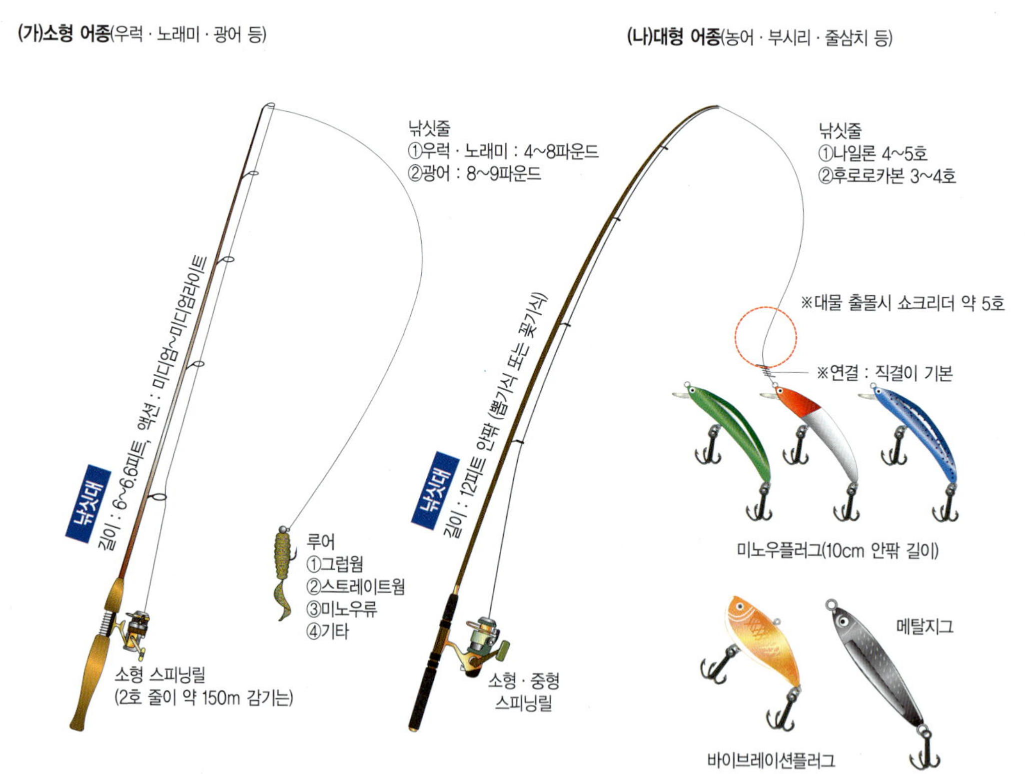

4. 기타 카고낚시 · 맥낚시 · 구멍치기

방파제에서의 낚시는 던질낚시와 찌낚시 · 루어낚시 이외에도 맥낚시와 구멍치기 · 카고낚시 등의 장르가 있다.

맥낚시는 민낚싯대(민장대)에 찌 없이 채비를 드리워 입질을 받아내는 낚시로,

〈그림4〉 방파제 카고낚시 기본장비와 채비

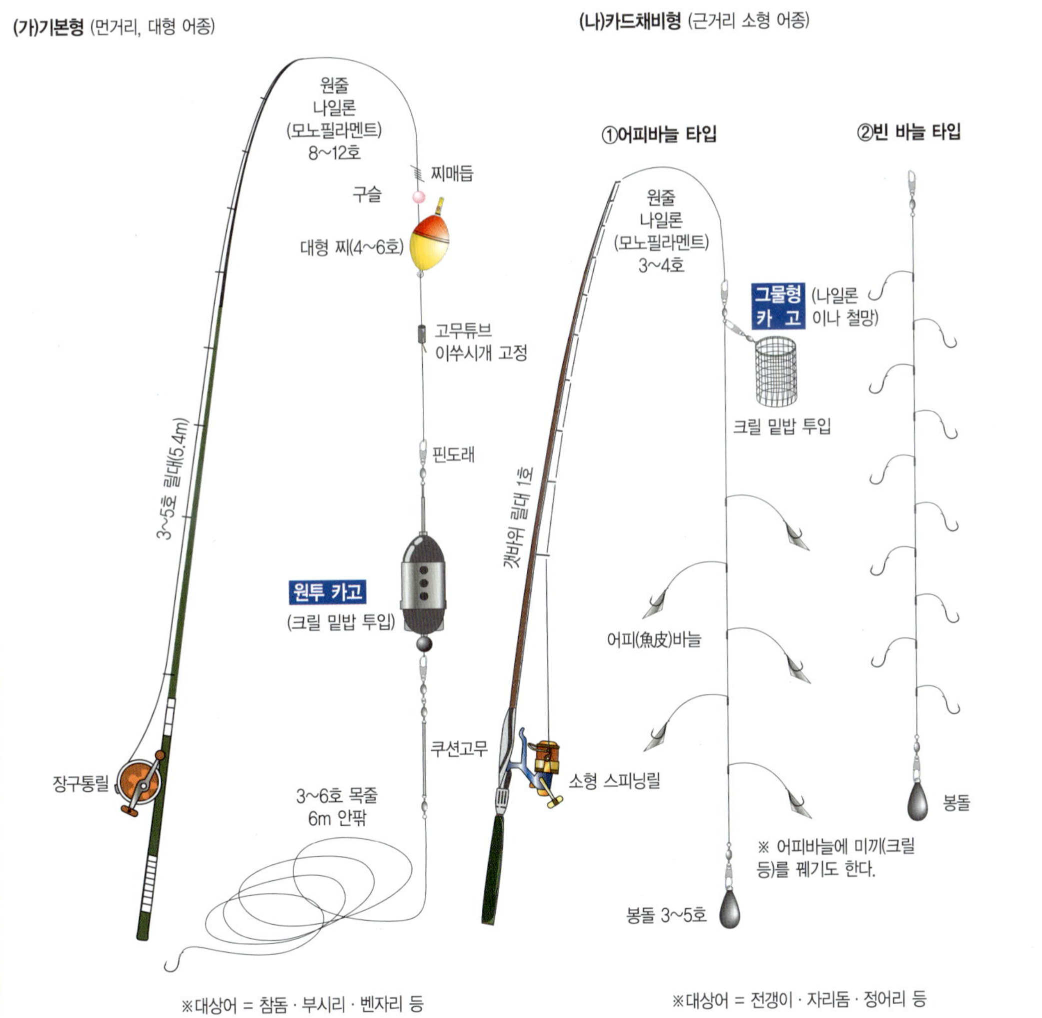

한때 방파제와 갯바위를 아울러 주류를 이루는 바다낚시 기법이었다. 하지만 크릴 밑밥 보급과 찌 흘림낚시 보급 이후 급속하게 위축되고 있다. 게다가 낚시인구가 급증하고 근거리의 어자원이 줄어듦에 다라 맥낚시는 더욱 어려운 낚시로 전락하고 있어 이제는 극히 일부 지역에서 한시적으로 볼 수 있는 상황이 됐다.

구멍치기낚시는 주로 방파제 테트라포드 사이사이의 틈새에 채비를 수직으로 내려 우럭 · 노래미 등의 고착성 어종을 낚아내는 낚시를 말한다. 두세 칸 길이의 민낚싯대나 루어낚싯대에 청갯지렁이나 크릴 또는 글럽웜 따위의 루어를 꿰어 고패질을 하면서 입질을 유도하는데, 테트라포드 높이가 높은 대형 방파제의 경우는 릴낚싯대가 유리할 때도 있다.

카고낚시는 철망이나 나일론망으로 된 밑밥망에 주로 크릴 밑밥을 꾹꾹 다져 넣은 후, 원하는 포인트까지 채비를 투척하고서 고기를 낚아내는 낚시로, 주로 제주도나 추자도 · 거문도 등지의 원도 방파제처럼 조류가 빠르고 포인트가 먼 거리에 형성되는 곳에서 참돔류처럼 밑밥에 빠르게 반응하는 고기를 대상으로 시도된다(〈그림4〉 참조).

제주도 서부두방파제를 비롯한 일부 제주권 방파제에서는 소형 카고를 이용해 10여개의 가지바늘을 달아 자리돔을 마리수로 낚아내는 모습을 볼 수도 있다. 일본에서는 이 낚시가 크게 발달해 있으나 국내에서는 아직 그다지 인기를 끌지 못하는 장르이기도 하다.

[방파제낚시 어종별 채비도]

① 감성돔낚시 채비

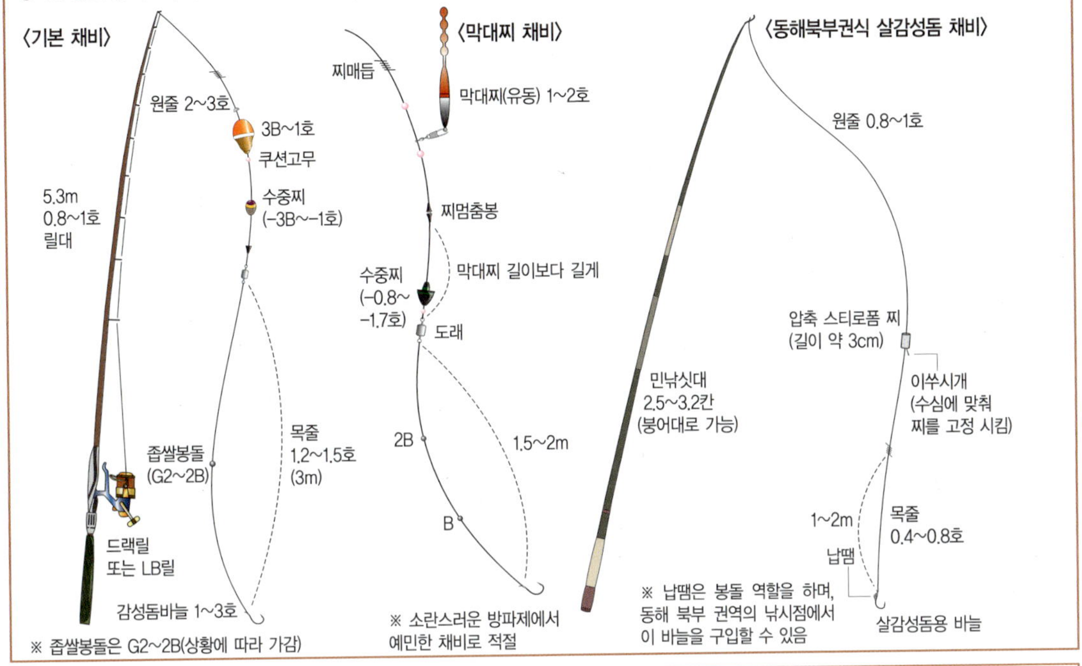

② 벵에돔낚시 채비

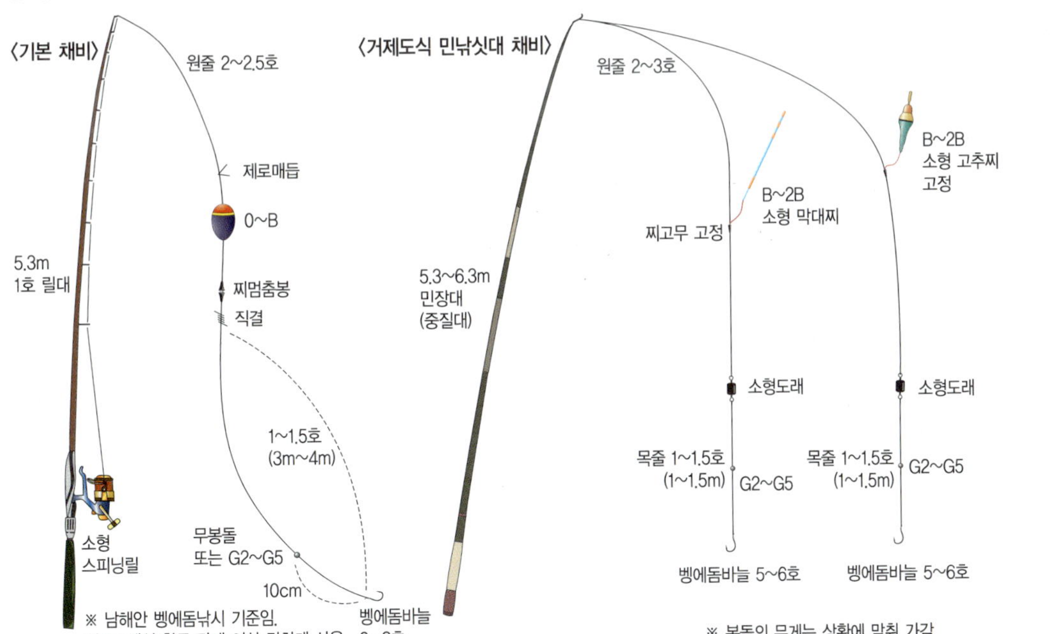

[방파제낚시 어종별 채비도]

③ 갈치낚시 채비

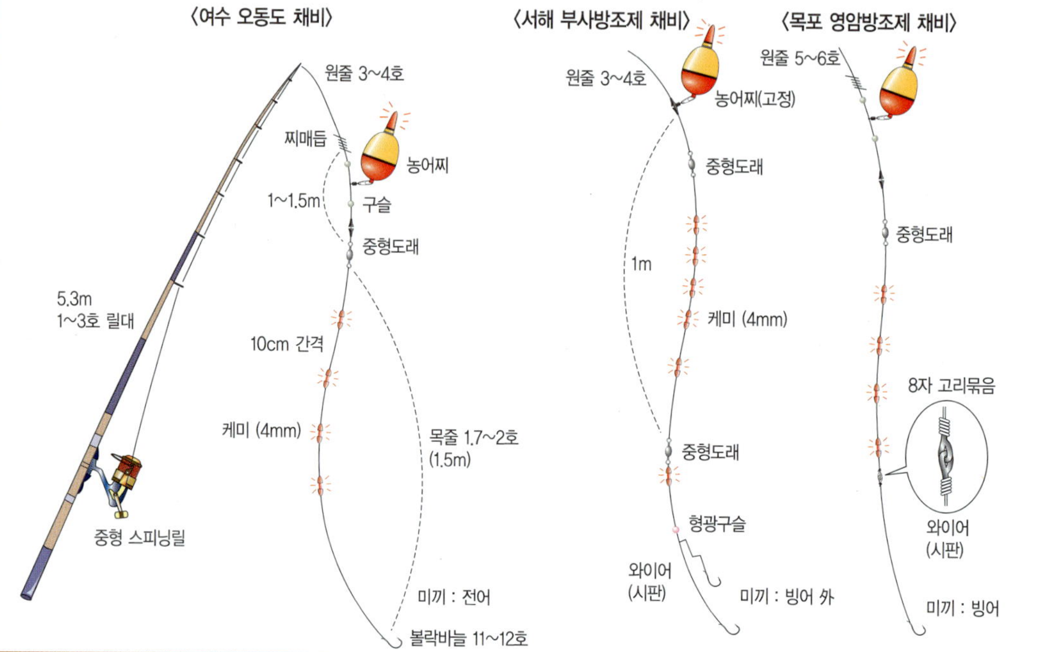

④ 고등어 · 전갱이낚시 채비

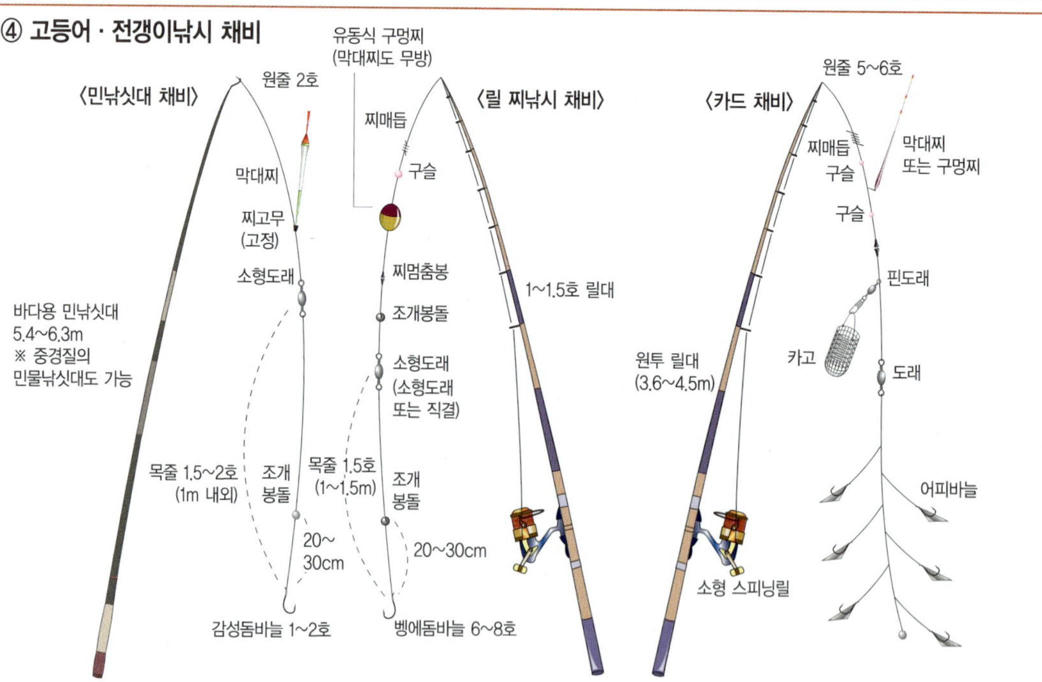

※ 외줄낚시 채비 (바늘 6개 · 시판)

⑤ 가자미낚시 채비

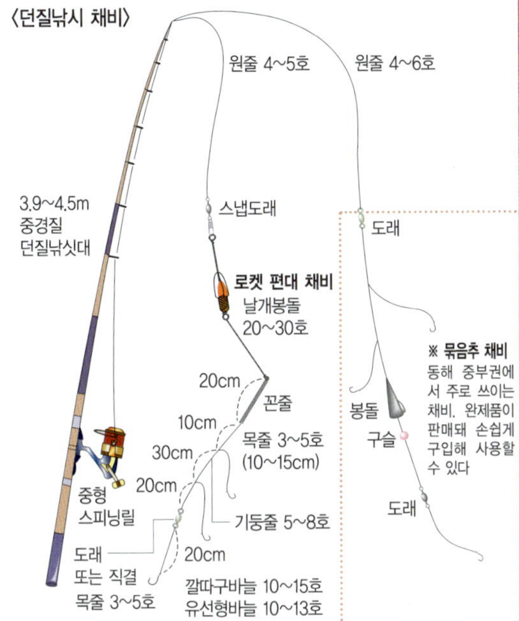

⑥ 망둥어낚시 채비

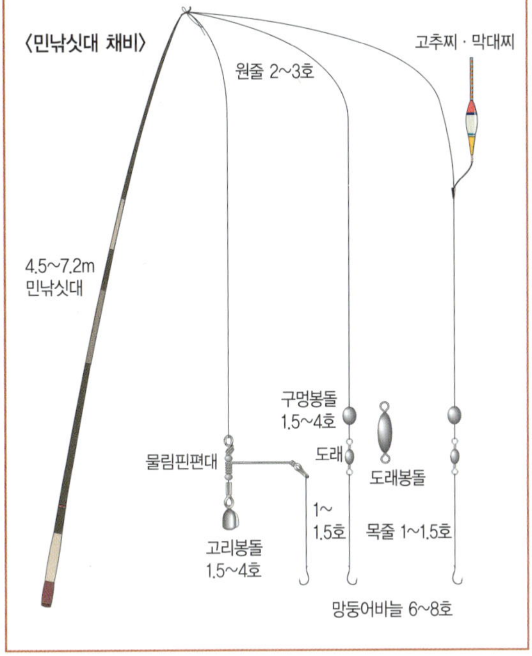

⑦ 보리멸낚시 채비

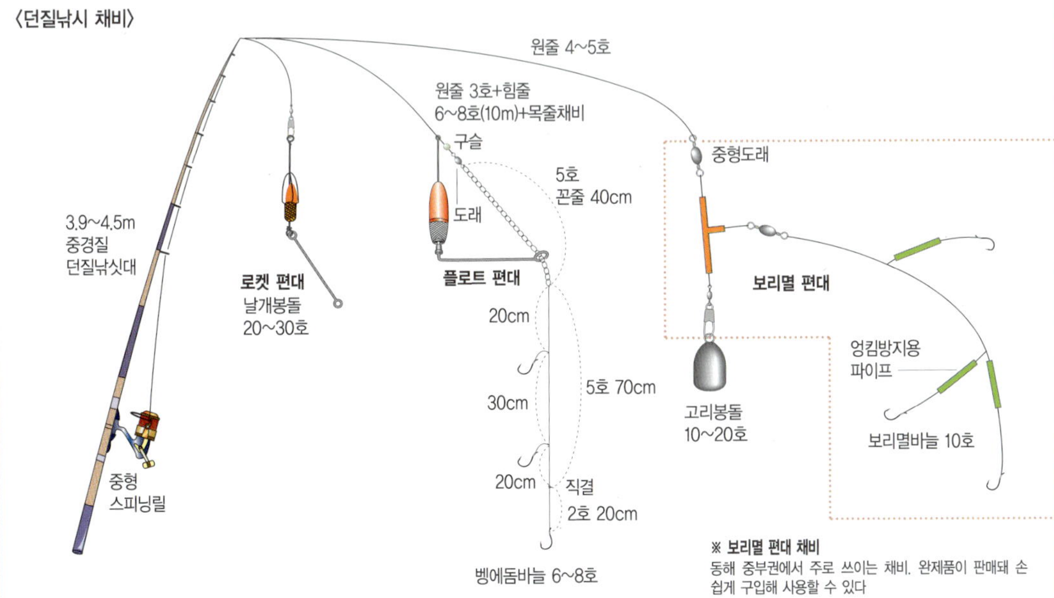

※ 보리멸 편대 채비
동해 중부권에서 주로 쓰이는 채비. 완제품이 판매돼 손쉽게 구입해 사용할 수 있다

[방파제낚시 어종별 채비도]

⑧ 농어낚시 채비

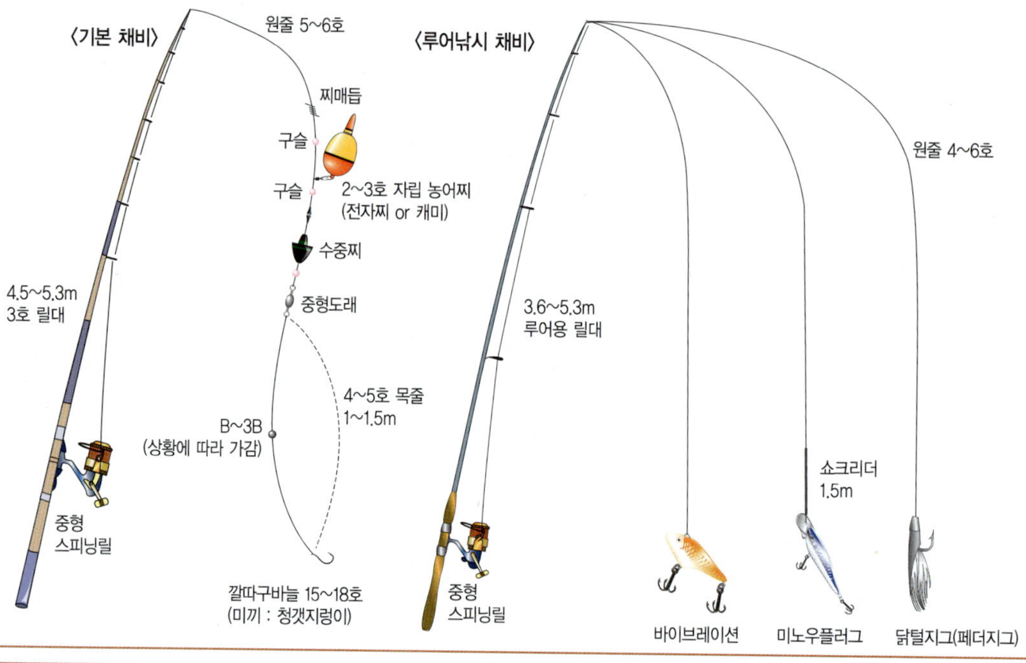

⑨ 볼락낚시 채비

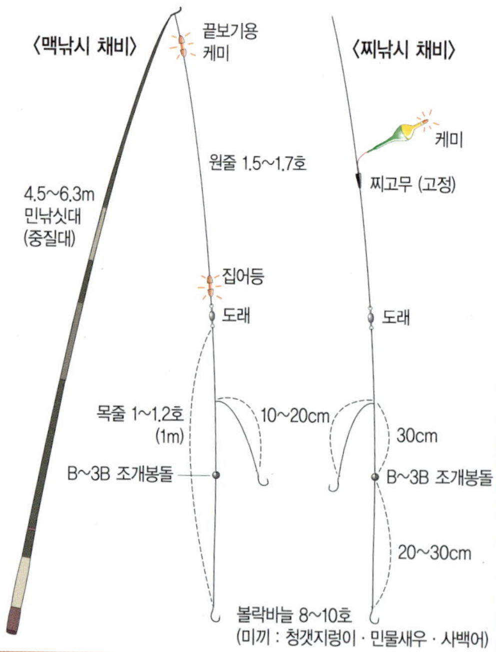

⑩ 망상어낚시 채비

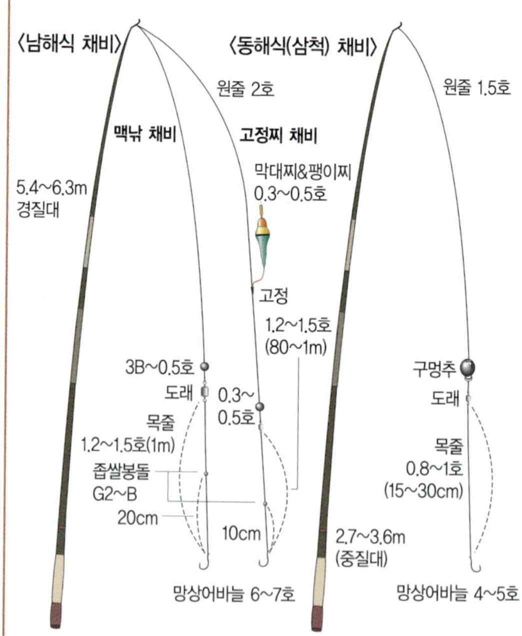

⑪ 노래미낚시 채비

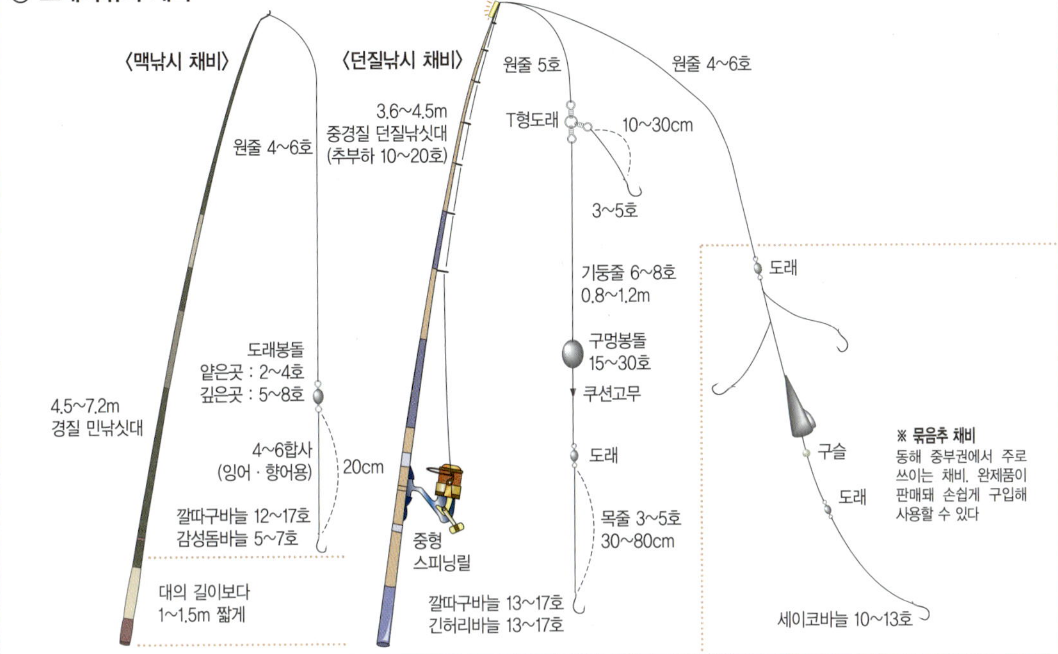

⑫ 우럭낚시 채비

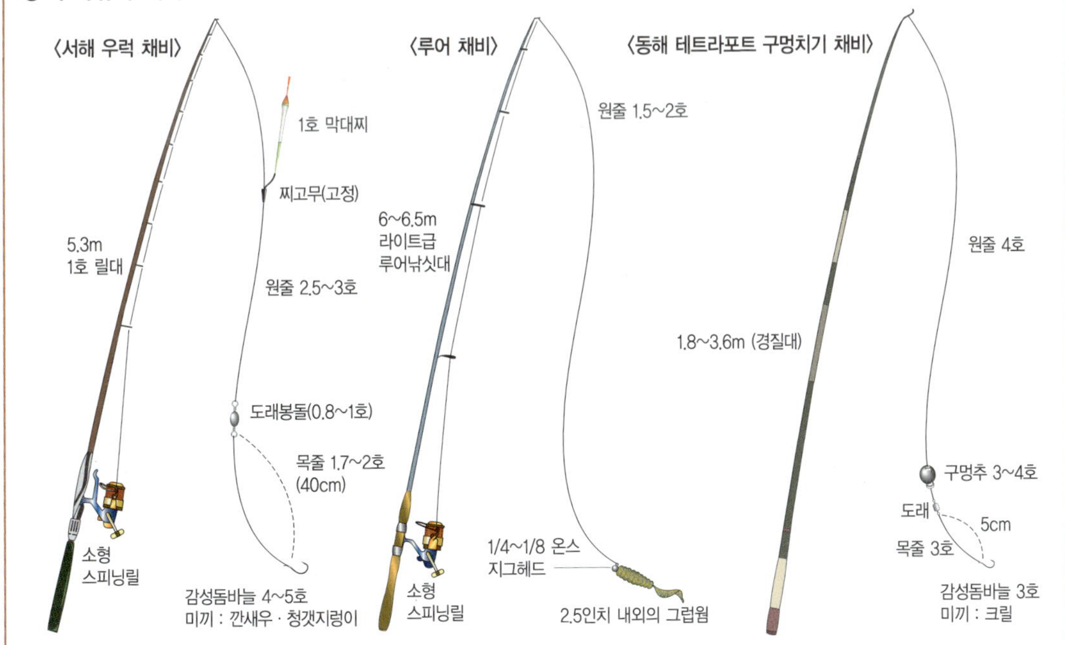

[방파제낚시 어종별 채비도]

⑬ 삼치낚시 채비

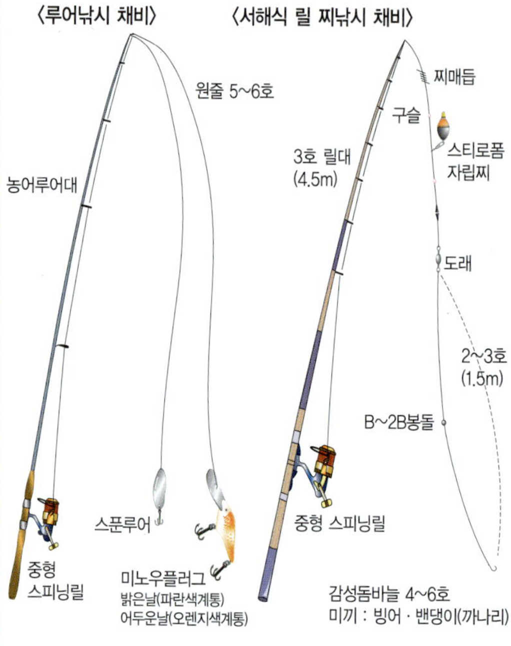

⑭ 숭어낚시 채비

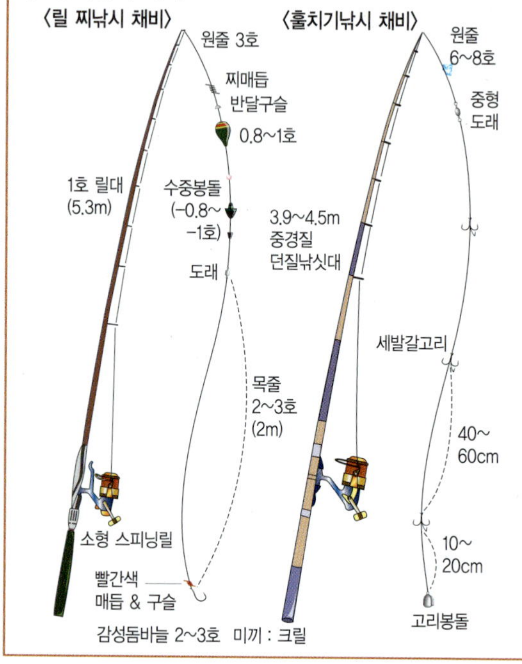

⑮ 임연수어낚시 채비

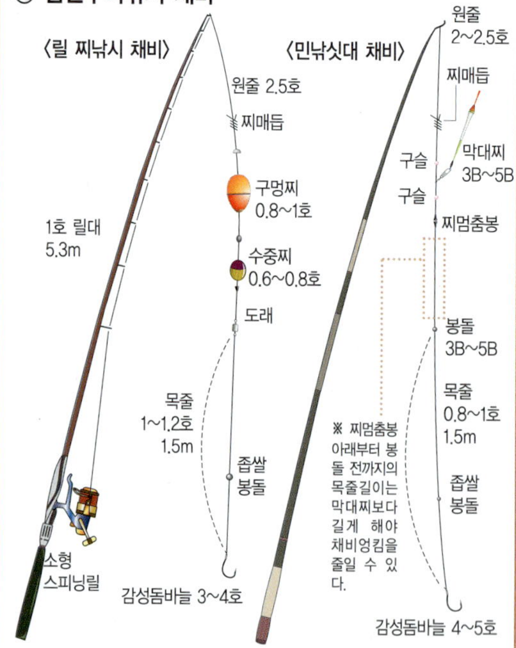

⑯ 학공치낚시 채비

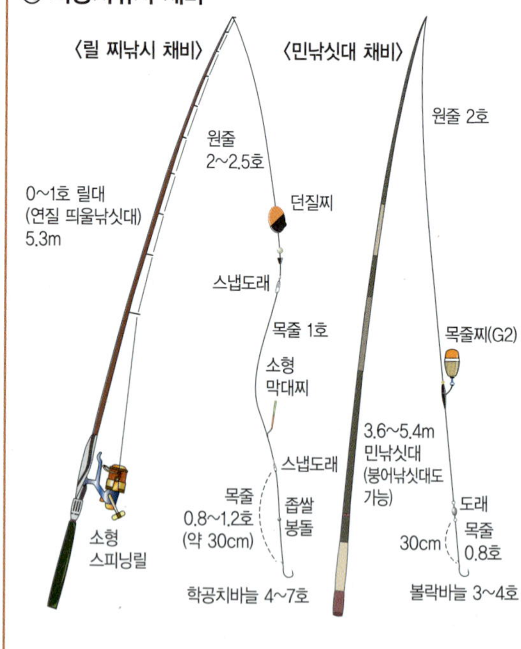

한국의

名방파제

100+100선

제2부

제1장 강원도 편

001 고성 공현진방파제

●소재지 : 강원도 고성군 죽왕면 공현진리 431-22 외
●길 이 : 큰 방파제 535m, 작은 방파제 315m

교통편 : 경춘고속도로와 44번 국도 그리고 46번 국도를 이용해 진부령을 넘는다. 거진읍 초입의 대대삼거리에 이르면 오른쪽 간성·속초 방면의 7번 국도(동해대로)를 타고 남하하되, 북천교차로·간성교차로·가진교차로를 차례대로 지나 공현진교차로에 이르면 '공현진리' 이정표를 보고 좌회전한다. 국도에서 좌회전 직후 왼쪽으로 꺾으면 공현진해수욕장 가는 길이고, 오른쪽으로 400여m만 진행하면 공현진항이다. 큰 방파제 초입에 대형 주차장이 있다.

연락처(033) : 고성 공현진낚시마트(632-6692)·고성 창명낚시마트(632-0330)·고성 세종낚시(633-5003)·간성 제일낚시(681-2363)

위치 : 〈위치도1〉 참조

■낚시여건

동해북부 지역에 위치한 방파제로서는 대규모에 속하며 낚시터로서도 인기가 높은 장소이다. 인근(북쪽) 공현진해수욕장 및 각종 위락시설과 연계되어 있어 깔끔한 공용화장실과 넓은 주차장 등 편의시설이 갖추어진 명품 방파제이다. 길이가 500m가 넘는 동쪽 방파제(큰 방파제)는 암초지대 위에 만들어진 관계로 방파제 전역이 포인트라 해도 손색이 없다. 지형적인 혜택으로 어자원이 풍부하고 공간도 넓어 한창 시즌에도 자리다툼 없이 낚시를 즐길 수 있다.

■어종과 시즌

동해북부 지역의 방파제 대개가 그러하듯 봄철은 감성돔과 임연수어가 대표 어종이다. 파도가 없는 날에는 임연수어, 파도가 적당히 치는 날에는 감성돔을 노린다. 대형급 감성돔이 종종 배출되는 곳으로, 조황 소식이 모락모락 퍼지면 감성돔 전문 꾼들의 발길이 바빠진다. 여름철이 되면 테트라포드 사이사이에서 우럭이 낚이고 학공치도 입질을

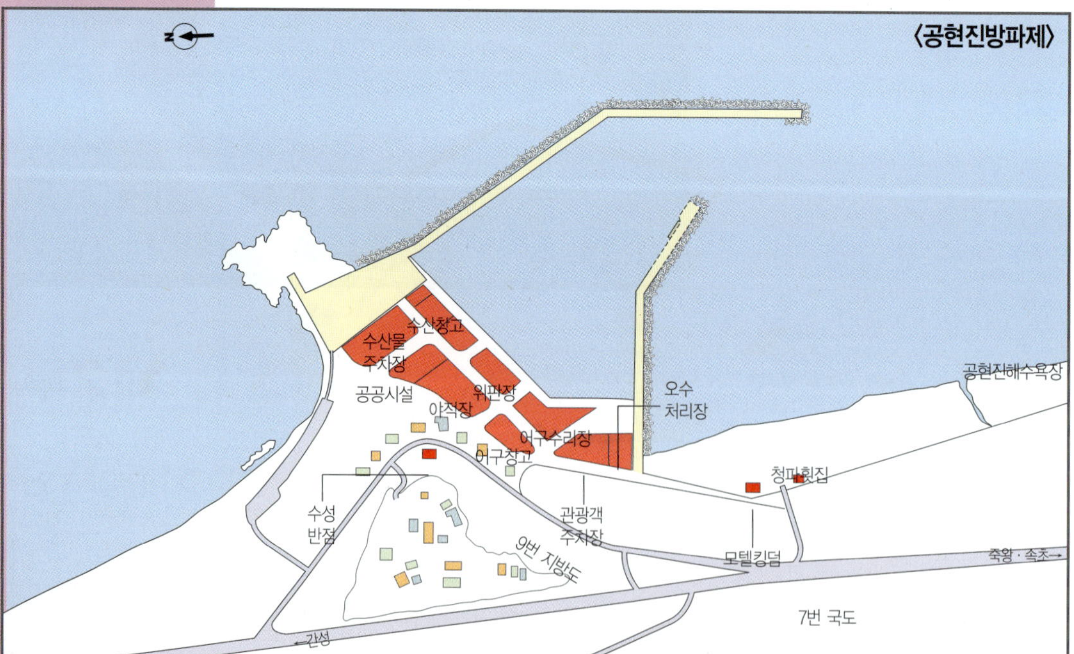

시작한다. 가을로 접어들면 다시 감성돔이 나타나기 시작하는데 이때부터는 동해북부 여느 장소와 마찬가지로 학공치와 감성돔이 주어종이 된다. 그 밖에도 가자미 · 황어 · 쥐노래미 등이 찌낚시와 던질낚시 손님으로 사시사철 입질을 멈추지 않는다. 전문 꾼들의 기대치와는 별개로 인근 주민들의 생활낚시에는 연중무휴, 낚시의 공백 기간이 없다 해도 과언이 아니다.

■장비와 채비 · 미끼

동해권 대부분의 감성돔낚시가 그러하듯, 이곳 역시 파도가 2~3m권으로 다소 높게 이는 날을 택해 출조해야 한다. 따라서 높은 파도를 견뎌낼 수 있는 1호 이상의 고부력 찌에, 중형 수중찌를 사용해야 효과적인 공략이 가능하다. 임연수어는 찌낚시뿐 아니라 대낚시로도 낚아낼 수 있다. 임연수어 미끼로는 갯지렁이나 오징어 살점이 주로 쓰인다.

■포인트 안내

모래와 암초가 적절히 섞여 있는 곳에 축조된 방파제로서 포인트가 전 구간에 걸쳐 형성돼 있다고 해도 과언이 아니다. 큰 방파제 초입 전의 갯바위 일대에선 40cm급 감성돔이 배출됐으며, 여밭이 깔려있는 방파제 중간과 끝 지점에서도 준수한 씨알의 감성돔이 곧잘 선보이고 있다. 큰 방파제에선 전 구간에서 고른 입질이 붙는 데 반해 작은 방파제에선 끝 지점의 조황이 뛰어나다. 작은 방파제 일대의 평균 수심은 5~8m권.

■기타 참고사항

큰 방파제가 꺾이는 지점을 전후한 외해 쪽으로 바닥 암초대가 줄지어 발달된 모습을 확인할 수 있는데, 이 암초대 주변은 수심이 얕아 조과를 기대할 수 없다. 오히려 테트라포드 구역 주변의 수심이 깊은 관계로 낚시 발판 바로 밑이 포인트라 생각하면 된다.

■인근 명소

방파제 인근으론 백사장 길이가 4km에 이르는 송지호 해수욕장이 있다. 백사장 앞에 죽도라는 바위섬이 있어 죽도해수욕장이라고도 불리고 있다. 고성권 여느 해수욕장에 비해 백사장이 길고 해변에 송림이 우거져 있어 아름다운 경치를 자아낸다. 숙박 및 편의시설도 잘 갖추어져 있어 가족나들이 코스로도 추천할 만하다.

002 속초 장사방파제

●소재지 : 강원도 속초시 장사동 548-12 외
●길 이 : 큰 방파제 약 400m, 작은 방파제 약 150m

교통편 : 속초시내에서 중앙로를 따라 북쪽으로 이동하면 속초항을 지나 바로 나타나는 곳이 장사항이다. 속초의료원이 위치하고 있는 영랑호변을 거쳐 진입해도 된다. 영랑호 하구의 영랑교를 지나면 장사항으로 진입하는 이정표를 볼 수 있다. 장사항에서 낚시를 한다면 항구로 진입하여 주차한다. 남쪽의 제방이나 T자 방사제 등 그 밖에 지역은 장사항해안길이나 영랑해안길을 따라 이동하면서 주변 공터에 주차할 수 있다.

연락처(033) : 속초 낚시이야기(635-6556) · 동서낚시(635-5152) · 장사낚시(636-9479) · 그린낚시(635-0044)

위치 : 〈위치도1〉 참조

■낚시여건

동명방파제와 함께 속초의 대표적인 도심권 낚시터로 꼽힌다. 큰 방파제에서 600~700m 전방으로 돌섬이 있어 찌낚시보다 원투낚시로 공략하면 굵은 씨알의 감성돔을 기대할 수 있다. 릴 찌낚시는 대부분 큰 방파제에서 이루어진다. 속초 시내와 접해 있어 현지 낚시인들은 물론 외지 관광객들도 부담 없이 들러볼 수 있다.

■어종과 시즌

가을 시즌이면 감성돔 원투낚시가 활기를 띠게 되며 매년 추석을 전후해 45cm급 이상의 굵은 씨알이 배출된다. 방파제 외항 쪽에서도 감성돔이 낚이나 대부분 20cm 내외의 잔 씨알이 주류를 이룬다. 가을 무렵엔 학공치가 선보이기 시작해 11월로 접어들면 씨알이 30~40cm급으로 굵어지고 마리수도 좋아진다.

황어 · 가자미 · 노래미 등은 사계절 어종으로 꾸준히 낚이며, 3~4월이면 20~30cm급 임연수어가 마리수로 낚인다.

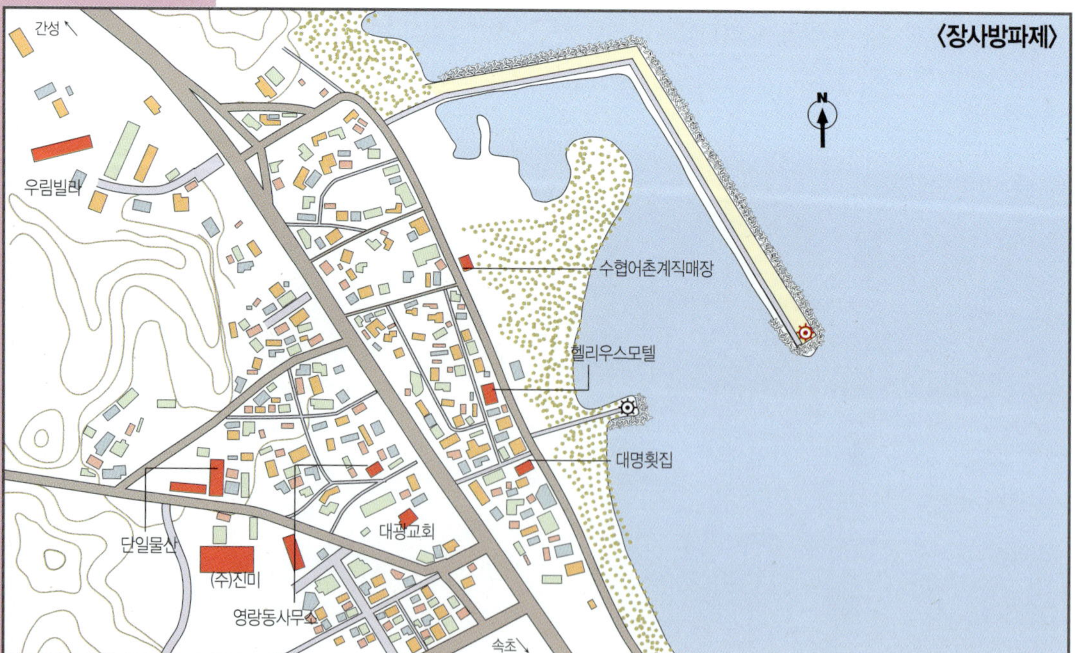

■**장비와 채비 · 미끼**

원투낚시로 감성돔을 공략하기 위해선 5호 릴대에 30~40호 봉돌을 사용하는 게 효과적이다.

봉돌은 타원형이 주로 쓰이나, 3각추 또는 4각추의 피라미드형 봉돌을 쓰게 되면 바닥에 닿는 채비가 거센 물살에 덜 밀리는 이점이 있다. 미끼는 참갯지렁이가 잘 먹히며 바늘은 감성돔바늘 4~5호 정도로 크게 써야 한다. 학공치는 띄울 채비로 낚을 수 있다.

■**포인트 안내**

감성돔 원투 포인트는 방파제 초입부터 시작해 중간 지점까지다. 원투낚시가 아닌 찌낚시로 공략하고자 한다면 방파제 끝 지점의 외항 쪽이 마리수에서 앞선다. 그러나 씨알은 원투낚시에 비해 한참 잘게 낚여, 마리수가 우선인지 씨알이 우선인지를 먼저 택하고 공략하는 것이 유리하다. 작은 방파제 끝 지점은 큰 방파제에 많은 꾼들이 몰렸을 때 임시방편으로 찾아볼 수 있으나 조황 면에선 그리 만족할 만한 수준이 못 된다.

■**기타 참고사항**

동해안 낚시의 일반적인 패턴처럼 테트라포드 위에서 즐기는 낚시는 어느 정도 파도가 일어야 입질 빈도가 잦아진다. 원투낚시는 연안이 아닌 다소 먼 거리(50~80m)를 공략하는 특성상 파도의 영향을 덜 탈 것으로 여겨지기도 하지만 역시 적당한 파도가 있는 날을 만나야만 굵은 감성돔과 만날 확률이 높아진다.

■**인근 명소**

장사방파제에서 남쪽으로 불과 3km 지점엔 영금정(靈琴亭)이 있다. 최근 들어선 관광지 개발에 따른 결과로 예전의 모습을 많이 잃었지만, 아직까지도 아기자기한 해변 경관을 감상할 수 있다. 영금정 바위 위엔 '영금정(靈琴亭)' 이라는 해상 정자가 있으며 50m 정도의 다리를 건너 들어가면 동해를 조망할 수 있다.

003 속초 동명(속초항)방파제

●소재지 : 강원도 속초시 동명동 1-143 외
●길　이 : 큰 방파제 약 900m, 작은 방파제 약 300m

교통편 : 영동고속도로를 타고 가다가 동해고속도로 현남 I.C로 나와 7번 국도를 이용해 속초까지 간다. 속초 시내에 진입 후 고속버스터미널 쪽으로 좌회전해 약 4km 진행하면 도로 우측으로 방파제가 보인다.

연락처(033) : 속초 선구낚시(633-6790) · 영동낚시(633-2878) · 동명낚시(632-7680) · 삼양낚시(632-6312) · 반도낚시(631-6044)

■낚시여건

속초시를 대표하는 대형 방파제로서 '속초방파제' 라고도 불린다. 강원권에서는 야간에도 낚시를 즐길 수 있는 몇 안 되는 낚시터로서 도심과 인접한 편리한 교통 여건이 돋보인다. 춘하추동 계절을 달리하며 선보이는 다양한 어종들로 인해 현지 단골꾼들의 출입이 잦은 편이다. 매년 여름철이면 피서객들까지 가세해 일대 장사진을 이루기도 한다.

■어종과 시즌

던질낚시나 띄울낚시로 낚을 수 있는 임연수어는 3월부터 시작해 4월까지 시즌을 이어간다. 임연수어 조황이 주춤하는 5월로 들어서면 감성돔이 선보이기 시작한다. 5월에 낚이는 감성돔은 잔잔한 손맛 정도로 만족해야 하는 살감성돔이 대부분이다.

가족단위 피서객들도 어렵지 않게 입질을 받아낼 수 있는 가자미와 노래미는 여름 시즌에 피크를 이룬다. 학공치는 감성돔과 함께 9월부터 낚이기 시작해 12월까지 꾸준히 입질을 터뜨린다.

위치 : 〈위치도1〉 참조

■장비와 채비 · 미끼

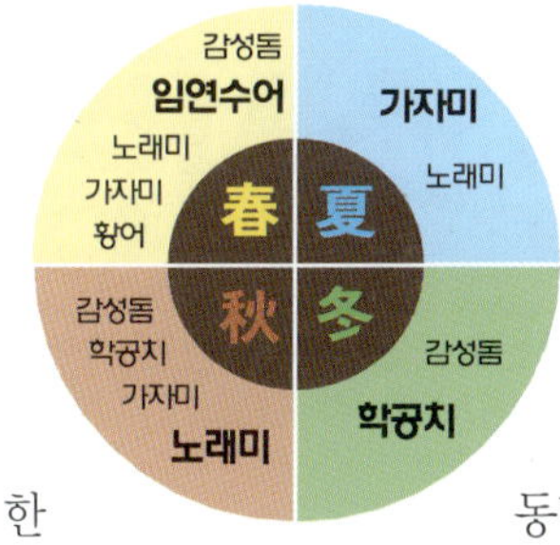

임연수어낚시에 필요한 띄울낚시 채비는 바다용 민낚싯대 6.3~8.1m 정도가 적당하다. 미끼는 갯지렁이나 오징어 살점 정도면 입질을 받아낼 수 있다. 던질낚시 채비로 임연수어를 낚고자 한다면 구멍봉돌을 5~25호까지 사용하며 여건에 따라 근거리와 중거리를 효과적으로 공략하면 된다. 감성돔은 대부분 찌낚시로 낚으며 학공치는 띄울낚시로 공략한다.

■포인트 안내

방파제로 진입하기 전에 있는 '동명활어직판장'을 지나면서부터 포인트가 시작된다. 방파제 중간 지점을 지나 조금만 더 가면 꺾여 들어가는 지점이 나오는데, 이곳 역시 외항권을 중심으로 포인트를 형성하고 있다. 여느 방파제와 마찬가지로 외항 끝 지점의 테트라포드는 항시 많은 꾼들이 몰리는 장소로서 계절에 따라 다양한 어종들이 입질을 터뜨려 준다.

감성돔과 가자미를 대상어로 하는 원투낚시는 내항권을 중심으로 이루어진다.

■기타 참고사항

동명방파제는 청호동방파제와 접해 있어 낚시 여건이 좋지 못하다고 판단될 땐 포인트를 옮길 수 있는 장점이 있다. 청호동방파제는 약 300m 길이의 구방파제와 약 150m 길이의 신방파제로 구성돼 있으며, 주요 포인트는 끝 지점의 내 · 외항이다.

■인근 명소

동명항에서 승용차로 10분 거리엔 설악산국립공원이 있어 가족들과 함께 수려한 자연 정취를 느끼며 외설악 관광도 겸할 수 있다. 또 방파제에서 남쪽으로 10분만 가면 깨끗한 자연 백사장에 편의시설 또한 잘 갖추어져 있는 속초해수욕장이 위치해 여름철 휴양지로는 물론 가족놀이 코스로도 꼭 한 번 들러볼만 하다.

004 양양 수산방파제

●소재지 : 강원도 양양군 손양면 수산리 89-2 외
●길　이 : 큰 방파제 약 585m, 작은 방파제 약 240m

교통편 : 동해고속도로 현남 I.C에서 나와 7번 국도로 진입해 현남·현북 방면으로 진행한다. 현북면 소재지에 닿으면 약 2.5km 지점에 나타나는 삼거리에서 수산리 방면의 지방도로 진입해 약 5.5km 직진하면 방파제가 나타난다.

연락처(033) : 양양 수산낚시(671-1319 · 양양낚시(673-7070) · 낙산낚시(673-4560)

■낚시여건

양양권에선 가장 큰 규모를 자랑하는 대형급 방파제로서 내 · 외항 모두에서 꾸준한 조황을 보인다. 큰 방파제는 영문자 'Y'를 우측으로 눕혀놓은 모양으로, 방파제낚시터의 명당으로 손꼽히는 끝 지점이 두 개로 나뉘어져 있다. 따라서 낚시할 수 있는 구간도 여느 방파제에 비해 넉넉한 편이며, 수심도 깊어 최적의 포인트 여건을 갖추고 있다.

■어종과 시즌

포인트 구간이 넓고 계절별로 다양한 어종이 낚여 오래 전부터 꾼들의 발길이 꾸준했다. 봄 시즌이면 임연수어와 감성돔이 꾼들을 반기고, 여름철로 접어들면 가자미 · 황어 · 노래미 등이 선보인다. 가을 시즌부터 겨울까지는 학공치 · 감성돔 · 노래미 등이 낚인다. 겨울 시즌에 이르면 원투낚시에 40cm급 감성돔도 종종 비친다.

위치 : 〈위치도1〉 참조

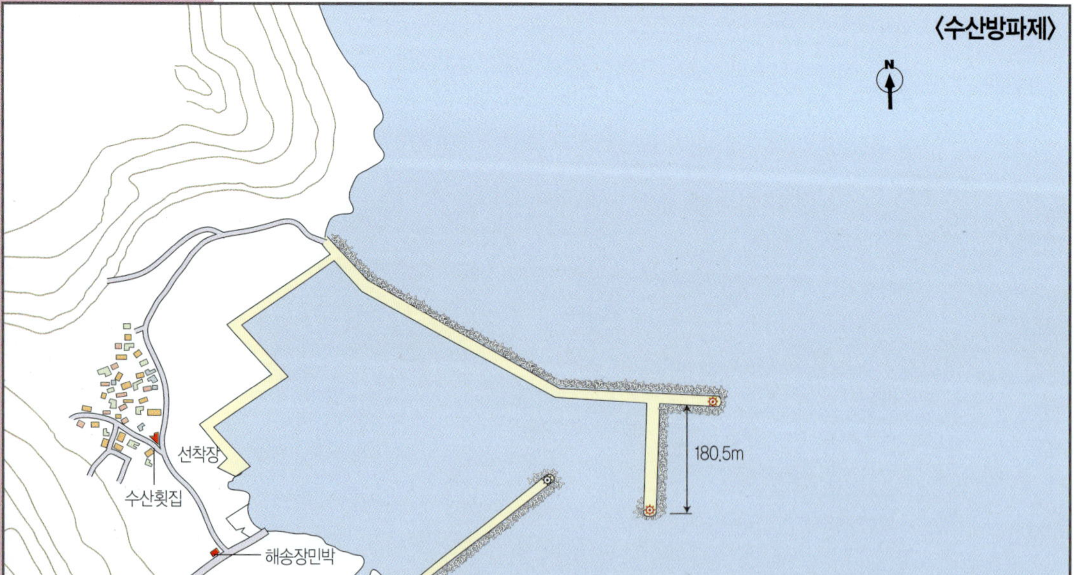

■장비와 채비 · 미끼

외항권에서 감성돔이나 임연수어 등을 공략할 땐 찌낚시보다 원투낚시에 좀더 굵은 씨알을 기대해 볼 수 있다. 사계절 어종인 가자미는 내항권 수중여 주변을 중심으로 원투가 이루어진다. 가자미는 로켓 또는 플로트 편대 채비에 갯지렁이를 쓰는 게 효과적이다. 가자미의 강한 탐식성을 고려해 여러 마리의 갯지렁이를 꿰면 씨알이 굵게 낚인다.

■포인트 안내

수산방파제는 암초대와 사니질대가 적절히 섞여 있는 곳에 축조돼 다양한 어종이 형성된다. 큰 방파제 두 개의 끝 지점은 릴 찌낚시 명당으로 꼽히며, 좌측 끝 지점의 외항권은 원투낚시 포인트로 각광받고 있다.
가자미는 내항권 중간 지점과 맞은편 연안권을 중심으로 포인트가 형성되어 있다. 작은 방파제에선 외항을 중심으로 낚시가 이루어지며 이곳 역시 끝 지점이 포인트다.

■기타 참고사항

작은 방파제 우측으로는 갯바위 지형이 보기 좋게 형성돼 있다. 하지만 이곳은 군부대 통제 지역으로 묶여 있어 사실상 낚시를 할 수 없다. 군부대 통제에 묶여 있는 갯바위 구간은 약 1km가 넘는다.

■인근 명소

방파제에서 10분 거리엔 동해의 3대 해수욕장 가운데 한 곳인 낙산해수욕장이 있다. 지난 1963년에 개장했으며 양양군에선 시설과 규모 면에서 첫 번째로 꼽힐 만큼 관광호텔 · 콘도 · 모텔 · 민박 · 오토 캠프장 등 편의시설이 잘 갖추어져 있다. 해변 남쪽으로는 먹거리 단지도 조성돼 있으며, 피서철에는 각종 이벤트가 마련돼 다양한 볼거리를 제공한다.

005 양양 동산방파제

●소재지 : 강원도 양양군 현남면 동산리 137-4
●길 이 : 큰 방파제 약 330m, 작은 방파제 약 200m

교통편 : 강릉 방면 영동고속도로~주문진 방면 동해고속도로를 이용해 현남I.C까지 간다. 이곳에서 속초·양양 방면 7번 국도로 진행하면 남애~인구리~시변리를 지나 동산리에 닿는다. 이곳에서 우측의 동산항 이정표를 따라 진입하면 마을을 지나 방파제에 이른다.

연락처(033) : 양양 양양낚시(673-7070)·주문진 낚시프라자(661-6626)·주문진 주문진낚시(662-8750)

■낚시여건

옛날에는 그 규모가 100m 정도로 작은 소형급 방파제에 불과했다. 그러나 매년 증축 공사가 이루어지면서 2005년엔 300m 길이의 중형급 방파제로 변모하게 됐다. 인근 수산방파제처럼 대형급 규모는 아니지만, 방파제 입구 쪽으로 갯바위와 수중 암초지대가 잘 발달해 있고, 수심 또한 깊어 낚시하기엔 여러모로 좋은 조건을 갖추었다.

■어종과 시즌

동해 북부권 방파제 가운데 임연수어가 특히 잘 낚이는 곳으로, 빠르면 2월 말부터 꾼들의 발길을 불러 모은다. 임연수어는 4월 말까지도 꾸준히 배출되며 낚이는 씨알은 보통 20~25cm급이 주류를 이루고 간혹 40cm급 이상도 선보인다. 벵에돔은 8월 말부터 선보이기 시작하는데, 씨알은 대부분 손바닥 이하다. 감성돔은 9월 초부터 이듬해 4월까지 꾸준히 배출되는데, 이 역시 씨알이 20cm 전후로 잔 편이다. 학공치는 가을부터 낚이며, 일년 시즌 내내 꾼들의 손맛과 입맛을 채워주는 사계절 어종으론 가자미·황어·

위치 : 〈위치도1〉 참조

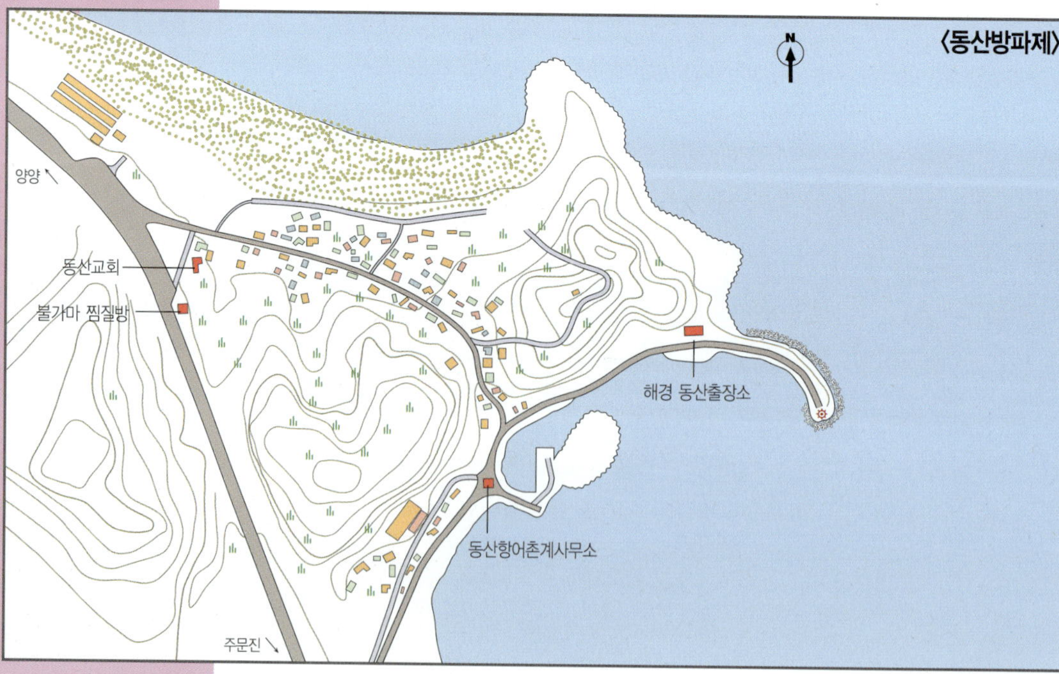

노래미 등이 있다.

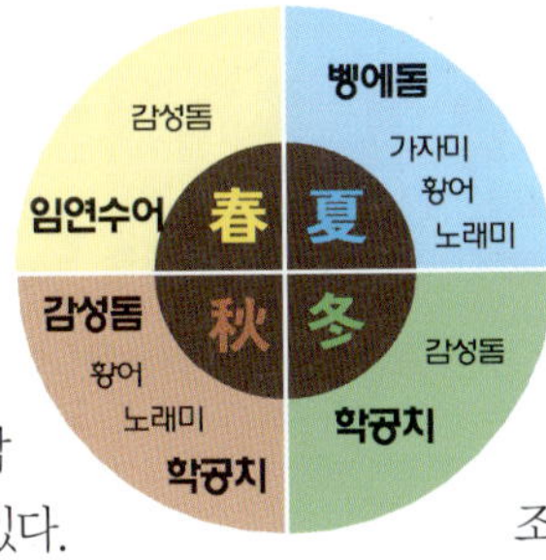

■장비와 채비 · 미끼

감성돔과 벵에돔은 찌낚시로 낚을 수 있으며 미끼는 크릴이 사용된다. 임연수어는 찌낚시 이외에도 민장대로도 얼마든지 낚을 수 있다. 임연수어낚시에 쓰이는 민장대 길이는 보통 3.5칸 전후, 원줄은 2~2.5호면 적당하다. 바늘은 볼락바늘 6~8호 또는 감성돔바늘 2~3호가 알맞고, 찌는 대부분 고추찌를 사용한다. 찌부력은 0.5~0.7 정도가 적당하다.

■포인트 안내

갯바위와 수중바위가 발달해 있는 방파제 초입의 외항권이 명당으로 꼽힌다. 때문에 많은 낚시꾼들은 이곳을 선점하기 위해 이른 새벽부터 자리다툼을 벌이기도 한다. 초입 이외에도 기대해 볼만한 포인트로는 큰 방파제 외항권 끝 지점이 있다. 감성돔 포인트로도 손색이 없는 이곳은 수심이 깊어, 적당히 파도가 일어주면 의외로 굵은 감성돔과 만날 가능성이 높다. 끝 지점 내항권 역시 수중바위와 사니질대가 적절히 섞여 있어 벵에돔이 곧잘 낚인다.

■기타 참고사항

임연수어는 찌낚시뿐 아니라 루어낚시로도 낚을 수 있다. 조황은 새벽녘 조과가 두드러지며 포인트 선점만 잘 하면 20~40여수의 마리수 조과도 어렵지 않다. 그러나 폭발적인 조황을 보여주다가도 거짓말처럼 입질이 뚝 끊기는 경우도 있는데, 이는 임연수어가 인근의 죽도 · 주문진방파제에까지 폭넓게 이동하며 게릴라식으로 출몰하기 때문. 따라서 현지 문의를 통해 정확한 조황 정보를 얻고 출조하는 게 유리하다.

■인근 명소

방파제에서 7번 국도를 이용, 현북면 방향으로 약 6km 진행하면 양양 지방의 팔경으로 각광받는 '하조대'가 나온다. 조선의 개국공신인 하륜과 조준이 잠시 머물렀다는 하조대는 가파른 기암절벽 위에 꼿꼿하게 서있는 누각과 해송이 빼어난 절경을 자아낸다.

006 양양 남애방파제

●소재지 : 강원도 양양군 현남면 남애리 2-4 외
●길 이 : 큰 방파제 310m, 작은 방파제 90m

교통편 : 강릉 방면 영동고속도로와 주문진 방면 동해고속도로를 이용해 현남I.C로 나가 좌회전하면 속초 방면 7번 국도가 나온다. 이곳에서 약 4km를 가면 남애해수욕장과 매호저수지 못 미친 지점에 우측으로 남애항 이정표가 보인다.

연락처(033) : 양양 관동낚시(671-8847)·주문진 낚시프라자(661-6626)·주문진 주문진낚시(662-8750)

■낚시여건

남애방파제 인근으로 주문진·동산방파제가 있어 연계 출조 여건이 좋은 편이다. 방파제 주변으로는 수중 암초와 갯바위가 발달돼 있어 어자원도 다양한 편에 속한다.
아늑한 분위기를 연출하는 아담한 규모의 어항 전경은 가족동반 낚시인들에게도 부족함 없는 볼거리를 제공한다.

■어종과 시즌

사계절 낚시가 이루어지지만 봄철에 호황세를 보인다. 빠르면 1월 말이나 2월 초순경으로 접어들면 임연수어가 낚이며 평균 씨알은 25~30cm급. 임연수어는 한낮에도 밑밥으로 유혹하면 손쉽게 입질이 붙는다. 3월 말로 접어들면 임연수어에 이어 망상어가 입질을 터뜨린다. 우럭 역시 3월부터 방파제 테트라포드 구멍치기나 찌낚시로 낚을 수 있으며 아침과 저녁에 입질이 활발하다. 사계절 어종으로는 노래미와 황어가 있다.

위치 : 〈위치도1〉 참조

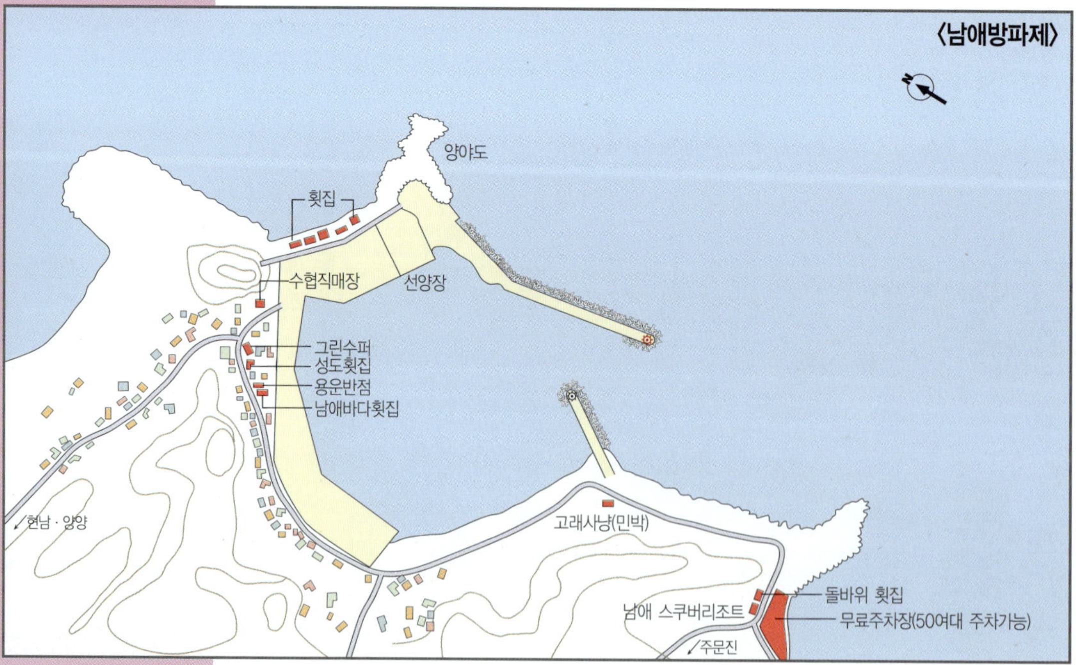

■**장비와 채비 · 미끼**

임연수어와 망상어는 테트라포드에서 다소 멀리 떨어진 지점에서 입질이 붙기 때문에 찌낚시로 노려야 유리하다. 우럭 역시 테트라포드 구멍치기보다는 아침 · 저녁 찌낚시에 입질이 잦다. 밑밥은 곤쟁이 또는 크릴을 쓰되 집어제를 첨가해 빨리 가라앉히도록 해야 한다.
우럭 · 망상어 미끼로는 갯지렁이와 크릴, 임연수어는 멍게 살점을 쓰면 효과가 좋다

■**포인트 안내**

찌낚시는 방파제 외항의 테트라포드, 원투낚시는 방파제 양 옆의 갯바위지대에서 널리 행해진다. 임연수어를 낚고자 한다면 큰 방파제 끝 지점부터 100여m 안쪽까지 노려야 하고, 망상어 · 우럭은 더 안쪽도 무난하다. 큰 방파제 내항권은 여름철 가자미 원투낚시를 제외하곤 거의 낚시가 이루어지지 않는다. 큰 방파제 끝 지점의 평균 수심은 8~9m권.
작은 방파제 끝 지점 역시 망상어 포인트로서 매년 꾸준한 조황을 보여주고 있다.

■**기타 참고사항**

여느 방파제에 비해 주변 오염원이 적어 매년 3월 경부터는 방파제 내항 쪽에서 소라와 미역 등 해산물이 풍부히 수확되기도 한다. 대부분의 영동권 방파제와 마찬가지로 낚시는 일출 이후부터 일몰 직후까지만 가능하다. 물색이 너무 맑아 적당히 파도가 이는 날 공략해야 하고, 밑밥 역시 충분히 준비해야 만족스런 수확을 일궈낼 수 있다.

■**인근 명소**

남애항 인근에는 20여 곳의 횟집이 자리해 있어 다양하고 싱싱한 해산물을 저렴한 가격으로 맛볼 수 있다. 또한 큰 방파제가 뻗어나가는 입구에 서면 우뚝 솟은 30m 높이의 돌산과 소나무 군락이 눈에 띄는데, 이곳은 조선시대의 봉수대(양야도 · 陽也島)가 있던 곳으로, 예전엔 섬이었으나 방파제 축조와 더불어 육지화된 역사적 장소이기도 하다.

007

강릉 주문진방파제

●소재지 : 강원도 강릉시 주문진읍 주문리 265-18 외
●길 이 : 큰 방파제 약 830m, 작은 방파제 240m

교통편 : 영동고속도로 강릉 분기점에서 동해고속도로 속초 방면으로 진행하다가 북강릉IC에서 나와 동해대로(7번 국도)를 타고 북상하다가 주문진 읍사무소(주문진항) 방면으로 우회전하여 진입한다. 읍사무소사거리 또는 주문진항입구에서 좌회전하면 큰 방파제 앞으로 갈 수 있다. 속초 방면에서 남하할 경우에는 동해고속도로 현남IC로 나와 우회전하여 7번 국도를 타고 내려오다가 주문삼거리에서 좌회전하여 진입한다.

연락처(033) : 주문진 화성낚시프라자(661-2956) · 명도낚시할인마트(662-0565) · 낚시프라자(661-6626) · 주문진낚시(662-8750)

위치 : 〈위치도2〉 참조

■낚시여건

동해안 제1의 오징어 산지로 유명하며 주말이면 방파제와 포구로 몰려드는 낚시꾼과 관광객들로 장사진을 이루기도 한다. 낚시가 많이 이루어지는 큰 방파제는 그 길이가 무려 1km에 달한다. 바닥 지형 대부분이 암초로 되어 있어 계절별로 다양한 어종이 낚이고 조과도 풍성하다. 큰 방파제 초입 좌측으로 형성된 갯바위 일대에서도 낚시가 성행한다.

■어종과 시즌

봄이면 임연수어낚시가 활기를 띤다. 씨알은 20~25cm 정도가 주류를 이루며 간혹 35cm 급도 배출된다. 5~6월로 접어들면 감성돔이 낚이기 시작하며, 씨알은 20cm 전후.

여름이면 가족과 함께 낚시를 즐기며 입맛도 겸할 수 있는 가자미 · 노래미 등이 선보인다. 가을 시즌은 주문진방파제에서 가장 다양한 어종이 배출되는 시기로, 감성돔을 비

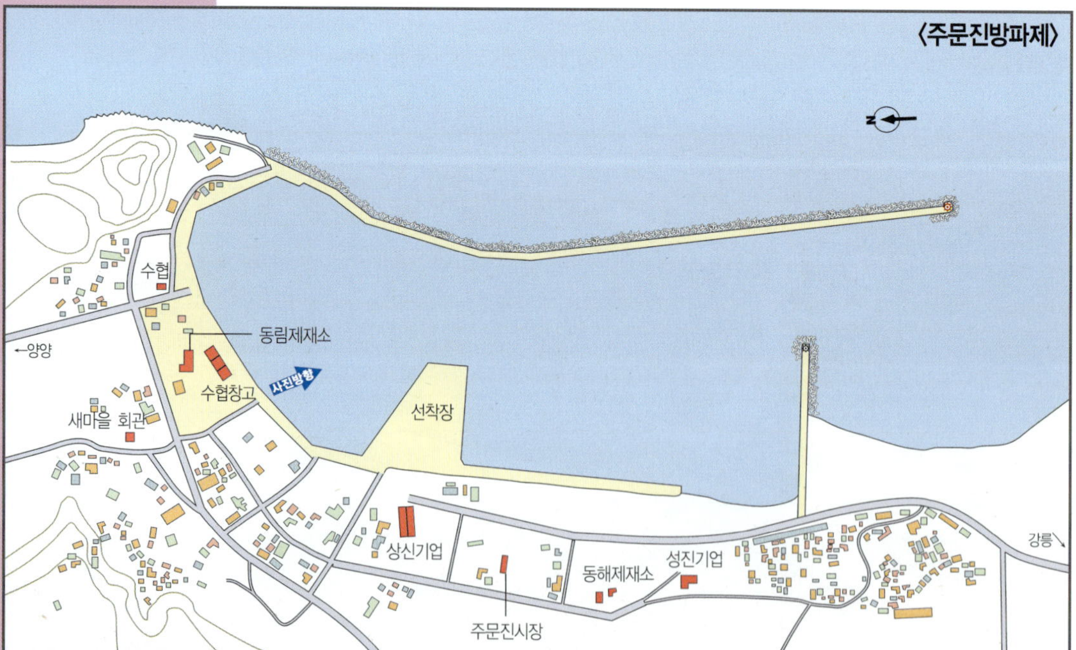

롯한 학공치 · 고등어 · 노래미 등이 낚인다. 동해권에서 굵은 씨알로 대접받는 30cm급 감성돔도 이맘때 배출된다.

장비와 채비 · 미끼

주문진항의 낚시 패턴은 크게 두 가지다. 봄부터 가을까지는 대부분 찌낚시가 성행하고, 겨울로 접어들면 원투낚시가 대세를 이룬다. 낚시꾼 취향에 따라 원투나 찌낚시를 즐겨도 무방하겠지만, 조과 면에선 이 지역의 패턴을 따르는 게 유리하다. 망상어는 크릴과 곤쟁이를 미끼로 하며 우럭은 작은 미꾸라지나 굵은 새우가 잘 먹힌다.

포인트 안내

큰 방파제 외항의 테트라포드 전역에서 고른 조황을 보여주는 덕에 포인트 선점에 그리 신경을 쓰지 않아도 된다. 다만, 방파제 구간마다 선보이는 어종이 조금씩 차이가 있을 뿐이어서 대상어종만 미리 정하고 낚시에 임한다면 보다 좋은 조과가 기대된다.

방파제 끝 지점에선 우럭 · 망상어 · 황어, 중간 지점의 테트라포드에선 망상어 · 노래미가 잘 낚인다. 큰 방파제 중간 지점에서부터 100~150m 사이 구간은 망상어와 우럭 포인트로 유망하다.

기타 참고사항

주문진항 어판장에선 어선들이 바다에서 갓 잡아 나온 싱싱한 생선을 저렴한 가격으로 구입할 수 있으며, 항구 내에 즐비하게 들어선 회 센터에선 다양한 횟감을 맛볼 수 있다. 주문진항에서 인접한 7번 국도는 가족끼리 오붓한 시간을 보내며 드라이브를 즐기기에도 좋다.

인근 명소

방파제에서 1km 인근엔 넓은 백사장에 해안선 길이가 700m에 이르는 주문진해수욕장이 자리해 있다. 수심이 얕아 가족단위로 피서하기에 좋으며, 하얀 모래사장과 울창한 해송은 편안한 휴식처를 만들어 준다. 솔밭 공원에는 체육공원 시설도 마련돼 있으며, 그 인근으로는 가족호텔을 비롯해 깨끗이 정비된 민박집들이 많아 숙박도 편리하다.

008 강릉 금진방파제

●소재지 : 강원도 강릉시 옥계면 금진리 124-3 외
●길　이 : 큰 방파제 640m, 작은 방파제 210m

교통편 : 영동고속도로→ 동해고속도로를 이용해 동해 방면으로 진행하다가 옥계I.C로 나온다. 이곳에서 옥계해수욕장 방면으로 진행하다가 강릉·정동진 방면으로 좌회전해 약 1km 가면 금진항에 닿는다. 시외버스를 이용할 때는 강릉터미널보다 동해터미널을 이용하면 옥계·금진 방면 시내버스가 수시로 있어 편리하다.

연락처(033) : 강릉 남천낚시(648-1734)·강릉 교동낚시(647-0763)·동해 현대낚시(522-1010)

■낚시여건

인근 묵호방파제에 비해 널리 알려져 있진 않지만 현지 꾼들의 발길만큼은 예전부터 꾸준히 이어지던 곳이다. 동해권 일출 명소로 널리 알려진 '정동진' 과도 지척에 있어 가족 나들이 출조 코스로도 제격이다. 최근까지도 호젓한 어촌마을의 정취가 잘 보전돼 있으며, 어자원 역시 풍부해 간소한 릴 찌낚시 채비에 민장대 정도만 준비해도 입질을 받아낼 수 있다.

■어종과 시즌

봄 시즌엔 감성돔을 비롯해 망상어·노래미·황어·우럭 등이 낚인다. 꾼들의 관심이 집중되는 감성돔은 대개 살감성돔만 낚이는 수준이다. 본격 여름철인 8월로 접어들면 고수온이 지속돼 낚시하기가 힘들어진다. 그러나 이때에도 테트라포드에선 망상어·노래미·우럭 등이 선보이고, 원투엔 보리멸이 낚인다. 가자미와 붕장어 역시 여름철 피서낚시의 단골손님으로 꾼들의 손맛과 입맛을 채워준다. 6월에 들어서면 낱마리 벵에돔

위치 : 〈위치도2〉 참조

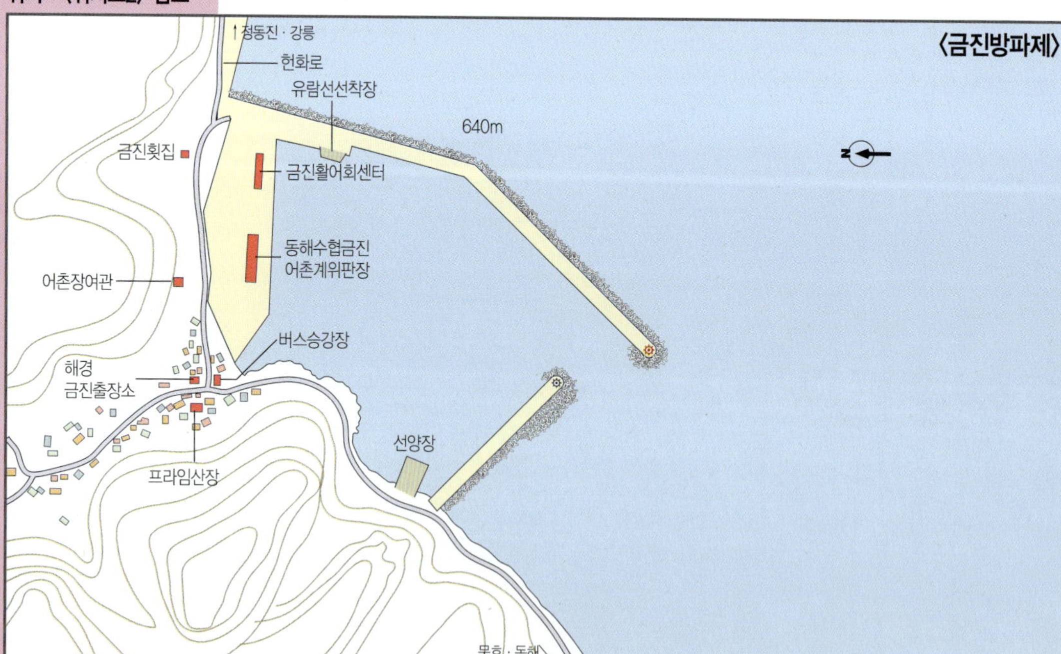

이 선보이고, 가을철로 접어들면 고등어와 볼펜 씨알의 학공치가 올라온다.

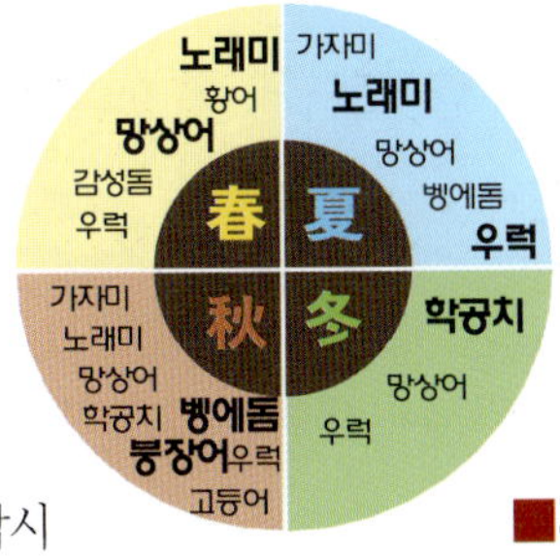

■장비와 채비 · 미끼

금진방파제에선 여름철이면 벵에돔낚시가 활기를 띤다. 파도가 높은 날, 찌낚시로 공략해야 하며 파도가 1m 선으로 잔잔할 땐 3칸~3.5칸 길이의 민낚싯대로도 충분하다. 다만 찌낚시나 민장대 모두 예민하게 찌맞춤을 해야 미약한 입질을 잡아낼 수 있다. 미끼는 크릴도 좋지만 홍갯지렁이 마디마디를 잘라 꿰어 쓰면 효과가 더 있다.

가자미 · 보리멸 · 황어를 대상어로 하는 던질낚시 미끼는 청갯지렁이 한 통이면 충분하다.

■포인트 안내

남쪽을 향해 뻗어있는 두 방파제 모두에서 낚시가 이루어지나 수심이 좋은 큰 방파제에 더 많은 꾼들이 몰린다. 총 길이 640m에 이르는 큰 방파제는 수심이 깊어지는 중간 지점부터 등대 아래까지가 주요 포인트다. 작은 방파제는 등대 끝 부분에서 외항권을 노리면 망상어와 벵에돔이 올라온다. 큰 방파제의 등대 아래 평균 수심은 10m 내외. 내항 쪽 석축 일대에선 우럭 · 망상어 · 가자미 · 붕장어 등이 잘 낚인다.

■기타 참고사항

동해 남부지방의 난류와 북부지방의 한류가 한데 어우러져 황금어장을 형성하는 지점이 바로 금진항 부근이다. 따라서 이곳엔 사계절 다양한 어종이 형성되며, 대상어종을 미리 정하고 공략하면 조과 면에 있어서도 유리하다.

■인근 명소

금진항(정동진 방면으로)에서 심곡까지 이어지는 '헌화로'는 삼국유사에서 전해져 내려오는 이야기 속 '헌화가'의 장소로도 유명하다. 금진항내에 위치한 금진항 활어회센터에선 오징어에서부터 광어 · 우럭 · 돌돔에 이르기까지 다양한 횟감이 마련돼 있다.

009 삼척 덕산방파제

●소재지 : 강원도 삼척시 근덕면 덕산리 4-7
●길 이 : 큰 방파제 350m, 작은 방파제 110m

교통편 : 동해고속도로 동해IC를 나와 삼척 방면의 동해대로(7번국도)를 따라 삼척 시내를 지나 근덕·울진 방면으로 계속 남하한다. 상맹방·하맹방리를 지나 '근덕교차로' 안내판이 나타나면 근덕 방면의 오른쪽으로 빠져 근덕농협 앞 작은 사거리에서 덕산해수욕장 방면으로 좌회전한다. 880m 지점의 덕봉대교를 건너 덕산해안로를 따라 2km 진행하면 덕산항에 이른다.

연락처(033) : 삼척 덕산낚시(572-3337)·삼척 강태공낚시(572-2658)·삼척 제일낚시(572-3456)·동해 현대낚시(522-1010)

■낚시여건

방파제 양 옆으로 갯바위가 발달해 있고, 수심도 깊어 철따라 다양한 어종이 낚인다. 덕산방파제에서 북쪽으로 자리해 있는 정라진, 남쪽의 초곡방파제와 더불어 삼척권의 명방파제로 꼽힌다. 방파제 서북쪽으론 마읍천이 흐르는데, 해수와 담수가 뒤섞이는 하구에선 풍부한 먹잇감이 형성돼 연중 낚시가 가능하며, 통상 늦봄부터 가을까지 호황을 맞는다.

■어종과 시즌

사계절 다양한 어종이 낚이지만, 초여름 무렵부터가 손쉽게 조과를 올릴 수 있는 호기다. 5월로 접어들면 꾼들에게 당찬 손맛을 안겨주는 황어를 비롯해 망상어·가자미·우럭·노래미 등이 낚인다. 훌치기 꾼들이 손꼽아 기다리는 숭어도 이맘때 떼를 지어 출현하기도 한다. 전어도 5월에 간혹 선보이나 그 시기가 매년 달라져 정확한 시기를 정하기가 곤란하다. 벵에돔은 한여름인 8월, 감성돔은 10월경부터 낚이기 시작한다. 9월로 접어들면 전갱이와 고등어가 선보이다가 늦가을로 들어서면 학공치가 선보인다.

위치 : 〈위치도3〉 참조

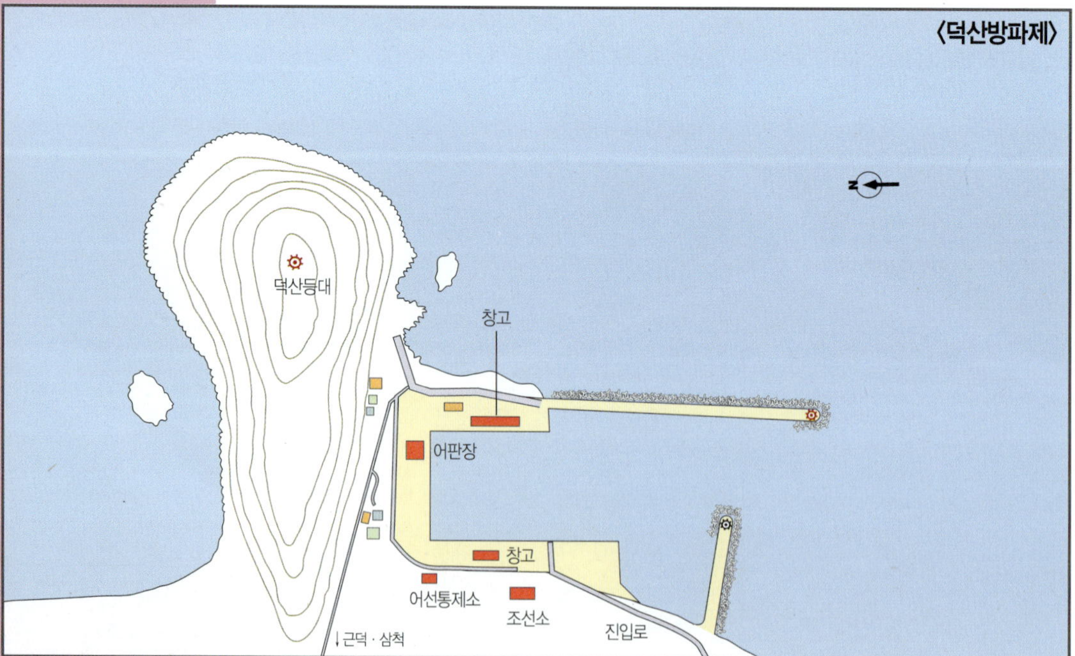

■장비와 채비 · 미끼

망상어는 3~3.5칸 민낚싯대나 감성돔 1호대를 이용한 릴 찌낚시로 낚는다. 원줄은 보통 2~2.5호 정도에 목줄은 0.4~0.6호가 적당하다. 우럭이나 노래미는 테트라포드 구멍 사이에 찌를 달지 않은 맥낚시 채비에 청갯지렁이나 크릴을 꿰어 넣고 고패질 하면 입질을 받아낼 수 있다. 던질낚시 대상어종인 가자미는 청갯지렁이를 주로 쓰지만 참갯지렁이를 사용하면 조과 면에서 유리하다.

■포인트 안내

수심에 관계없이 바닥 지형의 굴곡 변화가 좋아 내 · 외항 모두 다양한 어종이 형성된다.

큰 방파제의 내항 쪽은 늦여름부터 벵에돔 포인트로 각광받는다. 꾼들이 주로 공략하는 지점은 방파제 중간 지점부터 등대 아래까지다. 외항 쪽으로는 가자미를 대상어로 하는 던질낚시가 성행한다. 작은 방파제에선 외항 쪽 테트라포드 바로 앞에서 망상어를 노릴 수 있고, 바닥층까지 채비를 내리면 우럭이나 노래미 입질도 받아낼 수 있다.

■기타 참고사항

물색이 맑거나 수심이 얕은 지점을 공략하면 잦은 입질에도 불구하고 헛챔질이 많이 발생하는 경우가 있다. 이때에는 채비와 미끼를 달리 사용해볼 필요가 있다. 먼저 현재 사용하고 있는 바늘 크기에서 1호수 작은 바늘로 교체하고, 극소형 봉돌을 목줄에 추가해 찌맞춤을 예민하게 해야 한다. 미끼를 뀔 때에도 바늘에서 너무 늘어지지 않도록 꿰는 것도 한 방법.

■인근 명소

방파제에서 5~10분 거리에 위치한 덕산해수욕장과 맹방해수욕장은 빼어난 경관에 편의시설도 잘 갖추어져 있어 가족들과 함께 찾기에도 부족함이 없다. 또한 방파제에서 6km 지점엔 천연기념물 226호로 지정된 '초당굴'이 있고, 그 아래로는 맑은 물색을 자랑하는 초당저수지가 있다.

010 삼척 장호방파제

●소재지 : 강원도 삼척시 근덕면 장호리 3-1 외
●길　이 : 큰 방파제 300m, 작은 방파제 160m

교통편 : 동해고속도로 동해IC를 나와 삼척 방면의 동해대로(7번국도)를 따라 남하한다. 삼척 시내를 지나 울진 방면으로 계속 진행하다가 '용화교차로'로 빠져나와 용화·장호 방면의 오른쪽 '삼척로'를 타고 1.7km 이동하면 장호삼거리가 나온다. 장호항 이정표를 보고 왼쪽으로 400여m만 진입하면 장호항 작은방파제가 나타난다.

연락처(033) : 동해 현대낚시(522-1010)·동해 낚시가좋아(522-2277)·산척 대진낚시(573-2336)·삼척 바다낚시(573-9799)

위치 : 〈위치도3〉 참조

■낚시여건

방파제 주변으로 크고 작은 갯바위가 잘 형성돼 있다. 연중 적절한 수온대를 형성해 다양한 어자원이 서식하고 있다. 2000년대 들어서는 인근 임원항과 함께 대구 지깅낚시의 메카로 떠올라 겨울철부터 이듬해 봄까지 꾼들이 붐비기도 한다. 큰 방파제 옆으로 형성된 백사장과 비취빛 해수욕장은 여름철 가족 나들이객들의 피서지로도 들러볼 만하다.

■어종과 시즌

매년 봄이면 임연수어가 시즌을 열기 시작하고, 늦봄에서 초여름으로 접어들면 망상어가 주 어종으로 떠오른다. 가자미 역시 초여름부터 던질낚시에 선보이기 시작한다.
테트라포드 구멍 사이에서 낚을 수 있는 우럭과 노래미는 봄부터 겨울까지 꾸준히 배출되며 입질도 쉽게 붙어 초심자들도 어렵지 않게 손맛을 볼 수 있다. 장호방파제의 대표어종이라고 할 수 있는 벵에돔은 6월을 넘어 여름철부터 본 시즌을 맞이한다. 가을과 겨

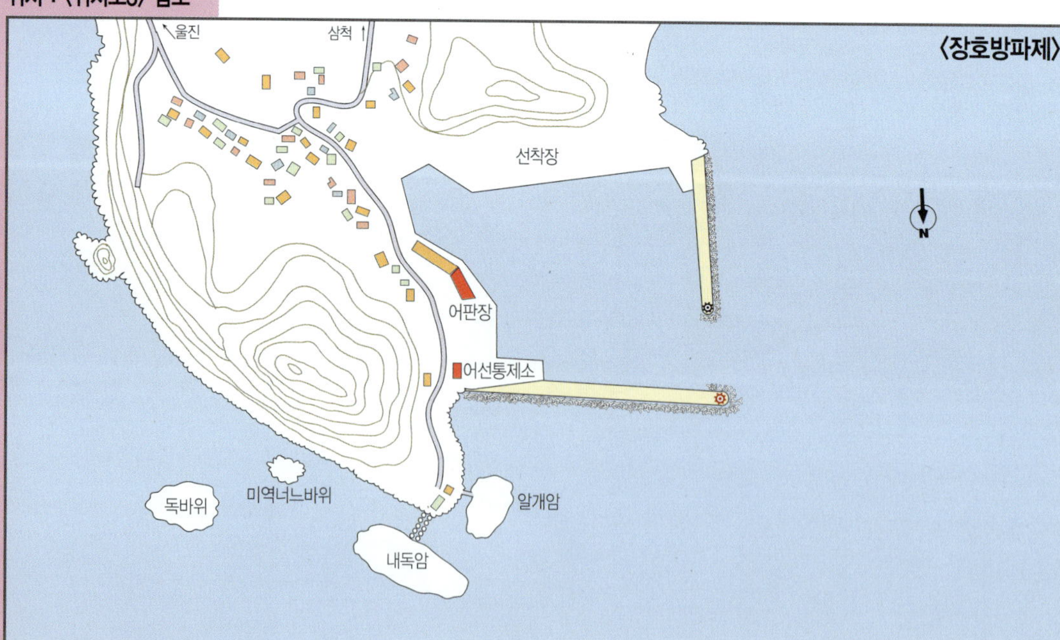

울로 접어들면 감성돔 · 학공치 · 황어 등이 손맛을 이어가게 된다.

■장비와 채비 · 미끼

벵에돔과 망상어 등은 찌낚시로 노려야 하나 입질이 예민해 채비를 다소 섬세하게 세팅해야 한다. 벵에돔은 1호 목줄에 2~2.5호 원줄을 사용하고, 크릴 미끼가 밑밥과 함께 하강할 수 있게끔 B~2B 구멍찌를 사용하는 게 유리하다. 망상어는 벵에돔 채비보다 가벼운 0.5~0.6호 목줄을 써야 예민한 입질을 받아낼 수 있다.

■포인트 안내

방파제 규모가 작아 포인트 선정에는 큰 어려움이 따르지 않는다. 가장 많이 낚시가 이루어지는 구간은 각 방파제의 등대 아래 지역으로, 큰 방파제에선 작은 방파제 끝 방면을 보고 공략하고, 작은 방파제에선 큰 방파제 끝을 보고 9시에서 12시 방향까지 노리면 유리하다. 던질낚시로 낚는 가자미는 큰 방파제의 끝 지점에서 앞쪽 정면과 우측 먼 바다를 향해 채비를 투척하거나, 방파제 중간 지점에서 내항 쪽으로 원투해도 입질을 받을 수 있다.

■기타 참고사항

작은 방파제 옆으로 펼쳐진 백사장 초입에는 암초대가 산재해 있다. 물색이 맑고 수심이 얕아 낚시가 불가능한 지역이긴 하지만 소라와 각종 해초가 자라고 있어 자녀들과 함께 자연학습장으로도 활용해 볼 수 있다. 장호방파제에선 일출 이후부터 일몰 직후까지 낚시가 허용되므로, 시간 안배를 잘해 대상어종을 집중적으로 공략해야 한다.

■인근 명소

장호항 자체가 명소이고, 포구 내 횟집 모두가 맛집일 만큼 먹거리 · 볼거리가 넉넉한 편이다. 아늑한 포구에 위치한 이들 횟집에선 노래미 · 우럭 · 가자미 등의 싱싱한 활어를 저렴한 가격으로 맛볼 수 있으며, 맑고 깨끗한 해풍에 잘 건조된 자연산 돌미역도 구입할 수 있다.

011 삼척 임원방파제

●소재지 : 강원도 삼척시 원덕읍 임원리 124-10 외
●길　이 : 큰 방파제 613m, 작은 방파제 230m, 신방파제 약 210m

교통편 : 강릉 방면에서 동해고속도로로 이용해 동해시까지 간 뒤, 삼척·울진 방면 7번 국도를 타고 삼척 시내를 지나면 근덕면에 이른다. 근덕면을 지나 용화-장호-신남을 거쳐 언덕길을 넘으면 임원항에 이르고, 도로 좌측으로 횟집과 방파제가 나타난다.

연락처(033) : 임원 바다낚시(573-1600)·감생이낚시(573-1947)·대영낚시(572-7072)·서울낚시(573-5630)

■낚시여건

강원도의 여느 방파제와는 달리 일몰 후(오후 10시까지)에도 야간낚시를 즐길 수 있다. 이런 이유에서 오래 전부터 영동권 감성돔터로 각광받아 왔고, 최근엔 대구 지깅낚시의 메카로서도 그 명성을 다져가고 있다. 7번 국도와 인접해 진입이 편리하고, 남쪽으로 뻗어있는 방파제는 파도의 영향을 적게 받아 연중낚시가 가능하다는 것도 이곳의 큰 매력이다.

■어종과 시즌

봄부터 겨울까지 다양한 어종이 꾼들의 손맛을 채워주고 있으며, 꾼들의 1급 대상어종으로 각광받는 감성돔은 가을부터 이듬해 초봄까지 입질이 이어진다. 감성돔 씨알은 2~3년생인 30cm급 이하가 주종을 이루지만 간혹 40cm가 넘는 씨알도 선보인다. 굵은 씨알은 테트라포드보다는 갯바위 일대를 노려야 확률이 높다. 학공치와 고등어는 수온 변화에 따라 낚시 시기가 결정되는데, 최근 수년간 동해안의 수온 상승 영향에 따라 1월

위치 : 〈위치도3〉 참조

에도 입질이 붙는 경우가 있다. 여름철 입맛 어종으론 가자미 · 우럭 · 붕장어 등이 낚인다.

■장비와 채비 · 미끼

감성돔과 벵에돔은 찌낚시로 공략하는 게 일반적이지만, 간혹 테트라포드 가까이에서도 입질이 붙을 때가 있다. 이럴 땐 7.2m 가량의 민장대를 사용해도 된다. 망상어나 황어는 3칸 전후의 민장대로도 충분히 낚을 수 있으며, 포말이 이는 곳을 노리면 조과가 좋다.

망상어 미끼로는 파래새우와 크릴이, 황어는 청갯지렁이나 오징어내장이 잘 먹힌다.

■포인트 안내

큰 방파제 외항 쪽 테트라포드와 주변 갯바위가 주요 포인트. 방파제 초입부터 중간 지점에서도 찌낚시와 던질낚시가 고루 행해진다. 학공치와 고등어가 파시를 이루는 가을엔 방파제 끝 지점에서 활발한 어신이 전해진다. 방파제 끝 지점뿐 아니라 수심이 깊은 중간 지점도 명당자리로 꼽힌다. 작은 방파제에선 거의 낚시가 이루어지지 않는다.

■기타 참고사항

방파제 외에도 인근에는 유명 갯바위 낚시터가 존재한다. 특히 큰방파제 초입에서 북쪽 갯바위를 타고 진입하는 구간의 '대왕바위'와 '도미굴'은 감성돔과 벵에돔의 일급 포인트로 꼽힌다. 도보 진입 30~40분 소요의 수고를 감수해야 하는데 4~5월이 최고 시즌이다. 그러나 이들 갯바위 포인트는 임원항과는 달리 야간통제를 실시하고 있고 주간에도 군에서 출입을 통제하고 있어서 낚시인이 설만한 장소에는 제한이 크다.

■인근 명소

임원항 인근에 즐비한 횟집촌에선 다양한 횟감이 저렴한 가격으로 판매되고 있으며, 돌돔과 같은 고급 어종도 맛볼 수 있다. 또한 방파제에서 울진 방면으로 가다가 원덕읍에서 우회전, 가곡천 도로변을 지나면 수려한 자연 경관을 자랑하는 덕풍계곡에도 이를 수 있다.

〈위치도1〉 강원 고성 · 속초 · 양양권

〈위치도2〉 강원 강릉권

양양 · 속초
견불리
원포리
지경해수욕장
주리
입암리
임호정리
현남I.C
향호
주문진읍
주문진해수욕장
주문리
주문진
007 주문진방파제
주문진수산고
동해고속도로
0 2 4km
N
영진방파제
방내리
영진리
연곡해수욕장
행정리
연곡천
동덕리
송림리
사천진리
연곡I.C
운양초교
(06) 사천진방파제
사천해수욕장
석교리
순포해수욕장
노동리
운계봉 530.5
산대월리
방동리
경포도립공원
사천면
덕실리
안현동
저동
경포대해수욕장
경포호
대전동
난곡동
강문해수욕장
사기막리
송정해수욕장
초당동
송암리
보광리
홍제동
안목해수욕장
영동고속도로
안목방파제
금산리
강릉
남대천
입암동
남항진동
어흘리
관음리
월호평동
성산면
염전해수욕장
안인해수욕장
제비리
안인방파제
오봉리
하시동리
구산리
칠봉산
여찬리
오봉산
운산동
허이대
대관령자연휴양림
동해고속도로
안인진리
산북리
상시동리
제왕산 840.6
구정리
학산리
금광리
덕현리
강릉지
모전리
임곡I.C
등명해수욕장
동막지
청학사
칠성지
언별리
왕산초교
왕산중교
정동진리
청학산 337
정동진방파제
동해고속도로
정동진해수욕장
왕산리
도마리
법왕사
망덕봉 781.1
정동진조각공원
금선정
강동면
심곡진방파제
봉화
강릉시
심곡리
산성우리
입고지계곡
정동초교
기마봉 383 심곡분교(폐교)
피래산 753.9
화란봉1069.1
목계리
008 금진방파제
금진리
왕산면
들미골
돌적골
만덕봉 1035.3
옥계해수욕장
낙풍리
옥계방파제
선목치
북동리
옥계지
북동초교
신직
대화실산 1010
현내리
주수리
석병산
삿갓봉400.4
옥계면
도직리
기곡해수욕장
평양말
계림마동
산계리
동해휴게소
갈밭골
안소재
망상동
망상해수욕장
화산307.6
금방동
큰골
옥계초교(남양분교)
망상I.C
산계초교(폐교)
심곡동
노봉해수욕장
덕만이
남양리
괴란동
대진동
대진방파제
생계령
기르마동
자병산 872.5
어달동
어달해수욕장
고단리
정선
우고내
만우동
동해 · 삼척

〈위치도3〉 강원 동해 · 삼척권
0 2 4km
N
강릉
만우동
형제봉 483
동호동
매봉산 606.9
정선
평릉동
동해시
삼흥동
비천동
초록봉 531.4
달방동
용정동
이노동
지흥동
옥녀봉 278
북삼동
원통산 461.5
효가동
송정동
쇄운동
이기동
만경대
삼화동
신흥천
이도동
구호동
취병산 384
대구동
우지동
갈천동
내미로리
도경동
등봉동
삼척
도경초교(폐교)
쉰움산군립공원
고천리
정상동
오십천
오분동
마평동
남양동
적노동
사둔리
근산동
사직동
삼척시
근산504.8
조비동
미로면
상맹방리
상거노리
상사전리
금계리
하사전리
상정리
근덕면
덕산리
근덕초교
여삼리
시목리
교가리
부남리
고자리
서하리
신기리
하반천리
상반천리
교곡리
광태리
노곡분교
고무릉리
대평리
개산리
삿갓봉688.2
동막리
추천동
신동초교 대야분교(폐교)
상군천리
양평초교
궁촌초교
신기면
안개산 707
문지말
대기리
하군천리
반천
궁촌리
매원리
삿갓봉 751.3
대평동
마차리
초곡리
둔달리
가둔치
근덕면
황영조기념관
가들
발리리
개삽평
매운
치구리
주지리
하마읍리
한내리
마읍초교 주지분교(폐교)
영은사
용화리
장호리
노곡면
눌구리
활밭
무건리
두리봉 1072.3
갈남리
점리
갈밭골
사기점
덕평동
중마읍리
상마읍리
자양곡
소달초교 무건분교(폐교)
점리초교(폐교)
임원중교
임원초교
도계
도계읍
임원리
흥전리
검봉산 682
문의치
육백산 1244
응봉산 1267.3
상서기
비화리
이천리
동덕분교
상덕리
노곡리
사금산 1092
물골
우산
수터
이천초교(폐교)
심포리
음지말
작진
대교분교
가부터
호산리
철마산 411.7
옥원리
태백
구사리
신기교
대치촌
오목리
원덕읍
호산초교
원덕
연화산 1171.2
통동
치바우
복두산 978
노경리
월천리
문곡동
소천
백병산 1259.3
가곡면
탕곡리
기곡리
기곡천
울진
어달리방파제
묵호방파제
한섬방파제
용정방파제
동해방파제
추암해수욕장
구호방파제
증산해수욕장
후진방파제
삼척해수욕장
(07) 정라진(삼척)방파제
신맹방해수욕장
맹방해수욕장
덕산해수욕장
009 덕산방파제
부남해수욕장
궁촌방파제
궁촌해수욕장
문암해수욕장
(08) 초곡방파제
용화해수욕장
용화방파제
010 장호방파제
장호해수욕장
갈남방파제
신남방파제
011 임원방파제
비화방파제
노곡방파제
작진방파제
호산방파제
호산해수욕장
월천방파제

01 고성 거진방파제

●소재지 : 강원도 고성군 거진읍 거진리 22-75 외
●길 이 : 큰 방파제 728m, 작은 방파제 315m

낚시개황 : 국내 명태 주산지로 유명한 곳이다. 봄엔 노래미 · 임연수어, 여름엔 가자미, 가을부터 겨울까진 살감성돔과 학공치가 낚인다.
살감성돔낚시는 현지에서 판매되는 '배드미' 채비를 사용하면 미약한 입질을 잡아내는 데 효과적이다. 1천원이면 구입할 수 있는 배드미 채비는 4~5cm 길이의 압축 스티로폼 재질의 찌에다가 봉돌이 필요 없게끔 바늘에 납땜이 되어 있다. 한편, 이곳은 기수역 구간인 자산천 '자산교' 일대에서 매년 6~7월 은어낚시가 성행한다. 현지에선 놀림낚시가 아닌 2.5칸 대 대낚시에 곤쟁이를 미끼로 은어낚시를 즐긴다.

위치 : 〈위치도1〉 참조

교통편 : 동해고속도로 현남I.C에서 나와 7번 국도를 이용해 양양~속초를 거쳐 간성까지 간다. 이곳에서 북천교를 건너 약 5km 직진하면 '자산교'를 지나 도로 우측으로 방파제가 보인다. 인제 · 원통을 거쳐 진부령을 넘어 진입하는 방법도 있다.

연락처(033) : 거진 바다낚시(681-5348) · 해맞이낚시(681-5853) · 에이스낚시마트(682-3118) · 거진낚시마트(681-5370) · 반도낚시(682-2666)

02 고성 백도방파제

●소재지 : 강원도 고성군 죽왕면 문암진리 10-78 외
●길 이 : 큰 방파제 약 200m, 작은 방파제 약 90m

낚시개황 : 현지꾼들에게만 알려진 곳으로 방파제 규모는 작지만, 동해 북부권에 출현하는 대부분 어종을 만날 수 있다. 봄 시즌이면 굵은 감성돔이 꾸준히 배출되면서 꾼들의 관심을 고조시킨다. 최고 40cm급도 기대해볼 수 있을 만큼 씨알 면에선 동해의 여느 대형 방파제에도 결코 뒤지지 않는다.
2월말에서 3월 사이엔 파고와 수온만 맞아떨어지면, 1인당 35cm 전후 씨알로 4~5수도 무난하다. 방파제 초입 좌측으로 형성된 갯바위부터 시작해 중간 지점까지가 포인트며, 평균 수심은 10~13m권.

위치 : 〈위치도1〉 참조

교통편 : 속초시를 기점으로 7번 국도를 이용해 약 12km 직진하면 도로 우측으로 문암해수욕장 푯말이 보인다. 이곳에서 약 300m 더 직진하다가 문암일리 마을과 백도해수욕장 쪽으로 우회전해 500여m 진입하면 방파제가 나온다.

연락처(033) : 속초 낚시이야기(635-6556) · 동서낚시(635-5152) · 장사낚시(636-9479) · 낚시천국(635-9978)

03 고성 아야진방파제

●소재지 : 강원도 고성군 토성면 아야진리 1-5 외
●길 이 : 큰 방파제 520m, 작은 방파제 200m

낚시개황 : 양미리 주산지로 유명했던 아야진항은 예전과 비교해 눈에 띌 만큼 뚜렷한 조황은 없지만, 단골 꾼들의 발길만큼은 꾸준하다. 이곳에선 동해 북부권에선 드물게 도루묵이 선보이며 추석 전후 무렵부터 피크를 이룬다. 4월이면 임연수어가 많이 낚이며, 가을 시즌으로 접어들면 학공치가 선보인다. 큰 방파제 초입 좌측으로 형성된 갯바위(기차바위)는 임연수어와 학공치 포인트로 유망하다. 방파제가 꺾이는 지점의 좌우측 외항은 찌낚시 포인트로 관심을 모은다. 작은 방파제 역시 방파제가 꺾여 들어가는 좌우측 외항이 명당이다.

위치 : 〈위치도1〉 참조

교통편 : 속초시를 기점으로 7번 국도를 이용, 북쪽으로 약 7km 가면 관동팔경 가운데 한곳인 '청간정'이 나온다. 이곳을 지나 약 200m 직진하면 도로 우측으로 아야진항 입구가 나오고 이곳으로 진입해 약 1km 가면 방파제에 이른다.

연락처(033) : 고성 용광낚시(633-0596) · 고성 아성낚시(632-2378) · 속초 선우낚시(633-6501)

04 양양 물치방파제

●소재지 : 강원도 양양군 강현면 물치리 7-9 외
●길 이 : 큰 방파제 약 300m, 작은 방파제 약 200m

낚시개황 : 방파제가 자리한 곳으로 쌍천과 물지천이 포구로 흘러들어 최적의 낚시여건을 형성한다. 계절마다 다양한 어종이 낚이며 마리수 조황도 어렵지 않다. 외지 나들이객들까지 가세하는 4월로 접어들면 임연수어 조황이 피크를 이루고 망상어 · 우럭 등도 손맛을 더한다. 국도 변에 위치해 진입이 편리하고 주차공간도 넓어 가족동반 출조 코스로도 알맞다. 큰 방파제 외항권으로 많은 낚시인들이 몰리며, 방파제 초입 전에 마련된 주차장에선 야간에도 감성돔 원투낚시를 즐길 수 있다. 승용차로 10분 거리엔 설악산국립공원이 위치해 있다.

위치 : 〈위치도1〉 참조

교통편 : 속초시 고속버스터미널을 기점으로 7번 국도를 이용해 남쪽으로 약 3km 직진하면 도로 좌측으로 방파제가 보인다.

연락처(033) : 강현면 항구낚시(671-4404) · 양양읍 낙산낚시(673-4560) · 양양읍 양양낚시(673-7070)

05 양양 죽도(인구)방파제

●소재지 : 강원도 양양군 현남면 인구리 1-105 외
●길 이 : 큰 방파제 약 200m, 작은 방파제 100m

낚시개황 : 한적한 어촌마을의 풍광을 만끽할 수 있고, 방파제 좌측으로 갯바위 지형이 잘 발달돼 있다. 갯바위까지는 방파제 초입에서 샛길을 따라 조금만 진입하면 이를 수 있다.

암자 앞 연안 갯바위에선 4~5월이면 우럭과 노래미가 잘 낚이며 원투낚시를 시도하게 되면 망상어 입질도 곧잘 붙는다. 가자미는 여름철에 자주 올라온다. 미끼는 크릴과 홍갯지렁이가 잘 먹히며, 찌낚시 밑밥으로는 곤쟁이가 쓰인다. 큰 방파제의 포인트는 끝 지점 외항권이며, 바로 인근에 동산방파제가 있어 연계 출조도 가능하다.

위치 : 〈위치도1〉 참조

교통편 : 강릉을 기점으로 동해고속도로를 이용해 현남I.C로 나온다. 7번 국도로 진입해 북쪽으로 약 5km 직진하면 도로 우측으로 죽도해수욕장 푯말이 보이는데, 이곳으로 우회전해 약 500여m 진입하면 방파제가 보인다.

연락처(033) : 현남면 죽도낚시(671-2010) · 인구 바다낚시(671-6175) · 양양읍 동해낚시(671-0504) · 주문진읍 낚시프라자(661-6626)

06 강릉 사천진방파제

●소재지 : 강원도 강릉시 사천면 사천진리 2-93 외
●길 이 : 큰 방파제 약 420m, 작은 방파제 200m

낚시개황 : 강릉 시내에서 승용차로 10여분만 투자하면 부담 없이 찾을 수 있다. 가을 시즌의 학공치 조황이 단연 돋보이는 곳이다. 봄과 여름 시즌에는 노래미 · 보리멸 · 황어 등이 낚이나 원투낚시로 공략해야 유리하며, 설령 입질이 들어와도 잔챙이 씨알이 대부분이다. 가을 시즌의 학공치 포인트는 큰 방파제 중간 지점부터 빨간 등대까지 이어진다. 학공치는 밑밥을 충분히 품질해 공략하면 마리수 수확도 어렵지 않고 35cm급 이상도 흔하다. 방파제 내항과 작은 방파제에선 거의 낚시가 이루어지지 않고 있으며 주간낚시만 가능하다.

위치 : 〈위치도2〉 참조

교통편 : 강릉 시내를 기점으로 7번 국도를 이용해 사천면 소재지까지 간다. 이곳에서 사천진리 쪽으로 우회전해 약 2.5km 진입하면 방파제에 이른다.

연락처(033) : 강릉 해돋이낚시(644-0302) · 대한낚시할인마트(643-7136) · 강원낚시(646-6500)

07 삼척 정라진방파제

●소재지 : 강원도 삼척시 정하동 41-274 외
●길　이 : 큰 방파제 1,070m, 작은 방파제 360m

낚시개황 : 삼척 시내에서 불과 5분여 거리에 위치한 도심 속 낚시터로서 오십천 물이 유입된다. 생선 가공 공장도 많아 고기 찌꺼기 및 각종 부산물들이 바다로 흘러들어 다양한 어종들을 불러 모은다. 큰 방파제와 작은 방파제 전역으로 드넓게 포인트가 형성되며, 연중 황어 · 살감성돔 · 망상어 · 노래미 등 다양한 어종과 만날 수 있다. 낚싯대는 6.3~7.2m 길이의 민낚싯대 또는 릴낚싯대가 적당하다. 미끼는 청갯지렁이 · 홍갯지렁이 · 민물새우 · 크릴 등 여러 가지가 다 잘 먹힌다. 밑밥으로 곤쟁이를 준비해 가면 조과가 더욱 풍성해진다.

위치 : 〈위치도3〉 참조

교통편 : 삼척 시내를 기점으로 오십천교를 지나 약 1km 진행하면 도로 좌측으로 삼척교가 나온다. 여기서 좌회전해 다리를 건넌 후 진입하면 도로 우측으로 동양레미콘 사이로가 보이고 곧이어 방파제가 나타난다.

연락처(033) : 삼척 대양낚시(573-3422) · 바다낚시(573-9799) · 대진낚시(573-2336) · 은파낚시(574-2370) · 영동낚시(574-5891).

08 삼척 초곡방파제

●소재지 : 강원도 삼척시 근덕면 초곡리 20-37 외
●길　이 : 큰 방파제 약 240m, 작은 방파제 약 60m

낚시개황 : 방파제가 자리한 초곡마을은 마라톤 영웅 황영조가 태어난 고향으로서, 최근 들어 더욱 유명해졌다. 외 · 내항의 바닥 지형 모두가 암반과 모래로 섞여 있어 다양한 어종이 서식할 수 있는 여건을 갖추고 있다. 2월 말부터 5월 초까지는 30cm 전후의 임연수어가 반기나 해거리를 하면서 낚이는 특징을 보인다. 여름철엔 벵에돔에 학공치가 선보이며, 가을엔 테트라포드 사이의 구멍치기나 루어낚시로 30cm급 우럭을 낚을 수 있다. 감성돔은 잘 낚이지 않는 편이며, 사계절 어종으로는 노래미 · 황어 등이 있다. 큰 방파제 중간 지점이 포인트다.

위치 : 〈위치도3〉 참조

교통편 : 삼척시내를 기점으로 7번 국도를 이용해 근덕면 소재지까지 간다. 이곳에서 약 10km 직진하면 '황영조기념공원' 푯말이 보이고, 여기서 좌회전해 약 700여m 진입하면 방파제가 나온다.

연락처(033) : 삼척 반도낚시(033-574-2838) · 바다낚시(572-9799), 동해 현대낚시(522-1010).

한국의 名 방파제 100+100선

제2부

제2장 경상북도 편

012 울진 죽변방파제

●소재지 : 경북 울진군 죽변면 죽변리 10-112 외
●길　이 : 큰 방파제 720m, 작은 방파제 260m

교통편 : 울진 기점으로 7번 국도를 이용해 삼척 방향으로 5분 정도 가면 봉평해수욕장이 나온다. 이곳에서 이정표를 보고 죽변 방향으로 진입하면 죽변방파제에 이른다.

연락처(054) : 죽변 죽변낚시프라자(782-8284) · 현대낚시(781-0443) · 바다낚시(782-4748) · 울진 울진반도낚시(782-2197)

■낚시여건

후포방파제와 더불어 울진권의 대표적인 낚시터로서 벵에돔 조황이 돋보인다. 망상어 · 황어 · 노래미 등과 같이 손맛에 입맛까지 겸할 수 있는 어종이 사계절 꾸준히 배출된다. 계절마다 전문 꾼에서 초심자에 이르기까지 많은 낚시인들이 붐비는 방파제낚시 명소이기도 하다. 겨울 시즌이 오면 대구를 대상어로 한 지깅 배낚시 출조도 활발히 이루어지고 있는 편이다.

■어종과 시즌

백사장 위에 축조된 방파제로서 바닥여가 없어 감성돔 포인트로는 제 역할을 하지 못하는 흠이 있다. 그러나 여름철로 접어들면 25~30cm의 벵에돔이 마리수 호황을 보이며 꾼들을 흡족케 한다. 벵에돔낚시 시즌은 추석 전후 무렵까지 계속되며, 날씨가 다소 쌀쌀해지는 11월 초에 이르면 망상어 · 황어 · 노래미가 주어종으로 바통 터치하게 된다.
피서객들이 많이 몰려드는 여름철 대상어종으로는 벵에돔을 비롯해 가자미 · 고등어 · 보

위치 : 〈위치도4〉 참조

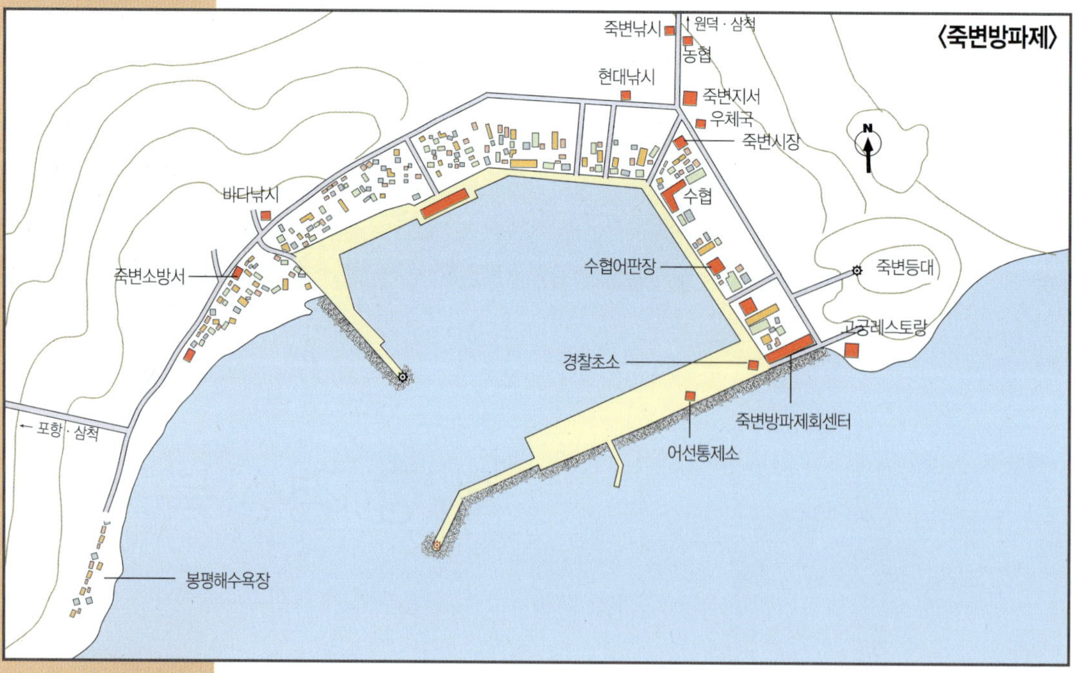

리멸 등이 있다. 보리멸과 가자미는 던질낚시로 낚으며, 8월 초부터 마리수 조황이 뛰어나다.

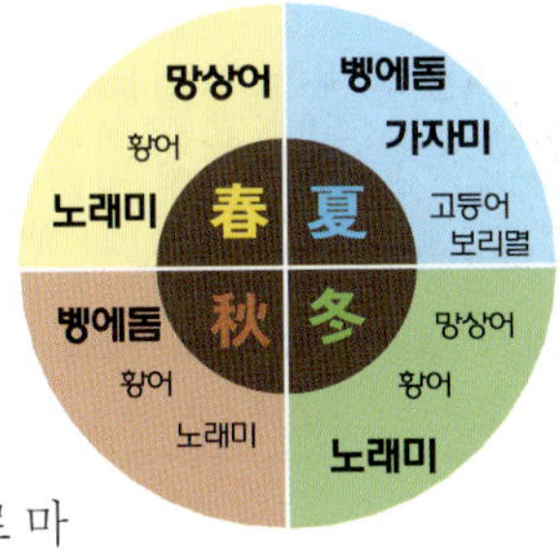

■장비와 채비 · 미끼

고등어는 열기낚시용 카드채비로 마리수 재미를 볼 수 있다. 여름철 대표 어종인 가자미와 보리멸은 내항 쪽을 향해 던질낚시로 노린다. 남방파제 아래쪽에 있는 봉평해수욕장 백사장에선 여름철 일몰 후 야광찌를 활용한 던질낚시로 40~70cm급 농어도 기대할 수 있다.

벵에돔은 크릴이나 홍갯지렁이, 가자미 · 보리멸은 청갯지렁이를 주 미끼로 사용한다.

■포인트 안내

큰방파제 외항권 초입과 중간 지점은 벵에돔과 망상어 포인트다. 수온만 맞는다면 낮에도 입질을 하나 역시 일출과 일몰 시간대를 따를 순 없다. 방파제 외항 끝 지점은 30cm급 정도의 굵은 망상어가 종종 선보인다. 작은 방파제의 경우, 외항 쪽 초입부터 끝 지점까지는 고등어 · 학공치 · 벵에돔 등이 잘 낚인다. 망상어 · 황어 · 노래미 등은 연중 전 구역에서 만날 수 있다. 방파제 회 센터 좌측의 갯바위에서도 찌낚시로 벵에돔을 기대해 볼 수 있다.

■기타 참고사항

농어 포인트인 백사장까지는 차량 진입이 가능하다. 농어의 입질이 잦은 시간은 주로 일몰 시간부터 밤 10~11시까지다. 농어의 입질을 받으려면 일정 포인트에서 너무 오랜 시간을 기다리지 말고 자주 포인트를 옮기며 공략해야 한다.

■인근 명소

죽변항 위판장에서는 어부들이 잡아오는 여러 종류의 고기들이 판매되고 있다. 오징어 위판이 시작되면 현장의 중매인들을 통해 저렴한 가격으로 구입할 수 있으며, 약간의 수고비만 지불하면 깨끗이 손질까지 해준다. 위판은 오전에 활발히 이루어진다.

013 울진 골장방파제

●소재지 : 경북 울진군 죽변면 봉평리 263-3 외
●길　이 : 큰 방파제 270m, 작은 방파제 150m

교통편 : 울진군 죽변면 소재지를 기점으로 한다. 이곳에서 7번 국도를 이용해 울진읍내 방향으로 약 3km 직진한 후 골장동 마을 방면으로 좌회전해 약 200m 진입하면 방파제에 도착된다.

연락처(054) : 죽변 감성낚시(782-1426) · 울진 바다사랑낚시(781-3845) · 울진반도낚시(782-2197) · 울진낚시(782-5080)

■낚시여건

서로 마주보는 두 개의 방파제와 북쪽 인근에 위치한 신축 방파제 및 방사제가 서로 이웃하는 데다 도로변 석축 지대까지 합쳐져 매우 광범위한 낚시터 여건을 형성한다. 게다가 접근성도 좋고 만곡(彎曲) 지형에 방파제가 축조돼 있어 아늑한 분위기에서 낚시를 즐길 수 있다는 점도 장점이다. 바다낚시 인기 어종인 감성돔과 벵에돔은 물론 기타 잡어도 잘 낚여 전문꾼들이나 초보자 모두에게 어울리는 낚시터라 할 수 있다. 또한 폭풍주의보 이상의 경보 상황에서도 파도의 포말이 적게 일어 감성돔낚시가 가능한, 울진권에서는 몇 안 되는 일급 낚시터이다.

■어종과 시즌

감성돔은 가을부터 서서히 얼굴을 비치기 시작해 겨울철로 접어들면 씨알이 굵어진다. 12월부터 이듬해 1월 사이엔 30cm를 넘어 40cm급 이상도 노려볼 수 있을 만큼 대형급 씨알이 선보이기도 한다. 학공치는 감성돔낚시를 즐기면서 손님고기로 올라오며, 씨알

위치 : 〈위치도4〉 참조

이 굵어 현지 꾼들에게 인기가 높다. 학공치는 가을부터 본격 시즌에 들어가 11월에 접어들면 40cm급도 기대해볼 수 있다. 망상어와 황어 등은 사계절 꾸준히 배출되며 씨알도 제법 굵다.

다. 그러나 골장방파제 지역은 주의보가 발효되어 파도가 높은 날이라도 방파제 앞쪽 멀리에서 파도가 부서질 뿐, 너울이 방파제까지 잘 들어오지 않아 낚시하는 데 무리가 따르지 않는다.

■장비와 채비 · 미끼

방파제 주변의 수중여는 평평한 암반층으로 형성돼 있어 밑걸림이 적다. 굵은 감성돔은 주로 야간낚시로 승부를 벌여야 하기 때문에 전지찌를 필수로 준비해야 한다. 파고가 3~4m 정도로 제법 높은 상황에서 입질이 잦은 점을 감안해 채비는 다소 무겁게 쓰는 게 유리하다. 학공치 · 노래미 · 황어 등은 민장대 하나만 준비해도 입질을 받아낼 수 있다.

■포인트 안내

골장방파제 주변의 감성돔 포인트는 큰방파제 초입, 북쪽 방파제 끝자락, 봉평 T자 방사제의 우측 끝 지점이 명당자리이다. 수심은 모두 3~4m를 형성한다. 대체적으로 보아 골장방파제 포인트들은 시즌 기복은 심한 편이지만 고기가 한 번 붙었다 하면 소위 말하는 대박 조황을 기대할 수 있다. 감성돔낚시에는 파도가 어느 정도 일어야 낚시가 잘 되는 것은 동해안의 특성이지만 정도가 지나쳐 주의보 상황이면 낚시가 곤란해진

■기타 참고사항

폭풍주의보 수준을 넘어 경보 발효 상황이 되면 사실 방파제에서의 낚시는 위험하므로 도로변의 석축이 주요 포인트가 된다. 수심은 2~3m에 불과하지만 암초가 많고 바닥의 기복이 심해 채비 손실은 각오해야 한다. 벵에돔을 노릴 때는 주로 큰방파제 끝자락 주변에서 외항 쪽으로 채비를 흘린다.

■인근 명소

골장방파제에서 불과 1km 인근엔 국보 제242호로 지정된 '봉평 신라비'가 있다. 지난 1988년 죽변면 봉평 2리 논에서 객토(客土) 작업을 하던 중 발견됐으며, 비의 전체 길이는 204cm에 이른다.

봉평 신라비는 왕의 정치적 성격, 17관등의 성립연대 등 기존 신라의 문헌사료에도 나타나 있지 않은 내용을 담고 있어 신라사 연구에 많은 도움이 되고 있다.

014 울진 온양(양정)방파제

●소재지 : 경북 울진군 울진읍 온양리 301-3 외
●길 이 : 큰 방파제 100m, 작은 방파제 80m

교통편 : 울진읍내를 기점으로 한다. 이곳에서 7번 국도를 이용해 온양리 방면으로 약 3km 직진하다가 양정마을로 진입하면 방파제에 이른다.

연락처(054) : 울진 울진반도낚시(782-2197) · 바다사랑낚시(781-3845) · 파도낚시(783-1958) · 울진낚시(782-5080)

■낚시여건

방파제가 사니질대에 축조돼 있고 방파제 형상 역시 수평선을 향해 양팔을 벌리듯 뻗어나 있어 파도가 조금만 높아도 낚시하기가 힘들어진다. 하지만 모래밭에 듬성듬성 수중여가 박혀 있는 지형도 있어 가을 시즌이 오면 어김없이 감성돔이 선보인다. 울진권의 대표적인 야간 감성돔 낚시터로도 유명하며 40cm 이상의 굵은 씨알도 기대할 수 있다.

■어종과 시즌

여느 울진권 방파제와 달리 수중 포인트 대부분이 밋밋한 모래톱으로 이루어져 있어 낚이는 어종이 다양하지 못한 편이다. 그러나 감성돔은 가을부터 겨울 시즌 동안 꾸준히 선보이고 있으며 씨알도 굵다. 황어낚시 역시 겨울철이면 활발하게 이루어지고 있다. 이곳에서 낚이는 황어 씨알은 30~50cm급까지 다양하다.

■장비와 채비 · 미끼

위치 : 〈위치도4〉 참조

방파제 규모가 작은 만큼 수심이 얕다. 때문에 이곳에선 '수심' 개념을 무시하고 바람의 강약과 파도의 고저를 주시해 출조 날짜를 잡아야 한다. 가령 바람이 거세게 불고 파도 높이가 2~3m권으로 높아진다면 평상시 3~4m권의 수심을 보이던 이곳도 수심이 깊어지고 물색 또한 탁해져 감성돔이 연안으로 올라붙는다. 이때가 이곳에서 감성돔 입질을 받은 확률 이 그 어느 때보다 높아지는 상황이다. 채비는 높은 파도를 감안해 1호 이상의 고부력찌를 사용해야 하며, 목줄 길이는 한 발(1.5m) 정도가 적당하다.

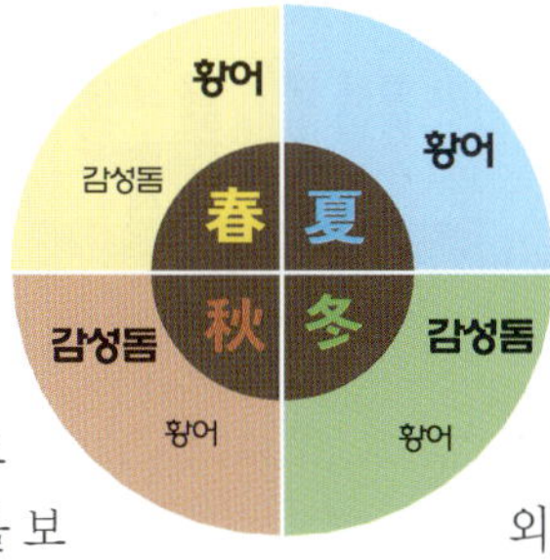

황어는 외항보단 내항 쪽을 노리는 게 유리하며 수심이 4m권인 수중 지역을 찾는다면 확률은 더욱 높아진다.

■포인트 안내

방파제 끝 지점 외항 쪽은 감성돔 포인트로 손꼽힌다. 그러나 무조건 밤낚시를 한다고 해서 입질을 받아낼 수 있는 건 아니다. 오전보단 야간낚시 위주로 공략하되, 적당한 파도가 이는 날을 골라 공략해야만 입질을 기대할 수 있다. 또한 파도가 높고 조류가 빠를 경우에도 찌밑 수심은 최대한 한 발 반 정도를 넘기지 말아야 한다.

■기타 참고사항

외지 낚시인들 가운데는 방파제의 겉모습만 보고 발길을 돌려버리는 경우도 있다. 바닥까지 훤히 보일 정도의 얕은 수심(2~3m)과 맑은 물색이 원인이다. 하지만 바람과 파도만 받쳐준다면 이곳의 낚시여건은 그야말로 180도 달라진다. 무엇보다 출조일을 잘 선정한다면 감성돔과 만날 수 있는 기회 역시 잦아진다.

■인근 명소

울진군 북면 덕구리, 응봉산(鷹峰山 · 999m) 남쪽 자락에 위치하는 덕구온천은 울진읍내에서 북면 방면 920번 지방도를 이용해 10km 진행하면 닿는다. 본래는 소규모 노천탕이었으나 1980년대 이후 종합온천장으로 개발됐다. 중탄산나트륨이 다량 함유된 온천으로, 신경통 · 당뇨병 · 소화불량은 물론 피부병과 피로를 푸는 데도 효험이 높다고 한다.

015 울진 대나리방파제

●소재지 : 경북 울진군 울진읍 연지리 1-12 인근
●길 이 : 약 200m

교통편 : 울진읍내를 기점으로 한다. 이곳에서 해안가와 접해 있는 죽진동마을 방면으로 약 3km 진입하면 어촌마을이 보이고, 조금만 더 가면 방파제에 이른다.

연락처(054) : 울진 울진반도낚시(782-2197) · 파도낚시(783-1958) · 울진낚시(782-5080)

■낚시여건

방파제가 두 번이나 구부러진 모습으로 낚시하기에 편리한 형태를 취하고 있는 데다가 방파제 인근 남북으로 이어지는 갯바위 지역도 일급 포인트를 형성해 낚시터 범위가 넓은 것이 특징이다. 더욱이 방파제에 설치되어 있는 테트라포드 크기가 소형이라 발판도 편해 현지 낚시인들이 자주 찾는 장소이다. 접근성도 편리해 평일 '짬낚시'를 즐기기에 더 없이 좋은 조건을 갖추고 있다.

■어종과 시즌

가을 시즌부터 주야간으로 감성돔낚시를 즐길 수 있다. 야간낚시엔 40cm급에 달하는 대형 감성돔과도 만날 수 있다. 그러나 방파제 주변으로 수중여가 워낙 복잡하게 형성돼 있어 주간에 미리 진입해 물밑 사정을 파악한 후 야간낚시에 임해야 유리하다.
사계절 어종으로는 노래미가 낚이며, 40cm 이상의 대형 쥐노래미도 종종 선보인다. 학공치 · 가자미 · 황어 등의 조황은 그리 좋지 못한 편이다.

위치 : 〈위치도4〉 참조

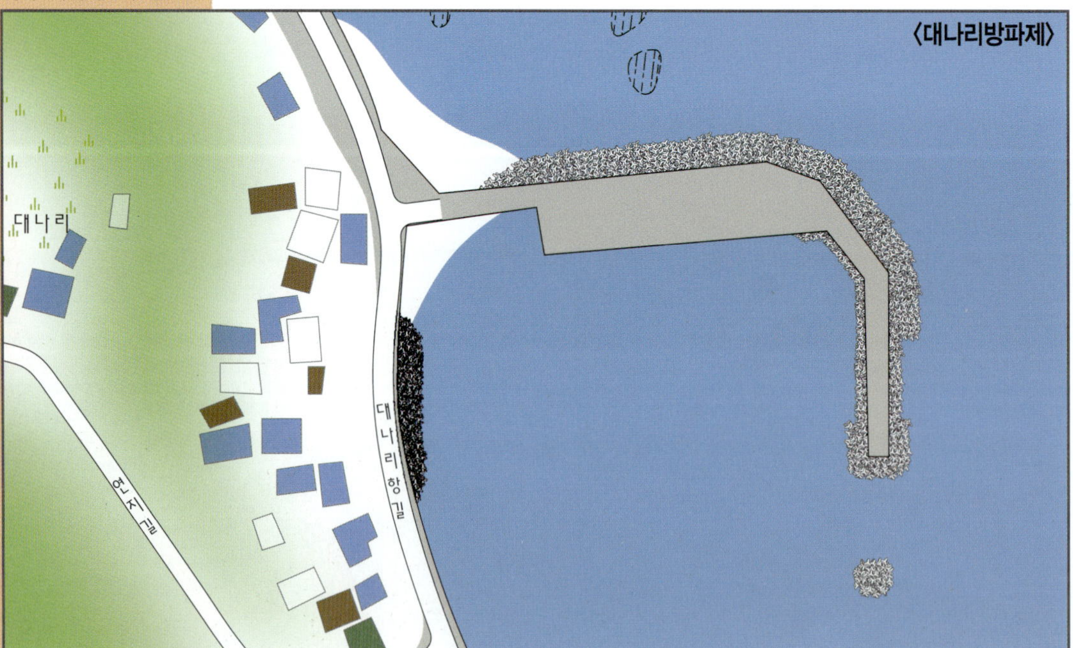

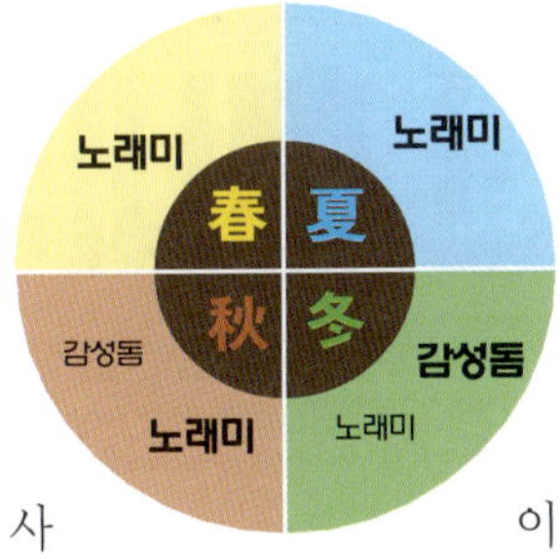

■장비와 채비 · 미끼

낮보다는 야간에 굵은 씨알의 감성돔이 배출되기 때문에 장비 역시 밤낚시 패턴에 맞춰야 한다. 릴 찌낚시로 감성돔을 공략하려면 전지찌를 필수로 준비해야 한다. 주간에 물밑 사정을 잘 파악해두었다 하더라도 목줄 쓸림에 대비한 여분의 채비도 충분히 준비해가야 한다. 채비 손실이 잦은 대신, 입질이 붙으면 제법 준수한 씨알의 감성돔일 확률이 높다.

■포인트 안내

방파제 주변으로도 갯바위가 잘 형성되어 있다. 방파제 좌측 갯바위 일대는 특히 현지 꾼들의 자리다툼이 심한 감성돔 포인트이기도 하다. 우측으로 형성된 갯바위 지형은 수심이 얕아 사실상 입질 받기가 힘든 편. 하지만 파도가 높은 날이라면 이 우측 갯바위 일대에서도 잡어낚시를 즐길 수 있다. 방파제 끝 지점 좌우측은 감성돔 포인트로 꼽히며 주의보가 발효된 상황이라면 내항 쪽에서 입질이 잦다. 선착장 일대에서도 30~45cm급에 이르는 준수한 씨알의 감성돔을 기대해볼 수 있다.

■기타 참고사항

날카로운 수중여로 인한 채비 손실이 잦아, 현지 전문 꾼이 아닌 경우 출조를 꺼려하는 경향이 있다. 그러나 수중여가 잘 형성돼 있는 만큼 파도만 적당하게 일어주면 감성돔이 연안으로 달라붙을 확률이 높다. 이곳에서 파고가 2m 정도로 인다면 목줄 길이를 1발 반(약2m) 주고 공략하면 채비 손실을 줄일 수 있고, 감성돔 입질을 받아내는데도 유리하다.

■인근 명소

방파제에서 승용차로 10분 거리인 근남면 구산리엔 천연기념물 155호로 지정된 성류굴이 있다. 한국의 석회암동굴 중 최남단에 위치하는 지정학적 측면에서 주목되는 동굴이다. '탱천굴', '선유굴' 이라고도 불리며, 주 굴 길이는 470m, 전체 길이는 약 800m에 달한다.

016 울진 현내방파제

●소재지 : 경북 울진군 울진읍 연지리 80-8 외
●길　이 : 큰 방파제 약 130m, 작은 방파제 약 40m

교통편 : 울진 읍내에서 울진군의료원 앞을 지나 현내항길 방향으로 약 700여m 직진하면 대동빌라 앞 삼거리가 나온다. 오른쪽 일방 통행로를 따라 진입하면 방파제가 보인다.

연락처(054) : 울진 울진반도낚시(782-2197) · 파도낚시(783-1958) · 울진낚시(782-5080)

낚시여건

울진 읍내에서 승용차로 5분여면 닿을 수 있는 근거리 방파제다. 연중 낚시가 가능하고 진입 여건이 편리해 가족단위 낚시꾼들이 즐겨 찾는다. 방파제 주변으로 수중여가 발달해 있고 낚이는 어종 또한 다양한 편이다. 시즌에 따라 감성돔과 벵에돔 · 학공치 등을 낚을 수 있으며 망상어와 노래미는 연중무휴로 선보이고 있다.

어종과 시즌

감성돔은 큰 방파제 좌측으로 형성된 갯바위에서 3월에도 낱마리로 배출되지만, 동해안 감성돔낚시 특성상 현지 전문꾼이 아니고는 좀처럼 입질 받기가 어렵다. 하지만 망상어 · 노래미 · 황어 등은 큰 방파제 좌측 갯바위와 방파제 외항 전역에서 낚이며, 밑밥의 양에 비례해 낚일 만큼 풍부한 어자원을 형성하고 있다. 망상어는 25cm급이 주종을 이룰 정도로 씨알이 굵다. 가을부터는 감성돔과 벵에돔이 본격적으로 입질을 터뜨려준다. 감성돔은 야간 낚시로 공략해야 입질을 받는데 유리하다.

위치 : 〈위치도4〉 참조

■장비와 채비 · 미끼

릴 찌낚시에 크릴을 쓰면 감성돔 · 벵에돔을 낚을 수 있다. 붕장어나 가자미는 던질낚시로 낚으며 로켓편대에 카고(밑밥주머니)를 달아주면 입질이 잦아진다. 미끼는 참갯지렁이나 청갯지렁이가 주로 쓰인다. 사계절 어종으로 흔히 낚이는 노래미는 4.5~7.2m 정도 길이의 민낚싯대로도 손쉽게 낚을 수 있다. 목줄 길이를 20cm 정도로 주면 밑걸림도 줄일 수 있다.

■포인트 안내

벵에돔은 작은 방파제 주변 갯바위와 큰 방파제 내 · 외항 어느 곳에서도 잘 낚인다. 그중 작은 방파제 등대 주변은 진입이 편리하고 조황도 앞선다. 가자미와 붕장어는 외항보다는 내항 쪽을 노려야하고 모래바닥이나 펄 바닥을 찾아 던지면 입질이 잦다. 볼락과 우럭은 테트라포드 사이에서 구멍치기로 낚을 수 있다. 감성돔은 큰 방파제보다 작은 방파제 주변의 조황이 앞서는 편이다.

■기타 참고사항

가족과 함께 나들이코스로 이곳을 찾는다면 큰 방파제 좌측의 갯바위 일대보단 큰 방파제 외항이나 내항 쪽에서 낚시를 즐겨야 한다. 방파제와 인접해 있는 갯바위가 연안에서 멀리 떨어져 있지는 않지만, 전문 장비 없이 진출입할 경우 미끄러지거나 물에 빠지는 등 자칫 안전사고를 당할 수도 있기 때문이다.

■인근 명소

방파제 주변에는 싱싱한 회를 맛볼 수 있는 횟집촌이 몰려 있다. 계절에 따라 선보이는 다양한 횟감을 저렴한 가격으로 맛볼 수 있고 민박도 겸할 수 있다. 현내 방파제에서 승용차로 불과 5분이면 울진 읍내에 도달할 수 있어 이 지방 특산물을 구입하거나 취향에 따른 다양한 음식도 맛볼 수 있다.

017 울진 오산방파제

●소재지 : 경북 울진군 원남면 오산리 226-13 외
●길　이 : 큰 방파제 670m, 작은 방파제 460m

교통편 : 울진 읍내에서 울진 군의료원 앞을 지나 현내항길 방향으로 약 700여m 직진하면 대동빌라 앞 삼거리가 나온다. 오른쪽 일방 통행로를 따라 진입하면 방파제가 보인다.

연락처(054) : 울진 울진반도낚시(782-2197) · 죽변 죽변낚시프라자(782-8284) · 근남 울진낚시(782-5080) · 원남 덕신낚시뱅크(782-0975)

■낚시여건

오산방파제 주변의 해저 지형은 사니질대로 이루어져 있어 어종이 다양하지 못한 편이다. 하지만 북으로 뻗어있는 큰 방파제 길이는 무려 700여m에 달하고, 수심 깊은 지형에서 의외의 입질을 기대할 수 있다. 여름엔 벵에돔이 잘 낚이며 겨울엔 준수한 씨알의 감성돔이 선보인다.

■어종과 시즌

수온이 차츰 오르는 6월로 접어들면서 벵에돔이 선보이기 시작한다. 물론 그 이전부터도 벵에돔이 낚이긴 하나 30cm급 이상은 가을 시즌부터 낚인다. 가을에서 겨울로 접어들면서부터는 벵에돔에 이어 감성돔이 바통을 이어받는다. 감성돔은 시즌 초기에 잘게 낚이나 겨울로 접어들면 45cm급 이상도 기대할 수 있다.

학공치는 여름부터 내만권에서 낚이기 시작해 이듬해 1월까지 꾸준한 조황을 보인다. 방파제 주변 백사장에선 여름철이면 던질낚시로 보리멸도 낚을 수 있다.

위치 : 〈위치도4〉 참조

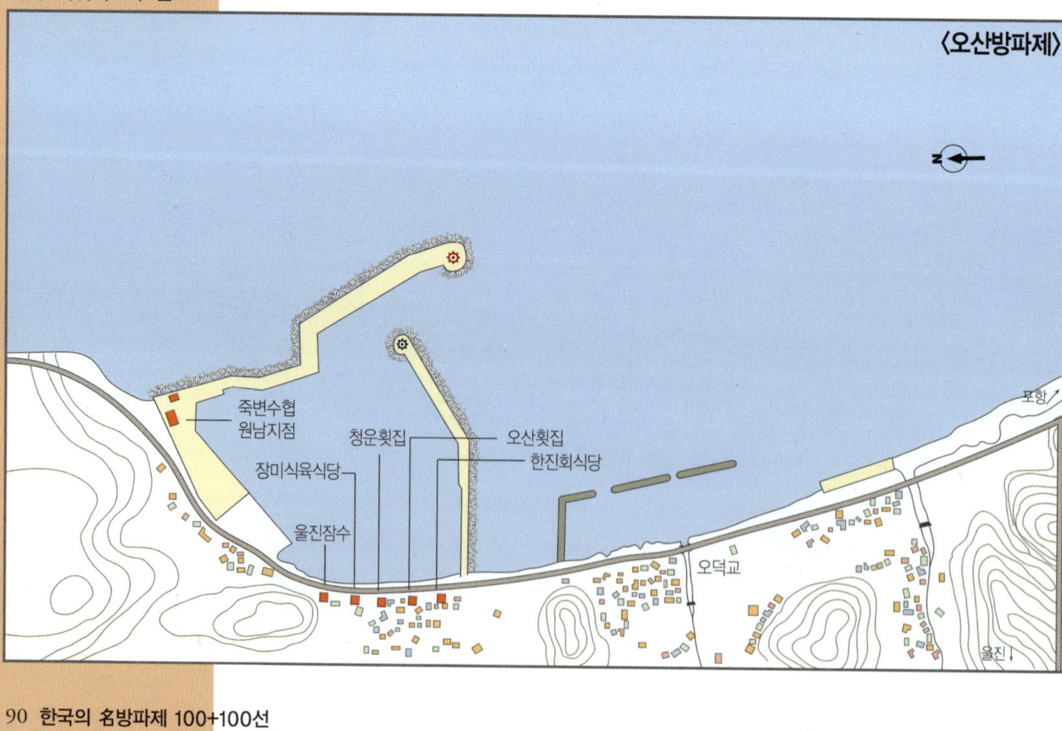

■장비와 채비 · 미끼

감성돔과 벵에돔은 파도가 높은 날에 조과가 뛰어나므로 수중찌는 1호 정도가 적당하다. 시인성을 높이기 위해 막대찌를 사용하고자 한다면 1~1.5호 정도가 무난하다. 감성돔은 해질 무렵부터 굵은 씨알이 선보이므로 전지찌도 필수로 준비해야 한다. 학공치는 붕어용 민낚싯대를 사용해도 낚을 수 있다. 미끼는 크릴과 청갯지렁이가 주로 쓰인다.

■포인트 안내

큰 방파제 외항 중간 지점부터 끝 지점까지가 벵에돔과 감성돔 포인트다. 작은 방파제 외·내항에선 학공치와 노래미를 낚을 수 있다. 노래미는 보통 20cm 전후의 씨알이 낚이며 집어만 되면 마리수 수확도 어렵지 않다. 가자미는 봄부터 가을까지 꾸준히 낚이는 인기 어종으로서 방파제 인근 백사장에서 던질낚시로 입질을 받아낼 수 있다. 가자미는 편대 채비를 사용해 가능한 멀리 원투하면 보다 굵은 씨알을 기대할 수 있다.

■기타 참고사항

여름철 가족나들이객들의 인기어종인 가자미는 던질낚시로 낚을 수 있다. 타인에게 지장만 없다면 2~3대의 릴대를 정면과 좌우면, 방사형으로 멀리 던져놓으면 한층 잦은 입질을 기대할 수 있다. 가자미는 한번 입질이 붙으면 집중적으로 달려드는 특징이 있으므로 일정 포인트에서 적어도 1~2시간 정도 여유를 갖고 기다려 보는 것이 좋다.

■인근 명소

기암괴석과 푸른 물이 절경을 이루는 불영계곡은 지난 1979년 명승 제6호로 지정된 곳으로 여름엔 피서지, 봄·가을엔 드라이브코스로 각광받고 있다. 계곡 주변엔 의상대·창옥벽·조계등·부처바위·중바위 등 온갖 전설이 얽혀 있는 절경지도 많다. 방파제에서 근남면을 경유 36번 국도로 좌회전해 약 10km 진입하면 불영계곡에 이른다.

018 울진 사동방파제

●소재지 : 경북 울진군 기성면 사동리 289-2 외
●길　이 : 큰 방파제 716m, 작은 방파제 250m

교통편 : 울진 읍내를 기점으로 영덕 방면 7번 국도를 이용해 근남~원남을 거쳐 '망양휴게소'까지 간다. 이곳에서 약 5km 직진하다가 사동리 방면으로 좌회전해 진입하면 사동방파제에 이른다.

연락처(054) : 근남 울진낚시(782-5080) · 울진읍 울진반도낚시(782-2197) · 평해읍 동해낚시(787-8778)

■낚시여건

야산 아래 시원스레 뻗은 방파제와 호젓한 분위기를 자아내는 어촌마을은 보는 것만으로도 만족감을 선사한다. 방파제 주변으로 산재해 있는 갯바위는 물고기들에게 훌륭한 은신처를 제공해 주고 있다. 감성돔에서 벵에돔 · 노래미에 이르기까지 동해안에서 낚을 수 있는 모든 어종을 낚을 수 있다. 방파제 진입 시간의 제약도 없어 연중 꾼들의 발길이 꾸준하다.

■어종과 시즌

사동방파제에선 계절에 따라 다양한 어종이 선보이며 꾼들의 손맛과 입맛을 충족시켜 주고 있다. 벵에돔은 6월부터 10월까지 시즌을 형성한다. 벵에돔 입질이 잦은 시간대는 동틀 무렵과 해질 무렵. 여름철 대표 어종인 가자미는 낮낚시, 붕장어는 밤낚시로 공략하는 게 유리하다. 볼락과 우럭도 여름철 어종으로 선보이고 있으며 볼락은 밤낚시, 우럭은 해질녘에 입질이 잦다. 방파제 주변에서 종종 붙박이 감성돔이 찌낚에 낚이지만

위치 : 〈위치도4〉 참조

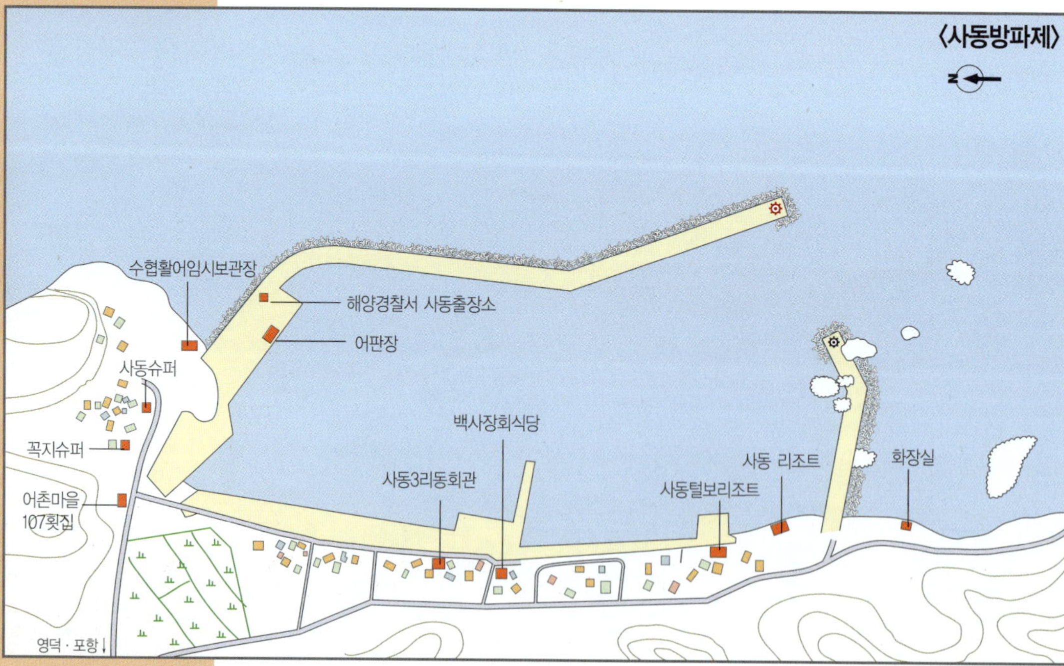

던질낚시에 씨알이 굵은 편이다. 사계절 어종으로는 망상어 · 황어 · 노래미가 있다.

■장비와 채비 · 미끼

망상어 · 감성돔 · 벵에돔 · 우럭 · 볼락 등을 낚고자 한다면 릴 찌낚시에 크릴이나 홍갯지렁이 · 청갯지렁이를 미끼로 한다. 초심자의 경우엔 7.2m 안팎의 민낚싯대도 무난하다.
가자미 · 붕장어 · 황어 등은 주로 던질낚시로 공략하며, 로켓 편대에 카고(밑밥주머니)를 달아주면 한결 입질이 잦아진다. 미끼는 참갯지렁이와 청갯지렁이가 잘 먹힌다.

■포인트 안내

벵에돔은 작은 방파제 주변의 갯바위와 큰방파제 내 · 외항 어느 곳에서도 잘 낚인다. 가자미와 붕장어낚시는 외항보다는 내항권에서 성행하며 모래와 펄 바닥을 찾아 공략하면 입질이 잦다.
볼락과 우럭을 낚으려면 주간에는 테트라포드 사이를 구멍치기로 노려야 하고, 해질녘에는 내외항의 테트라포드 바깥을 공략해야 한다. 감성돔은 가을에 접어들면 작은 방파제 주변, 겨울철에는 큰 방파제 등대 아래가 포인트다.

■기타 참고사항

파도가 있는 날에 조과도 좋은 편이나 대부분 테트라포드 위에서 낚시가 이루어지는 관계로 안전사고에 유의해야 한다. 인근 마을에서는 사철 민박이 가능하고, 텐트 치고 야영할 곳도 있지만 주변의 편의시설이 마땅찮으므로 취사도구는 지참해 출조하는 게 좋다.

■인근 명소 · 맛집

남쪽으로 10여분 거리에 위치한 월송정에 오르면 옛 선인들의 정취를 느낄 수 있고, 이곳에서 15km 가량 내륙으로 진입하면 국민관광지로 지정된 백암온천에 이른다. 남대천을 따라 온천까지 진입하는 길은 드라이브 코스로도 제격이다. 연안을 따라 위치하는 곳곳의 포구에선 값싸고 싱싱한 활어 회맛도 즐길 수 있다.

019 울진 구산방파제

●소재지 : 경북 울진군 기성면 구산리 100-11 외
●길 이 : 큰 방파제 620m, 작은 방파제 570m

교통편 : 울진 기점으로 영덕 방면 7번 국도를 이용해 근남~원남~평해를 거쳐 약 5km 더 직진하면 후포면 삼율리 삼거리가 나온다. 여기서 바닷가 쪽으로 좌회전해 약 5분여 진입하면 방파제에 이른다.

연락처(054) : 평해읍 월송수퍼,낚시(787-4626) · 동해낚시(787-8778) · 후포 백암수퍼,낚시(788-1515)

■낚시여건

방파제 전역으로 백사장과 수중여가 적절히 조화를 이루며 포인트를 형성하고 있다. 방파제 외항뿐 아니라 내항권 수심도 깊어 대상어종 공략이 유리하다. 파도가 높을 땐 큰 방파제에서 내항을 보고 찌를 흘려도 감성돔의 입질을 받아낼 수 있다. 여느 울진권 방파제와 다르게 주야간 조황이 크게 차이나지 않는 것도 이곳의 주요 특징이다.

■어종과 시즌

가을로 접어들면 감성돔 시즌이 전개되며 12월로 들어서면 4짜에 육박하는 굵은 감성돔도 기대해 볼 수 있다. 학공치는 사계절 선보이기도 하나 겨울철 감성돔과 함께 손님고기로 더 잘 낚인다. 여름 바캉스 시즌이면 붕장어낚시가 성행한다. 쫄깃한 횟감으로 인기를 모으는 붕장어는 평균 씨알이 40~50cm 정도며 간혹 어른 손목만한 대형급도 선보인다.

가자미낚시도 여름철에 널리 이루어지며 씨알은 손바닥 내외가 주류를 이룬다. 겨울철

위치 : 〈위치도5〉 참조

로 접어들면 황어도 선보이나 눈에 띠는 조황은 보여주지 못하고 있다.

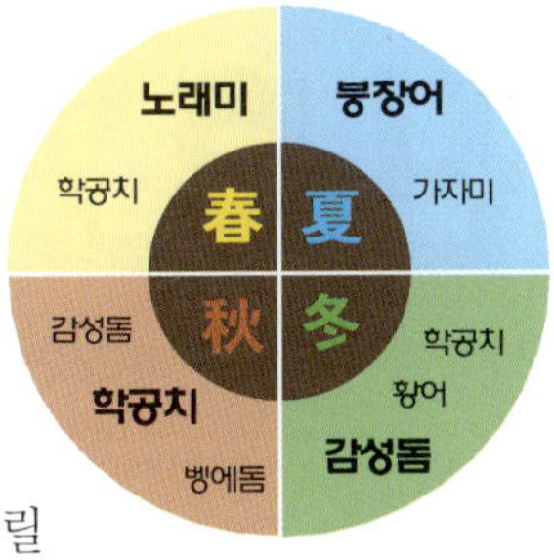

■장비와 채비 · 미끼

큰 방파제는 초입을 벗어난 외항권 평균 수심 대부분이 7~8m권이라 파도가 높지 않은 날에도 릴 찌낚시를 즐길 수 있다. 감성돔은 일반 릴 찌낚시 채비를 사용하면 되고, 붕장어는 릴 원투낚시 채비로 노린다. 특히 먼거리를 효과적으로 공략하기 위해선 로켓 편대를 사용하는 것이 유리하며 바늘은 농어바늘 12~15호 정도가 적당하다. 학공치는 굳이 릴 찌낚시 채비가 아닌 민장대를 사용해서도 입질을 받아낼 수 있다.

■포인트 안내

방파제 전역으로 수중여가 잘 발달돼 있어 고른 조황을 보인다. 큰 방파제의 경우 초입부터 끝 지점 모두에서 낚시가 이루어지고 있으며, 내 · 외항의 조황 차이도 크지 않은 편이다. 다만 파도가 적당한 날, 감성돔을 주대상어로 공략하고자 한다면 외항권이 유리하고, 주의보 상황에선 내항권 조황이 나은 편이다. 그러나 파도가 높고 바람이 방파제 쪽으로 부는 날에는 내항권 조황이 앞서는 측면도 있다.

■기타 참고사항

무엇보다 조황 기복이 적어 가족들과 함께 찾을 수 있는 여름철 바캉스 코스로 알맞다.
민장대 하나에 갯지렁이 한 통이면 어렵지 않게 손맛을 볼 수 있고, 직접 낚은 고기로 싱싱한 회맛도 겸할 수 있어 나들이낚시터로는 부족함이 없다.

■인근 명소

방파제에서 5분 거리에 월송정(月松亭)이 있다. 신라시대의 화랑들이 울창한 송림에서 달을 즐기며 선유(仙遊)했다는 이곳은 관동팔경의 하나로 꼽히기도 한다. 시인 · 묵객들도 이곳을 찾아 하나같이 탄복했을 정도로 그 주변 경관이 빼어나다.

020 울진 후포방파제

●소재지 : 경북 울진군 후포면 후포리 1165 외
●길 이 : 큰 방파제 1,170m, 작은 방파제 610m

교통편 : 울진을 기점으로 영덕 방면 7번 국도를 이용해 근남~원남~평해를 거쳐 약 5km 더 직진하면 후포면 삼율리 삼거리가 나온다. 여기서 바닷가 쪽으로 좌회전해 약 5분여 진입하면 방파제에 이른다.

연락처(054) : 후포 등대낚시(788-2890) · 왕돌낚시(787-0330) · 24시낚시타운(787-4811) · 삼성낚시(788-2949) · 후포낚시(787-9881)

■낚시여건

후포방파제는 인근 죽변방파제와 더불어 울진권의 대표적인 방파제 낚시터다. 동해 중부와 남부권의 경계가 되는 지점이기도 해 대형급 농어와 부리시도 선보인다. 방파제 규모가 큰 덕분에 울진권의 여느 방파제에 비해 한층 굵은 전갱이와 고등어도 만날 수 있다. 사계절 꾸준한 조황을 보여 현지뿐 아니라 포항과 울산 지역에서도 활발한 출조가 이루어진다.

■어종과 시즌

수온이 부쩍 오르는 6월이면 벵에돔이 출현하기 시작해 여름철로 접어들수록 굵은 씨알을 선보인다. 망상어 · 황어 · 노래미 등은 사계절 어종으로 꾸준히 낚인다. 여름 시즌이면 가자미와 붕장어가 나들이객들의 입맛을 돋운다. 감성돔낚시는 벵에돔 시즌이 서서히 끝나기 시작하는 10월 무렵부터 시작해 11월이면 본격 시즌을 맞게 된다. 겨울 시즌의 감성돔은 마리수도 좋고 씨알도 35~40cm급으로 굵게 낚인다. 후포방파제는 벵에

위치 : 〈위치도5〉 참조

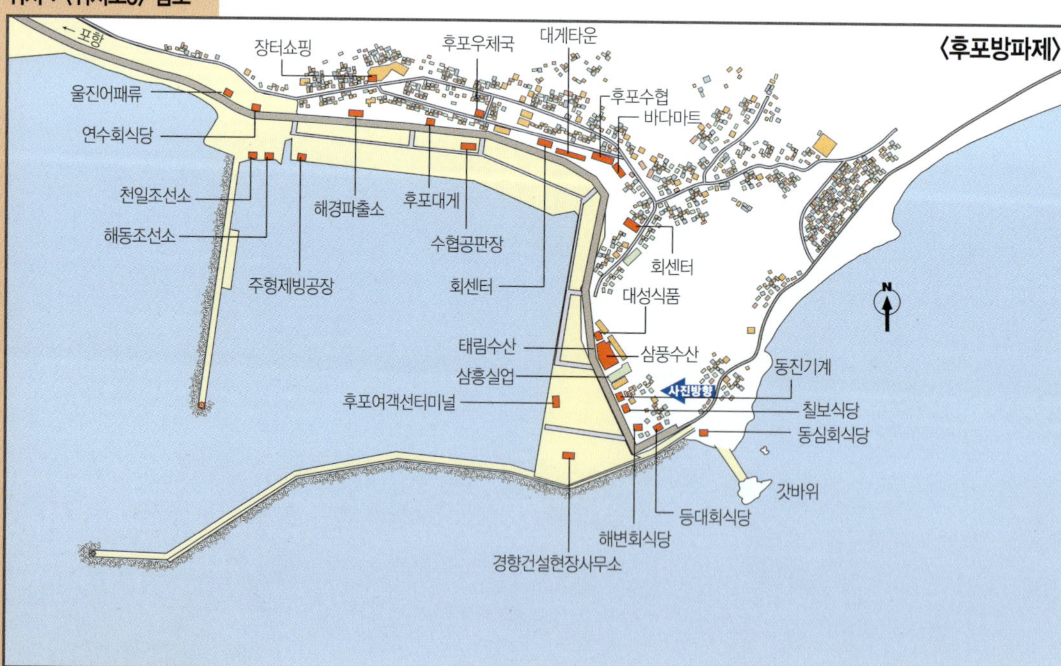

돔과 감성돔만을 주대상어로 하는 꾼들뿐만 아니라, 가족나들이 손맛 낚시터로도 제격이다.

■장비와 채비 · 미끼

고등어를 대상어로 한 가족낚시를 즐기려면 열기낚시용 카드채비를 사용하는 게 유리하다. 카드채비를 이용하면 여성이나 어린이들도 손쉽게 낚시를 즐길 수 있고, 주렁주렁 올라붙는 마리수 재미도 만끽할 수 있다. 카드채비에 20호 정도의 고리 봉돌을 달아 내항 쪽으로 멀리 던진 후에 채비가 중층에서 표층 사이로 오르내리도록 불규칙하게 릴링하면 잦은 입질을 받아낼 수 있다.

■포인트 안내

후포방파제에서 낚시가 잘 되는 구간은 주로 큰 방파제 끝 지점에 몰려 있는 편이나 중간 지점에서도 벵에돔 입질이 곧잘 터지기도 한다. 방파제 끝 지점에서 내항권을 보고 낚시를 즐기면 벵에돔을 비롯해 망상어와 전갱이도 함께 노려볼 수 있다.

가자미와 보리멸낚시 역시 큰 방파제 끝 지점에서 내항권을 보고 활발히 이루어진다. 밤낚시에 잦은 입질을 보이는 볼락도 내항권 끝 지점이 포인트다.

■기타 참고사항

후포방파제에서 낚시를 즐기려면 방파제 입구에 주차를 시켜놓고 진입해야 한다. 방파제 길이가 무려 1km에 달하고 포인트 또한 끝 지점에 몰려 있어 한 번에 많은 낚시장비를 챙겨 진입하기엔 번거로움이 따르기도 한다. 따라서 대상어종을 미리 정한 후에 그에 맞는 장비만 간단히 챙겨 포인트로 진입하는 게 유리하다.

■인근 명소

방파제 주변으로는 건어물을 비롯해 각종 싱싱한 활어를 맛볼 수 있는 횟집이 즐비하게 들어서 있다. 특히 인근 동해수산물 도매센터에서는 저렴한 가격으로 회를 구입하거나 현장에서 직접 맛볼 수도 있다. 민박집도 많아 어촌 분위기를 만끽하며 낚시를 즐길 수 있다.

021 영덕 사진3리방파제

●소재지 : 경북 영덕군 영해면 사진리 623-2
●길　이 : 약 120m

교통편 : 포항을 기점으로 영덕읍내까지 간다. 이곳에서 7번 국도를 이용해 약 10km 직진하다가 축산면 방면으로 우회전해 약 3km 직진하면 해안도로가 나온다. 이 도로를 타고 약 1.2km 가면 축산항을 거쳐 사진3리방파제에 닿는다.

연락처(054) : 축산 거목낚시(733-8276) · 대성낚시(734-1980) · 영덕 털보낚시(733-6474) · 25시낚시(734-1703) · 영덕낚시(070-4225-3766)

■낚시여건

영덕권 방파제 가운데 감성돔과 벵에돔 낚시터로 각광받는 곳이다. 방파제가 자리한 사진 1~3리 구간은 갯바위 포인트로도 널리 알려진 해골바위 · 폭포밑 · 초소밑 · 돌무너진곳 등이 있어 연중 꾼들의 발길이 끊이질 않는다. 최근 들어선 근해 어초밭을 중심으로 한 배낚시도 활기를 띠고 있으며 씨알 굵은 열기 · 도다리 · 우럭 등이 잘 낚인다.

■어종과 시즌

봄 시즌 개막과 함께 이곳에선 망상어 · 감성돔을 주대상어로 하는 찌낚시가 성행한다. 하지만 파도가 높아 인근 갯바위에서 낚시가 불가할 때는 많은 꾼들이 이곳으로 몰리다 보니 자리다툼이 치열한 편이다. 감성돔은 영등철을 중심으로 가장 굵은 씨알이 선보이며, 벵에돔은 6월부터 9월까지 25cm 전후의 씨알을 마리수로 배출해내기도 한다. 특히 감성돔의 경우 파고가 높은 날엔 40cm급 이상에서 5짜에 육박하는 대물도 종종 배출된다. 방파제와 갯바위에선 여름 시즌을 중심으로 야간 던질낚시에 붕장어가 선보이기도

위치 : 〈위치도5〉 참조

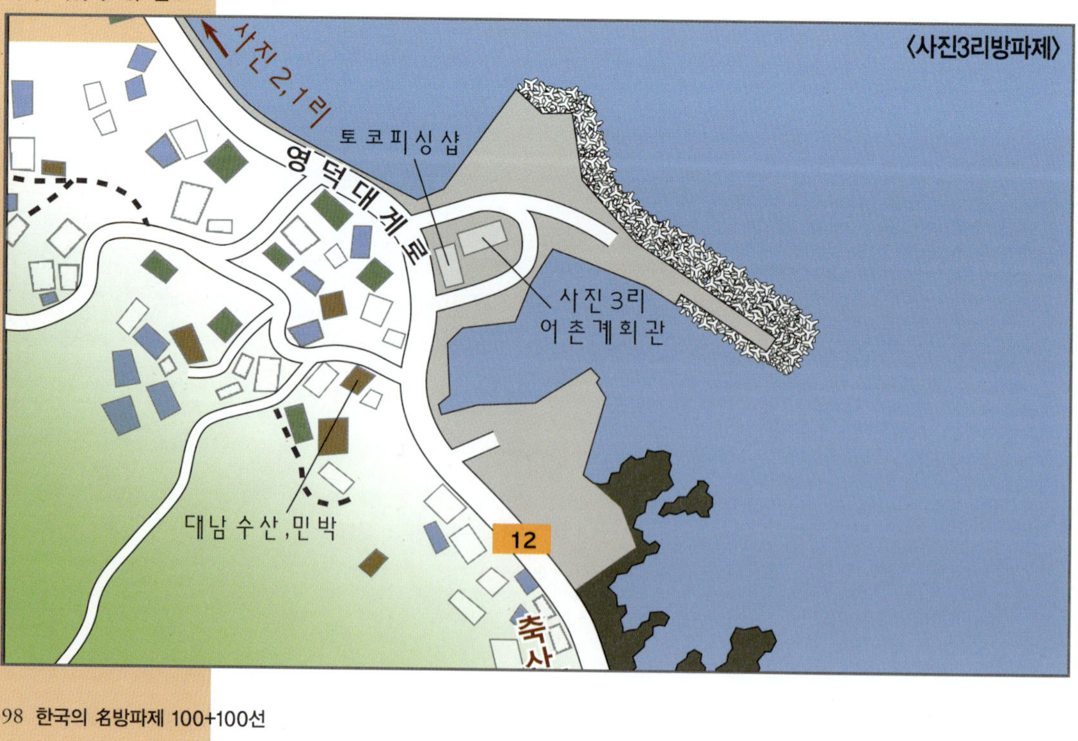

한다.

■장비와 채비 · 미끼

감성돔과 벵에돔은 릴 찌낚시로 공략한다. 굵은 벵에돔을 공략하기 위해선 늦봄부터 구입해 사용할 수 있는 파래새우가 효과적이다. 선상 배낚시는 방파제에서 약 5분여만 나가면 닿는 어초 포인트에서 이루어진다. 우럭을 비롯해 도다리 · 가자미 등은 편대채비가 유리하며, 볼락과 열기는 카드채비로 마리수 수확을 올릴 수 있다.

■포인트 안내

대부분 방파제 낚시터들은 끝 지점의 테트라포드 지역을 중심으로 포인트가 형성된다. 하지만 사진3리방파제는 초입부터 시작해 20m 구간까지가 가장 유망한 포인트로 꼽힌다.

여밭과 사니질대가 고루 섞여 있는 이 구간에선 릴 찌낚시는 물론 대낚시로도 다양한 어종을 노려볼 수 있다. 내만권은 수심이 얕고 모래바닥으로 이루어져 있어 사실상 입질 받기가 힘들다. 방파제 북쪽으로 형성된 사진1~3리 갯바위 구간은 방파제 북쪽으로 연안을 끼고 길게 형성돼 있다.

■기타 참고사항

어초밭을 중심으로 이루어지는 선상낚시는 3~5인을 기준해 1인당 3만원선이면 즐길 수 있다. 포인트까지의 소요 시간도 5~10분 정도로 짧아 가족 동반 낚시로도 제격이다. 낚이는 주어종은 우럭 · 가자미 · 열기(불볼락)이며, 마리수 조황에다 씨알도 좋은 편이라 푸짐한 횟감도 장만할 수 있다.

■인근 명소

방파제에서 남쪽으로 불과 1.5km 지점엔 축산항이 자리해 있다. 축산항은 연중 낚시꾼들의 발길이 꾸준하며 벵에돔이 잘 낚이는 곳으로 알려져 있다. 항구 일대엔 현지 어부들이 잡은 싱싱한 횟감이 저렴한 가격으로 판매되고 있으며, 항 아래로 펼쳐진 축산해수욕장은 피서철 가족과 함께 낚시와 해수욕을 겸한 나들이 장소로 찾아볼만하다.

022 영덕 축산방파제

●소재지 : 경북 영덕군 축산면 축산리 9411-11 외
●길　이 : 큰 방파제 395m, 작은 방파제 90m

교통편 : 포항을 기점으로 7번 국도를 이용해 영덕 읍내까지 간다. 이곳에서 영해 방면으로 약 12km 가면 상원리 삼거리에 이르고, 여기서 축산·대진 해수욕장 방면 20번 지방도로 우회전해 약 4km 가면 경정 삼거리에 이른다. 여기서 다시 좌회전해 약 2km 가면 주유소가 있는 삼거리가 나타나고, 계속 직진하면 축산 내항에 닿는다. 큰 방파제 쪽으로 가려면 대진 방면으로 진행하다가 우회전하면 된다.

연락처(054) : 축산 청파낚시(732-4033)·가이드낚시(733-2324)·거목낚시(733-8276)·대성낚시(733-2324)

위치 : 〈위치도5〉 참조

■낚시여건

강구·영덕권 일원에서는 비교적 규모가 큰 편에 속한다. 수심이 깊고 여밭이 발달한 바닥지형으로 인해 사계절 다양한 어종이 형성된다. 방파제 높이가 여느 방파제에 비해 다소 높아 안전사고에만 유의한다면 언제든 즐겁게 낚시를 즐길 수 있다. 예전에는 축산 내항을 통해야 진입할 수 있던 큰 방파제는 우회도로 개통과 함께 진출입이 한결 수월해졌다.

■어종과 시즌

사계절 꾸준히 손맛을 볼 수 있지만 가장 기대를 모으는 시즌은 겨울이다. 감성돔을 비롯해 벵에돔·학공치·숭어·황어 등 갖가지 어종과 만날 수 있으며, 현지인들로부터 '대포'라고 불리는 대형급 오징어 또한 이맘때 선보인다. 산란을 위해 방파제 가까이까지 이동해 온 대형 오징어는 대부분 훌치기로 낚는다.

많은 꾼들로부터 관심을 불러일으키는 감성돔은 초겨울부터 2월까지가 피크 시즌이며

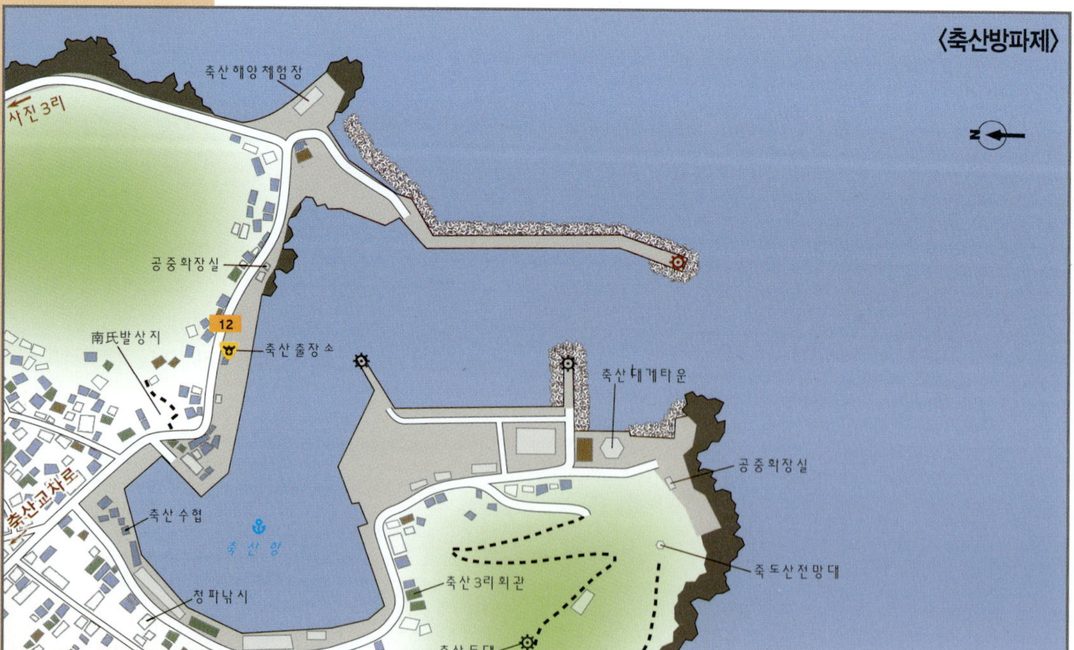

벵에돔은 음력 2월을 제외하고 연중 낚을 수 있다.

■장비와 채비 · 미끼

릴 찌낚시와 민장대, 그리고 던질낚시까지 모든 장르의 낚시를 즐길 수 있다. 감성돔은 대부분 질 찌낚시로 공략하며, 채비는 당일의 파도에 따라 0.8~1.5호까지의 찌를 사용하면 큰 문제가 없다. 벵에돔은 민장대로도 입질을 받아낼 수 있으며 한겨울에는 찌 밑 수심을 깊이 줘야 입질을 받아내는 데 유리하다. 감성돔과 벵에돔의 미끼는 크릴이면 충분하다.

■포인트 안내

여느 방파제와 마찬가지로 큰 방파제 끝 지점의 조황이 월등하다. 하지만 어선 운항이 수시로 있는 만큼 너무 아래에 있는 테트라포드까지 내려가는 것은 삼가야 한다.

찌낚시의 가장 확실한 포인트는 큰 방파제 외항 쪽 일대와 등대 밑 지역이다. 북동풍이 강하게 불 때면 방파제 초입이나 우측 내항을 노려도 잦은 입질이 붙는다. 여름철 보리멸이나 가자미를 대상어로 하는 던질낚시는 방파제 중간 지점에서 널리 행해진다.

■기타 참고사항

방파제 주변으로 갯바위가 잘 발달돼 있는 데다가 낚시 여건 또한 좋아 바람과 파도가 심할 경우엔 오히려 갯바위로 자리를 옮기는 게 유리하다. 밑밥은 크릴과 파우더에 곤쟁이도 함께 섞으면 집어효과를 높일 수 있다.

■인근 명소

포구 내에는 횟집이 많아 저렴한 가격으로 싱싱한 회를 맛볼 수 있으며, 갖가지 어종으로 감칠맛 나게 요리한 물회 역시 꾼들의 식욕을 돋구어준다. 인근 창포리엔 동해바다의 멋진 정경을 한눈에 담을 수 있는 해맞이공원도 자리해 있으며, 간단하게 요기를 할 수 있는 포장마차도 즐비하게 늘어서 있다.

023

영덕 석동방파제

●소재지 : 경북 영덕군 영덕읍 석리 14-4
●길　이 : 큰 방파제 약 80m, 작은 방파제 약 40m

교통편 : 포항을 기점으로 영덕읍내까지 간다. 이곳에서 7번 국도를 이용해 약 5km 지점의 삼거리에서 오보리 방면으로 우회전한다. 우회전해 약 2.5km 직진하면, 20번 지방도가 나오고, 해안선을 따라 약 2km 직진하면 석동방파제에 이른다.

연락처(054) : 영덕읍 일출낚시(734-4604) · 강구면 신신낚시(733-9602) · 대구낚시(733-9612) · 남정면 21C바다낚시마트(734-4581)

■낚시여건

규모는 작지만 실속 있는 낚시터로 단골꾼들에게 인기가 높은 곳이다. 방파제 주변으로 갯바위가 잘 발달해 있으며 방파제 외항권을 중심으로 연중 다양한 어종이 선보인다.

인근 구계방파제와 더불어 벵에돔 포인트로도 널리 각광받고 있으며 7월부터 본격 시즌에 들어가 9월까지 꾸준한 조황을 보인다. 벵에돔 씨알은 30~35cm급으로 준수한 편이다.

■어종과 시즌

사계절 어종으로는 망상어 · 노래미 · 가자미 등이 있다. 봄 시즌 개막과 함께 망상어의 입질이 활발하게 붙는다. 6월로 접어들면 벵에돔이 선보이고, 7월에 이르면 마리수 수확도 어렵지 않다. 시즌 초기엔 벵에돔 씨알이 20~22cm급으로 잘긴 하지만, 수온이 오를수록 씨알도 함께 굵어진다. 던질낚시 어종인 보리멸 · 가자미 · 노래미 등은 여름철에 주로 낚인다. 좌우측 갯바위 일대에서 전방 15~20m 사이의 사니질대를 향해 원투하

위치 : 〈위치도5〉 참조

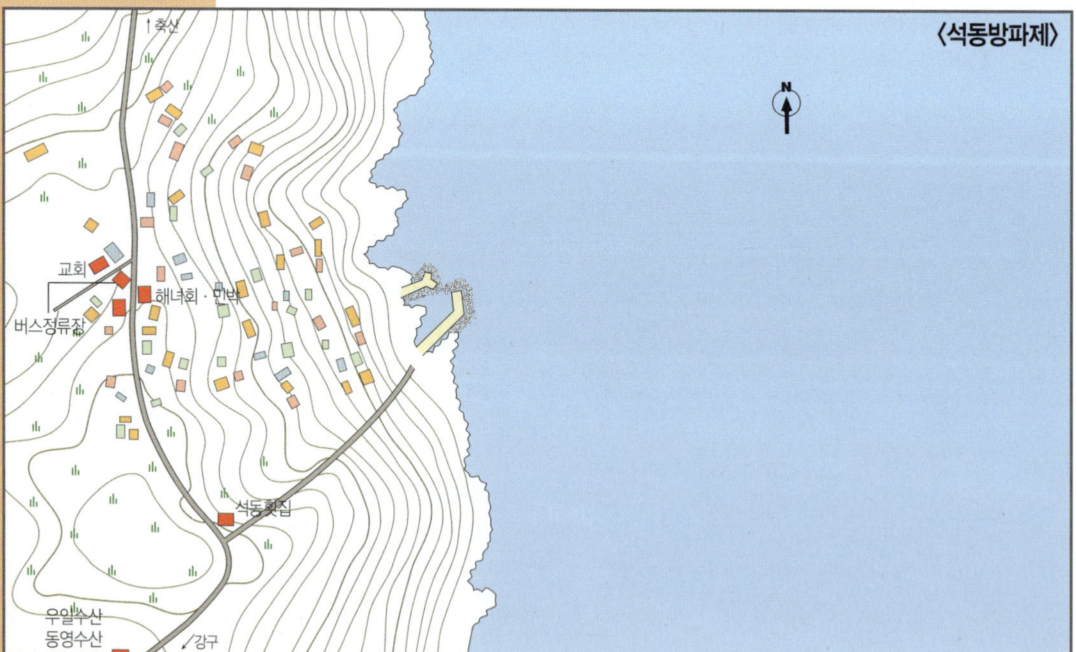

면 굵은 붕장어(아나고)도 낚을 수 있다. 일몰 후부터 자정까지가 붕장어낚시 피크 타임이다.

■장비와 채비 · 미끼

벵에돔은 활성도가 좋을 땐 굳이 릴 찌 낚시 채비가 아닌 민장대로도 낚을 수 있다. 민장대는 7m 전후의 길이면 되고, 미끼는 크릴이나 홍갯지렁이가 쓰인다. 그러나 연중 최고 호황기를 맞는 늦봄부터 여름 시즌엔 파래새우를 미끼로 사용해야 잡어퇴치도 효과적이고 씨알 선별력도 높일 수 있다.

■포인트 안내

큰 방파제가 바다를 향해 뻗어 있는 데 반해 작은 방파제는 큰 방파제 쪽으로 향해 있어 조류의 흐름이 원활치 못한 편이다. 따라서 내항권보단 대부분 외항권을 중심으로 낚시가 이루어진다. 벵에돔은 작은 방파제와 큰 방파제의 끝 지점에서 입질 빈도가 높다.

방파제 좌우측으로 형성된 갯바위에선 망상어 또는 노래미가 곧잘 낚이며, 포인트 구간이 넓어 여러 명의 낚시꾼들이 한 번에 낚시를 즐길 수 있다.

■기타 참고사항

야간 던질낚시로 공략하는 붕장어는 중형 스피닝 릴을 장착한 4.5m 정도의 릴 낚싯대에 감성돔 바늘 4~5호 정도를 쓴다. 봉돌은 공략 거리에 따라 다소 달라지며, 이곳 현지에선 보통 30~40호 정도가 많이 쓰이고 있다. 미끼는 청갯지렁이가 주로 사용되지만 오징어나 고등어 살점을 사용하면 씨알과 마리수 모두에 있어 유리하다.

■인근 명소

석동방파제와 접해 있는 20번 지방도로는 드라이브 코스로도 그만이다. 푸른 동해와 맞닿아 있는 이 해안선도로를 타고 북으로 향하면 경정1리해수욕장~축산해수욕장에 닿고, 남쪽으로 향하면 대게 산지로 유명한 강구항에 닿는다.

024 영덕 노물방파제

●소재지 : 경북 영덕군 영덕읍 노물리 580
●길　이 : 약 200m

교통편 : 포항을 기점으로 영덕읍내까지 간다. 이곳에서 7번 국도를 이용해 약 5km 지점의 삼거리에서 오보리 방면으로 우회전한다. 우회전해 약 2.5km 직진하다가 노물마을 방면으로 다시 좌회전해 조금만 더 진입하면 도로 우측으로 방파제가 나타난다.

연락처(054) : 영덕읍 털보낚시(733-6474)·태공낚시(734-3440)·강구 한바다낚시(734-5655)

■낚시여건

노물리 일대는 방파제뿐만 아니라 갯바위낚시도 활발하게 이루어지는 영덕권의 대표적인 감성돔낚시터다. 방파제 초입 좌측으로 갯바위가 자리해 있으며 외항권 바닥 지형은 여밭과 모래가 균형 있게 형성돼 있다. 단일 방파제이면서 규모도 작아 높은 파도엔 다소 취약한 면도 보인다. 하지만 파도가 적당한 날엔 어렵지 않게 입질을 받아낼 수 있을 만큼 어자원은 풍성한 편이다.

■어종과 시즌

계절의 변화에 맞춰 다양한 어종이 낚이지만 망상어 자원이 특히 풍부하다. 망상어는 3월부터 겨울까지 선보이는데, 산란기인 5~6월엔 마리수뿐만 아니라 씨알도 30~35cm급 사이로 굵직굵직하게 낚인다. 사계절 어종으론 가자미·노래미 등이 있으며, 노래미의 경우 던질낚시를 시도하면 30cm급 이상이 곧잘 낚이기도 한다. 벵에돔은 빠르면 6월부터 선보여 겨울까지 낚이나 씨알은 대체로 20cm에 불과한 편이다. 학공치는 초겨

위치 : 〈위치도5〉 참조

울부터 시즌을 형성해 이듬해 1~2월까지 꾸준하게 낚인다.

■장비와 채비 · 미끼

여름철 던질낚시 대상어인 가자미 · 노래미 등을 제외한 대부분의 어종은 민장대로도 낚을 수 있다. 특히 시야가 좋아 입질이 까다롭기로 유명한 망상어의 경우 이곳에선 릴 찌낚시가 아닌 민장대를 많이 사용한다. 민장대는 3.5~4칸대 사이면 무난하고, 찌는 예민한 고추찌를 사용하는 게 유리하다. 망상어 미끼로는 크릴이나 청갯지렁이가 사용된다.

■포인트 안내

방파제 좌측으로 형성된 갯바위는 현지 꾼들에게 기차바위라고도 불린다. 이곳에선 던질낚시와 찌낚시로 계절에 따라 다양한 어종을 노려볼 수 있다.

방파제 규모가 작아 외항 전역의 테트라포드에서 낚시가 이루어지며 파도가 1~1.2m권으로 적당한 날엔 끝지점의 조과가 뛰어나다. 내항권은 바닥 지형이 대부분 모래로 이루어져 있고, 수심도 얕아 사실상 낚시가 거의 이루어지지 않는 편이다.

■기타 참고사항

주 · 야간 낚시를 즐길 수 있지만 주의보가 발효된 날엔 부분적인 통제가 이루어진다. 방파제가 아닌 주변 갯바위에서 야간낚시를 즐기고자 할 경우엔 낮시간에 충분히 지형과 포인트를 숙지하고 진입해야 안전사고를 예방할 수 있다.

■인근 명소

방파제에서 북쪽 영해 방면으로 약 12km 지점엔 대진해수욕장이 자리해 있다. 맑고 깨끗한 바닷물에 병풍처럼 둘러쳐진 송림을 자랑하는 이곳은 모래사장이 드넓게 펼쳐져 있으며, 수심이 얕고 경사가 완만해 어린 자녀를 동반한 가족나들이 코스로 알맞다. 대진해수욕장 주변으론 폭이 200m에 달하는 송천천이 바다로 흘러들며 풍부한 어족을 형성하기도 한다.

025 영덕 대부방파제

●소재지 : 경북 영덕군 영덕읍 대부리 592 외
●길　이 : 큰 방파제 약 150m, 작은 방파제 약 40m

교통편 : 포항을 기점으로 7번 국도를 이용해 흥해~청하~송라~남정을 거쳐 강구까지 간다. 이곳에서 20번 지방도로 진입해 약 6km 직진하면 도로 우측으로 대부마을이 나오고, 도로 좌측으로 방파제가 보인다.

연락처(054) : 영덕읍 대부낚시(733-6638) · 강구 신신낚시(733-9602) · 대구낚시(733-9612)

■낚시여건

방파제낚시와 갯바위낚시를 겸할 수 있어 계절에 따라 꾼들의 발길이 꾸준히 이어진다. 작은 방파제 우측으로 형성된 크고 작은 갯바위 일대에선 파도가 높은 날을 제외하곤 항시 꾼들이 들어차 있으며 큰 방파제 역시 외항권을 중심으로 찌낚시가 성행한다. 봄부터 겨울까지 다양한 어종이 낚이며 겨울철엔 감성돔과 학공치 조황이 뛰어나다.

■어종과 시즌

인근 영덕권 방파제에서 선보이는 벵에돔이 이곳에선 거의 낚이지 않는다. 봄철이면 임연수어가 잠시 선보이고 여름이면 독가시치를 비롯해 가자미가 낚인다. 가을엔 감성돔이 서서히 방파제에 모습을 드러내나 씨알은 손바닥에도 못 미친다. 본격 시즌인 2월 영등철에 이르러 가장 굵은 씨알을 기대해 볼 수 있다. 파도와 수온만 적절하면 35cm급 전후의 감성돔으로 마리수 수확도 기대해 볼 수 있다. 학공치도 겨울엔 형광등 씨알로 굵게 낚이는 편이다. 사계절 어종으로 노래미와 망상어 등이 꾸준히 낚인다.

위치 : 〈위치도5〉 참조

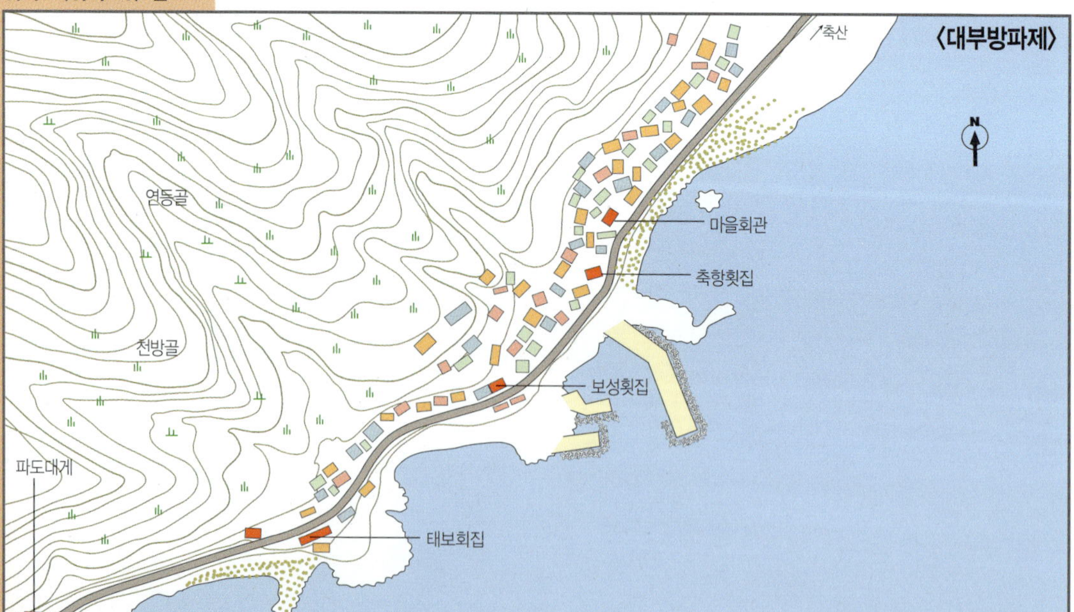

■장비와 채비 · 미끼

방파제와 인근 갯바위에선 대부분 릴 찌낚시로 감성돔을 공략한다. 감성돔은 파도가 높은 날에 활성도가 좋으므로, 채비를 다소 무겁게 사용해 파도에 찌가 떠밀려오지 않도록 해야 한다. 따라서 1호 이상의 고부력 찌가 적당하며 밑밥은 수시로 품질을 해 집어효과를 높여야 한다. 학공치는 띄울낚시로 낚으며 미끼는 홍갯지렁이나 크릴이 주로 쓰인다.

■포인트 안내

낚시는 대부분 큰 방파제에서 이루어지며, 끝 지점 및 중간 지점에서 활발한 입질을 기대할 수 있다. 그러나 외항권 수심이 대부분 4~5m권으로 얕은 탓에 파도가 1~2m 전후로 적당하게 일어야 잦은 입질을 기대해볼 수 있다. 여름철이면 피서객들의 인기어종으로 사랑받는 보리멸과 도다리는 방파제나 인근 갯바위에서 던질낚시로 노리며, 붕장어 역시 여름철 야간에 던질낚시로 낚는다. 방파제 좌측으로는 갯바위 지형이 길게 형성돼 있다.

■기타 참고사항

대부방파제 인근에는 펜션과 숙박시설이 잘 갖추어져 있어 가족과 함께 낚시를 즐기고 휴식을 취하기에도 알맞다. 방파제가 도로변과 접해 있어 진출입도 편리하며 숙박시설 바로 앞으로도 갯바위가 즐비해 언제라도 부담 없이 낚시를 즐길 수 있다.

■인근 명소

방파제에서 남쪽으로 5km 지점엔 강구방파제가 있으며 북쪽으로 1km 지점엔 창포방파제가 있다. 따라서 낚시 여건이 좋지 못하다고 판단되면 언제라도 연계출조 코스로 부담 없이 찾아볼 수 있다. 강구항에는 대게를 비롯해 싱싱한 횟감이 판매되고 있다.

026 영덕 강구방파제

●소재지 : 경북 영덕군 강구면 강구리 253-29 외
●길　이 : 약 470m

교통편 : 포항을 기점으로 7번 국도를 이용해 북쪽으로 계속 직진하면 흥해~청하~송라를 거쳐 영덕군 남정면 소재지에 닿는다. 이곳에서 약 7km 직진하면 도로 우측으로 삼사해상공원이 보이고, 여기서 약 1km 지점의 강구교를 건너 진입하면 방파제에 닿는다.

연락처(054) : 강구 한바다낚시(734-5655) · 신신낚시(733-9602) · 대구낚시(733-9612)

■낚시여건

오십천 하구에 자리해 있어 어자원이 풍부하게 형성된다. 모래톱이 발달한 작은 방파제는 그 규모는 작지만 여름철 피서객들의 던질낚시 포인트로 널리 이용되고 있다.
평균 수심이 8m권에 이르는 큰 방파제는 릴 찌낚시터로서 사계절 많은 꾼들이 찾고 있다. 방파제 초입에까지 차량이 진입할 수 있어 출조 여건도 좋은 편이다.

■어종과 시즌

매년 초가을 문턱에 들어서면서부터 감성돔을 비롯한 학공치, 황어 등이 선보인다. 감성돔은 2~3년생이 주로 낚이며, 황어는 30~40cm급의 굵은 씨알이 겨우내 배출되기도 한다. 학공치는 11월 말부터 서서히 모습을 비추기 시작해 이듬해 1월까지 꾸준한 조황을 보여준다. 사계절 어종으로는 망상어와 노래미가 있다. 망상어는 4월과 5월 조황이 두드러진다. 7월 말경에 이르면 여름철 피서 어종인 가자미 낚시가 시작된다. 8월이면 벵에돔 낚시가 활기를 띠기 시작하다가 9월에 이르면 30cm급 굵은 씨알도 종종 선보인다.

위치 : 〈위치도6〉 참조

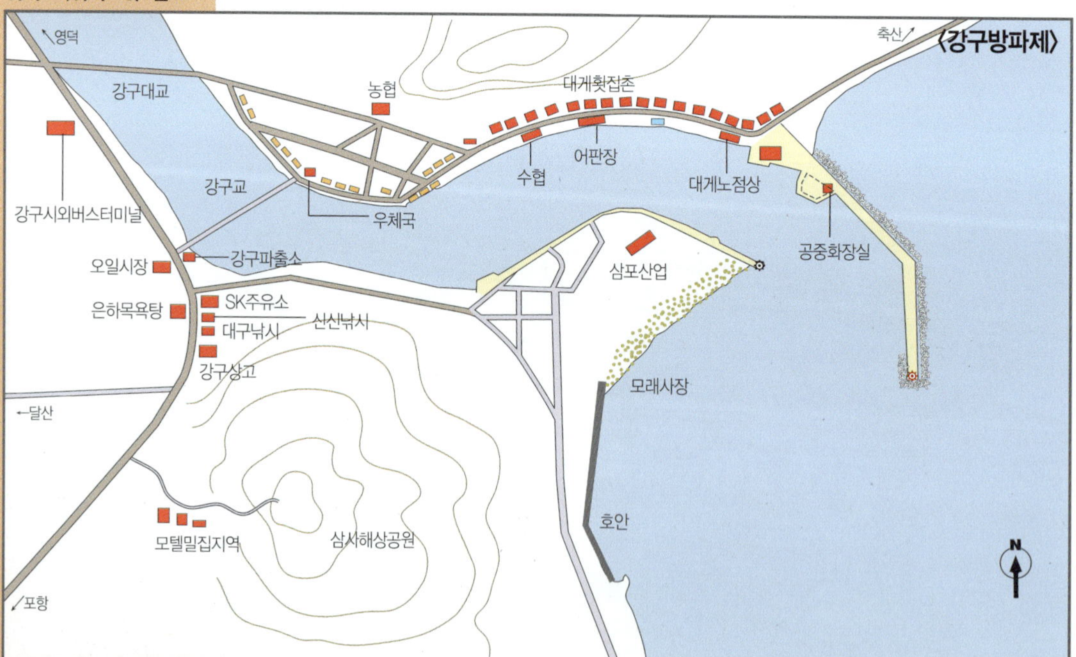

■장비와 채비 · 미끼

감성돔 · 벵에돔 · 황어 · 학공치 등을 낚으려면 릴 찌낚시에 크릴을 미끼로 공략하는 것이 무난하다. 활성도가 좋을 때는 7.2m 가량의 민낚싯대로도 입질을 받아낼 수 있다. 감성돔과 벵에돔은 찌밑 수심을 6~7m가량 주고, 황어는 3m, 학공치는 60cm 내외로 줘야 유리하다. 가자미와 붕장어는 던질낚시로 낚으며 미끼는 참갯지렁이나 갯지렁이가 쓰인다.

■포인트 안내

테트라포드 지역 어디서나 릴 찌낚시로 다양한 어종을 만날 수 있다. 수온이 안정되고 활성도가 좋을 때는 민낚싯대가 마리수 측면에서 유리한 경우도 종종 있다. 어선이 정박해 있는 내항권은 민낚싯대로 공략하기에 유리한 포인트 여건을 갖추고 있다. 내 · 외항의 테트라포드에서 수심이 갑자기 깊어지는 지점 역시 민낚싯대 포인트다.

방파제 끝 지점의 등대 아래는 감성돔, 방파제가 꺾여 들어가기 직전 자리는 황어 포인트로 유망하다. 학공치는 테트라포드 전역과 방파제 북쪽의 갯바위 일대에서 잘 낚인다.

■기타 참고사항

여름철 바캉스 시즌이 시작되면 수많은 인파가 강구항으로 몰려들기도 한다. 어린 자녀들을 동반한 낚시객들이라면 방파제 테트라포드 위보단 백사장에서 낚시를 즐기는 것이 안전하다. 바닷물과 맞닿고 있는 테트라포드는 무척 미끄럽고, 어린 자녀와 함께 진입하기에는 그 간격이 넓은 곳이 많아 안전사고의 우려가 있다.

■인근 명소

모래사장 뒤편 삼사해상공원의 야산 정상은 강구항 일대가 한눈에 들어오는 해돋이 장소로 유명하다. 강구항 일대에 몰려있는 대게 전문 음식점에선 연중 대게 맛을 즐길 수 있으나 수입산이 대부분을 차지하는 것이 흠. 하지만 매년 11월경부터는 현지에서도 충분한 양이 조달되므로, 이때 싱싱한 대게 맛을 음미해볼 수 있다.

027 영덕 구계방파제

●소재지 : 경북 영덕군 남정면 구계리 189-3 외
●길　이 : 큰 방파제 약 340m, 작은 방파제 약 100m

교통편 : 포항을 기점으로 7번 국도를 이용해 북쪽으로 직진해 울진군 남정면 소재지까지 간다. 이곳에서 약 3km 더 직진하면 도로 우측으로 구계마을과 함께 방파제가 나타난다.

연락처(054) : 남정 21C바다낚시마트(734-4581) · 강구 대구낚시(733-9612) · 신신낚시(733-9602)

■낚시여건

방파제 좌측으로 갯바위 지형이 발달해 있으며 영덕권에선 비교적 큰 규모라고 할 수 있는 큰 방파제 외항권으로는 릴 찌낚시를 비롯해 민장대 낚시가 활발히 이루어진다. 특히 이곳은 최근 벵에돔 포인트로 각광받으면서 많은 낚시꾼들이 몰려들고 있는데, 7월~9월 초까지 피크를 이루며 20cm~35cm급까지 다양한 씨알에 넉넉한 마리수를 안겨주고 있다.

■어종과 시즌

3월부터 시작해 5월까지는 황어가 주 대상어종으로 부상하며 꾼들의 손맛을 달래준다. 6월로 접어들면 서서히 벵에돔이 비치기 시작하는데, 대부분 20cm 전후의 잔 씨알이 낚인다. 숭어낚시도 이맘때 행해지나 이 역시 씨알이 잔 편이다.
피서객들이 서서히 포구로 찾아드는 7월로 접어들면 이곳에선 방파제낚시뿐 아니라 배낚시도 성행한다. 포구에서 10분 거리에서 행해지는 배낚시는 우럭과 가자미가 주 대상

위치 : 〈위치도6〉 참조

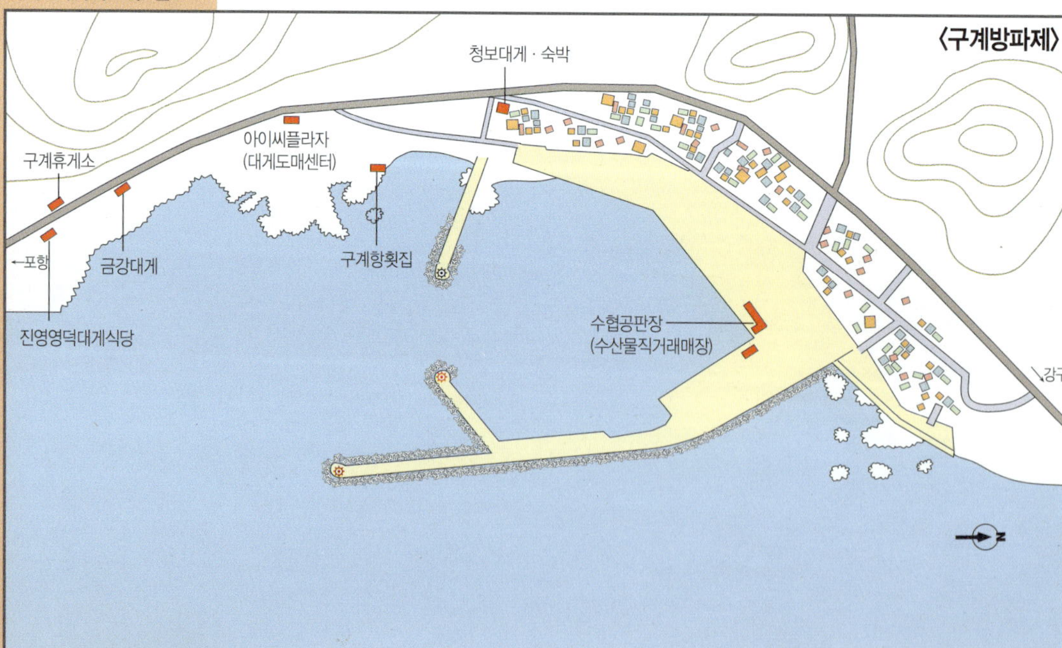

어다. 가을부터 겨울 시즌은 감성돔과 학공치낚시가 성행하면서 꾼들에게 쏠쏠한 손맛을 안겨준다.

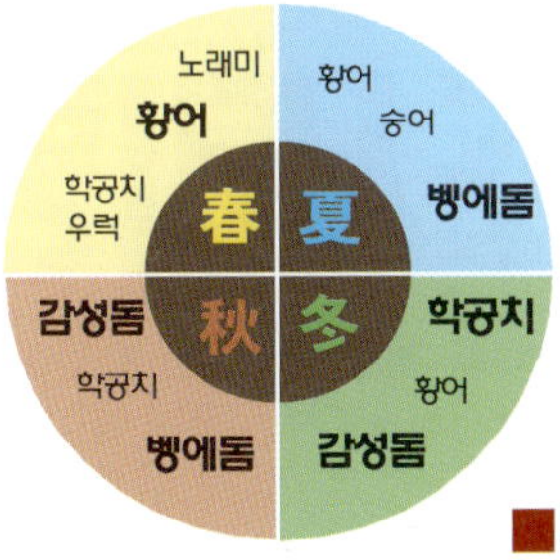

약 70여m 지점에서 내항 쪽으로 뻗은 'ㅏ'자형 가지 방파제 60여m 구간 또한 파도가 높게 일 때 벵에돔을 비롯한 다양한 고기들이 몰려든다.

■장비와 채비 · 미끼

이곳에서 가장 인기 대상어종으로 부상하고 있는 벵에돔은 굳이 릴 찌낚시가 아닌 민장대 채비만으로도 씨알과 마리수 모두를 충족시킬 수 있다. 민장대는 3칸~3.5칸 정도면 되고, 미끼는 홍갯지렁이가 주로 쓰인다. 그러나 수온이 올라 잡어 극성이 최고조에 달하는 여름 시즌엔 빵가루 조법으로 벵에돔을 공략해야 보다 좋은 조과를 올릴 수 있다.

■포인트 안내

손맛보단 오히려 입맛 어종으로 사랑받고 있는 학공치 · 노래미 등은 큰 방파제 전역에서 낚인다. 벵에돔은 큰 방파제 초입과 끝 지점의 빨간 등대 지점에서 낚이는데, 조류의 흐름이 빠를 땐 외항보단 내항권을 공략하는 것이 유리하다. 한편, 큰 방파제 초입으로부터

■기타 참고사항

최근 동해안의 수온 상승과 함께 연중 벵에돔이 배출되고 있다. 최고 피크를 이루는 7~8월엔 굳이 릴 찌낚시 채비가 아닌, 민장대만으로도 충분히 입질을 받아낼 수 있다.

가족 동반 나들이객들도 이 시기에 이곳을 찾는다면 벵에돔이 선사하는 당찬 손맛을 만끽해 볼 수 있다.

■인근 명소

구계방파제에서 약 4km 지점엔 강구항이 있다. 대게 전문 음식점들이 즐비한 이곳에선 싱싱한 횟감을 비롯해 속살이 꽉 찬 대게를 맛볼 수 있다. 강구항에 닿기 전에 있는 삼사해상공원에선 강구항 일대는 물론 드넓게 펼쳐진 동해의 맑고 푸른 정취를 구경할 수 있다.

028 포항 조사리방파제

●소재지 : 경북 포항시 북구 송라면 조사리 55-2 외
●길　이 : 큰 방파제 약 200m, 작은 방파제 약 110m

교통편 : 포항을 기점으로 영덕 방면 7번 국도를 이용해 흥해를 거쳐 송라면 소재지까지 간다. 이곳에서 조사리 방면으로 우회전해 약 2.5km 직진하면 방파제가 나온다.

연락처(054) : 송라 화진낚시(262-4050) · 청하 한일낚시(232-1710) · 흥해 스포츠 선우낚시(262-5011)

■낚시여건

외지꾼들에겐 널리 알려지진 않았지만 현지꾼들에겐 벵에돔 낚시터로 꽤 인기를 모으고 있다. 외항권은 사니질대(沙泥質帶)가 거의 없고 몽돌과 여밭으로만 형성돼 있는 까닭에 연안 가까이에서도 벵에돔 입질이 붙는다. 작은 방파제 좌측으로는 간출여와 여밭이 발달해 있어 이곳에서도 낚시가 이루어지기도 한다. 수심이 얕은 내항권에서는 거의 낚시가 이루어지지 않는 편이다.

■어종과 시즌

사계절 다양한 어종이 낚이지만, 이곳에선 벵에돔을 주대상어로 한 낚시가 가장 활발히 이루어진다. 벵에돔은 5월부터 시작해 9월까지 피크를 이루는데, 낚이는 씨알도 33cm 전후가 주종을 이룬다. 이곳에선 여름철에 학공치가 낚이기도 한다. 하지만 조황 기복이 심한 편으로 본격 시즌은 아무래도 날씨가 선선해지는 가을부터 호황기를 맞는다. 감성돔은 10월부터 이듬해 1월까지 꾸준히 낚이며 33~38cm급도 어렵지 않게 배출되

위치 : 〈위치도6〉 참조

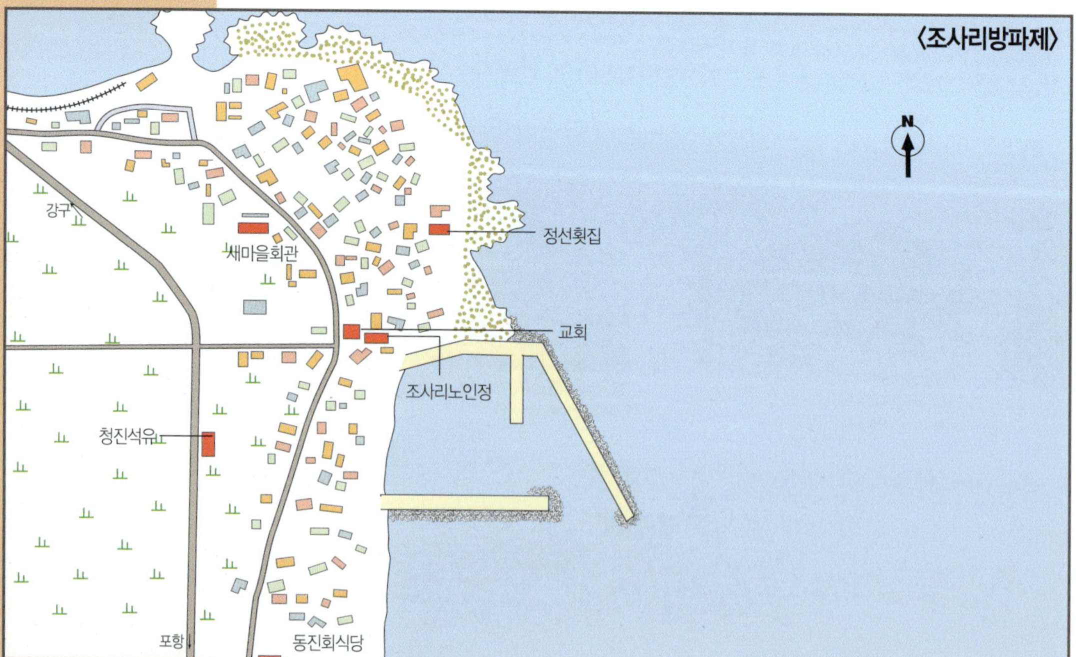

고 있다. 여느 방파제와 달리 숭어도 곧잘 낚이는데, 5월부터 9월까지 노려볼 수 있다.

■장비와 채비 · 미끼

큰 방파제 외항권으로는 여밭이 워낙 발달돼 있어 연안 가까이에서도 벵에돔을 낚을 수 있다. 따라서 릴 찌낚시 채비가 아닌 민낚싯대로도 낚시가 가능한데, 3칸 정도의 길이에 미끼는 홍갯지렁이나 파래새우를 사용한다. 수온이 따뜻해 잡어 성화가 최고조에 달하는 여름철엔 곤쟁이 밑밥 대신 빵가루에 크릴을 1대1 비율로 섞어 공략하면 보다 효과적이다.

■포인트 안내

큰 방파제의 경우 꺾여 들어가는 부분과 끝 지점에서 벵에돔의 입질이 잦다. 또한 외항 방향에서도 벵에돔과 감성돔이 잘 낚인다. 숭어와 학공치 역시 이들 포인트에서 입질을 받아낼 수 있다. 작은 방파제 경우엔 끝 지점에서만 낚시가 이루어지고 있으며, 그 옆으로 형성된 갯바위에선 숭어를 비롯해 망상어도 낚인다.

■기타 참고사항

포인트 여건이 좋아 테트라포드 가까이에서도 벵에돔을 낚을 수 있으나, 보다 굵은 씨알을 노리기 위해선 밑밥을 필수로 준비해야 한다. 수온이 오르는 4월부터는 서서히 잡어가 꼬이기 시작할 뿐만 아니라 여름으로 갈수록 그 정도가 더욱 심해지기 때문. 따라서 밑밥을 꾸준히 투여해 잡어를 분리한 후 채비를 잘 가라앉힐 수 있느냐에 따라 성패가 결정된다.

■인근 명소

국민관광지로서 각광받는 화진해수욕장이 방파제에서 북쪽으로 불과 2km 지점에 있다. 매년 여름철이면 많은 피서객들이 몰려드는 이곳은 주변 경관이 빼어날 뿐만 아니라, 편의시설도 잘 갖추어져 있어 가족과 함께 들러보기에 제격이다.

029 포항 이가리방파제

●소재지 : 경북 포항시 북구 청하면 이가리
●길　이 : 큰 방파제 290m, 작은 방파제 170m

교통편 : 포항을 기점으로 7번 국도를 이용해 흥해를 거쳐 청하면 소재지까지 간다. 이곳에서 월포리 방면으로 우회전해 약 3km 직진하면 20번 지방도가 나온다. 여기서 우회전해 약 2.5km 직진하면 방파제가 나온다.

연락처(054) : 청하 한일낚시(232-1710)·흥해 스포츠선우낚시(262-5011)·영일만낚시마트(261-7115)

■낚시여건

방파제 바닥보다 테트라포드가 더 높게 축조돼 있어 진출입을 하는데 다소 번거로움이 따른다. 하지만 방파제 외항권으로는 여밭이 잘 형성돼 있고, 조류 소통도 원활해 어자원이 풍부히 형성된다. 작은 방파제 초입 좌측으로는 간출여가 발달해 있으며 큰 방파제 우측으로도 갯바위 지형이 넓게 형성돼 있다. 내항은 모래바닥으로서 가자미 포인트로 유망하다.

■어종과 시즌

사계절 다양하게 낚이지만 이곳의 주대상어는 감성돔과 학공치이다. 조황 기복이 심한 편이지만 학공치는 여름철에도 낚이는 경우가 있으며, 본격 시즌인 10월로 들어서면 마리수도 좋고 눈에 띄게 씨알도 좋아진다. 학공치는 겨울철에 피크기를 맞다가 이듬해 초봄까지 낚인다. 이곳 감성돔은 학공치와 비슷한 10월 초부터 본격 시즌에 접어들어 30cm 전후로 낚이다가, 크게는 50cm급에 육박하는 대형 씨알도 선보인다. 감성돔 역

위치 : 〈위치도6〉 참조

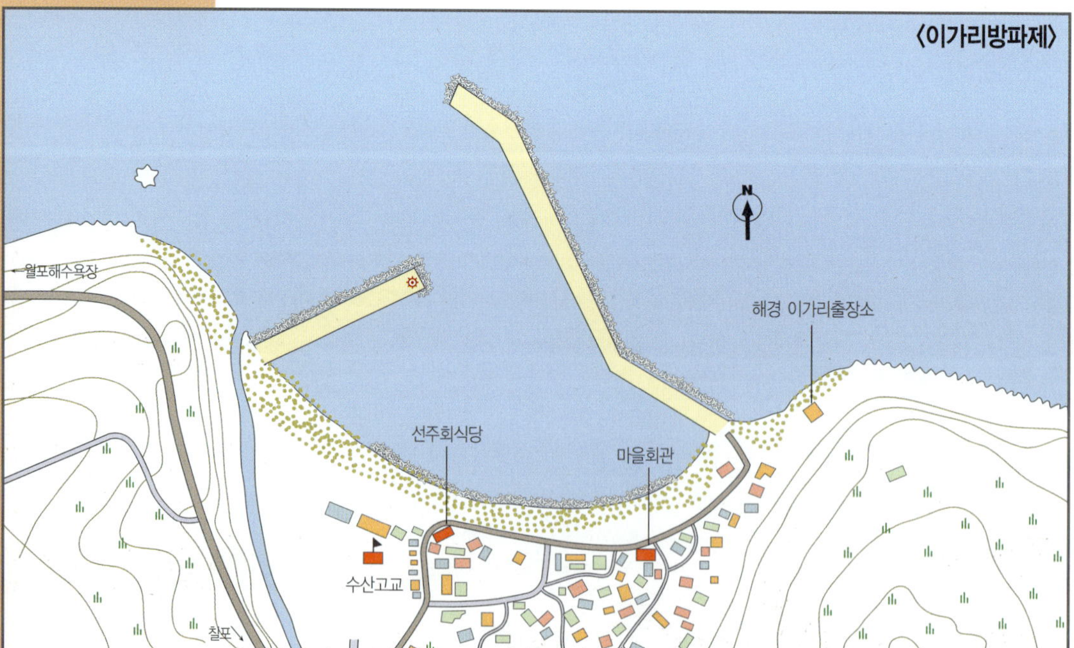

시 이듬해 3월까지 낚이는데, 씨알이 가장 굵게 낚이는 시기는 일정치가 않다.

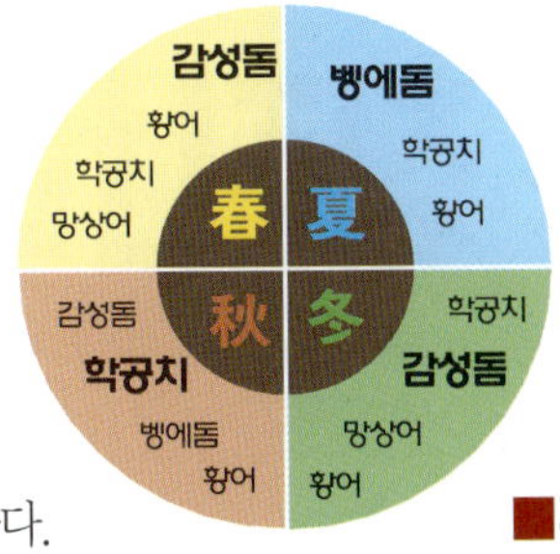

■장비와 채비 · 미끼

감성돔 채비는 다소 무겁게 쓰는 게 좋다. 동해안 낚시 특성상 파도가 높은 날에 대물은 물론 마리수 확률도 높기 때문이다. 외항권 여밭에서 낚이는 노래미는 원투낚시로 낚으며 청갯지렁이를 미끼로 사용한다. 여름철 던질낚시 대상어인 보리멸은 이곳에선 잘 낚이지 않는다. 학공치는 크릴 또는 홍갯지렁이가 잘 먹힌다.

■포인트 안내

방파제 외항권 포인트는 큰 방파제와 작은 방파제 양쪽 모두 끝 지점을 중심으로 형성돼 있다. 작은 방파제 초입 좌측으로는 간출여가 발달해 있으며, 큰 방파제 외항권 역시 테트라포드를 벗어나면서부터 군데군데 수중여가 박혀 있다. 그러나 내항권은 이들 외항권 바닥 지형과는 달리 대부분 사니질대(沙泥質帶)로 되어 있어, 가자미를 제외한 다른 어종은 구경하기가 힘들다. 큰 방파제에서 다소 멀리 벗어나 있는 갯바위 일대에서도 다양한 어종이 낚인다.

■기타 참고사항

이곳 방파제의 주 대상어종으로 관심을 모으는 감성돔과 학공치는 그 시즌이 같아 낚시를 하는데 곤란한 경우가 많다. 가령 학공치를 선호하는 꾼들에게는 별 문제가 따르지 않겠지만 감성돔만을 고집할 경우, 학공치는 그저 미끼만 가로채는 귀찮은 존재일 수밖에 없기 때문. 이럴 땐 낮보단 야간낚시 위주로 출조한다면 감성돔과 만날 확률을 높일 수 있다.

■인근 명소

포항시 대보면 대보리엔 등대박물관이 있다. 산업기술의 발달과 시대적 변화로 사라져가는 항로 표지의 시설과 장비를 영구히 보존하고 전시하기 위해 건립된 이곳에는 관람객들이 직접 보고 듣고 만져보면서 체험할 수 있도록 구성된 체험 학습장이 마련돼 있다.

030 포항 청진1리방파제

●소재지 : 경북 포항시 북구 청하면 청진리 97-4 외
●길　이 : 큰 방파제 약 130m, 작은 방파제 약 80m

교통편 : 포항을 기점으로 7번 국도를 이용해 흥해읍내까지 간다. 이곳에서 용한리 방면 20번 지방도로 우회전해 약 6km 직진하다가 칠포해수욕장 방면으로 좌회전해 약 8km 진행하면 청진방파제가 나온다.

연락처(054) : 청하 한일낚시(232-1710) · 흥해 스포츠선우낚시(262-5011) · 영일만 낚시마트(261-7115)

낚시여건

큰 방파제와 작은 방파제 전역이 여밭으로 형성돼 있다. 특히 큰 방파제 우측으로는 간출여를 비롯해 수많은 갯바위 지형이 발달돼 있어 어종 또한 다양하게 낚인다. 따라서 이곳에선 방파제뿐 아니라 소형 고무보트를 타고 간출여로 진입해 낚시를 즐기는 '여치기낚시' 가 성행하기도 한다. 여치기낚시는 진출입이 번거롭지만 씨알 면에선 단연 두드러진다.

어종과 시즌

벵에돔 시즌은 빠르면 5월 초순부터 시작된다. 이때 낚이는 평균 씨알은 30cm급 정도로 굵게 낚이며 마리수도 넉넉한 편이다. 여름엔 벵에돔을 비롯해 학공치가 낚이기도 하지만 조황 기복이 심한 편이다. 선선한 바람이 불면서 잡어 극성이 잠시 주춤해지는 늦가을로 접어들면 벵에돔을 비롯한 감성돔 조황이 피크를 이룬다.

감성돔은 이듬해 초봄 무렵까지 낚이는데 37~38cm급도 곧잘 배출되곤 한다. 황어 · 망

위치 : 〈위치도6〉 참조

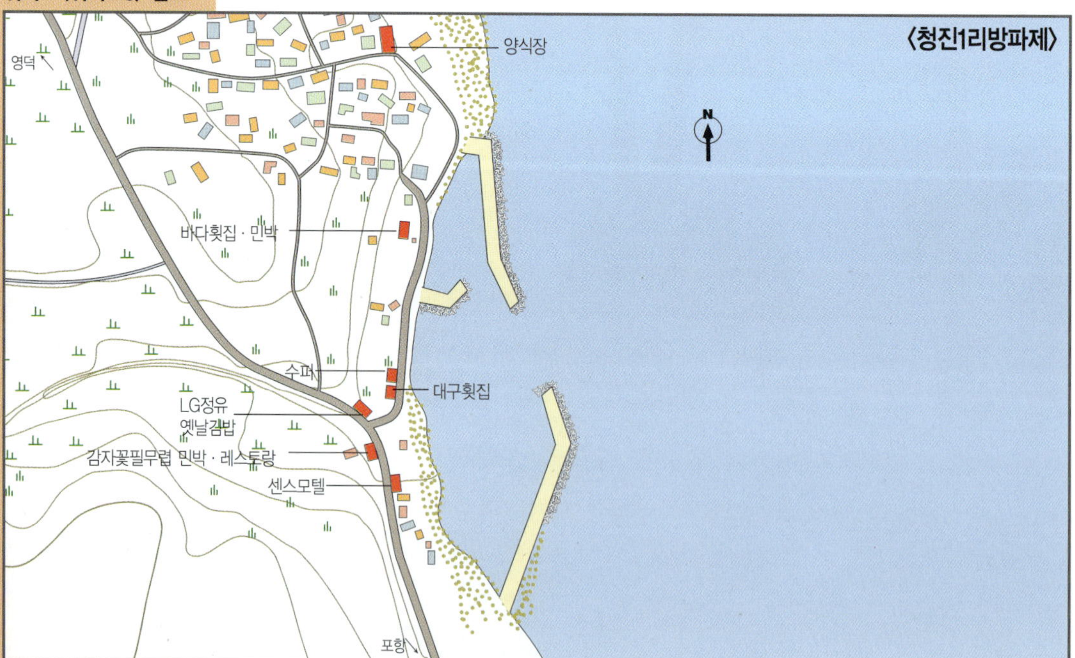

상어 · 볼락 · 우럭 등은 사계절 꾸준히 선보인다.

■장비와 채비 · 미끼

입맛 어종으로 각광받는 우럭은 테트라포드 사이의 구멍치기로 낚을 수 있으며 볼락은 릴 찌낚시 채비에 크릴을 미끼로 입질을 유도할 수 있다. 담백한 맛이 일품인 학공치는 띄울낚시로 낚을 수 있는데, 곤쟁이보단 크릴에 빵가루를 썩어 밑밥으로 쓰면 굵은 씨알을 기대해 볼 수 있다. 감성돔과 벵에돔은 0.8~1호 정도의 다소 무거운 찌낚시 채비로 낚는다.

■포인트 안내

큰 방파제는 끝 지점과, 그 직전 방파제가 꺾어지는 지점이 포인트이다. 작은 방파제에서도 낚시가 이루어지며 끝 부분 못 미친 10여m 지점에서 잦은 입질을 기대해 볼 수 있다. 큰 방파제 우측으로 형성된 갯바위 지형에서 이루어지는 여치기낚시는 파고에 따라 안전하게 붙을 수 있는 간출여를 찾는 게 우선이다. 특별하게 꼬집어 부를만한 간출여 포인트 이름은 없다.

■기타 참고사항

큰 방파제 우측 해상 갯바위 일대에서 여치기낚시를 시도하려면 무엇보다 전문 장비가 필요하다. 구명조끼와 갯바위 장화는 필수로 갖추어야 하며, 상황에 따라 언제라도 철수할 수 있게끔 보트를 단단하고 안전하게 묶어놓아야 한다. 간출여에는 수시로 파도가 부딪치므로 밑밥통을 안전하고 편리하게 쓸 수 있게 밑밥통 거치대도 준비해야 한다. 여치기낚시는 일출 후부터 일몰 전까지만 가능하다.

■인근 명소

청진방파제에서 해안도로를 타고 남쪽으로 약 3km 진행하면 칠포해수욕장이 위치하는데, 여름철 피서를 겸한 나들이 출조 코스로 찾아볼만하다. 또한 여기서 다시 5km만 더 가면 거대 규모를 자랑하는 신항만방파제가 있어 연계 출조 코스로도 안성맞춤이다.

031 포항 칠포방파제

●소재지 : 경북 포항시 북구 흥해읍 칠포리 60-3 외
●길 이 : 큰 방파제 약 160m, 작은 방파제 약 110m

교통편 : 포항을 기점으로 7번 국도를 이용해 흥해읍내까지 간다. 이곳에서 용한리 방면 20번 지방도로 우회전해 약 6km 직진하다가 칠포해수욕장 방면으로 좌회전해 약 5km 진행하면 도로 우측으로 칠포방파제가 나온다.

연락처(054) : 흥해 해오름낚시(261-7710) · 스포츠선우낚시(262-5011) · 영일만낚시마트(261-7115) · 에이원낚시마트(242-6980)

■낚시여건

바닥 지형이 사니질대로 되어 있어 이렇다 할 조황이 없을 것으로 판단되기도 하지만 조류 소통이 원활하고 수심도 적당해 연중 다양한 어종이 낚인다. 큰 방파제 좌측으로는 갯바위 지형이 발달해 있어 이곳에도 많은 낚시꾼들이 몰리는 편이며, 인근 칠포해수욕장에서는 여름철이면 가자미 · 보리멸 등을 대상으로 한 던질낚시가 활발하게 이루어진다.

■어종과 시즌

사계절 어종으로는 누구나 어렵지 않게 낚을 수 있는 망상어 · 우럭 · 가자미 등이 있다. 이 가운데 망상어와 우럭은 이른 봄철에도 꾸준한 조과를 안겨주며 쏠쏠한 손맛을 제공한다. 여름이면 가장 다양한 어종이 낚이는데, 벵에돔을 비롯한 우럭 · 가자미 등이 많이 낚인다. 특히 이맘때면 농어도 노릴 수 있는데, 그 씨알이 평균 50cm 전후해서 크게는 1m급에 육박하는 대형급도 출몰한다. 감성돔은 가을 시즌엔 잘 낚이나 동해안 지역 평균

위치 : 〈위치도6〉 참조

시즌이라 할 수 있는 겨울철에는 오히려 입질 받기가 힘들다.

■장비와 채비 · 미끼

백사장에서 해수욕도 즐기며 손쉽게 낚을 수 있는 가자미나 보리멸 등은 대부분 던질낚시로 잡는다. 방파제 인근의 여치기 낚시에서 보다 굵은 씨알을 기대할 수 있는 벵에돔이나 감성돔은 릴 찌낚시로 공략하는데, 초심자라면 1호나 1.5호 이상으로 무겁게 채비를 써야 입질을 받는 데 수월하다. 농어는 루어로 낚으며 은어 모양의 플러그가 잘 먹힌다.

■포인트 안내

방파제낚시는 대부분 큰 방파제에서 이루어진다. 주요 포인트는 방파제가 꺾여 들어가는 지점부터 끝 지점의 테트라포드 지역이며, 대부분의 어종은 외항권에서 주로 낚인다. 큰 방파제 좌측으로 형성된 갯바위에선 볼락을 비롯해 우럭 등을 낚을 수 있다. 우럭은 큰 방파제 테트라포드 사이를 구멍치기로 노려도 입질을 받아낼 수 있다. 보리멸과 가자미는 방파제에서 던질낚시로 낚이나, 방파제 인근의 백사장에서 보다 큰 씨알이 선보인다.

■기타 참고사항

농어는 6월부터 선보이기 시작해 9월까지 피크를 이룬다. 이맘때 농어를 낚기 위해선 청갯지렁이를 여러 마리 꿰어 띄울낚시를 시도해도 곧잘 입질이 붙으며 낮보단 밤 조황이 뛰어나다. 농어 포인트는 바다로 곡강천이 흘러드는 칠포해수욕장 남동쪽에 형성되어 있다.

■인근 명소

방파제에서 남쪽으로 15km 지점엔 송도해수욕장이 있다. 은빛 모래가 고울 뿐만 아니라 백사장 주변에 우거진 소나무 숲이 해수욕장으로서의 자연 조건을 잘 조성하고 있다. 게다가 도심권에 위치해 있어 교통이 편리할 뿐만 아니라 여름철이 아니더라도 사계절 산책 장소로 한 번쯤 들러볼만하다. 해수욕장 주변으로는 호텔을 비롯, 편의시설이 잘 갖추어져 있으며 전문 횟집도 산재해 있다.

032

포항 신항만방파제

●소재지 : 경북 포항시 북구 흥해읍 용한리 7-2 외
●길 이 : 어항방파제 1,020m, 북방파제 약 3,100m

교통편 : 포항을 기점으로 한다. 영일만항 방면의 영일만대로를 타고 우목터널을 지나 자동차전용도로가 끝나는 영일신항만 부두 입구에서 좌회전 후, 영일만항로로 약 1.5km 북상하면 낚시점이 즐비한 영일만신항 어항방파제 입구에 도착한다.

연락처(05) : 현지 방파제낚시(252-5591) · 박대호피싱(282-5254) · 대물낚시(252-5595) · 포항25시낚시(252-2425) · 대구낚시(251-2220)

■낚시여건

두 개의 방파제를 합쳐 국내 최대 규모를 자랑하는 포항 신항만방파제는 그 규모에 걸맞게 연중 다양한 어종을 자랑한다. 특히 씨알 면에 있어서도 여느 갯바위 못지않게 대형급이 곧잘 배출돼 현지는 물론 원정꾼들의 발길도 활발하다. 연안에서 진입할 수 있는 동방파제뿐 아니라 해상에 축조된 북방파제 역시 거친 암반층에 축조돼 포인트 여건이 뛰어나며, 길고 넓은 낚시 구간은 동시에 많은 꾼들을 수용할 수 있다.

■어종과 시즌

봄철이면 감성돔을 비롯한 학공치 · 임연수어 · 볼락 등 갖가지 어종이 낚인다. 여름이면 던질낚시 어종인 보리멸과 가자미가 잘 낚이며, 8~9월엔 씨알 좋은 벵에돔이 선보인다. 이맘때 벵에돔은 보통 30~35cm급까지 낚이며 여건만 좋으면 1인당 5~6수도 어렵지 않다. 감성돔은 가을 무렵부터 시즌을 맞이해 겨울로 갈수록 씨알이 굵어진다. 북방파제에선 50cm 이상의 대형급 씨알도 종종 배출될 만큼 겨울철엔 그 어느 때보다 확률

위치 : 〈위치도6〉 참조

이 높아진다. 나들이객들도 손쉽게 낚을 수 있는 고등어 · 전갱이 등은 가을 시즌부터 선보이기 시작한다.

■장비와 채비 · 미끼

감성돔과 벵에돔을 대상어로 할 때는 릴 찌낚시 채비가 주로 쓰인다. 미끼는 감성돔의 경우 크릴을 많이 쓰지만, 벵에돔은 여건에 따라 홍갯지렁이 · 파래새우 · 빵가루 등 여러 가지를 두루 쓴다. 수온이 높아 잡어가 들끓는 여름 시즌엔 빵가루가 효과적이다. 볼락은 감성돔 채비로 낚을 수 있으며 미끼는 민물새우나 청갯지렁이가 잘 먹힌다.

■포인트 안내

어항방파제와 북방파제 양쪽 모두에서 활발하게 낚시가 이루어지지만, 씨알과 마리수 면에선 북방파제가 앞선다. 굵은 감성돔과 벵에돔은 북방파제에서 더욱 기대치가 높으며, 낚싯배가 드나드는 '3번'과 '7번' 출입구 외항권이 가장 유망한 포인트로 꼽힌다. 어항방파제는 나들이객들이 부담 없이 찾을 수 있는 잡어낚시 포인트로 추천할만하며, 외항과 내항 전역에선 고등어 · 전갱이 · 학공치 등을 간단한 찌낚시 채비로 낚을 수 있다.

■기타 참고사항

굵은 감성돔과 벵에돔을 낚기 위해선 보통 북방파제로 많이 진입하는데, 항만 내에 있는 낚싯배를 이용해 진출입할 수 있다. 승선료는 1인당 5천원이며 낚시를 할 수 있는 시간은 일출 후부터 저녁 8시까지다.

■인근 명소

방파제에서 북쪽으로 약 6km 지점엔 칠포해수욕장이 있다. 백사장 길이가 2km가 달하고 해안 경사가 완만해 평균 수심도 1m 내외로 적당하다. 따라서 어린 자녀와 함께 여름철 해수욕을 즐기기에도 안성맞춤이다. 백사장과 주변 갯바위에선 던질낚시도 성행한다.

033 포항 구룡포방파제

●소재지 : 경북 포항시 남구 구룡포읍 구룡포리 954-3 외
●길 이 : 큰 방파제 약 570m, 작은 방파제 약 530m

교통편 : 포항시를 기점으로 포스코 방면의 형산강큰다리를 건너 31번국도(동해안로)를 따라 약 16km 직진하다가 구룡포 방면 이정표를 보고 오른쪽으로 빠진다. 곧 좌회전 후 약 3km 진행하면 구룡포항 방파제에 닿는다.

연락처(054) : 구룡포항 광명낚시(276-2449) · 현대낚시(284-2548) · 바다낚시(276-8845) · 25시낚시(276-9724) · 구룡포낚시(276-9770)

■낚시여건

동해남부권의 대형 방파제로서 주변 해역은 물이 맑고 수심이 깊으며, 항구로부터의 먹이 유입도 풍부해 다양한 어종이 서식한다. 사시사철 꾼들의 발길이 끊이지 않으며 9월 중순 이후의 가을부터 겨울까지는 포항 현지꾼들을 비롯한 울산 · 부산 · 경주 · 대구 지역 꾼들까지 가세해 한창 시즌을 구가하게 된다.

■어종과 시즌

연중 다양한 어종이 선보이지만 이곳에선 10월부터 낚이는 벵에돔 자원이 특히 눈길을 끈다. 일반적으로 낚이는 씨알은 20cm~35cm까지며 최고 40cm급에 육박하는 대형 벵에돔과도 만날 수 있다. 꾼들의 관심이 집중되는 벵에돔낚시는 12월까지 피크 시즌을 이어가게 된다. 가을엔 벵에돔과 함께 감성돔도 섞여 낚이며 이 역시 무시하지 못할 씨알을 선보이고 있다. 감성돔은 이듬해 2월까지 낚이는데, 초반 시즌인 10월에 굵게 낚이는 경향이 있다. 학공치도 이곳의 대표어종으로 가을부터 겨울까지 낚이며 30~40cm

위치 : 〈위치도6〉 참조

급도 흔하다.

■장비와 채비 · 미끼

릴 찌낚시 채비를 위한 릴낚싯대 길이는 5.4m, 민낚싯대는 6.3~7.2m 길이면 무난하다. 원줄은 3호에 목줄은 0.8~1호를 사용하며 벵에돔 최고의 미끼로는 파래새우가 꼽힌다. 감성돔은 크릴 정도만 준비해도 되지만 홍갯지렁이 · 청갯지렁이, 그리고 밑밥용으로 쓸 곤쟁이도 준비하면 입질을 받아내는 데 한결 유리하다. 도다리와 보리멸은 던질낚시로 낚는다.

■포인트 안내

낚시는 주로 큰 방파제 외항 쪽 테트라포드에서 이루어지며, 방파제 입구로부터 100m 지점과 중간 부분 구간이 최고의 포인트로 꼽힌다. 끝 지점은 어선의 잦은 입출항으로 파도가 일어 그리 기대에 못 미치는 조황을 보인다. 작은 방파제에서도 낚시가 가능한데 외항 쪽 중간 지점부터가 포인트로, 간혹 씨알 면에서 큰 방파제를 능가할 때도 있다.

■기타 참고사항

학공치 자원이 많은 곳으로 굳이 찌낚시 채비가 아닌 민장대로도 낚을 수 있다. 낚싯대 길이는 3칸 이상이면 충분하며 밑밥을 충분히 품질하면 마리수 수확은 물론 40cm급에 육박하는 굵은 씨알도 마리수로 기대해 볼 수 있다. 내만권에선 9월 초순부터 생선구이나 조림 등으로 맛있게 먹을 수 있는 고등어가 많이 낚인다. 카드 채비를 사용하면 한 번에 여러 마리를 낚을 수 있다. 고등어 미끼는 크릴 하나만 준비해도 충분하다.

■인근 명소

방파제 주변으로는 횟집을 비롯해 많은 음식점들이 있다. 지역 특산물인 오징어순대를 판매하는 곳도 있는데, 갖은 야채를 속으로 넣은 여느 지방의 그것과는 달리 내장을 떼지 않고 통째로 쪄낸 것이 특징이다. 한편 낚시에 필요한 미끼와 채비 등을 구입할 수 있는 낚시점들도 많아 언제든 필요할 때 손쉽게 장만할 수 있다.

034

포항 양포방파제

●소재지 : 경북 포항시 남구 장기면 양포리 1-2 외
●길　이 : 큰 방파제 700m, 작은 방파제 435m

교통편 : 포항을 기점으로 31번 국도나 929번 지방도를 이용해 갈 수 있다. 해안도로인 31번 국도를 이용할 경우, 구룡포를 거쳐 약 10km 직진하면 장기면 일대에 닿는다. 여기서 약 2km 직진하면 도로 우측으로 방파제가 보인다. 929번 지방도를 이용할 경우, 오천을 경유해 장기면 소재지까지 간다. 이곳에서 약 2.5km 직진하면 방파제에 닿는다.

연락처(054) : 양포항 솔밭낚시(284-1180)·방파제낚시(276-1324)·동해낚시(281-9446)·청주낚시(276-8551)

■낚시여건

동해남부권의 대형 방파제답게 많은 인원이 낚시를 즐길 수 있다. 철 따라 벵에돔·감성돔·학공치·고등어 등 다양한 어종을 낚을 수 있다. 유실된 테트라포드가 물 밑에 어지럽게 널려 있어 포인트 여건이 뛰어나며, 특히 파도가 치는 날엔 마리수 조과가 좋다. 방파제 입구에는 주차시설이 마련돼 있어 출조 차량의 진출입도 용이하다.

■어종과 시즌

양포방파제 하면 가장 먼저 떠올리게 되는 어종이 벵에돔이다. 물론 예전의 조과엔 미치지 못하지만 아직까지도 굵은 벵에돔이 배출되고 있다. 벵에돔은 장마 전부터 시즌이 시작돼 추석 전후로 피크를 맞는다. 커봐야 30cm 안팎이 주류를 이루는 여느 동해남부권의 방파제와는 달리 40cm급에 육박하는 대형 씨알도 기대해 볼 수 있다. 감성돔은 추석 전후로 찬바람이 불면서 시즌을 맞으며, 가자미와 노래미 등은 내항 쪽에서 낚시를 시도하면 입질을 받아낼 수 있다. 테트라포드 구멍 사이로 구멍치기를 하면 우럭과 볼락이 낚인다.

위치 : 〈위치도7〉 참조

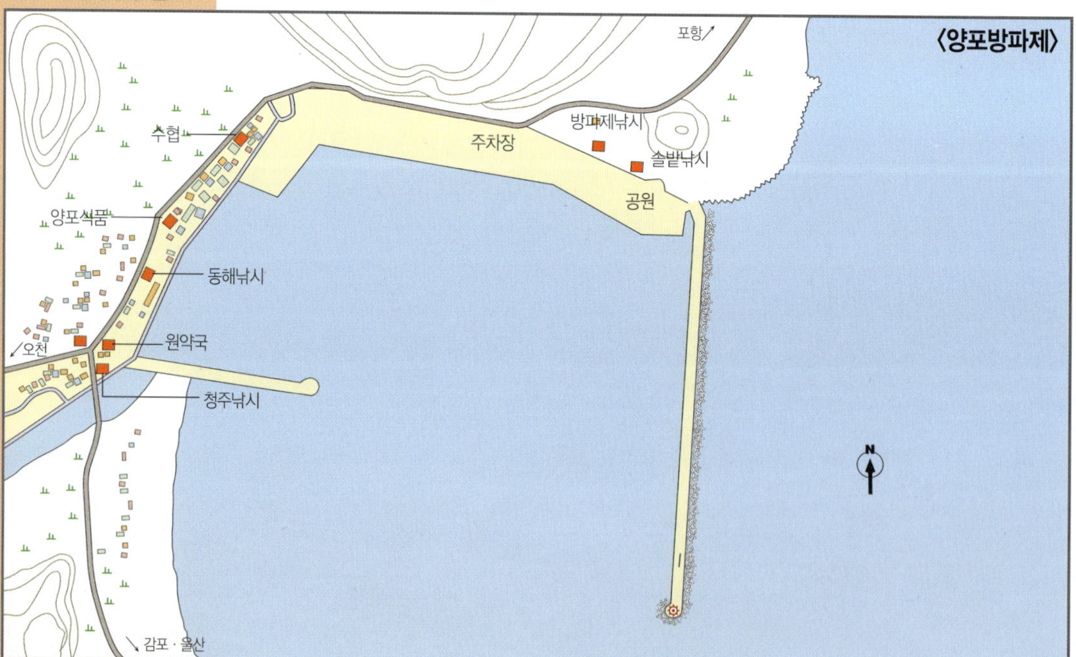

장비와 채비 · 미끼

어종에 따라 조금씩 다르지만 릴 찌낚시가 가장 기본적으로 쓰인다. 민낚싯대로는 잔 씨알의 벵에돔과 망상어 외에는 별다른 입질을 기대하기가 힘들다. 따라서 찌낚시가 널리 시도되는데 파도가 있는 날을 제외하곤 입질이 약하므로 예민한 채비를 준비해야 한다. 3B 정도의 부력을 가진 구멍찌가 일반적으로 쓰이며, 미끼는 크릴이나 홍갯지렁이가 잘 먹힌다.

포인트 안내

주로 외항 쪽으로 포인트가 형성되며, 방파제에서 바다 쪽으로 20m 지점엔 수심이 15m 이상으로 깊은 곳이 많아 감성돔을 대상어로 하는 꾼들이 많이 몰린다. 방파제에서 제법 먼 곳으로 포인트가 형성되므로 구멍찌보다는 막대찌가 시인성 면에서 유리하며 보통 2호 정도면 무난하다. 등대가 있는 방파제 끝 지점 주변이 포인트로서 외항 쪽에선 감성돔, 내항 쪽에선 벵에돔이 많이 낚인다. 그러나 방파제에서 너무 먼 곳은 모래 바닥으로 되어 있으므로 방파제에서 가까운 지점을 노리되, 물속에 잠겨 있는 테트라포드 주변을 집중적으로 공략해야 입질 확률이 높다. 외항권 평균 수심은 7~8m, 내항은 4m권 안팎이다.

기타 참고사항

파도가 일어 고기의 경계심이 약해지는 때를 골라 출조해야 보다 나은 조과를 거둘 수 있다. 파도가 없는 날은 거의 입질을 받기가 힘들기 때문. 테트라포드가 듬성듬성 놓여져 있어 안전사고의 위험성이 크므로 구명조끼 등 안전장비를 착용하고 낚시를 해야 한다.

인근 명소

양포에서 승용차로 20분 거리에 있는 대본해수욕장 주변은 문무수중왕릉, 감은사 3층석탑, 이견대, 대종천 등 다양한 볼거리가 있다. 대본해수욕장 인근의 대본마을에서는 저렴한 가격으로 싱싱한 회도 맛볼 수 있다.

035 경주 감포방파제

●소재지 : 경북 경주시 감포읍 감포리 504-45 외
●길　이 : 북쪽 방파제 273m, 남쪽 방파제 330m

교통편 : 경주를 기점으로 4번 국도를 이용해 양북면 방향으로 계속 직진한다. 양북면 소재지에 닿으면 약 4km 더 진행하다가 감포 방면으로 좌회전한다. 좌회전 후 약 3km 직진하면 도로 우측으로 방파제가 나온다.

연락처(054) : 감포 감포낚시(748-1110) · 바이킹낚시(755-5905) · 대양낚시(771-3383) · 영일만낚시(775-7999)

■낚시여건

방파제 규모에 비해 어종이 다양할 뿐만 아니라 벵에돔과 감성돔의 경우 씨알이 굵게 낚인다. 방파제 주변의 바닥 지형은 대부분 사니질대로 되어 있지만, 유실된 방파제가 곳곳에 흩어져 있어 고기들이 서식하기에 부족함 없는 여건을 만들어내고 있다. 방파제 외항 테트라포드에선 구멍치기로 우럭이 곧잘 낚이며 간혹 40cm급의 굵은 씨알도 나온다.

■어종과 시즌

봄 시즌엔 망상어를 선두로 학공치 · 감성돔 등이 낚인다. 벵에돔도 이맘때 섞여 나오지만 만족할만한 씨알은 드물다. 벵에돔은 6월 초부터 씨알이 굵어지기 시작해 여름과 가을, 그리고 겨울까지 꾸준하게 낚인다. 시즌 중 낚이는 평균 씨알은 15cm에서 30cm급 사이가 주류를 이루며, 35cm 전후로 가장 굵게 낚이는 시기는 추석 전후 무렵이다. 던질낚시 대상어로 인기 있는 가자미는 여름철에 마리수가 좋으며 학공치는 겨울철에 씨알이 굵다. 구멍치기로 어렵지 않게 낚을 수 있는 우럭은 연중 입질을 기대할 수 있다.

위치 : 〈위치도7〉 참조

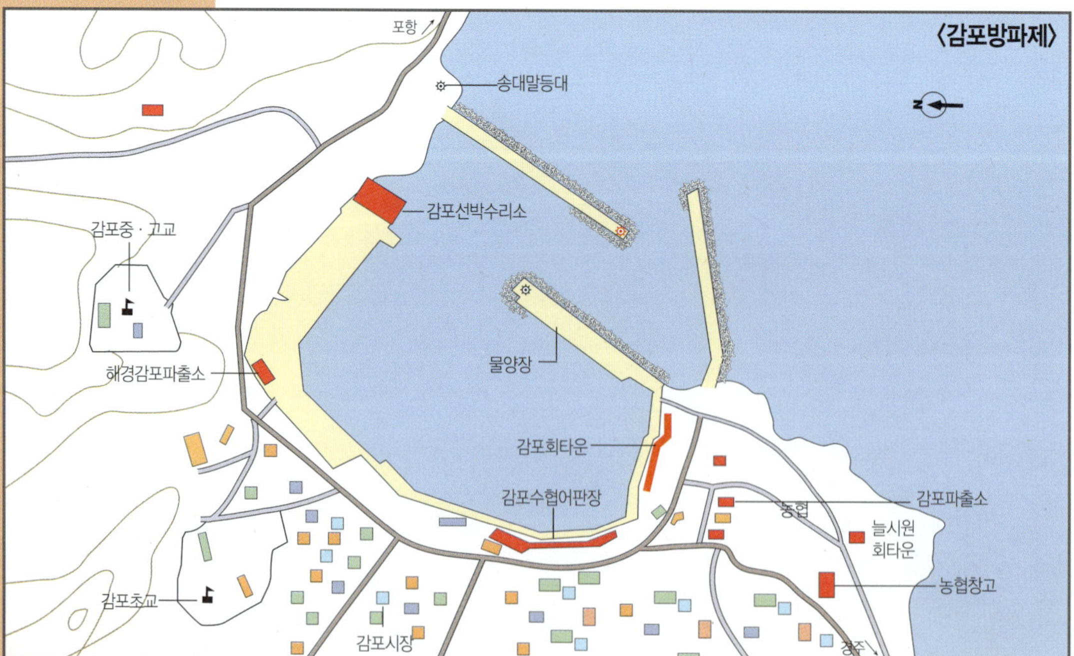

장비와 채비 · 미끼

망상어 · 감성돔 · 벵에돔 등은 주로 찌낚시로 공략할 수 있다. 벵에돔의 경우, 씨알이 굵어지는 시기인 6월부터는 수온이 올라 잡어가 들끓는다. 이때는 크릴 대신 빵가루를 이용한 낚시 방법이 더 효과적이다. 감성돔 역시 잡어 성화가 심할 땐 밑밥으로 잡어들을 유인한 뒤, 채비를 안착시키는 데 중점을 두어야 한다.

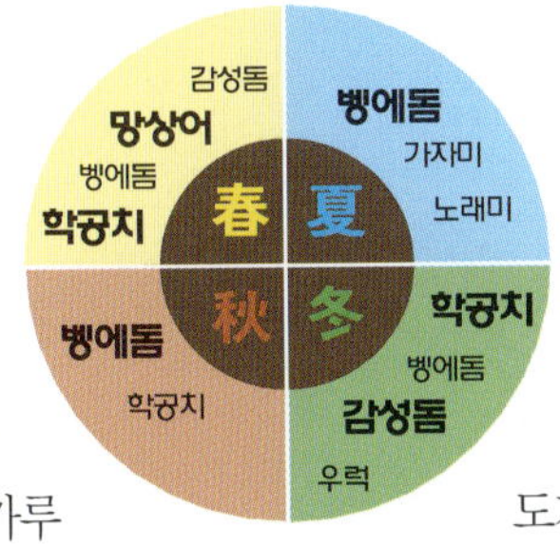

기타 참고사항

벵에돔뿐만 아니라 감성돔도 4짜에 이르는 대형급이 낚인다. 하지만 겨울 시즌을 제외하곤 잡어 극성으로 인해 굵은 씨알과 접할 기회가 적다. 한편, 옛날 남쪽 방파제는 그 용도가 물양장으로 바뀌어 테트라포드를 제거하고 폭을 확장하는 공사가 진행 중이며, 옛날 뜬방파제(島堤)를 연결한 현재의 남쪽 방파제 또한 연장 증축 공사가 진행 중이다.

포인트 안내

북쪽 방파제 외항권으로는 유실된 테트라포드가 많아 계절에 따라 다양한 어종을 노려볼 수 있다. 남쪽에 있는 방파제 초입은 감성돔과 벵에돔 포인트로서 제 시즌엔 그 어느 지점보다 굵은 씨알을 기대해 볼 수 있다. 35~42cm까지 배출되기도 하며, 벵에돔 역시 동해에선 대형급으로 대접받는 35cm 전후의 씨알이 마리수로 배출되기도 한다. 보리멸과 가자미는 방파제와 인근 갯바위에서 고루 낚인다.

인근 명소

방파제에서 서쪽으로 20km 지점엔 천년고도 신라의 문화 산실인 토함산이 있다. 경주시 동쪽을 둘러싸고 있는 토함산은 예로부터 불교 성지로 자리 잡아 산 전체가 하나의 유적지로 보일 만큼 유물과 유적이 산재해 있다. 토함산이라는 명칭은 이 산이 바닷가에 위치해 있기 때문에 안개가 자주 끼는데, 산이 바닷가 쪽에서 밀려오는 안개를 들이마시고 토해내는 형상을 닮았다고 해서 붙여진 이름이라고 한다.

〈위치도4〉 경북 울진권

삼척
삼척시
가곡지
가곡리
노경리
산양리
월천리
월천해수욕장
강원도
경상북도
사곡리
가곡초교
사곡분교(폐교)
내성동
가는골
주인리
검성리
나곡리
봉화산 114.8
나곡해수욕장
나곡3리방파제
부구리
석호방파제
흰목이
장재산515.6
덕구리
덕구온천
신화리
덕천리
부구천
덕구지
응봉산 999
옥정사
고목초교
고목리
후정해수욕장
후정리
죽변중상업고교
죽변
죽변리
구수곡자연휴양림
쇠치봉 328.9
소곡리
상당리
원당
사계리
하당리
012 죽변방파제
봉평해수욕장
화성리
외두천리
상당초교
세거리동
봉평리
정림리
장니골
013 골장방파제
두천리
말래
호월리
명도리
온양초교
양정해수욕장
안말래
가리골
찬물내기
온양리
014 온양(양정)방파제
남대천
삼거리
사기점
아구산653
신림초교
장량수급
제비지
015 대나리방파제
울진
016 현내방파제
울진군
울진읍
(09) 공세항(공석)방파제
입석동
망양해수욕장
망양정
불영계곡군립공원
불영천
수곡리
세동중교
세덕산 740.8
불영정
선유정
왕피천
산포리
하원리
구산리
금매리
진복리
←봉화 · 태백
불영사
근남면
삼근리
천축산
653
청암정
(10) 진복(동정)방파제
노음초교
구고분교
매화리
곡내동
오산리
왕피리
포전
왕피천계곡
원남면
017 오산방파제
시리들
왕피초교
왕피리
대령산 652
서면
기양지
신흥리
덕산해수욕장
덕신리
배화초교
갈면분교
현종산417
송방
소노실
기성망양해수욕장
삼신초교
삼신리
갈면리
망양리
황해월헌
삼천교
오무
새터
수비초교
수하분교
018 사동방파제
방율리
사동리
사달동
사동초교방율분교(폐교)
기성리
공수
길곡리
(11) 기성방파제
기성면
내압
내길마
다천리
기성초교
기성중교
수하리
외길마
이평리
쟁골
점곡
정명리
봉산리
본신리
영양
울연산 938.6
신촌
신원리
외선미리
티마
사기막
황보리
구산리
영덕
0 2 4km
N

〈위치도5〉 경북 울진 · 영덕권

〈위치도6〉 경북 영덕 · 포항 · 울릉권

〈위치도7〉 경북 포항 · 경주, 울산권

09 울진 공세(공석)방파제

●소재지 : 경북 울진군 울진읍 읍남리 65-4
●길　이 : 약 170m

낚시개황 : 소규모 단일 방파제지만 수중여가 잘 발달돼 있고, 감성돔도 곧잘 배출돼 낚시인들의 발길이 꾸준히 이어지는 곳이다. 방파제 좌측 연안으로 형성된 밀집 수중여 포인트는 파도가 없거나 바람이 없는 날엔 수심이 얕고, 물색이 워낙 맑아 사실상 낚시하기가 힘들다. 따라서 다소 바람이 불고 파도가 있는 날을 골라 출조해야 한다. 그리고 연안 찌낚시보단 원투낚시로 승부를 벌여야 씨알 굵은 감성돔을 만날 수 있다. 감성돔은 겨울이 본격 시즌이며, 망상어·황어 등은 사계절 만날 수 있다. 울진읍내에서 5분 거리로 교통이 편리하고 숙식도 용이하다.

위치 : 〈위치도4〉 참조

교통편 : 울진 읍내를 기점으로 읍남리 방면으로 향한다. 읍남리에 들어서면 해안가 쪽으로 약 2km 더 진입하면 공석마을이 나오고 곧이어 방파제가 보인다. 포항권에서 출조할 경우엔 7번 국도를 이용해 흥해~영덕~평해를 거쳐 울진권 방파제에 이를 수 있다.

연락처(054) : 울진읍 울진반도낚시(782-2197)·파도낚시(783-1958)·근남 울진낚시(782-5080)

10 울진 진복(동정)방파제

●소재지 : 경북 울진군 근남면 진복리 205-10 외
●길　이 : 큰 방파제 270m, 작은 방파제 100m

낚시개황 : 방파제 주변으로 동정마을이 있어 '동정방파제'로도 불린다. 방파제 주변의 바닥 지형이 모래로 되어 있고, 수심 또한 얕아 일반적인 상황에서는 이렇다할 조황이 없다. 그러나 주의보가 발효돼 다른 지역에서 사실상 낚시가 불가능하다고 여겨질 때, 이곳에선 의외로 호황이 연출되는 경우가 많다. 주의보 상황에서 돋보이는 어종은 단연 감성돔이며, 마릿수 수확은 물론 35cm급 이상도 기대해 볼 수 있다. 감성돔 피크 시즌은 12월부터 1월까지다. 감성돔 이외에 학공치도 잘 낚이는데, 울진권의 여느 방파제보다 굵은 씨알이 자주 배출되는 편이다.

위치 : 〈위치도4〉 참조

교통편 : 울진군 근남면 소재지를 기점으로 한다. 이곳에서 망양정 방면 920번 지방도를 이용해 약 5km 진입하면 방파제가 보이고 동정마을에 닿게 된다. 포항권에서 출조할 경우엔 7번 국도를 이용해 흥해~영덕~평해를 거쳐 울진권 방파제에 이를 수 있다.

연락처(054) : 근남 울진낚시(782-5080)·울진읍 파도낚시(783-1958)·원남 덕신낚시(782-0975)

11 울진 기성방파제

●소재지 : 경북 울진군 기성면 기성리 50-1 외
●길　이 : 방파제 약 350m, 방사제 약 180m

낚시개황 : 감성돔 포인트로 항시 꾸준한 인기를 모으고 있는 방파제다. 방파제 입구에는 어민들의 공동작업장이 있어 이곳에서 흘러드는 생선 부유물이 항으로 흘러들면서 상당한 밑밥 효과를 제공한다. 방파제 초입에서 중간 정도가 주요 포인트로서 야간 찌낚시에 감성돔이 굵게 낚인다. 방파제에서 북쪽으로 형성돼 있는 갯바위에서도 낚시가 이루어지는데, 수중여가 잘 발달돼 있을 뿐만 아니라 수심도 깊어 항시 굵은 감성돔 확률이 높은 곳으로 점쳐지고 있다. 감성돔은 가을부터 겨울까지 시즌을 이어가는데 굵게 낚일 땐 40cm급 이상도 어렵지 않다.

위치 : 〈위치도4〉 참조

교통편 : 울진을 기점으로 7번 국도를 이용해 근남~원남을 거쳐 기성면 소재지까지 간다. 이곳에서 기성마을 방면으로 좌회전해 약 500m 진입하면 방파제가 나온다. 포항권에서 출조할 경우엔 7번 국도를 이용해 흥해~영덕~평해를 거쳐 울진권 방파제에 이를 수 있다.

연락처(054) : 근남 울진낚시(782-5080)·울진 울진반도낚시(782-2197)·평해 동해낚시(787-8778)

12 울진 직산방파제

●소재지 : 경북 울진군 평해읍 직산리 143-1 외
●길 이 : 큰 방파제 275m, 작은 방파제 160m

낚시개황 : 방파제 주변으로 수중여가 잘 발달돼 있다. 주의보 상황에서도 낚시를 즐길 수 있으며 어종도 다양하게 낚이는 편이다. 이곳에선 봄철부터 겨울까지 어종을 달리해 가며 다양한 손맛을 채울 수 있다. 봄철에 주로 낚이는 어종은 학공치와 망상어며 여름 시즌부터는 벵에돔이 선보인다. 가을에 이르러선 벵에돔 이외에도 살감성돔이 낚이기 시작해 겨울엔 35cm급 전후의 씨알을 배출한다. 학공치는 봄에도 낚이나 다소 굵은 씨알을 기대하려면 가을 시즌을 기대해야 한다. 주요 포인트로 꼽히는 지역은 큰 방파제 끝 지점의 테트라포드 지역이다.

위치 : 〈위치도5〉 참조

교통편 : 울진에서 평해읍까지 간다. 이곳 평해읍을 기점으로 직산리 방면으로 약 3km 진입하면 방파제에 이른다. 포항권에서 출조할 경우엔 7번 국도를 이용해 흥해~영덕~평해를 거쳐 울진권 낚시터에 이를 수 있다.

연락처(054) : 평해 동해낚시(787-8778) · 후포 후포낚시(787-9881) · 백암수퍼,낚시(788-1515)

13 영덕 대진2리(대진항)

●소재지 : 경북 영덕군 영해면 대진리 275-4 외
●길 이 : 큰 방파제 390m, 작은 방파제 30m

낚시개황 : 축산항에서 해안도로를 따라 북쪽으로 10여분 만에 닿을 수 있는 곳으로서, 규모는 작지만 감성돔 조황이 짭짤한 곳이다. 원래 이곳은 방파제 초입의 갯바위 지대가 일급 포인트로 알려져 있어 꾼들이 많이 몰리는 편이지만, 방파제 조황 역시도 무시할 수만은 없다. 방파제 주변으로 형성된 갯바위 일대 수심은 4~5m권을 보이며, 방파제 끝 지점의 수심은 6~8m권에 이른다. 이처럼 수심이 좋아 파도만 적당히 받쳐주면 겨울 감성돔 시즌엔 30cm 후반의 굵은 씨알도 기대할 수 있다. 이외 계절을 달리해 가며 학공치 · 황어 · 전갱이 · 벵에돔 등이 낚인다.

위치 : 〈위치도5〉 참조

교통편 : 영덕을 기점으로 7번 국도를 이용해 영해면 소재지까지 간다. 이곳에서 대진해수욕장 방면으로 우회전해 약 2.5km 직진하면 대진마을이 나오고, 그 앞으로 방파제가 보인다.

연락처(054) : 영해 로타리낚시(733-9975) · 동해낚시(732-2168) · 원일스포츠낚시(733-1230) · 명신낚시(733-9890) · 달구벌낚시(732-6557)

14 영덕 경정2리방파제

●소재지 : 경북 영덕군 축산면 경정리 101-6 외
●길 이 : 큰 방파제 110m, 작은 방파제 70m

낚시개황 : 영덕권의 석동~노물 구간의 갯바위에 가려져 있는 방파제이나 겨울 시즌엔 이곳 역시 굵은 감성돔을 기대할 수 있다. 주차 공간도 비교적 넓어 방파제로의 진출입 여건도 편리하다. 방파제는 큰 방파제를 비롯해 그 좌측으로 오래 전 바지선을 대고 작업을 하던 작은방파제가 있다. 작은방파제 바닥 지형은 모래임에도 불구하고 입질이 곧잘 붙는데, 이는 둥글둥글한 돌이 많이 빠져 있기 때문. 테트라포드가 있는 큰 방파제의 주요 포인트는 역시 끝 지점이다. 48cm 대형 감성돔이 배출된 곳으로 조황 기복은 심하지만 겨울 시즌엔 씨알 확률이 높다.

위치 : 〈위치도5〉 참조

교통편 : 영덕을 기점으로 7번 국도를 이용해 축산 · 영해 방면으로 약 5km 직진하다가 오보리 방면으로 우회전해 약 3km 직진하면 20번 지방도가 나온다. 이 해안도로를 타고 약 4km 직진하면 경정마을이 나오고 도로 우측으로 방파제가 보인다.

연락처(054) : 축산 태흥편의점낚시(734-6118) · 경정대구낚시프라자(734-0028) · 대성낚시(734-1980)

15 영덕 오보방파제

●소재지 : 경북 영덕군 영덕읍 오보리 493
●길　이 : 큰 방파제 약 110m, 작은 방파제 약 40m

낚시개황 : 규모는 작지만 해안선이 육지 깊숙이까지 파고든 지형에 방파제가 축조돼 바람과 파도에 강한 면모를 보인다. 낚시 통제시간이 없어 24시간 낚시를 즐길 수 있으며, 감성돔과 학공치 위주로 낚시가 이루어진다. 3월부터 5월 사이엔 감성돔 · 학공치 · 황어 등이 주로 낚이며, 5월 말부터 가을 시즌엔 보리멸과 노래미 등이 선보인다. 그리고 이곳의 주된 공략 어종인 감성돔과 학공치는 9월부터 시작해 12월까지가 피크 시즌이다. 반면에 이곳에선 벵에돔이 잘 낚이지 않는 특징을 보이기도 한다. 마을 앞 백사장에선 여름철 원투낚시에 보리멸이 잘 낚인다.

위치 : 〈위치도5〉 참조

교통편 : 영덕을 기점으로 7번 국도를 이용해 약 5km 직진하다가 오보리 방면으로 우회전해 약 2.5km 직진하면 삼거리가 나온다. 이곳에서 오보마을 쪽으로 우회전해 1km 진입하면 방파제가 나타난다.

연락처(054) : 영덕읍 털보낚시(733-6474) · 일출낚시(34-4604) · 축산 경정대구낚시(734-0028)

16 영덕 대탄방파제

●소재지 : 경북 영덕군 영덕읍 대탄리 106-1 외
●길　이 : 큰 방파제 150m, 작은 방파제 30m

낚시개황 : 방파제가 바다를 향해 구불구불하게 뻗어 있는 형상을 하고 있다. 방파제 좌우로 수중여를 비롯해 갯바위가 발달돼 있어 방파제뿐 아니라 이들 지역에서도 낚시가 활발하게 이루어진다. 이곳에선 겨울 시즌의 감성돔과 학공치 조황이 돋보인다. 학공치는 11월과 12월에 피크를 맞는데, 씨알이 무려 40cm급에 이르는 것들도 마리수로 낚인다. 감성돔은 10월경부터 굵게 낚이다가 11월과 12월엔 차츰 그에 못 미치는 씨알이 낚이기도 한다. 하지만 다시금 음력 1, 2월로 접어들면 점차 굵어진다. 감성돔은 오후 4시부터 오후 12시까지가 입질 타이밍이다.

위치 : 〈위치도5〉 참조

교통편 : 영덕을 기점으로 7번 국도를 이용해 약 5km 직진하다가 오보리 방면으로 우회전해 약 2.5km 직진하면 삼거리가 나온다. 이곳에서 오보마을 쪽으로 우회전해 1km 진입한 후 다시 우회전해 500여m 직진하면 방파제가 나온다.

연락처(054) : 영덕읍 털보낚시(733-6474) · 일출낚시(34-4604) · 축산 경정대구낚시(734-0028)

17 영덕 창포방파제

●소재지 : 경북 영덕군 영덕읍 창포리 744-3 외
●길　이 : 큰 방파제 약 290m, 작은 방파제 약 65m

낚시개황 : 규모는 작지만 씨알 굵은 감성돔과 벵에돔을 기대해 볼 수 있는 방파제다. 큰 방파제 주위로 간출여가 발달해 있으나 수심이 깊지 못해 파도가 높은 날을 골라 공략해야 입질 확률이 높다. 포인트는 큰 방파제 등대가 있는 지점으로, 감성돔은 40cm급 이상, 벵에돔은 30~35m급까지 배출된다. 여름엔 원투낚시로 도다리도 낚을 수 있으며 보리멸과 황어도 곧잘 낚인다. 특히 황어는 여름철 장마 전후에 굵은 씨알이 선보이는데, 40cm급 이상도 어렵지 않다. 던질낚시로 황어를 낚을 경우엔 오징어 내장을 미끼로 쓰면 입질이 잦고, 찌낚시엔 크릴이 잘 먹힌다.

위치 : 〈위치도5〉 참조

교통편 : 영덕을 기점으로 7번 국도를 이용해 강구면 소재지까지 간다. 이곳에서 20번 지방도를 이용해 약 8km 직진하면 창포방파제가 나온다.

연락처(054) : 영덕읍 털보낚시(733-6474) · 강구 아주낚시(733-2707) · 송죽낚시(733-8390) · 한바다낚시(734-5655)

18 영덕 하저방파제

●소재지 : 경북 영덕군 강구면 하저리 776 외
●길 이 : 큰 방파제 약 160m, 작은 방파제 약 70m

낚시개황 : 도로와 접해 있는 방파제로서 진출입이 편리하다. 방파제 좌측으로는 간출여가 발달해 있어 방파제낚시뿐 아니라 갯바위낚시도 성행한다. 이곳에선 초봄 시즌을 지나 4월 무렵이면 주로 망상어가 낚이는데, 씨알과 마리수에서 연중 최고의 호황기를 맞는다. 망상어 미끼는 크릴 또는 홍갯지렁이가 주로 쓰이며, 밑밥으로 충분히 집어 후 승부해야 마리수 수확을 거둘 수 있다. 포인트는 큰 방파제 끝 지점 좌우측으로 형성되며, 방파제 좌측 지점을 집중 공략하면 입질 확률이 높아진다. 학공치는 10월 이후부터 낚이기 시작한다.

위치 : 〈위치도5〉 참조

교통편 : 포항을 기점으로 7번 국도를 이용해 강구까지 간다. 강구면 소재지에 닿으면 20번 지방도로 옮겨 타고 약 5km 직진하면 도로 우측으로 하저마을이 보이고, 그 좌측으로 방파제가 보인다.

연락처(054) : 영덕읍 25시낚시(734-1703) · 영덕낚시(070-4225-3766) · 일출낚시(734-4604) · 강구 아주낚시(733-2707) · 송죽낚시(733-8390)

19 포항 방어리방파제

●소재지 : 경북 포항시 북구 청하면 방어리 20-1 외
●길 이 : 큰 방파제 약2 10m, 작은 방파제 약 60m

낚시개황 : 사니질대와 몽돌이 군데군데 섞여있는 바닥 지형 때문에 포인트 구간에 따라 낚이는 어종도 차이가 있다. 우선, 낚시는 큰 방파제에서 많이 행해지는데, 끝 지점에서 12시 방향으로 공략하면 여름과 겨울엔 벵에돔 · 황어 · 망상어 등이 잘 낚인다. 그리고 같은 끝 지점이라 할지라도 사니질대로 형성된 우측 1시 방향에선 여름 시즌 가자미가 잘 낚이는 특징을 보인다. 굵은 벵에돔은 6월에도 낚이지만 가을에서 초겨울 시즌에 확률이 높다. 겨울 시즌엔 학공치가 주로 낚이며, 감성돔은 낚여도 대부분 씨알이 잘거나 낱마리 수준에 그치는 경우가 많다.

위치 : 〈위치도6〉 참조

교통편 : 포항시를 기점으로 청하면 소재지까지 간다. 이곳에서 월포해수욕장 방면으로 우회전해 약 1.5km 가면 도로 우측으로 월포해수욕장이 나오고, 여기서 1km 더 진행하면 방파제가 나온다.

연락처(054) : 청하 한일낚시(232-1710) · 송라 화진낚시(262-4050) · 흥해 스포츠선우낚시(262-5011) · 영일만낚시마트(261-7115)

20 경주 연동방파제

●소재지 : 경북 경주시 감포읍 오류리 140-11 외
●길 이 : 큰 방파제 210m, 작은 방파제 110m

낚시개황 : 봄부터 겨울까지 다양한 어종이 낚이지만, 이곳에선 특히 감성돔과 벵에돔을 위주로 한 찌낚시가 많이 이루어진다. 감성돔은 가을부터 초봄 무렵까지, 벵에돔은 여름부터 겨울까지 본격 시즌을 구가한다, 두 개의 방파제 가운데 작은 방파제는 구방파제로도 불리는데, 포인트는 외항 테트라포드를 중심으로 전개된다. 방파제 주변의 바닥 지형은 대부분 모래로 되어 있지만, 곳곳에 유실된 테트라포드 잔해가 널려 있어 어종이 풍부히 서식한다. 우럭 또는 노래미는 연중 낚이며, 씨알은 잘지만 횟감으로 각광받는 우럭은 테트라포드 구멍 사이에서도 잘 낚인다.

위치 : 〈위치도7〉 참조

교통편 : 경주를 기점으로 감포읍내까지 간다. 이곳에서 31번 국도를 이용해 약 3km 직진하면 도로 우측으로 오류해수욕장이 나오고, 여기서 조금만 더 진행하면 방파제가 나온다.

연락처(054) : 두원낚시(293-2001) · 가자낚시(293-2500) · 감포낚시(748-1110) · 영일만낚시(775-7999) · 대양낚시(771-3383)

21 경주 읍천방파제

●소재지 : 경주시 양남면 읍천리 195-3 외
●길 이 : 큰 방파제 약 350m, 작은 방파제 약 100m

낚시개황 : 계절에 따라 다양한 어종이 낚이지만 이곳에선 감성돔 · 벵에돔 · 망상어 등이 주요 어종으로 각광받는다. 이들 어종 대부분은 찌낚시 위주로 공략하게 되는데, 포인트는 큰 방파제의 경우 초입으로부터 100m 지점의 외항 쪽 테트라포드 지역이다. 작은 방파제에서도 꾸준한 조황을 보여주는데, 테트라포드가 있는 끝 지점의 외항권 조황이 좋은 편이다. 이곳 감성돔은 9월 초부터 입질을 보이기 시작해 늦가을, 그리고 겨울까지 이따금 30cm 후반의 굵은 씨알을 안겨주기도 한다. 벵에돔은 빠르면 5월 말부터도 선보이나 7월부터 11월까지가 본격 시즌이다.

위치 : 〈위치도7〉 참조

교통편 : 울산을 기점으로 할 경우, 31번 국도를 이용해 약 22km 진행하면 경주시 양남면 소재지에 닿는다. 이곳에서 읍천리 방면으로 약 500여m 직진하면 도로 우측으로 방파제가 보인다.

연락처(054) : 양남 읍천 읍천낚시(774-0670) · 양남 하서 그린낚시(746-1145) · 수영낚시(774-4978) · 감포 전촌 경북낚시(775-8027)

22 울릉도 저동방파제

●소재지 : 경북 울릉군 울릉읍 저동리 42-3 외
●길 이 : 큰 방파제 580m, 작은 방파제 275m

낚시개황 : 울릉도의 대표적인 벵에돔 포인트로서 5월 말부터 11월까지 한창 시즌을 구가하며 외지 낚시객들을 불러 모은다. 방파제가 여밭 위에 축조돼 계절별로 낚이는 어종도 다양하다. 봄 시즌엔 우럭과 노래미가 낚이고 여름엔 벵에돔을 비롯해 부시리와 돌돔이 선보인다. 가을로 접어들면 일반 벵에돔에 긴꼬리벵에돔이 섞여 낚이고, 겨울 시즌엔 테트라포드 구멍치기로 씨알 좋은 우럭을 노릴 수 있다. 한편, 울릉군 서북쪽에 자리한 현포방파제 역시 이곳 저동방파제와 어종별 시즌을 같이하는데, 벵에돔의 경우 오히려 현포 쪽이 더 굵게 낚이는 편이다.

위치 : 〈위치도6〉 참조

교통편 : 대구 · 경북 지역에서 울릉도를 찾을 경우엔 포항여객선터미널을 이용하고, 서울과 중부권 지역에서 출조하려면 묵호여객터미널을 이용하는 것이 빠르다. 묵호와 포항에서 울릉도까지는 2시간 50분~3시간 정도가 소요된다.

연락처(054) : 울릉도 독도낚시등산(791-3335) · 울릉도낚시등산(791-5255)

한국의

名 방파제 100+100선

제2부

제3장 울산 · 부산광역시 편

036

울산 정자방파제

●소재지 : 울산광역시 북구 정자동 638 외
●길　이 : 북방파제 430m, 남방파제 250m

교통편 : 울산시내에서 7번 국도를 타고 울산공항 방면으로 진행한다. 공항 직전에서 감포·정자 이정표를 보고 우회전(31번 국도), 산을 넘어 계속 진행하면 바닷가에 이르는데 이곳이 정자항(강동)이다.

연락처(052) : 정자동 대동낚시(298-8804)·동해낚시슈퍼(295-8498)·강동낚시(295-3388)·연암동 울산낚시프라자(211-1782)

■낚시여건

울산시 최북쪽 경상북도와의 경계 지역에 위치한 정자방파제는 초입–중간 지점까지는 수심이 얕고 수중여가 산재해 있어 산란장 및 치어들의 피신처가 되며, 중간–등대 끝 부근은 다소 깊은 수심을 유지하고 있어 대물과의 만남도 충분한 곳이다. 서로 마주보고 있는 방파제가 대형이어서 많은 꾼들을 수용할 수 있고, 정자항에는 다양한 먹거리와 볼거리가 많아 가족과 함께 낚시를 겸해 찾아도 좋은 곳이다.

■어종과 시즌

6월~11월 중순까지는 벵에돔·농어·볼락이 주종이 되며, 장마철의 농어는 초입 부근에서 거의 1m급에 가까운 크기도 낚인다. 벵에돔 또한 장마철에 즈음하여 마리수 조황을 기대할 수 있다. 늦가을부터 이듬해 2월까지는 주로 방파제 중간부터 등대 끝 부근에서 감성돔낚시가 이루어진다. 이 시기에는 손님고기로 숭어가 떼를 지어 장관을 이루기도 한다.

위치 : 〈위치도8〉 참조

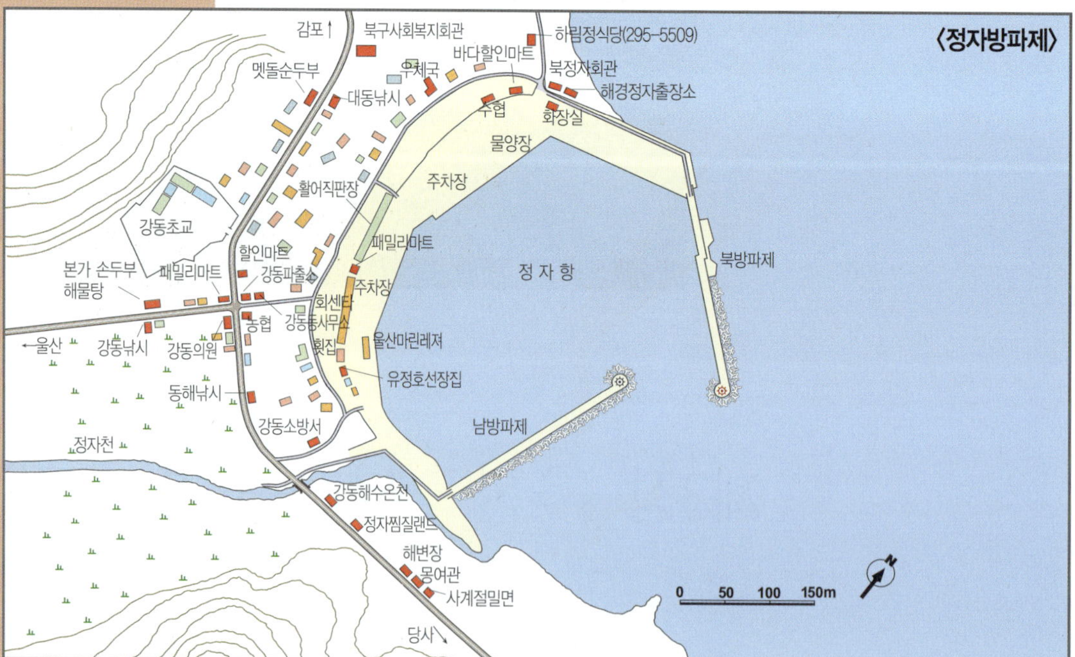

3월부터 5월 말까지는 주로 원투낚시가 이루어지는데, 도다리 · 쥐노래미가 주 대상어가 된다. 여름철 선상낚시에서는 도다리 · 보리멸 등이 잘 낚여 가족과 함께 찾아도 좋다.

■장비와 채비 · 미끼

낚시가 잘 되는 외항 테트라포드에서는 민장대보다는 릴 찌낚시가 유리하다. 수중여가 대부분 10m 이상의 먼 지점에 산재해 있기 때문이다.

벵에돔 미끼는 잡어를 분리할 수 있으면 단연 크릴이 좋으나 여름철에는 워낙 잡어가 많다보니 파래새우가 단연 우세하다. 홍갯지렁이와 깐새우도 잡어가 많을 때 요긴하게 쓰인다. 겨울철 감성돔은 크릴과 민물새우 등을 사용하며 농어는 청갯지렁이가 특효.

■포인트 안내

수중여가 산재해 있는 북방파제 외항 초입-중간 지점은 3~4m의 얕은 수심을 보이는 곳으로, 밑밥이 단연 효과를 발휘한다. 특히 여름철 벵에돔 시즌에는 수중여 사이를 공략해야 하는데, 채비를 전방으로 10m 이상 원투를 해야 효과를 볼 수 있다. 또한 농어는 벵에돔 낚시 때 곧잘 낚이므로 이때 농어 채비로 바꿔 노려볼만하다. 따라서 농어용 릴대와 루어를 챙기면 요긴하게 쓰인다. 중간 지점부터 등대 끝부분 사이는 5~8m 정도의 수심으로, 이곳 또한 20m 이상 원투 해야 수중여를 공략할 수 있는데, 여름철에는 굵은 벵에돔이, 겨울철에는 감성돔이 주로 선을 보인다.

■인근 명소

정자(강동)에서 주전으로 이어지는 몽돌 자갈 해변이 자랑거리. 새알같이 둥글고 작은 몽돌은 맨발로 밟으면 지압역할도 하여 산책로로도 각광받는다. 새벽에 맞는 장엄한 일출도 빼놓을 수 없는 볼거리.

인근에는 해수온천과 찜질랜드도 있어 가족과 함께 낚시를 마친 뒤 피로를 풀 수 있고, 정자항 횟집에 들리면 각종 자연산 횟감과 대게를 맛보며 바닷가의 정취를 한껏 느낄 수 있다.

037 울산 방어진방파제

●소재지 : 울산광역시 동구 방어동 948 외
●길　이 : 동방파제 560m, 서방파제 420m

교통편 : 부산 해운대 방면에선 14번 국도로 송정-일광-온양을 거쳐 울산시내 입구에서 31번 국도로 바꿔 탄 뒤 태화교를 건너 우회전하여 태화강변을 따라 계속 가면 방어동에 다다른다. 대구 방면의 경우는 경부고속도로 언양I.C에서 내려 울산 이정표를 따라 시내로 진입, 삼호교를 건너자마자 우회전, 태화강변을 따라 방어동으로 진행한다.

연락처(052) : 현지 동해피싱랜드(236-4560), 동진낚시(252-8040), 방어진낚시(234-0442), 낚시나라(201-3622)

위치 : 〈위치도8〉 참조

■낚시여건

방어진방파제는 울산 동부 최대의 어업 전진기지인 방어진항을 둘러싸고 있다. 이 방어진방파제는 동진방파제와 구방파제로 나뉘는데, 두 곳 모두 도보로 진입할 수 있다. 또한 방파제 입구에는 주차장 시설도 잘 되어 있으며, 현지꾼들은 대부분 오토바이를 이용하여 방파제까지 진입하기도 한다. 동진방파제는 앞바다에 떠 있던 슬도를 연결하여 'ㄱ' 자 형태로 길게 놓여져 있다.

■어종과 시즌

연중 벵에돔낚시가 가능할 만큼 예부터 벵에돔 자원이 많기로 유명한 곳이다. 특히 6월~11월까지가 벵에돔 피크 시즌으로, 이 기간에는 마리수 조과가 항시 가능하며, 파도가 높은 날이면 농어와 감성돔 출현도 빈번해진다.

그 외에도 참돔 · 돌돔 · 농어 · 부시리 · 참치 · 숭어 · 혹돔 등이 여름부터 늦가을까지 빛을 발하며, 겨울철에는 학공치와 감성돔이 주어종이 된다. 슬도 앞 1km 지점 해상 물

밑에는 수중여가 산재해 있어 가을철 선상낚시가 활발한데, 참돔 · 농어 · 참치 · 부시리 등 다양한 어종이 낚인다.

인트로 손꼽힌다.

단 파도가 2m 내외로 높거나 사리를 전후한 물때에 빛을 발한다. 그리고 동진방파제 초입–슬도 구간은 수심은 얕지만 수중여가 잘 발달되어 있어 농어 · 감성돔 · 벵에돔 입질이 잦으며, 산란 장소와 치어들의 피신처 역할도 한다. 슬도 바깥쪽은 벵에돔낚시가 주로 이루어지며, 내항 석축 전 구간이 포인트를 형성한다. 외항 쪽은 태풍 때 무너져 새로 보강한 테트라포드 지점이 일급 포인트이며, 테트라포드가 있는 외항은 농어 포인트. 맥낚시나 릴 처넣기로 바닥층을 노리게 되면 날카로운 수중여에 채비가 잘 뜯기므로 매우 불리하다.

■장비와 채비 · 미끼

동진방파제 초입과 슬도 사이는 수심이 얕아 민낚싯대가 효과를 발휘한다. 바깥쪽 방파제는 릴 찌낚시가 단연 우세한데, 1호대 정도면 다양한 어종으로 손맛을 볼 수 있다. 다만 슬도 앞 선상낚시에는 전반적으로 씨알이 굵게 낚이고 부시리 · 농어 등 대형급이 수시로 출몰하여 1.7~3호대 정도의 경조대를 가져야 공략이 가능하다. 대표적인 어종인 벵에돔낚시의 경우 여름 시즌에는 잡어 성화가 심해 단연 파래새우 미끼가 효과적이다. 그 외 시즌에는 크릴과 민물새우를 많이 사용한다.

■포인트 안내

내만권인 구방파제 외항 쪽 물밑에는 집채만한 바위들이 늘려 있어 동진방파제 초입과 함께 감성돔낚시 포

■인근 명소

여관 · 편의점 · 회센타 등 다양한 편의시설이 잘 갖춰져 있어 가족단위로, 혹은 간편하게 찾아도 아무런 불편한 점이 없다. 또한 10분 거리에는 일산해수욕장이 위치하고, 인근에는 울산시가 자랑하는 대왕암공원이 있어 가족과 함께 들러 볼만하다.

038

울산 동방파제

●소재지 : 울산광역시 동구 방어동 955-1 인근 해상
●길　이 : 643m

교통편 : 부산 방면의 경우 해운대에서 14번 국도를 타고 송정-일광-온양을 거쳐 울산 시내 입구에서 31번 국도로 갈아 탄 뒤 태화교를 건넌 뒤 우회전하여 태화강변을 따라 계속 가면 방어동에 다다른다.

연락처(052) : 방어동 방파제 낚시(201-3727) · 방어진낚시 (234-0442) · 동진낚시 (252-8040)

■낚시여건

울산만(灣) 입구를 동서로 가로 질러 파도를 막기 위해 해상 위에 설치된 뜬 방파제이다. 길이가 650여m에 달하는 일자형 방파제로, 울산시 남구 용연동보다는 동구 방어동에 근접해 있다. 평균 수심이 16~20m 정도로 매우 깊은 편이며, 바닥은 개펄과 모래로 이루어져 있다. 감성돔 외에도 다양한 어종이 낚이는 동방파제는 울산시와 해양수산부가 지난 2004년 12월 5일, 울산시민의 위락시설의 하나로 난간과 화장실 등을 갖추고 일반인에게 개방했다. 방어진항에서 배를 타고 진입을 할 수 있으며 10분 정도 소요된다.

■어종과 시즌

1998년, 9년여에 걸친 공사 끝에 완공된 동방파제는 안전을 이유로 오랫동안 일반인에게 개방을 하지 않았지만, 낚시인들은 보트나 어선을 이용하여 낚시를 하곤 했다. 정식 개방에 맞춰 치러진 낚시대회에서는 감성돔 등 다양한 어종이 확인됐는데, 대체적으로 6월부터 11월까지는 벵에돔 · 돌돔 · 전갱이 · 고등어 · 참돔 · 볼락 등이 주어종으로 낚

위치 : 〈위치도8〉 참조

이며, 11월부터 이듬해 2월까지는 감성돔 · 망상어 · 학공치 · 도다리 · 우럭 등이 입질을 한다. 그리고 봄철인 2월부터 5월 사이에는 원투 던질낚시에 보리멸 · 도다리 등이 낚이기도 한다.

려 있어 참돔 자원이 많다. 감성돔은 주로 야간낚시에 빈번하게 출현을 하는 특징을 보인다. 그러나 아쉽게도 아직까지 야간낚시는 허용되지 않고 있는 점 참고 바란다.

■장비와 채비 · 미끼

방파제와 수면 거리가 높은 편이어서(내항 4~6m, 외항 10m) 민장대는 어림이 없다. 릴 찌낚시나 원투 던질낚시 정도가 가능한데, 1호 정도의 릴대를 이용한 찌낚시가 보편적으로 행해진다. 미끼로는 크릴이 대중적으로 사용되며, 던질낚시는 청갯지렁이나 참갯지렁이를 많이 쓴다. 그 외 벵에돔 미끼로 홍갯지렁이나 파래새우도 쓰인다.

■포인트 안내

양쪽 끝 부분이 참돔 · 감성돔 포인트로 각광받는다. 평균 18m의 깊은 수심을 보여 고부력의 채비가 한결 유리하다. 조류 또한 강하게 흐르는 곳이어서 수중찌 대신 봉돌이 효과적이다. 바닥이 뻘 · 모래 · 자갈이 깔

■기타 참고사항

동방파제는 석축이 높고 위험하여 울산시가 6개월 동안 2억여 원을 투자하여 화장실, 난간대 등을 설치한 뒤 개방을 하였다. 식사류나 미끼류 등 필요한 물품은 방어진항에서 미리 준비한 후 진입해야 한다. 낚시 시간은 일출 후 30분부터 일몰 전 30분까지. 방어진항에는 여러 척의 낚싯배가 있으며 1인당 왕복 1만원을 받고 있다.

■인근 명소

동방파제 출항지인 방어진항에는 여관 · 모텔 · 식당 · 편의점 · 낚시점 · 은행 등 편의시설이 잘 갖춰져 있으며, 항구에는 회센타와 싱싱한 활어를 파는 곳들이 밀집되어 있다.

※난간대설치 이전 모습.

039 울산 선경방파제

●소재지 : 울산광역시 남구 황성동 831 인근
●길 이 : 약 500m

교통편 : 울산시 남구 성암동 개운삼거리를 진입 기점으로 한다. 이곳에서 처용로 용연공단(울산신항) 방면으로 약 5.3km 진행하면 용연선착장이 나온다. 선경방파제는 이곳에서 낚싯배를 이용해야 한다.

연락처(052) : 울산 야음동 선경낚시(258-1152) · 해운낚시마트(275-2950) · 극동낚시타운(272-3040)

■낚시여건

울산권을 대표하는 대규모 방파제 낚시터 가운데 한 곳인 선경방파제는 규모가 큰 만큼 한꺼번에 많은 인원을 동시에 수용할 수 있는 낚시터이다. 특히 학공치나 고등어 · 전갱이 등의 동네 낚시 인기 어종들이 몰려 들어올 무렵이면 그 인기가 최고조에 이른다.
뿐만 아니다. 시즌에 따라 연중 다양한 계절 어종이 들어와 조황의 기복 없이 낚시를 즐길 수 있다는 점도 이곳 선경방파제가 인기를 끄는 큰 요인이다. 잔잔한 손맛을 꾸준하게 볼 수 있어 오래 전부터 울산 꾼들 사이에서는 초보 낚시 훈련장으로 알려져 있다.
다른 큰 방파제와는 달리 입구에서 중간 지점까지만 테트라포드가 축조돼 있으며 끝 부분에는 직벽 형태 그대로 남아 있다. 도보 진입이 통제되는 곳으로 용연선착장 등지에서 낚싯배를 이용해야 한다. 밤낚시 또한 금지되는 곳이다.

■어종과 시즌

5월 초순 벵에돔이 출현해 가을까지 시즌이 이어지며, 초가을 피크 시즌 때는

위치 : 〈위치도8〉 참조

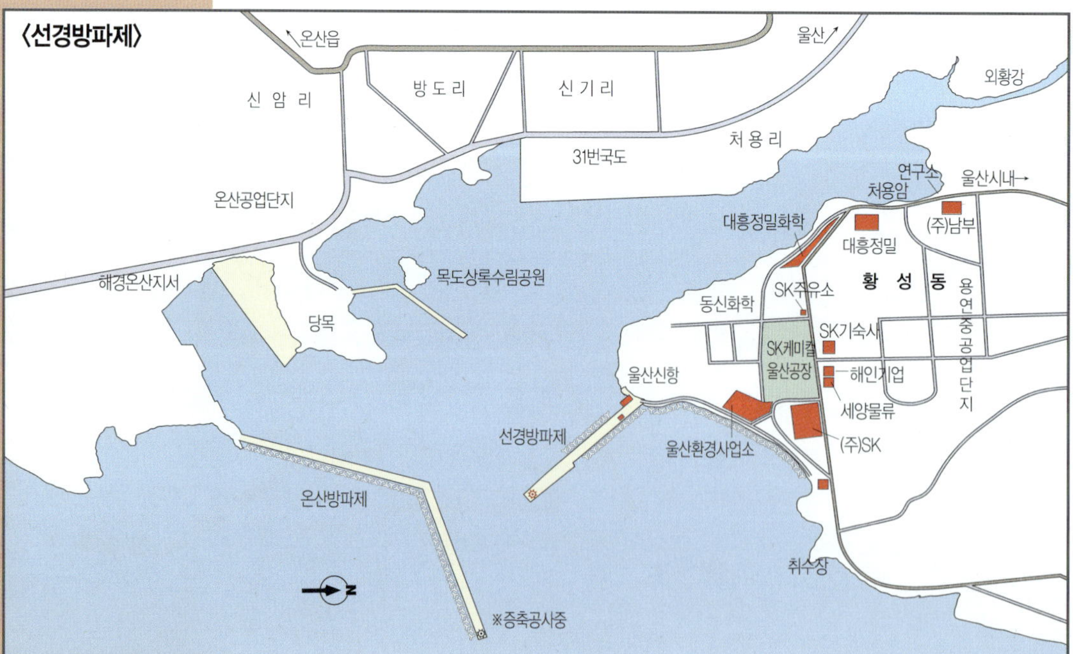

30~35cm급으로 굵게 낚인다. 또한 여름에는 30~50cm 사이의 가지매기와 갈치가 낚여 흥을 돋우는데, 가지매기의 경우 9~10월이 피크. 갈치는 여름부터 선을 보이기 시작하며, 9월을 전후해서 본격 감성돔낚시가 피크를 맞아 12월까지 이어진다. 가을에는 30~40cm급이 선보이다가 12월 이후부터 마리수가 현저하게 줄긴 하지만 이듬해 봄철까지 5짜 이상의 씨알이 낚여 간담을 서늘케 한다.

■장비와 채비 · 미끼

릴 찌낚시 어종인 벵에돔은 제로찌를 많이 사용하는데, 대개 빵가루나 벵에돔 전용 파우더와 크릴을 섞어 띄워서 낚는다. 잡어가 많은 경우 파래새우와 홍갯지렁이가 탁월한 효과를 발휘한다.

감성돔의 경우 방파제 입구 수심 얕은 곳에서는 3B~0.5호 정도의 구멍찌를, 중간 지점부터 등대 사이의 외항에서는 0.8~1호 구멍찌를 채운 반유동낚시를 구사한다. 조류가 원활하지 못해 큰 수중찌를 채워 쓰는 게 유리하다. 민장대는 방파제 중간 지점의 낮은 지대(凹)에서 주로 사용하며, 벵에돔과 망상어 등을 겸할 수 있다. 갈치낚시는 카드채비를 사용한다.

■포인트 안내

방파제 입구 테트라포드는 조류가 느려 사리 전후에 좋은 조황을 보이는데 주로 벵에돔이 낚인다. 만조 직전에 입질이 활발하다. 중간 지점 포장마차 있는 곳부터 등대 사이의 외항 쪽은 감성돔을 비롯한 다양한 어종이 낚인다. 포장마차 뒤쪽이 감성돔 포인트로 전방 10m 거리에서 입질이 활발하다. 벵에돔은 발 밑을 공략해야 한다. 감성돔은 7~8m 안팎의 수심에서 입질이 잦다. 또한 전반적으로 물색이 맑아 파도가 일어주는 날 호황을 보인다. 등대 주변은 던질낚시 포인트로 갈치 · 우럭 · 고등어 · 전갱이 등을 기대할 수 있다.

■기타 참고사항

이곳 선경방파제는 온산공단 내에 있어 편의시설이나 여관 같은 것이 없다. 따라서 낚시용품이나 식사류 등은 용연동 입구나 울산시내에서 미리 구입해야 한다.

040 부산 기장 이동 · 학리방파제

●소재지 : 부산광역시 기장군 일광면 이천리 170-5, 학리 251-13
●길 이 : 이동방파제 약 250m, 학리방파제 약 220m

교통편 : 부산 방면의 경우 해운대(31번 국도 이용)→송정→기장→일광. 운치 있는 바다를 끼고 드라이브를 즐기려면 송정(해안도로)→당사리→석산리→대변항→일광 순. 울산 방면의 경우는 울산(14번 국도 이용)→온양→장안→일광 순.

연락처(051) : 일광 은파낚시(721-7898), 영빈낚시(721-9892), 해송낚시(721-4123), 형제낚시(721-4687), 역전낚시(722-1466)

■낚시여건

부산시내와 인접해 있지만 크게 알려지지 않아 현지꾼들 위주로 낚시가 이뤄지다 근년 학리방파제에서 손바닥 씨알의 감성돔이 마리수 조황을 보이면서 외부에 알려지기 시작했다. 수심이 얕긴 하지만 족보 있는 감성돔 · 벵에돔 · 농어 · 학공치 · 망상어 · 갈치 등이 잘 낚이고, 방파제가 안전해 가족을 동반한 나들이 코스로도 권할만하다.

■어종과 시즌

여러 해에 걸친 치어 방류의 결실로 근년 학리방파제에서 감성돔이 낚이기 시작해 꾼들이 몰려들고 있다. 그러나 씨알이 손바닥 크기여서 '30cm급 이상으로 자랄 때까지 낚지 말자' 는 목소리도 있지만 폭발적인 조황에 몰려든 꾼들로 한때 발 디딜 틈 없는 상황이 벌어지기도 했다. 가을철엔 학공치가 시즌을 열며, 겨울에는 테트라포드 사이에서 20~25cm의 굵은 볼락과 우럭이, 야간 원투 처넣기에는 붕장어가 잘 낚인다. 봄에는 20~30cm의 벵에돔이 선을 보이는데, 초여름까지 40~70cm 사이의 농어도 함께 낚인

위치 : 〈위치도8〉 참조

다. 이동방파제 역시도 인기 포인트. 겨울철 북서풍에 의지되어 빛을 발하는데, 학공치와 망상어가 마리수로 낚여 잔재미를 더한다. 봄철에는 원투낚시에 도다리와 굵은 광어가 걸려들기도 한다. 여름철로 넘어 가면서 농어가 마리수로 낚여 불야성을 이루며 80cm급도 간간히 선을 보인다.

장비와 채비 · 미끼

감성돔의 경우 3B~0.8호의 구멍찌가 무난. 조석(朝夕) 시간에 조황이 앞서며, 특히 수심이 얕아 중들물~중썰물 사이에 잘 문다.

미끼는 크릴. 벵에돔은 제로~3B 구멍찌가 많이 쓰이며, 초여름까지 파래새우가 잘 먹힌다. 감성돔과 벵에돔 모두 씨알이 굵지 않아 0호~0.6호 릴낚싯대면 충분하다. 학공치는 이단찌 채비가 효율적이고, 여름철 농어는 초저녁에 청갯지렁이를 꿴 찌낚시가 주류를 이룬다. 새벽녘에는 간간히 루어도 잘 먹힌다. 민장대 낚시는 벵에돔과 망상어가 대표적인 어종.

포인트 안내

감성돔은 학리방파제 바깥쪽보다 수심이 좋은 내항 쪽이 포인트(입질 수심 5~7m). 직벽이지만 물속에 여가 잘 발달되어 있기 때문. 벵에돔은 학리방파제 콧부리와 이동방파제 외항 쪽이 마릿수가 좋다. 농어낚시는 씨알이나 마리수 면에서 이동방파제가 낫다. 특히 방파제와 주변 갯바위에서 여름 밤이면 불야성을 이루는데, 수협주유소와 방파제 사이에서 대물 출현이 잦다. 특히 이동방파제 맨 끝에서 학리마을을 바라보고 원투하면 루어에 농어가 잘 붙기도 한다. 그 외 학공치는 외항 쪽 어디서나 낚이고, 볼락과 우럭은 학리방파제 입구 외항 쪽 테트라포드 사이를 민장대로 공략하면 된다.

인근 명소

일광해수욕장은 여름철 명소로 잘 알려진 곳. 일광역 주변에는 유명한 복집과 짚불꼼장어집이 입맛을 다시게 한다.

041 부산 기장 대변방파제

●소재지 : 부산광역시 기장군 기장읍 대변리 245-9 외
●길　이 : 북방파제 150m, 동방파제 630m, 남방파제 250m

교통편 : 부산 해운대에서 울산 방면 31번 국도를 이용해 송정까지 간다. 송정에서 해안도로를 따라 북쪽으로 달리면 당사리 · 석산리를 거쳐 대변항에 닿는다.

연락처(051) : 대변 대승낚시 · 슈퍼(722-0069) · 연화리 블루비치낚시마트(723-3554)

■낚시여건

멸치와 오징어로 유명한 대변항은 부산 해운대에서 자동차로 10분 거리에 위치해 있어 연중 나들이객들이 많이 찾는 곳이다. 전문꾼들 사이에서는 잡어터로 알려져 있지만 연중 다양한 어종이 고루 낚여 손맛이 만만치 않다. 특히 규모가 제일 큰 동방파제(올림픽방파제)의 경우 태풍(매미) 때 무너져 보강공사가 2005년 초순경 완료되어 꾼들의 출입이 잦아지고 있다. 또한 250m에 달하는 뜬 방파제가 건설되어 포인트 범위가 한층 더 늘어났다.

■어종과 시즌

봄철에 나들이객들의 입맛을 돋우는 도다리와 보리멸이 단연 인기. 여름철에는 마리수나 씨알(25~30cm급) 면에서 앞서는 벵에돔을 낚으려는 꾼들이 몰리고, 때를 같이하여 감성돔이 굵진 않지만 9월 초순까지 시즌을 이룬다. 그 외 장마철을 전후하여 농어가 선을 보이는데 40~80cm 사이가 잘 낚여 한바탕 소란이 벌어지기도 한다. 가을이 되면

위치 : 〈위치도 8, 9〉 참조

고등어와 전어 · 전갱이 · 독가시치 · 숭어 등 잡어낚시로 또 한번 꾼들로 붐빈다. 늦가을부터 초겨울까지는 방파제 바깥의 선상 외줄낚시에서 열기와 볼락이 꽃을 피운다.

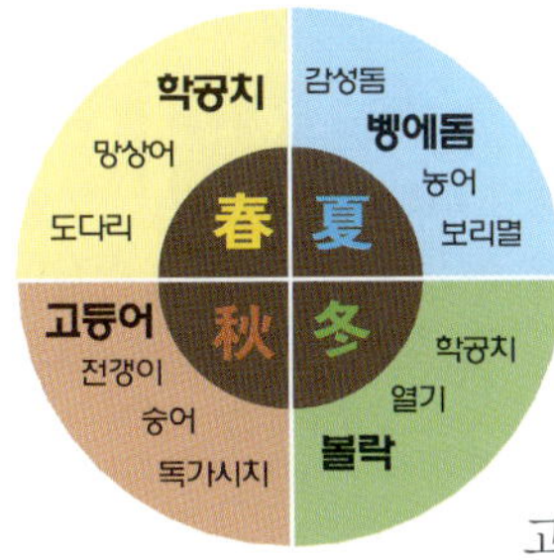

■장비와 채비 · 미끼

도다리와 보리멸은 청갯지렁이를 이용한 던질낚시를 시도하지만 벵에돔이나 감성돔의 경우는 연질 릴낚싯대를 사용한다. 조류가 세지 않아 예민한 채비일수록 유리하다. 구멍찌는 0~5B정도면 무난. 벵에돔 미끼는 홍갯지렁이나 파래새우가 좋다. 발 밑 수심이 깊고 물속여가 잘 발달한 포인트에선 3.5~4칸 민낚싯대로 망상어나 볼락 · 벵에돔 공략이 가능하다. 한여름 밤을 수놓는 농어는 2호~3호 릴대에다 농어 전용 야간찌를 사용하면 편리하다. 그 외 볼락 · 열기 외줄낚시나 방파제에서 전갱이 · 고등어를 낚을 때는 카드채비가 다수확 면에서 유리하다.

■포인트 안내

내항 쪽 북방파제의 경우 연중 붙박이 감성돔이 서식하는데, 끝에서 1/3 지점 외항 쪽을 노리면 25~30cm급 벵에돔도 곧잘 낚인다. 입질 수심은 4m 내외. 20m 정도 투척하는 게 요령이다. 그 외 고등어 · 전갱이 · 돌돔 새끼도 선을 보이는데, 죽도를 보고 멀리 원투하면 40cm급 이상의 농어도 기대할 수 있다. 그리고 가을 시즌, 항내 도크장 우측 석축 발밑을 노리면 30cm급 이상의 감성돔이 잠시 호황을 보이기도 한다.

■인근 명소

대변항은 동해남부에서 규모가 제일 큰 항으로 각종 회센타와 해산물이 넘쳐난다. 특히 멸치의 고장인 만큼 전문 횟집에서 맛보는 멸치회가 일품이다. 해수탕과 찜질방 그리고 여관 및 모텔 등도 많아 불편함이 없다. 또한 일광 쪽에서 들어오는 무양마을 삼거리 좌측에 위치한 토암 도자기공원(051-721-2231)도 들러볼만하다. 부산 쪽으로 연결된 해안 드라이브 코스도 빼놓을 수 없는 명소.

042 부산 수영만 매립지

●소재지 : 부산광역시 해운대구 우동 1444 일대
●길 이 : 길이 약 900m 구간

교통편 : 경부고속도로를 이용할 경우 구서I.C를 통과하여 도시고속도로를 타고 가다가 원동I.C에서 해운대 방면 31번 도로를 갈아타면 해운대해수욕장에 다다른다. 동해남부선을 이용할 경우 '우일역'에 하차하면 된다.

연락처(051) : 우1동 해운대낚시(746-2104) · 재송1동 대륙낚시(781-3403)

■낚시여건

부산요트경기장부터 동백섬을 마주한 선착장까지의 옹벽을 따라 테트라포드가 축조돼 있는 수영만매립지는 그 길이가 2.5km에 달한다. 특히 시내에 인접해 있어 인근 낚시인들의 안방낚시터로, 자가용이나 일반 버스로도 진입이 쉬워 언제나 낚시객들로 붐비는 곳이다. 연중 안 낚이는 고기가 없을 정도로 다양한 어종이 선을 보이는데, 낚시터 뒤로 순환도로가 길게 이어져 있어 진입이 쉬울 뿐만 아니라 주차할 수 있는 공간이 많은 것도 장점. 맑은 날씨보다는 전반적으로 안개가 끼거나 흐린 날씨에 조황이 좋은 특색이 있다.

■어종과 시즌

6월 초순경부터 벵에돔이 출현하면서 본격 낚시가 시작된다. 20~30cm급이 평균 씨알이지만 장마철 이후에는 35cm급도 간간히 가세한다. 밤에는 가지매기(농어 새끼)가 떼지어 나타나는데, 더러는 70~80cm짜리까지 낚여 더위를 피할 겸 야간에 많은 꾼들이

위치 : 〈위치도9〉 참조

몰린다. 10월 추석 무렵 전후에는 전어 · 숭어 · 고등어 · 전갱이와 함께 25~35cm급 전후의 감성돔이 낚여 전문꾼들까지 합세한다. 겨울철로 돌아서면 망상어와 학공치로 교체된다.

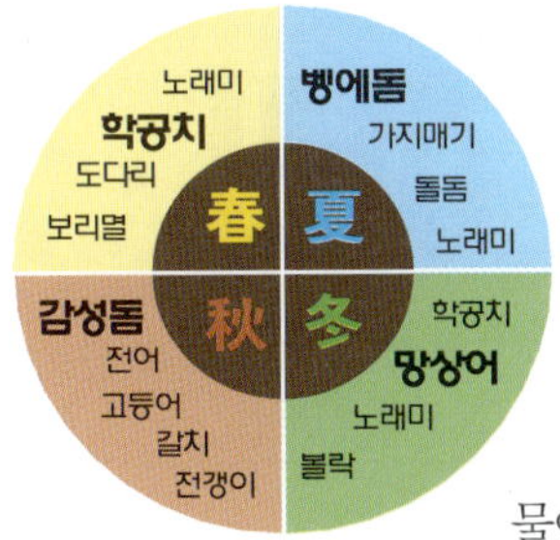

■장비와 채비 · 미끼

감성돔은 크릴, 벵에돔은 크릴과 홍갯지렁이가 탁월한 효과를 발휘한다. 도다리나 보리멸은 인근 낚시점에서 파는 묶음추 채비에다 청갯지렁이를 미끼로 사용하며, 전어나 고등어의 경우 어피바늘이 있는 카드채비를 쓰면 쉽게 마리수를 채울 수 있다. 민장대로는 볼락과 벵에돔 · 망상어 등을 노릴 수 있다. 숭어는 크릴을 쓰기도 하지만 대다수가 훌치기낚시를 선호한다. 갈치는 2지~2.5지가 보통 씨알로 2~3호 막대찌를 주로 사용한다.

■포인트 안내

감성돔과 벵에돔은 수영만 매립지 제일 우측의 요트경기장 입구 철조망 있는 곳이 일급 포인트로 항시 낚시꾼들로 북적인다. 7~8m 수심층을 노리거나 초들물 때를 집중 공략해야 조과를 보장받는다. 해운대아델리스 앞 선착장도 좋은 포인트이다. 잡어는 포인트가 따로 없을 정도로 전역에서 낚인다. 물이 맑은 편이어서 모든 어종이 파도가 높거나 비가 온 뒤에 호황을 보인다.

■기타 참고사항

낚시터 뒤 매립지에는 20~30층짜리 공공건물들이 한창 공사 중에 있어 다소 시끄러운 게 흠이다. 낚시터 입구 양쪽에는 간이매점이 있어 간단하게 허기를 채울 수 있으며 따끈한 커피를 맛 볼 수 있다.

■인근 명소

낚시터 우측에는 광안대교가 펼쳐져 있어 장관을 이루며 요트경기장이 눈길을 끈다. 좌측으로는 동백섬 해안도로, 조선비치호텔과 해운대해수욕장이 있으며 조금만 가면 달맞이공원도 볼거리를 제공한다.

043

부산 하리 · 해양대방파제

●소재지 : 부산광역시 영도구 동삼동 884-1 외
●길　이 : 큰 방파제 400m, 작은 방파제 170m, 해양대방파제 500m

교통편 : 부산 남포동이나 중앙동 방면에서 부산대교 또는 영도대교를 건너 영선동이나 봉래동에서 태종대 방면으로 좌회전하여 계속 진행한다. 영도구청을 지나 계속 가다보면 좌측으로 한국해양대가 있는 조도가 보이고, 그 입구에 하리선착장이 있다.

연락처(051) : 동삼동 영도낚시(403-5817) · 태종낚시(405-1691) · 피싱파크낚시(412-1238) · 중리낚시(404-1217)

■낚시여건

우선 진입이 쉽고 철수가 자유로워 시간이 없는 샐러리맨들이 주 단골 고객이다. 갈수록 고급 어종은 귀해지고 있지만 다양한 장르의 낚시로 충분히 손맛을 볼 수 있고, 두 곳 모두 대규모의 방파제로 많은 낚시객들을 수용할 수 있다. 하리방파제는 조도방파제(뜬방파제)와 태종대 갯바위로 향하는 관문으로, 수심이 깊고 조류가 활발하여 연중 다양한 어종을 만날 수 있다. 영도와 해양대(조도)를 잇는 긴 해양대방파제는 여름철 벵에돔과 농어 포인트로 잘 알려져 있다.

■어종과 시즌

해양대방파제는 유명한 벵에돔 서식처였다. 그러나 입구에 매립지가 들어서면서 그 숫자가 급격히 줄고 있어 아쉬움을 갖게 한다. 이곳 벵에돔 시즌은 4월 말경~10월 추석 무렵까지로, 7월 한 달이 피크 시즌이다. 씨알은 20~25cm가 주류. 감성돔은 하리방파제 외항 쪽에서 가을 시즌에 간간히 떼로 붙기도 한다. 여름에는 참돔이 간간이 낚이는

위치 : 〈위치도9〉 참조

〈하리 · 해양대방파제〉

가 하면, 야간에는 씨알 굵은 농어가 잘 물어준다. 초겨울부터는 굵은 학공치가 마리수로 낚여 민낚싯대를 든 현지 꾼들의 발길이 이어진다.

■장비와 채비 · 미끼

벵에돔은 속전속결이 가능한 민장대 찌낚시가 효과적이다. 3칸~3.5칸 대에 5~6푼 정도 부력의 막대찌를 쓰면 알맞다. 대개 중들물에서 초썰물 사이에 활성도가 좋다. 가끔 독가시치 새끼가 떼로 몰려 방해가 되기도 한다. 감성돔은 부력 0.8~1호 정도의 구멍찌가 무난하고, 농어는 하리 큰방파제 콧부리에서 최대한 멀리 원투하면 입질을 받을 수 있다. 학공치는 3칸 정도의 민낚싯대에 곤쟁이 한 봉지면 횟거리를 장만할 수 있다. 던질낚시에는 보리멸 · 도다리 · 쥐노래미가, 민낚싯대에는 고등어 · 전갱이 · 망상어 등을 기대할 수 있다.

■포인트 안내

하리방파제는 조류가 원활한 큰 방파제 외항 쪽이 주 포인트로, 방파제 입구 외항 쪽 갯바위와 방파제 중간 지점의 꺾어지는 곳이 감성돔 포인트. 물때보다는 물색이 조과에 더 많은 영향을 끼치므로 물색이 탁한 날이나 파도가 높은 날이 출조 적기로 꼽힌다. 물돌이 무렵에 입질이 활발하다.

벵에돔은 꺾어지는 곳부터 등대까지의 양안 모두에서 기대를 할 수 있다. 해양대방파제는 하리방파제를 바라보는 곳 전역이 포인트로 평균 수심은 6~7m권. 중간 중간 테트라포드가 깨져 무너져 내린 곳이 벵에돔 놀이터가 된다.

■기타 참고사항

한국해양대학교 좌 · 우측으로 테트라포드와 갯바위가 산재해 있어 낚시 포인트가 많으며, 주차장은 해양대 내에 잘 갖춰져 있어 편리하게 이용할 수 있다. 단 뒤쪽의 민간인 출입금지 입구에는 갯바위가 직벽 형태를 이루고 있을 뿐만 아니라 발판 또한 미끄러워 안전사고에 조심해야 한다.

044 부산 조도 · 오륙도방파제

●소재지 : 부산광역시 영도구 동삼동 1-17, 남구 용호동 산196-2 인근
●길 이 : 조도방파제 700m, 오륙도방파제 1,004m

교통편 : 오륙도방파제는 부산 남구 용호동 오륙도 선착장에서 낚싯배를 이용하고, 조도방파제는 영도구 동삼동에 소재하는 하리선착장에서 낚싯배를 이용하면 된다.

연락처(051) : 동삼동 영도낚시(403-5817) · 피싱파크낚시412-1238) · 한진낚시(405-2061) · 용호동 바다낚시(623-4877) · 진성낚시(622-2990) · 일출낚시(611-8117)

■낚시여건

국내 제일의 항구도시인 부산항 입구에서 파도를 막아 주는 두 개의 뜬 방파제다. 영도에 근접한 게 조도방파제, 오륙도 쪽에 면해 있는 방파제가 오륙도방파제이다. 조도방파제는 영도구 동삼동 하리선착장에서, 오륙도방파제는 용호동 오륙도 선착장에서 각각 낚싯배로 진입한다. 바깥쪽에 위치해 있어 수심이 깊고 조류가 왕성하여 사계절 내내 고급 어종들이 서식한다. 특히 모든 낚시장르가 가능케 하여 연중 낚시꾼들의 발길이 끊이지 않는 부산꾼들의 안방낚시터이다.

■어종과 시즌

계절에 따라 두 곳 모두 비슷한 어종이 선을 보이는데, 우선 봄철에는 도다리와 쥐노래미가 원투 던질낚시로 시즌을 시작한다. 4월 초순경이면 출현하는 벵에돔은 한 여름 잠시 소강상태를 보이다 9월 이후에 재차 굵어진 씨알로 나타난다. 지난 2004년 여름 유난히 호황을 보인 바 있는 농어가 기대주. 하루 200여 마리까지 낚이기기도 했다. 감성

위치 : 〈위치도9〉 참조

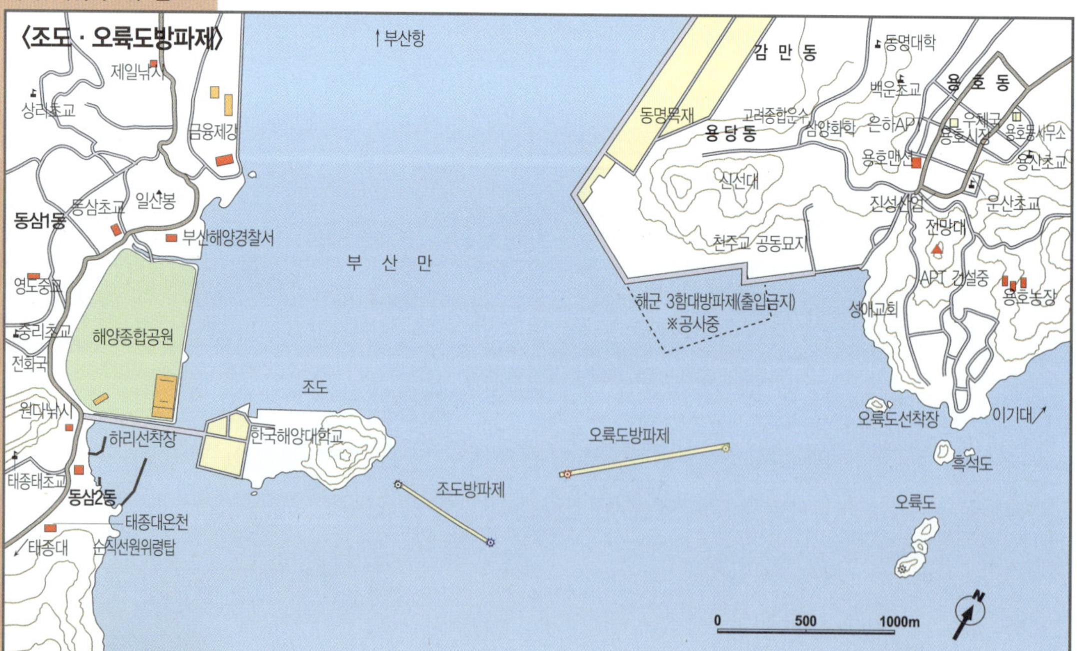

돔은 10월 중순 이후 출현하여 이듬해 영등철에 피크를 이룬다. 평균 씨알은 35~40cm급이지만 영등철에는 5짜급을 흔히 볼 수 있다.
그 외 참돔 새끼와 고등어 · 전갱이 · 볼락 · 망상어 등이 가을부터 한 겨울까지 피크를 이룬다.

■장비와 채비 · 미끼

방파제 주변 평균 수심이 12~15m 정도로 깊다. 벵에돔은 민장대와 릴 찌낚시 채비에 고루 낚이고, 감성돔은 조류와 수심을 고려하여 다소 무거운 채비를 운용해야 한다. 농어는 조석(朝夕)으로 피크를 보인다. 릴 찌낚시로 바닥층을 공략하면 손바닥보다 굵은 볼락이 마리수로 선을 보이는가 하면, 고등어와 전갱이는 6개짜리 어피바늘이 달린 카드채비만 있으면 마리수 조과를 누릴 수 있다. 입질이 없을 경우는 크릴을 달아주면 곧 입질이 이어지기도 한다. 가을철에는 줄다랑어와 삼치가 간간히 붙기 때문에 루어를 준비할 필요가 있다.

■포인트 안내

두 방파제 모두 양쪽 콧부리가 고급 어종 포인트로 꾼들이 밀집되는 곳이다. 여기에는 돌돔새끼와 볼락 · 상사리(참돔 새끼) 등이 잘 붙고, 잡어류는 전역에서 고루 낚인다. 특히 감성돔 개체수가 많은 조도방파제의 경우 날씨가 추워질수록 씨알이 격상되어 한 겨울철엔 단골꾼들의 발길이 바빠진다.
던질낚시 포인트는 오륙도방파제를 바라보는 콧부리. 참갯지렁이를 준비하면 사철 씨알 굵은 쥐노래미와 광어도 가끔 구경할 수 있다.

■기타 참고사항

조도방파제보다 길이가 긴 오륙도방파제는 한때 증축 공사로 인해 상륙이 금지되다가 2004년 6월에 재개방되어 꾼들의 발길이 한층 붙어났다. 뱃삯은 조도방파제는 15,000원, 오륙도방파제는 10,000원이다. 출항은 일출 30분 후부터 일몰 30분 전까지이며 인원만 되면 언제든지 출항한다.

045 부산 남부민방파제

●소재지 : 부산광역시 서구 남부민동 703
●길　이 : 남부민방파제 420m, 남항(영도)방파제 130m

교통편 : 남포동에서 충무동을 거쳐 송도해수욕장 방면으로 들어서면 좌측으로 냉동공장 건물들이 늘어서 있다. 좌측으로 부산공동어시장을 지나자마자 좌측의 LG정유소를 끼고 좌회전하여 들어가면 방파제로 진입하게 된다.

연락처(051) : 남부민동 매일낚시(231-8887) · 부산낚시(244-2220) · 성원낚시(244-9974)

■낚시여건

부산 충무동 자갈치시장 아래쪽 부산공동어시장 입구에 위치한다. 영도 남항방파제와 서로 마주보고 있으나 포인트는 남부민방파제에 집중된다. 도심 속에 위치해 있어 접근하기가 쉬운 게 큰 장점. 부산의 유명 바다낚시꾼 대다수가 어릴 적 이 방파제에서 바다낚시를 배웠을 만큼 꽤 유명세를 띤 곳이지만 지금은 오염 때문에 전문꾼들은 외면하는 편이다. 하지만 연중 다양한 어종이 붙고 가을부터 한겨울 사이에는 대형 감성돔이 곧잘 낚여 무시 못할 곳이란 게 단골꾼들의 이야기다.

■어종과 시즌

여름까지는 도다리 · 노래미 · 가지매기 · 상사리(참돔 새끼) · 쥐치 등이 낚이다가 무더위가 끝나갈 무렵이면 본격 시즌을 맞는다. 이때부터 감성돔이 붙기 시작하며 낚시객들이 몰려든다. 11월 초순 이후에는 감성돔 개체수가 늘어나고 씨알 또한 굵어져 손맛을 못 본 꾼들의 기대를 잔뜩 갖게 한다. 감성돔 시즌은 영등철까지 이어진다.

위치 : 〈위치도9〉 참조

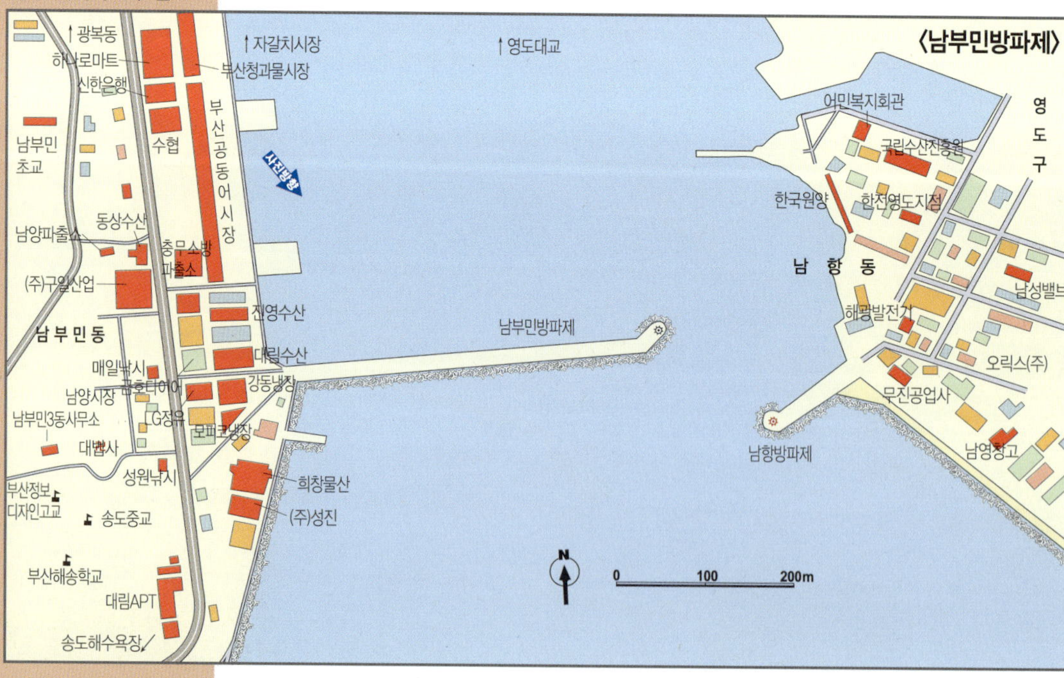

잡어류는 낮 시간에 잘 낚이며, 감성돔은 일출 · 일몰 무렵에, 농어와 갈치는 야간낚시에 노려볼만하다.

장비와 채비 · 미끼

참돔 · 도다리 · 노래미 등은 2호 이상의 릴 낚싯대를 이용, 던질낚시를 하면 효과적이다. 감성돔과 농어는 1호 정도의 릴낚싯대가 알맞으며 반유동 채비가 보편적으로 쓰인다.

감성돔 채비는 물살이 빠르지 않아 저부력찌가 효과를 발휘한다. 농어는 1호~1.5호 정도의 전자찌가 많이 사용되며, 미끼는 청갯지렁이가 좋다. 갈치는 와이어를 맨 갈치전용 채비에다 고등어나 전갱이 살을 썰어 꿰어주면 된다.

포인트 안내

대부분의 어종이 외항 쪽으로 붙는데 조금만 발품을 팔면 기대하는 어종을 쉽게 만날 수 있다. 주 대상어종인 감성돔 역시 방파제 맨 끝 테트라포드가 시작되는 안쪽부터 외항의 입구까지 넓게 분포한다. 최고의 포인트는 등대 가기 전 꺾어지는 곳으로, 감성돔뿐만 아니라 여러 가지 어종이 같이 낚여 항시 낚시객들로 붐비는 곳이다. 5~6m의 수심을 보이는 곳으로 수중여가 듬성듬성 깔려 있고 조류 또한 활발히 움직이는 곳이기 때문이다.

방파제를 조금만 벗어나면 대부분 모래바닥으로 원투 던질낚시 포인트가 따로 없을 정도로 활발히 이루어진다.

기타 참고사항

이곳 남부민동 방파제 외에도 송도 방면으로 길게 테트라포드가 연결되어 있어 많은 낚시인을 수용할 수 있는 이점이 있는가 하면, 방파제를 나오면 곧바로 시내와 연결되기 때문에 필요한 물품도 쉽게 구할 수 있어 편리하다. 인근에는 여러 곳의 낚시점이 있으며 편의점 · 마트 · 주유소 등도 쉽게 눈에 띈다. 바로 옆에는 공동어시장과 횟집촌이 널려 있어 저렴한 가격으로 회를 맛볼 수 있다.

046 부산 감천항 동 · 서방파제

●소재지 : 부산광역시 서구 암남동 704, 사하구 구평동 496
●길 이 : 동방파제 500m, 서방파제 685m

교통편 : 동방파제는 감천동과 충무동에서 진입한다. 충무동 뒷길(남부민동)을 따라 송도 방면으로 진행, 해안도로를 따라 송도해수욕장을 거쳐 혈청소와 안남공원 입구를 지나 진입한다. 서방파제는 감천화력발전소 앞 삼거리에서 구평동 방면으로 좌회전하여 한보철강-한진콘테이너 야적장-조선소를 통과하면 방파제 입구에 다다른다.

연락처(051) : 암남동 애경낚시(253-7189 · 입구낚시(253-3421) · 구평동 가고파낚시(265-1357) · 구평낚시(266-4524)

■낚시여건

부산이 국제적인 항구로 거듭나기 위해 조성된 감천항부두 바깥 양쪽으로 만들어진 방파제로 그 규모가 매머드 급이다. 수심과 조류가 원활하여 고급어종은 물론, 다양한 고기가 사철 낚여 주중에도 꾼들의 발길이 끊이지 않는 부산의 대표적인 방파제라 할 수 있다. 길이가 긴 서방파제가 수심이 깊은 편. 동방파제 역시 자갈과 수중여가 산재하여 고급어종 포인트가 많다. 두 곳 방파제 모두 난간이 설치돼 있어 안전하게 낚시를 즐길 수 있다.

■어종과 시즌

수온이 오르기 이전인 5월까지는 학공치 · 우럭 · 쥐노래미 · 도다리 · 보리멸 등이 손맛을 채워준다. 6월에 들어서면 산란 감성돔과 벵에돔이 동시에 출현하면서 전문꾼들의 발길이 잦아진다. 벵에돔은 초반 시즌보다 오히려 가을에 씨알이 굵고 마리수도 좋다. 감성돔은 동방파제 조황이 앞서는데 6~8월, 11월~2월경에 굵게 낚이며 6월과 한겨울에는 5짜 이상급 씨알도 흔하게 낚인다. 겨울철에는 밤낚시에 왕성한 입질을 보인다.

위치 : 〈위치도9〉 참조

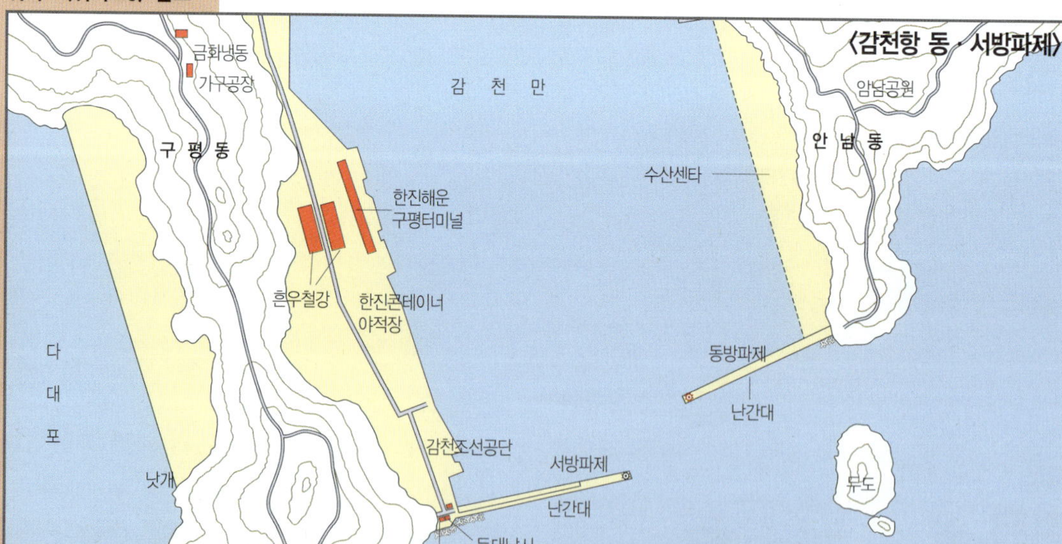

■장비와 채비 · 미끼

릴 찌낚시 반유동 채비면 감성돔과 벵에돔을 두루 겨냥할 수 있다. 벵에돔의 경우 단골꾼들은 '벽치기' 낚시를 시도하는데, 예민성 때문에 0.8~1호 막대찌를 주로 사용하며 채비를 석축에 바짝 붙여 흘려준다. 입질 수심은 8~10m 내외. 초여름에는 파래새우를, 그 외에는 홍갯지렁이를 많이 쓴다. 가지매기는 청갯지렁이가 좋으며, 30~40cm 씨알이 많아 1호 릴대에 1~2호 정도의 전자찌(구멍찌)를 주로 쓴다. 고등어 · 전갱이는 카드채비가 효과적이다.

■포인트 안내

서방파제의 경우 14~15m, 동방파제의 경우 12m 정도의 수심을 보인다. 감성돔의 경우 봄철에는 내만 쪽 얕은 경사진 곳(입질 수심 4~5m)에 머물다가 가을이면 바깥쪽 깊은 곳으로 이동을 한다.

동방파제는 연중 감성돔이 낚이는데, 특히 외항 쪽 100m 지점과 중간 지점, 그리고 등대 바깥쪽도 물밑에 수중여가 잘 형성되어 있어 좋은 포인트가 된다. 벵에돔은 외항 쪽 전역에서 입질을 받을 수 있고, 잡어는 조류 흐름이 느린 내항 쪽과 등대가 있는 콧부리 쪽에서 입질이 잦다. 찬바람이 부는 겨울이 시작되면 서방파제 내항은 숭어 훌치기꾼들로 만원을 이루기도 한다.

■기타 참고사항

늦여름부터는 양쪽 방파제 전역에서 에깅으로 무늬오징어를 낚을 수 있다. 조류가 세차고 수심이 깊기 때문에 빨리 가라앉는 에기를 쓰는 것이 좋다. 3.5~4.0호 정도면 무난하다. 큰 씨알이 종종 낚이므로 갸프나 뜰채는 필수다.

■인근 명소

동방파제 인근에는 바다가 한눈에 내려다보이는 해안도로와 혈청소 · 안남공원 그리고 송도해수욕장이 자리 잡고 있으며 다양한 횟거리도 풍부하다. 방파제를 나와 서쪽으로 달리면 철새도래지인 을숙도와 낙동강 하구둑 등이 볼거리를 제공한다.

047 부산 다대포방파제

●소재지 : 부산광역시 사하구 다대동 411-25 인근
●길　이 : 560m

교통편 : 남해고속도로에서 진입할 경우 낙동대교를 지나자마자 우회전, 낙동강변을 따라 남쪽으로 계속 진행하면 다대포해수욕장에 이른다. 부산역을 기점으로 할 때는 남포동과 서대신동 대치터널을 거쳐 괴정동을 지나 다대포 이정표를 보고 좌회전하면 다대포로 향한다.

연락처(051) : 다대동 대흥낚시(264-5438) · 다대낚시(261-2461) · 마린피싱(7155-2024) · 신난희피싱(262-5466)

■낚시여건

형제섬 · 나무섬 · 모자섬 · 쥐섬 등 부산의 대표적인 갯바위낚시터로 향하는 길목이다. 다대포방파제의 우측은 간조 때 바닥을 드러내는 개펄 지대로 수심이 너무 얕아 낚시터로 부적합하다. 좌측 배 대는 곳과 방파제 끝부분의 'ㄱ' 자로 꺾이는 돌섬 주변이 좋은 포인트 구실을 한다. 돌섬 주변은 수중여가 산재하며, 조금만 멀어지면 모래밭으로 던질낚시 포인트로 좋다. 이곳의 특징은 주로 바닥에서 서식하는 어종이 주류를 이뤄 잔재미가 없는 게 흠이다.

■어종과 시즌

6월 이전에는 도다리 · 보리멸 · 노래미 · 망상어 등이 주종으로, 거의 던질낚시가 주류를 이루다가 6월 하순경부터 벵에돔이 붙기 시작한다. 초반기에는 20~25cm급이 낚이다가 8월에 들어서면 평균 씨알이 굵어지는데 이때 마리수도 제법 쏠쏠해진다. 8월 말경, 벵에돔이 끝날 무렵에 맞춰 살감성돔이 들어서며 11월 말까지 시즌이 이어진다. 씨

위치 : 〈위치도9〉 참조

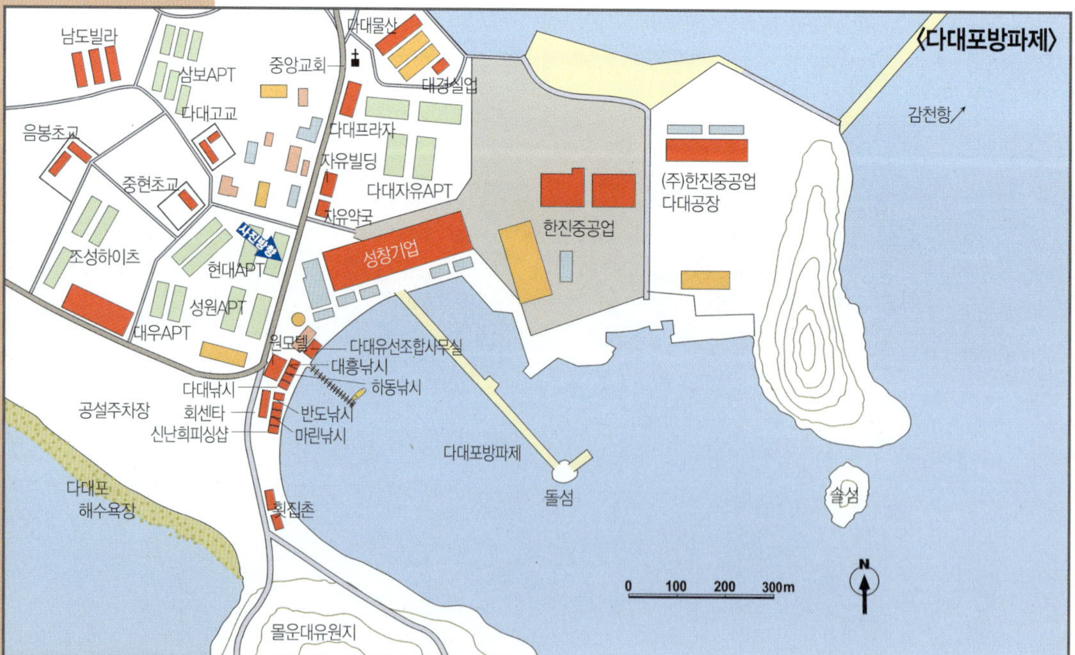

알은 25~30cm급이 대부분. 10월 추석 무렵을 전후해서 피크 시즌을 맞는다.

■장비와 채비 · 미끼

벵에돔은 장소에 따라 민낚싯대와 릴 찌낚시를 병행해 볼만하며, 감성돔의 경우 릴 찌낚시가 기본이다. 씨알이 크지 않아 0~0.6호의 연질 낚싯대를 사용하면 짜릿한 손맛을 볼 수 있는데, 조류도 세지 않아 2B~3B의 저부력 구멍찌에다 부피가 큰 수중찌를 채워 흘림낚시를 구사하기에 알맞다. 벵에돔은 제로찌나 B~2B 구멍찌를 이용한 전유동낚시를 구사하는 것이 효과적이다. 이곳은 낚시를 성가시게 만드는 잡어가 많지 않아 벵에돔은 굳이 홍갯지렁이가 필요치 않다. 감성돔낚시와 함께 크릴만 준비하면 충분하다. 그 외 잡어류는 바늘이 3개 달린 묶음추 채비에다 청갯지렁이 미끼만 준비하면 웬만큼 대응할 수 있다.

■포인트 안내

이 방파제는 테트라포드가 없는 석축으로 이루어져 있다. 큰 파도 역시 없어 안전하고 편하게 낚시할 수 있는 곳이다. 방파제 끝 돌섬 주변이 일급 포인트로 제일 깊은 곳이라 해봐야 7~8m권. 감성돔의 경우 5~6m 수심층을 집중 공략하면 된다. 돌섬 주변은 갯바위에 수중여가 발달되어 있어 릴 찌낚시가 유리한 반면, 방파제 맨 끝 지점은 던질낚시 포인트이다. 감성돔의 경우 돌섬 바깥쪽 수중여를 찾아 공략해야 승산이 높은데, 돌섬 좌측 내항도 기대를 해볼만하다. 방파제에서 조금만 벗어나면 사니질대로 감성돔이나 벵에돔 입질을 기대하기 어렵기 때문에 전방 10m 안쪽을 공략해야 한다. 배를 대는 방파제 좌측 연안에서는 벵에돔이 발밑까지 접근하기 때문에 민장대가 한결 유리하다.

■기타 참고사항

다대포항은 갯바위로 향하는 낚시전진기지로서 여러 곳의 낚시점이 있어 낚시용품과 미끼를 구하기 쉽고, 회센타와 여관 · 편의점 등이 밀집되어 있어 숙식도 편하다. 또한 주변에는 몰운대 등 도보로 진입할 수 있는 갯바위 포인트도 산재해 있다.

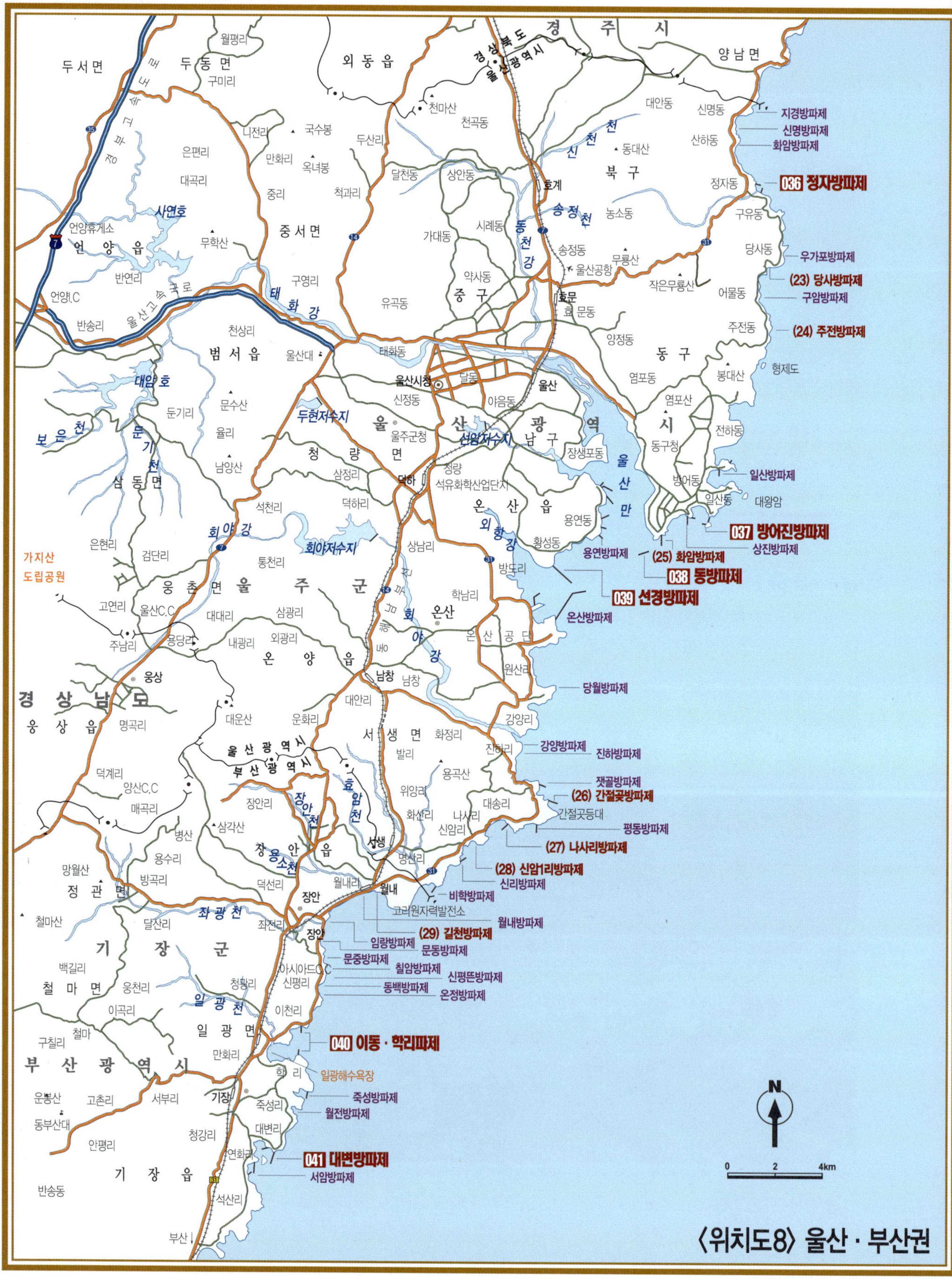
경주시
경상북도
울산광역시
양남면
두서면
두동면
외동읍
월평리
구미리
천마산
천곡동
대안동
신명동
지경방파제
신명방파제
화암방파제
나전리
국수봉
두산리
은편리
만화리
옥녀봉
동대산
산하동
신천천
대곡리
달천동
상안동
북구
정자동
036 정자방파제
중리
척과리
호계
사연호
송정천
농소동
구유동
언양휴게소
무학산
중서면
시례동
가대동
동천강
언양읍
송정동
무룡산
당사동
우가포방파제
반연리
울산공항
(23) 당사방파제
구영리
약사동
작은무룡산
어물동
구암방파제
언양I.C
울산고속국로
태화강
유곡동
중구
호문
효문동
반송리
천상리
양정동
주전동
(24) 주전방파제
범서읍
울산대
태화동
동구
대암호
울산시청
달동
울산
봉대산
형제도
문수산
염포동
신정동
야음동
염포산
둔기리
두현저수지
울주군청
울산광역시
보은천
선암저수지
남구
전하동
문기천
율리
청량면
장생포동
동구청
울산만
남양산
삼정리
덕하
청량
석유화학산업단지
일산방파제
방어동
삼동면
일산동
대왕암
석천리
덕하리
온산읍
회야강
외황강
용연동
037 방어진방파제
은현리
회야저수지
상남리
황성동
상진방파제
가지산 도립공원
검단리
통천리
용연방파제
(25) 화암방파제
방도리
038 동방파제
웅촌면
울주군
039 선경방파제
고연리
학남리
울산C.C
대대리
삼광리
회야강
온산방파제
주남리
외광리
온산공단
용당리
내광리
온양읍
원산리
웅상
남창
당월방파제
경상남도
대안리
대운산
운화리
웅상읍
명곡리
강양리
서생면
화정리
진하리
강양방파제
진하방파제
울산광역시
부산광역시
발리
덕계리
양산C.C
용곡산
잿골방파제
(26) 간절곶방파제
효암천
위양리
대송리
매곡리
장안리
장안천
간절곶등대
화산리
나사리
평동방파제
삼각산
신암리
병산
(27) 나사리방파제
장안읍
서생
용소천
용수리
명산리
(28) 신암리방파제
망월산
덕선리
신리방파제
월내리
정관면
방곡리
월내
비학방파제
장안
좌광천
고리원자력발전소
철마산
달산리
좌천리
월내방파제
장안
(29) 길천방파제
임랑방파제
문동방파제
기장군
문중방파제
백길리
칠암방파제
아시아드C.C
신평뜬방파제
철마면
웅천리
청광리
신평리
동백방파제
온정방파제
일광천
이곡리
이천리
일광면
040 이동·학리파제
철마
구칠리
만화리
부산광역시
학리
일광해수욕장
운봉산
고촌리
서부리
기장
죽성방파제
죽성리
월전방파제
동부산대
대변리
청강리
안평리
041 대변방파제
연화리
서암방파제
기장읍
반송동
석산리
부산
N
0
2
4km

〈위치도8〉 울산 · 부산권

〈위치도9〉 부산권

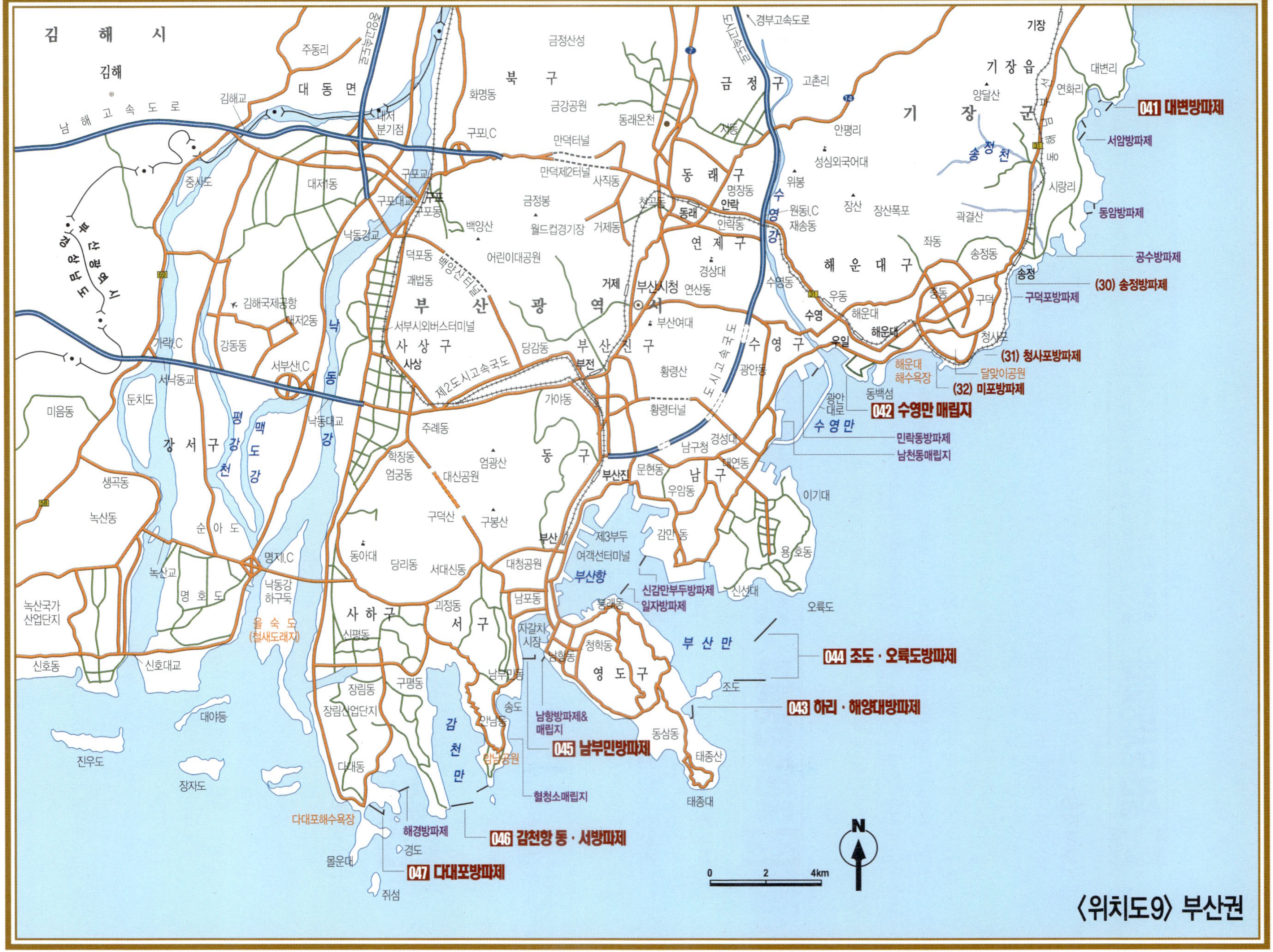
041 대변방파제
서암방파제
동암방파제
공수방파제
(30) 송정방파제
구덕포방파제
(31) 청사포방파제
달맞이공원
(32) 미포방파제
해운대 해수욕장
042 수영만 매립지
민락동방파제
남천동매립지
044 조도 · 오륙도방파제
043 하리 · 해양대방파제
신감만부두방파제
일자방파제
남항방파제& 매립지
045 남부민방파제
혈청소매립지
046 감천항 동 · 서방파제
해경방파제
047 다대포방파제
다대포해수욕장
김 해 시
김해
대 동 면
북 구
금 정 구
기 장 군
기 장 읍
기장
해 운 대 구
동 래 구
연 제 구
수 영 구
부 산 진 구
부 산 광 역 시
사 상 구
강 서 구
동 구
남 구
서 구
사 하 구
영 도 구
부산시청
부산항
부 산 만
수 영 만
감 천 만
낙 동 강
평 강 천
맥 도 강
수 영 강
송 정 천
을 숙 도 (철새도래지)
남 해 고 속 도 로
경부고속도로
도시고속도로
부 산 광 역 시
경 상 남 도
0 2 4km
N

23 울산 당사방파제

●소재지 : 울산광역시 북구 당사동 378-3
●길 이 : 큰 방파제 약 170m, 뜬 방파제 약 140m

낚시개황 : 울산 주전동과 정자동 사이에 위치한 당사마을 앞 방파제다. 이전에는 잡어낚시터로 취급됐지만, 2005년부터 진행된 보강공사가 완료된 이후부터는 새로운 낚시터로 거듭났다. 짧은 방파제는 이미 오래 전 없어졌고 'ㄱ'자로 꺾인 긴 방파제에서 다양한 어종이 낚인다. 구부러진 곳부터 방파제 콧부리 외항 쪽이 인기 포인트로 2~4m 수심을 보이며, 산재한 간출여와 수중여가 고기들의 좋은 서식 여건을 제공한다. 찌낚시에는 학공치 · 숭어 · 고등어 · 전갱이 · 가지매기가, 원투 던질낚시에는 도다리 · 노래미가 잘 낚인다.

위치 : 〈위치도8〉 참조

교통편 : 울산시내에서는 동구 염포동→남목동→주전고개→주전해수욕장→당사에 이르며, 경주에서는 31번 해안도로를 이용, 정자해수욕장→구유를 지나면 곧 당사에 이른다.

연락처(052) : 당사동 당사피싱(293-4766) · 활주로피싱(291-0564) · 주전동 주전낚시마트(252-0160)

24 울산 주전방파제

●소재지 : 울산광역시 동구 주전동 94-13 외
●길 이 : 큰 방파제 약 180m, 작은 방파제 약 50m

낚시개황 : 주전 마을을 에워싸고 있어 어선들의 피항처 역할을 한다. 울산시내와 가까이 있어 주말이면 제법 많은 사람들이 찾기도 한다. 우측의 짧은 방파제는 수심이 얕아 잡어낚시터 역할을 하지만 좌측의 긴 방파제 중간 지점부터 끝 부분까지는 3~5m 정도로 수심이 제법 나오고, 수중여 또한 발달돼 있어 인기 포인트로 꼽힌다. 6월~11월 사이에는 20~25cm급 벵에돔이 제법 선보이며, 추석 이후부터 한 겨울 사이에는 다문다문 굵은 감성돔이 낚이기도 한다. 이때는 입맛을 돋우는 학공치가 손님고기로 잘 낚여 가족을 동반한 꾼들이 줄을 잇는다.

위치 : 〈위치도8〉 참조

교통편 : 울산시내에서는 동구 염포동→남목동→주전고개→주전해수욕장에 다다르고, 경주에서는 31번 해안도로를 이용, 정자해수욕장→구유→당사를 지나면 주전동에 이른다.

연락처(052) : 주전동 주전낚시마트(252-0160) · 동부동 수궁레저(252-1805)

25 울산 화암(꽃바위)방파제

●소재지 : 울산광역시 동구 방어동 958
●길 이 : 방파제 1,400m

낚시개황 : 울산 방어진방파제 남쪽에 인접해 있는 화암방파제는 '꽃바위방파제' 라고도 불린다. 파도막이용 방파제와는 달리 현대중공업 야적장을 옹벽으로 둘러싸고 있는 형태다. 1.4km에 이르는 긴 구간으로 100여명은 너끈히 수용할 수 있으며, 방파제 끝에는 '화암추 등대' 가 볼거리를 제공한다. 자동차 진입이 가능하며 중간 중간에 옹벽을 받치고 있는 세 개의 사다리는 포인트로 향하는 길목. 평균 수심은 3~6m 정도. 씨알 굵은 감성돔과 벵에돔을 비롯한 농어 · 학공치 · 망상어 · 고등어 등이 철 따라 찾아들어 울산꾼들의 훌륭한 동네 낚시터 역할을 하는 곳이다.

위치 : 〈위치도8〉 참조

교통편 : 방어진 버스종점(시외버스터미널)에서 서쪽으로 500m 정도 가면 방어진현대비치아파트. 이곳에서 200m쯤 더 진행하여 좌측 건너편 털보낚시를 보고 좌회전하여 진입하면 꽃바위방파제 입구에 다다른다.

연락처(052) : 방어동 방파제낚시(201-3727) · 고래낚시(234-8454) · 털보낚시(201-2727)

26 울산 간절곶방파제

●소재지 : 울산광역시 울주군 서생면 대송리 1-3
●길 이 : 약 170m

위치 : 〈위치도8〉 참조

낚시개황 : 동해안에서 일출을 제일 먼저 볼 수 있다는 울산의 관광명소 '간절곶' 이다. 마을 좌측에 길게 뻗은 방파제는 인근 갯바위와 함께 계절 따라 다양한 어종이 낚인다. 감성돔 · 벵에돔은 드문 편이지만 망상어 · 도다리 · 보리멸 · 가지매기 등 잡어는 잘 낚인다. 간혹 여름철(8~10월)이면 30~40cm급 참돔과 가지매기가 마릿수로 선보여 꾼들이 몰리기도 한다. 노래미 · 용치놀래기 · 도다리 · 보리멸 던질낚시는 나들이객들에게 좋고, 마을 앞 미역 · 다시마 어장 인근에서의 선상낚시(도다리 · 보리멸 · 농어 · 열기)도 인기. 밤낚시는 군부대에서의 통제로 불가능하다.

교통편 : 부산에서 갈 경우는 송정→기장→서생→대송리 순, 울산에서 갈 경우는 청량→온산→진하→대송리 순으로 진입하면 된다. 울산과 부산 시외버스터미널에서 직통버스를 이용해도 된다.

연락처(052) : 대송리 간절곶낚시(239-5836) · 등대낚시(239-5929) · 나사리 동부산낚시(239-8477)

27 울산 나사리방파제

●소재지 : 울산광역시 울주군 서생면 나사리 168-8
●길 이 : 약 270m

위치 : 〈위치도8〉 참조

낚시개황 : 나사리 마을 좌측에 일자로 길게 뻗은 방파제다. 주차장과 방파제 폭이 넓어 가족과 함께 찾기에도 좋다. 주어종은 벵에돔. 4월 초순부터 추석 전후까지 낚이며, 7~8월엔 25~35cm로 굵게 낚인다. 찬바람이 불면 감성돔이 낚이지만 매년 마리수가 떨어지는 편. 외항 150m 지점에서 방파제 콧부리까지 포인트로 5~7m 수심대를 보인다. 바닥은 모래와 돌이 섞여 있으며 군데군데 물속여가 형성되어 있다. 테트라포드가 투입된 곳이 일급 포인트. 외항 쪽에서 찌낚시를 하면 숭어 · 망상어 · 쥐노래미 · 학공치가, 내항 쪽 던질낚시엔 손바닥만한 우럭이 낚인다.

교통편 : 부산 방면에서 갈 경우는 송정→기장→장안→길천→서생→나사리 순, 울산 방면에선 상남→온양→ 진하→대송→나사리 순으로 진입한다.

연락처(052) : 나사리 동부산낚시(239-8477) · 대송리 간절곶낚시(239-5836) · 등대낚시(239-5929)

28 울산 신암1리방파제

●소재지 : 울산광역시 울주군 서생면 신암리 291-54 외
●길 이 : 큰 방파제 약 150m, 작은 방파제 약 50m

위치 : 〈위치도8〉 참조

낚시개황 : 신암1리에는 서생면사무소를 비롯한 많은 관공서가 있고, 여관 · 민박 · 식당 등 편의시설이 잘 갖춰져 있다. 마을 좌측으로는 작은 방파제가, 우측으로는 큰 방파제가 서로 마주보고 있다. 작은 방파제는 잡어 낚시터이고, 큰 방파제 외항 테트라포드 근처에서 벵에돔이 마리수 조황을 보인다. 입질 수심층은 5~6m. 그 외 손님고기로 학공치 · 도다리 · 보리멸 · 쥐노래미가 철따라 낚여 연중 낚시객들이 줄을 잇는다. 여름철 백사장 던질낚시에는 보리멸 · 도다리가 잘 낚이며, 비게살을 넣은 게망을 던져 놓으면 문어 · 게 · 낙지가 잘 잡힌다.

교통편 : 부산 방면에서는 14번 국도를 이용하여 장안까지 간 다음, 31번 국도로 바꿔탄 다음 임랑과 길천을 지나면 서생면 소재지에 이른다. 울산 방면에서는 온양과 진하, 나사리를 지나면 서생면 소재지에 이른다.

연락처(052) : 신암리 신암낚시(239-1031), 주양낚시(239-1711)

29 부산 기장 길천방파제

●소재지 : 부산 기장군 장안읍 길천리 188-50
●길 이 : 약 70m

낚시개황 : 부산시와 울산시 경계 지점에 위치한다. 한때 봄 시즌 감성돔 조과가 폭발하여 부산 꾼들의 발길이 대거 쏠린 적이 있다. 방파제 수심이 얕고 규모도 크지 않지만, 생각보다 많은 인원을 수용할 수 있다. 고리 원자력 발전소가 인접해 있어 한겨울에도 수온이 안정되어 있다는 게 장점이다. 감성돔(3월~5월) 외에도 벵에돔(5월~12월)이 마리수 조황을 보인다. 감성돔은 25~30cm급이 평균이며, 3월부터 4월 말까지가 피크. 한겨울 벵에돔은 낱마리지만 씨알이 좋다. 간혹 봄철에 70~80cm급 민어가 선보이며, 숭어 · 전어 · 학공치 등도 입맛을 돋운다.

위치 : 〈위치도8〉 참조

교통편 : 부산 방면에선 14번 도로를 이용, 송정과 기장을 지나 장안에서 31번 국도(해안도로)로 바꿔타고 우회전해 진입한 후 임랑을 지나면 길천에 이른다. 울산 방면에선 온산과 서생을 지나면 길천에 닿는다.

연락처(051) : 길천 강변낚시(727-5828)

30 부산 송정방파제

●소재지 : 부산광역시 해운대구 송정동 288-79 외
●길 이 : 큰 방파제 약 130m, 작은 방파제 약 70m

낚시개황 : 예부터 '세꼬시회'로 유명한 송정방파제는 물이 깨끗하고 발판이 위험하지 않아 가족나들이에 좋다. 고급어종은 드물지만 씨알 잔 벵에돔과 가지매기 · 고등어 · 전갱이 · 갈치 · 문절망둑 · 학공치 등이 봄부터 겨울까지 번갈아 입맛과 손맛을 선사한다. 봄철에는 굵은 망상어가 손맛을 안겨 주고, 가을철 릴 찌낚시로 고등어와 전갱이를 낚는 재미도 쏠쏠하다. 던질낚시에는 노래미가 반기며, 내항에서는 문절망둑(망둥어)이 낚여 나들이객들에게 인기다. 찬바람과 함께 선보이는 학공치와 갈치도 맛있는 횟거리를 제공한다. 인근 '송죽정'에서의 조망도 놓쳐선 안 된다.

위치 : 〈위치도9〉 참조

교통편 : 부산 해운대에서 31번 국도로 울산방면으로 향하면 송정터널을 지나자마자 제일 먼저 닿는 곳이 송정이다. 이곳에서 환상의 동해안 드라이브 코스가 시작되며 해운대와 대변항이 지척에 있다. 송정역이 있어 동해남부선을 이용해도 편리하다.

연락처(051) : 송정동 죽도낚시(703-9533) · 형제낚시마트(703-7266) · 매일낚시(704-1331) · 현대낚시(703-8220)

31 부산 청사포방파제

●소재지 : 부산광역시 해운대구 중동 591-17 외
●길 이 : 서방파제 약 190m, 동방파제 약 190m

낚시개황 : 부산 해운대 달맞이고개에 이웃해 있다. 기장과 함께 미역이 유명하며, 예부터 미터급 농어가 잘 낚여 매년 여름철이면 농어꾼들의 발길이 이어진다. 특히 장마철 비온 뒤에 찾으면 확률이 매우 높다. 감성돔과 벵에돔도 곧잘 낚이는데 수심이 얕고 물이 맑아 파도가 일어주는 날 외항에서 호조를 보인다. 감성돔은 10월 추석~이듬해 3월, 벵에돔은 5월~11월까지가 피크. 그 외 망상어 · 고등어 · 학공치 등도 잔 손맛과 입맛을 즐겁게 해준다. 또한 배낚시에는 볼락과 열기가 인기어종이며, 참돔 · 도다리 · 보리멸 · 부시리 · 삼치 등이 선보이기도 한다.

위치 : 〈위치도9〉 참조

교통편 : 부산 해운대해수욕장에서 송정 방면 아랫길로 진행한다. 달맞이 입구 언덕에서 만나는 삼거리에서 계속 직진(좌회전-송정방면, 우회전-달맞이길)하여 내리막길을 따라 내려가면 청사포 마을에 다다른다.

연락처(051) : 중동 청사포바다이야기(743-4165) · 낚시슈퍼(703-5153)

32 부산 해운대 미포방파제

●소재지 : 부산 해운대구 중동 1015-9
●길 이 : 약 100m

낚시개황 : 해운대해수욕장 우측 미포선착장 옆에 위치한다. 방파제 길이는 짧지만 벵에돔과 가지매기(농어새끼)로 쏠쏠한 재매를 볼 수 있는 곳이다. 5월 초순~11월까지가 벵에돔 시즌으로, 한 여름인 8월이 피크다. 물색이 맑아 잡어 성화가 심하므로 밤낚시를 해야 씨알도 굵게 낚인다. 날씨가 흐린 날, 높은 파도로 물색이 흐려지면 낮낚시도 기대된다. 굳이 주간낚시를 고집한다면 홍갯지렁이를 쓰거나 빨리 가라앉힐 수 있는 속공형 채비가 효과를 발휘한다. 여름밤에는 가지매기가 방파제 가까이까지 접근하기도 한다. 방파제 맨 끝 콧부리가 포인트.

위치 : 〈위치도9〉 참조

교통편 : 부산 해운대해수욕장 옆길을 따라 달맞이공원으로 진행하다 미포 이정표를 보고 우회전하여 진입한다. 즐비한 회센타를 따라 가면 미포방파제에 닿는다.

연락처(051) : 미포 원양낚시(742-4040), 미포낚시(743-6095)

한국의

名 방파제 100+100선

제2부

제4장 경상남도 편

048 거제 외포방파제

●소재지 : 경남 거제시 장목면 외포리 1216-2 외
●길 이 : 동방파제 200m, 서방파제 144m

교통편 : 통영 방면에서 진입할 경우는 신거제대교를 건너 14번국도로 사등 · 신현 · 연초를 지나 송정IC에서 거가대교 방향의 거가대로를 타고 북상하다가 외포교차로에서 빠지면 곧 삼거리가 나온다. 여기서 좌회전해 1km여 진행하면 외포항이다. 부산 방면에서는 거가대교를 건너 거가대로에서 외포교차로로 빠져나온 후 삼거리에서 좌회전해 1km만 북상하면 된다.

연락처(055) : 외포리 외포낚시(636-6345) · 죽토리 진주낚시(636-3986) · 신현읍 365일낚시(638-5000)

■낚시여건

'뚝배기보다 장맛' 이라고 했다. 이곳 외포방파제가 딱 그런 곳이다. 겉모양의 그저 그런 생김새에 비해 조과 면에서는 타의 추종을 불허하는 명낚시터이다. 입지조건을 보면 외포항 바깥에 자리 잡고 있어 다른 방파제에 비해 조류 소통이 원활하고 물밑의 수많은 수중여가 고기들의 서식처 역할을 해주고 있기 때문에 사철 다양한 어종이 끊이질 않는다. 마을에서 도보로 진입할 수 있다.

■어종과 시즌

외포방파제의 최고 어종은 감성돔과 벵에돔이다. 6월 장마 직전부터 시작되는 벵에돔은 이후 10월까지 소식을 이어간다. 낚이는 씨알은 25cm 전후이나 마리수 재미가 상당히 좋다. 감성돔은 마리수는 적지만 사철 낚인다. 특히 초겨울에는 50cm급 대물급도 곧잘 올라온다. 그 외에 한겨울에는 씨알 굵은 망상어가 손님고기로 인사를 하는데, 씨알이 굵기로 정평이 나 있다. 이밖에 봄철이면 테트라포드 사이에서 밤낚시에 씨알 잔 볼락

위치 : 〈위치도11〉 참조

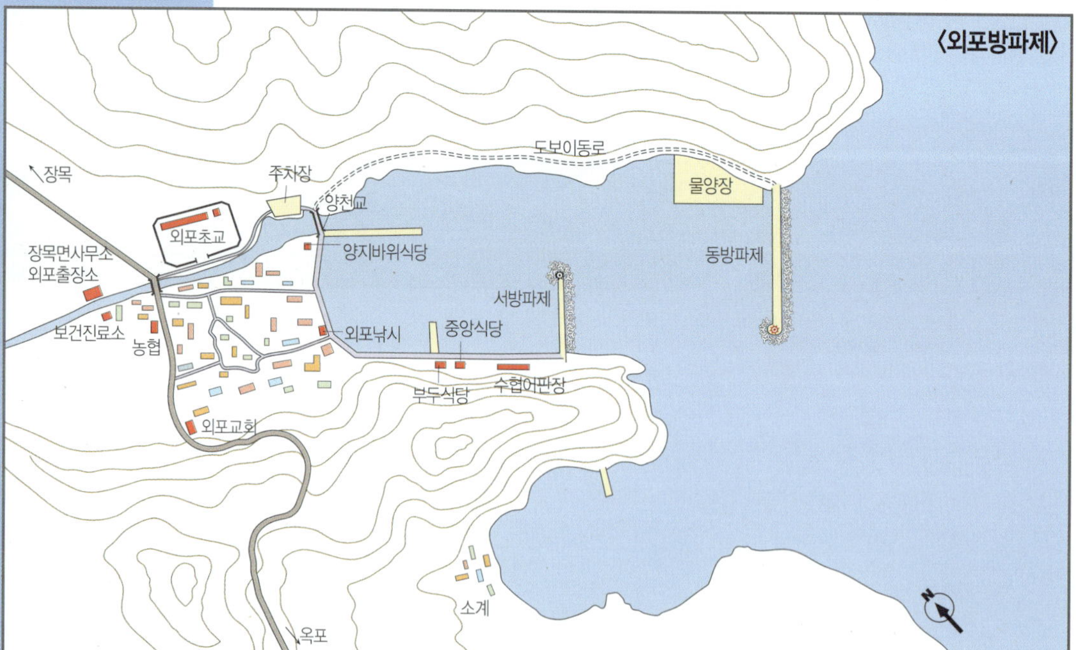

과 우럭이 올라오며, 주간 던질낚시엔 보리멸과 도다리가 올라온다.
다만 외항 쪽은 밑걸림이 상당히 심해 내항 쪽으로 원투하는 것이 좋다.

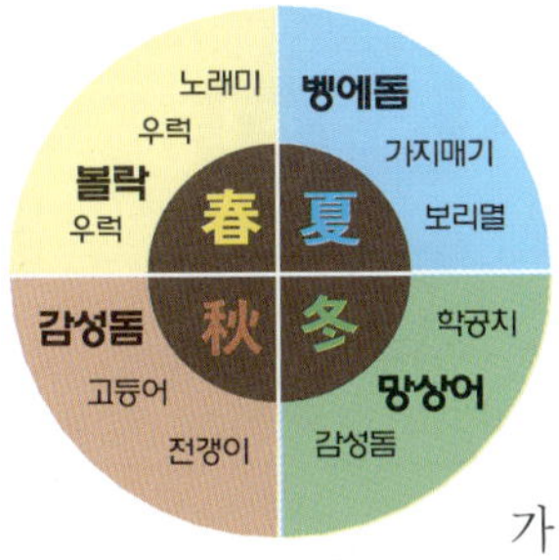

■장비와 채비 · 미끼

기본적으로 릴 찌낚시를 구사해야 하며, 볼락 · 우럭 · 망상어를 노릴 때는 민장대 맥낚시를 구사하는 것이 좋다. 물밑에 테트라포드가 많이 빠져 있어 '침' 을 놓고 마는 경우가 많이 생기므로 채비를 평소보다 한 단계 높여주는 것이 좋다. 미끼는 모두 크릴이 무난한데, 벵에돔의 경우 잡어가 많을 때는 홍갯지렁이가 잘 먹힌다. 물색이 맑은 거제권 낚시의 특성상 채비는 최대한 예민하게 쓰는 것이 바람직하다. 벵에돔을 노릴 때는 제로찌나 B구멍찌 전유동낚시를, 감성돔의 경우 0.6~0.8호 구멍찌 반유동낚시를 권한다.

■포인트 안내

감성돔이나 벵에돔을 노릴 경우는 철저하게 외항 쪽을 노려야한다. 가장 좋은 포인트는 등대에서 중간 지점까지. 감성돔 · 벵에돔 모두 아침 · 저녁에 입질이 집중되는데, 특히 벵에돔은 새벽 무렵, 감성돔은 해질 무렵에 굵은 씨알이 올라온다. 감성돔의 경우에는 전방 15m부근의 테트라포드와 수중여가 밀집된 곳을 집중 공략한다. 최고의 감성돔 포인트는 방파제 중간을 기점으로 입구 쪽 10m 외항 부근. 이곳 외포방파제에서 50cm급 대물 감성돔이 제일 많이 배출된 포인트는 전방 14m 지점의 수중여 근처이다. 조류가 입구 쪽에서 방파제 끝 부분으로 흐를 때 입질 확률이 가장 높다.

■인근 명소

북쪽으로는 흥남해수욕장이, 남쪽으로는 덕포해수욕장이 있다. 특히 450m 길이의 덕포해수욕장은 주변의 울창한 송림과 어울려 여름철에 한적한 피서를 즐기기에 더할 나위 없이 좋다. 주위에는 이순신장군의 옥포대첩을 기리는 기념탑과 기념관이 있어 이곳을 찾는 사람들에게 산 교육장이 되고 있다.

049 거제 느태 · 팔랑포방파제

●소재지 : 경남 거제시 능포동 7, 옥포동 7 인근
●길 이 : 느태방파제 985m, 팔랑포방파제 390m

교통편 : 거가대교로 거제도로 진입 후 거대대로를 따라 계속 직진하다가 송정IC로 나온다. 14번 국도로 옥포를 지나 장승포로 진입해 시외버스 터미널 못 미처에서 느태 쪽으로 좌회전하여 산길을 넘어가면 느태방파제 입구에 도착한다. 팔랑포방파제의 경우는 거가대로 덕포교차로로 빠져나와 옥포동 방면으로 우회전 후 약 1.5km 지점의 고갯마루 옥포대첩기념공원 입구에서 좌회전해 끝까지 진행하면 된다.

연락처(055) : 송정리 태조낚시(635-7444) · 옥포1동 피싱코리아(687-3444) · 옥포2동 덕포낚시(687-0523)

위치 : 〈위치도11〉 참조

낚시여건

대우조선이 자리 잡고 있는 거제도 옥포항의 파도막이 방파제로, 길이나 전체적인 규모면에서 최고를 자랑한다. 옥포 쪽 팔랑포와 장승포 쪽 느태에서 뻗어나간 두 개의 방파제가 불과 200m 거리를 두고 서로 마주보고 있는 형국인데, 따라서 두 곳 방파제의 낚시 여건 또한 서로 비슷한 양상을 보인다.

모든 낚시 대상어가 철따라 다양하게 선보임으로써 육로 진입 여건이 다소 불편한데도 불구하고, 현지꾼들은 물론 외지꾼들의 발길이 연중 끊이질 않는다.

어종과 시즌

'없는 고기가 없다' 라고 할 정도로 다양한 어종이 찾아든다. 감성돔은 연중 낚이며, 초봄이면 볼락 · 학공치를 서두로 하여 여름이 다가오면 농어 · 벵에돔과 함께 상사리 · 잿방어 등이 손님고기로 찾아든다. 가을이면 본격적인 감성돔낚시로 전환되지만 벵에돔 조과도 여전하며, 갈치 · 고등어 · 전갱이낚시까지 성시를 이룬다. 1월이 가까워지면 대

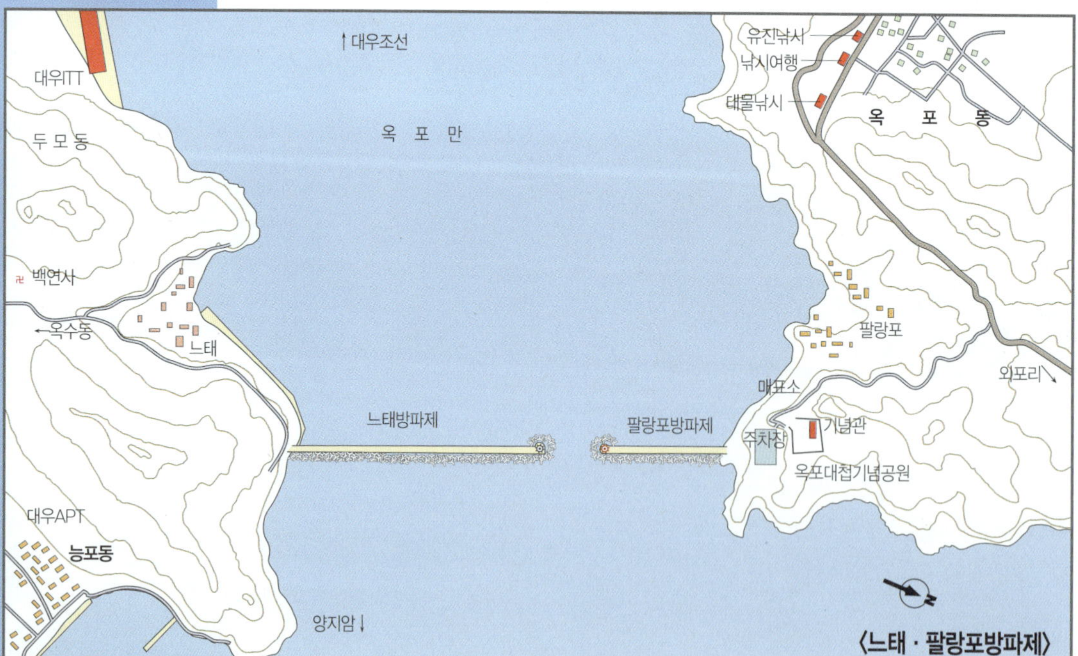

〈느태 · 팔랑포방파제〉

형급 붙박이 감성돔을 노리는 외에 학공치도 횟감으로 곁들여 노린다.

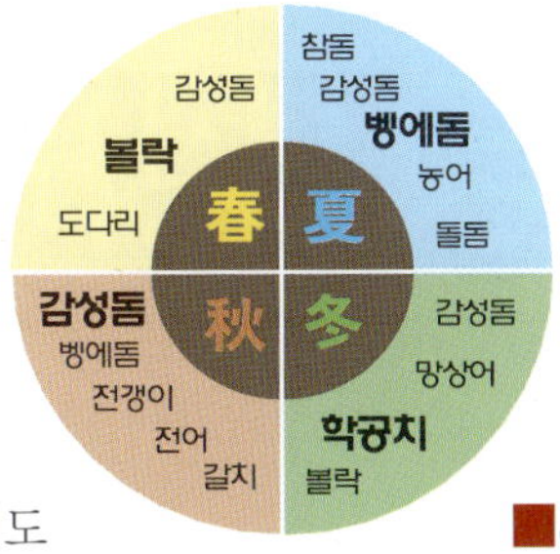

■장비와 채비 · 미끼

민장대낚시와 릴 찌낚시가 두루 시도되는데, 연중 숭어가 회유하는 곳이어서 훌치기꾼들의 갈고리바늘을 단 원투용 릴대도 자주 눈에 띄는 장비 중의 하나다. 감성돔을 낚는 데는 1호 릴대가 주종을 이루며, 방파제의 특성상 예민한 입질을 잡아내는 막대찌가 많이 사용된다. 봄철 벵에돔낚시를 할 때는 3~3.5칸 민낚싯대에 학공치용 찌를 달아 테트라포드 사이를 노리고, 여름철로 접어들면 릴 찌낚시를 구사하는 것이 좋다.

■포인트 안내

벵에돔은 두 방파제 내 · 외항 전역에서 낚을 수 있다. 씨알은 느태, 마리수는 팔랑포방파제가 우세. 감성돔의 경우 가장 유력한 곳은 방파제 끝자락 등대 쪽에서 10m 정도 들어 온 외항 쪽이 좋으며, 수중여가 산재한 팔랑포방파제 입구부터 약 50m 지점까지의 내 · 외항도 인기 포인트다. 씨알은 35~40cm가 주류. 한겨울에는 50cm급도 종종 출몰한다.

■기타 참고사항

팔랑포방파제의 경우 2004년부터 시작된 방파제 지대를 높이는 보강 공사가 완료되어 꾼들의 출입이 한결 쉬워졌다. 또한 팔랑포방파제는 옥포대첩 기념관을 통해서 진입해야 하기 때문에 1,000원의 입장료를 징수하는데, 낚시하러 온 것을 분명히 밝혀야 입장료를 물지 않는다.

■인근 명소

팔랑포방파제 입구에 위치한 옥포대첩 기념관은 아이들에게 산 교육장이자, 산책로가 있어 연인들의 데이트 코스로도 일품이다.

050 거제 능포방파제

●소재지 : 경남 거제시 능포동 31-5 외
●길　이 : 동방파제 420m, 서방파제 180m

교통편 : 통영 방면에서는 신거제대교를 건너 14번국도 사곡삼거리 지나 장평고개에 이르러 왼쪽 고현 방면으로 향하지 말고 오른쪽 새 도로를 타고 옥포까지 곧장 진행한다. 이후 장승포 방향으로 직진하다가 두모고개(두모로터리)에서 왼쪽 능포 방향으로 진입하면 된다. 거가대교를 이용하는 경우는 거대대로 송정IC로 나와 14번 국도로 장승포 방면의 옥포를 지나면 곧 두모고개(두모로터리)에 이른다.

연락처(055) : 능포동 나이스낚시(681-9565)·등대낚시(681-7244)·낚시전성시대(681-3390)·가이드낚시(682-4774)

위치 : 〈위치도11〉 참조

■낚시여건

이웃한 대규모의 느태방파제 때문에 낚시꾼들의 출입이 적을 것 같지만 알고 보면 나름대로의 매력이 있어 단골꾼들의 발길이 끊이지 않는 곳이다. 수심이 깊어 유달리 짙푸른 물색이 찾는 이들로 하여금 그 매력에 빠져들게 하는데, 봄철과 초겨울에 쏟아내는 대물 감성돔이야말로 어느 곳에서도 찾아볼 수 없는 이곳의 매력이다. 동방파제 입구엔 가볍게 끼니를 해결할 수 있는 매점이 있고, 인근의 중화요리집에서 식사 배달마저 원활해 편리한 낚시를 즐길 수 있다.

■어종과 시즌

연중 낚시가 이뤄지지만 가장 빛을 발하는 시기는 늦봄과 초겨울이다. 감성돔이 가장 활발한 시기인 데다가 대물급 씨알이 터져 화제를 불러일으키기 때문이다. 벵에돔의 경우엔 4월경부터 시작하여 가을까지 이어진다. 낚이는 씨알은 20~25cm급 전후지만 마리수 재미가 좋아 전문꾼과 초심자 만족감을 안겨준다. 그리고 초겨울로 돌아서면 밤낚

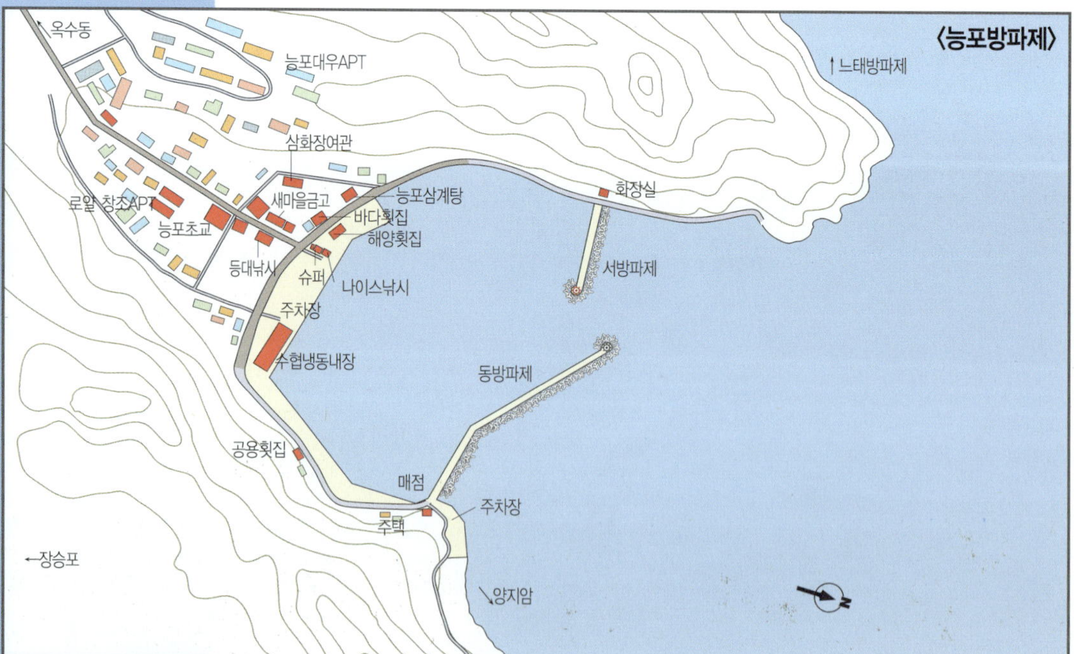

시에 선보이는 볼락 씨알이 굵고, 낮낚시에 올라오는 망상어 씨알 또한 굵어 꾼들이 줄을 잇는다.

■장비와 채비 · 미끼

주 대상어종이 감성돔과 벵에돔이므로 릴찌낚 채비가 기본이다. 하지만 볼락이나 망상어 · 우럭 등을 낚고자 할 때는 민낚싯대가 손맛이 더욱 좋고 마리수 확보에도 유리하다. 포인트가 다소 멀다보니 4칸(7.2m) 대 이상을 준비해야 한다. 미끼는 벵에돔의 경우 홍갯지렁이나 크릴이 좋으며, 감성돔은 크릴을 보편적으로 많이 쓴다. 이곳은 평균 수심이 깊은 관계로 밑밥을 사용할 때 비중을 무겁게 해주는 게 효과적이다. 단, 벵에돔의 경우는 잘게 썬 크릴에 빵가루나 비중이 가벼운 집어제를 섞어주는 게 좋다. 물색이 맑은 특성상 예민한 채비가 필수다.

■포인트 안내

방파제가 길고 급격한 수심을 보이는 특성상 방파제 끝부분까지 다리품을 팔지 않아도 감성돔이나 벵에돔을 낚을 수 있는 곳이 많다. 큰 방파제(동방파제) 꺾어지는 지점은 대물 감성돔 포인트로 정평이 나 있으며, 작은 방파제 중간 지점 및 그 안쪽을 노려도 감성돔의 확률이 높다.

채비는 거의 바닥까지 내려줘야 입질을 받을 수 있다. 띄워 낚는 벵에돔의 경우는 전역에서 고루 입질을 받지만 큰 방파제 꺾어지기 전 외항 쪽과 맨 끝 지점의 내항 쪽이 가장 인기다.

■인근 명소

인근의 명소를 따로 찾을 필요가 없을 만큼 능포 일대는 그 경관이 빼어난 곳이다.

방파제 양 옆으로 위치한 광대바위나 양지암 등이 절경을 자아내고, 능포항에선 싱싱한 물회를 실비로 즐길 수 있다.

인근 장승포에서 유람선을 이용하면 해금강의 비경을 감상할 수 있고, 외도해상공원도 볼거리를 제공한다. 또한 구조라방면으로 향하는 해안도로 또한 최고의 드라이브 코스로 알려져 있다.

051

거제 장승포방파제

●소재지 : 경남 거제시 장승포동 549-4 외
●길　이 : 서방파제 150m, 동방파제 90m

교통편 : 14번 국도로 거제대교를 지나 신현→옥포→두모, 두모 삼거리 신호등에서 11시 방면으로 진입하면 장승포항이다. 부산↔장승포간 여객선을 이용하면 곧장 현장이다. 45분 소요, 하루 7회 운항.

연락처(055) : 현지 장승포낚시(681-3636), 부산낚시(681-6086), 혜성낚시(682-2600), 다도낚시(682-4677), 장승포여객선터미널(681-3106), 장승포시외버스터미널(681-1002).

■낚시여건

거제도 제1의 관문으로 부산과 거제도 간 쾌속선이 닿던 곳이나 거가대 개통 이후 연안 여객선만이 오간다. 방파제 길이에 비해 폭이 넓은 편이어서 산책하는 기분으로 낚시를 할 수 있으며, 연중 다양한 어종이 접근해 항시 낚시객들로 붐빈다. 바다를 바라 볼 때 왼쪽이 1구, 오른쪽이 5구방파제라 불린다. 방파제의 규모나 낚시 여건은 거의 비슷하지만 5구 방파제 쪽 중간 부분에서의 조과가 앞서는 편이다. 전체적으로 조류의 흐름이 강하지 않아 물 흐름이 없는 조금 물때는 가급적 피해야 한다.

■어종과 시즌

이른 봄 3월부터 학공치를 시작으로 시즌이 형성되며 5월부터는 벵에돔이 비친다. 6월 말 장마 직전에는 숭어가 미끼에 달려드는데, 이 시기에는 청갯지렁이 · 홍갯지렁이 · 크릴 할 것 없이 닥치는 대로 물고 늘어진다. 원투 던질낚시의 경우에는 도다리 · 노래미 · 보리멸 등도 올라온다. 8월을 넘기면 갈치가 출현하며 야간낚시가 성행을 하고, 손

위치 : 〈위치도11〉 참조

바닥 크기의 살감성돔과 참돔도 간간히 선을 보이기 시작한다. 감성돔은 연중 낚이지만 본격적인 시즌은 10월을 기점으로 한다. 그러나 시즌에 관계없이 감성돔 조황은 전체적으로 마리 수가 많지 않은 편이다. 11월 말에 들어서면 학공치가 주 대상어종이 된다.

■장비와 채비 · 미끼

1호 릴낚싯대를 이용한 찌낚시가 기본이며, 벵에돔낚시는 민장대를 이용하여 테트라포드 주변을 공략해도 쏠쏠한 손맛을 볼 수 있다. 찌낚시 채비는 3B 정도의 저부력 막대찌를 사용하여 테트라포드 앞쪽에 바짝 붙이는 게 요령. 봄철에는 5호대를 이용한 숭어 꽃낚시와 훌치기가 병행되는데, 본격적으로 미끼를 물기 전에는 훌치기꾼들이 많아지므로 각별한 주의가 요망된다. 벵에돔 미끼로는 홍갯지렁이와 크릴이 많이 쓰인다.

■포인트 안내

주의보 때는 내항에서도 조황이 이루어지지만 평상시에는 바깥쪽 테트라포드 근처를 공략하는 것이 좋다. 조류의 흐름이 강하지 않기 때문에 방파제 끝 부분을 중심으로 포인트가 형성되며, 외항 쪽의 경우는 사리 물때에 등대 쪽부터 방파제 중간 지점까지, 내항의 경우는 등대 쪽 바로 돌아선 지점까지가 포인트가 된다.

■기타 참고사항

방파제 위치가 도심에 면해 있으므로 각종 숙박시설과 식당 등이 즐비하다. 또한 항만 주변에 대여섯 개의 낚시점이 성업 중이므로 소품과 미끼 구입도 편리하다.

■인근 명소

육로로는 해안도로를 따라 도는 드라이브 코스가 일품이며, 해양로는 장승포유람선 선착장에서 유람선을 이용하면 '서이말-외도해상국립공원-해금강'에 이르는 거제 동부 해안의 절경을 감상할 수 있다.

052 거제 지세포방파제

●소재지 : 경남 거제시 일운면 지세포리 275-1 외
●길　이 : 서방파제 460m, 일자방파제 450m

교통편 : 거가대교 방면의 경우 거가대로 송정IC로 나와 옥포·장승포를 거쳐 14번국도 지세포·구조라 방면으로 남하한다. 일운면 소재지에 이르러 좌회전하면 지세포항이다. 해변길을 따라 오른쪽(동쪽) 끝까지 진입하면 된다. 신거제대교 방면의 경우는 사곡삼거리를 지나 약 2.5km 지점의 장평고개에서 오른쪽 새도로를 타고 옥포까지 직진해 장승포를 지나 지세포 방향으로 남하하면 된다.

연락처(055) : 지세포 거제 바다낚시(682-2314), 서울낚시(682-3200), 우리낚시(681-8289)

위치 : 〈위치도11〉 참조

■낚시여건

총 3차례에 걸친 확장 공사 끝에 완공된 중형급 방파제로, 이전부터 조류의 소통이 좋고 수중여가 잘 발달해 있어 거제의 1급 방파제 낚시터로 손꼽히는 곳이다. 단, 방파제 입구까지 차량 출입이 곤란해 5분 이상 걸어야 하는 불편이 다소 따르지만 진입로는 완만한 편이다. 장승포 아래쪽 인근에 위치해 있으며, 거제 동부권의 여타 방파제와 마찬가지로 깊은 수심과 짙은 물색이 특징이다.

■어종과 시즌

방파제 전역에서 감성돔과 벵에돔을 비롯한 학공치·망상어·볼락·노래미·고등어·전갱이 등 다양한 어종이 낚이는 천혜의 낚시터로, 봄철에는 굵은 학공치가 득세하며 장마철에는 벵에돔이 마릿수로 낚여 전성기를 구가한다. 한 여름철에는 고등어·전갱이 무리가 가세함으로써 초심자들까지 합세하여 북새통을 이룬다. 가을에는 감성돔이 본격 시즌을 맞는데, 아침·저녁으로는 감성돔을 노리고, 새로이 출현하는 학공치를 노

려 낮낚시를 하면 마리수 조과를 누릴 수 있다. 그 외에 바닥층을 공략하면 우럭과 쥐노래미를 비롯한 망상어·볼락 등이 낚이며 겨울 시즌까지 입질이 이어진다.

■장비와 채비·미끼

감성돔과 벵에돔은 릴 찌낚시가 기본이며 잡어가 많을 때는 민물새우 미끼가 효과적이다.

우럭·노래미 등은 원투낚시와 민낚싯대로 공략이 가능하며, 바닥고기인 감성돔을 노릴 때는 비중을 무겁게 하고, 수면 상층에 떠다니는 학공치를 노릴 때는 잘게 썬 크릴에 비중이 가벼운 집어제를 섞어 흩뿌려주는 것이 효과적이다.

■포인트 안내

살짝 꺾인 부분 안쪽에서도 낚시가 이뤄지지만 거의 바깥쪽에서 입질 확률이 높다. 방파제 입구를 제외하고는 무난한 조과를 보인다. 파도가 너무 높거나 바람이 심할 때는 내항 쪽도 좋은 조황을 보인다. 미끼는 거의 바닥까지 내려줘야 입질을 기대할 수 있다. 특히 방파제 끝 등대 아래는 수심이 좋고 조류가 원활해 대물도 노려볼 수 있는 곳.

선창부락 앞 작은 방파제는 잡어 포인트. 자동차가 진입할 수 있는 곳이어서 초심자들이 찾기에 알맞다.

■기타 참고사항

내만의 뜬방파제(일자방파제)는 예전에 벵에돔 포인트로 각광을 받았지만 현재는 낚시 금지구역으로 출입이 불가능하다.

■인근 명소

장승포에서 지세포로 이어지는 해안도로는 일부러 드라이브 삼아 찾는 차량이 많을 만큼 주변 경관이 뛰어나다. 또한 주변에는 펜션은 물론 민박집 등이 산재해 장박을 하는데도 불편함이 없다. 문화재로 지정된 지세포리의 기반식 지석묘와 유람선을 이용한 해금강 관광도 놓칠 수 없는 볼거리.

053 거제 구조라방파제

● 소재지 : 경남 거제시 일운면 구조라리 191-2
● 길 이 : 약 350m

교통편 : 거가대교로 거제도 진입 후 송정IC로 나와 옥포 · 장승포를 거쳐 14번 국도로 구조라 · 해금강 방면으로 남하한다. 지세포를 지나 와현고개를 넘으면 구조라항이 내려다 보인다. 왼쪽 구조라항으로 진입해 끝까지 진행하면 방파제이다. 통영 방면에서는 신거제대교 → 14번 국도로 성포와 사곡삼거리를 지나 장평고개에서 오른쪽 새 도로를 타고 곧장 옥포까지 진행한다. 이후 장승포를 지나 구조라 · 해금강 방면으로 남하하면 된다.

연락처(055) : 구조라 대구낚시(681-5779), 포세이돈낚시(681-9779)

위치 : 〈위치도11〉 참조

■낚시여건

내 · 외항 모두 석축으로 만들어져 있고, 바닥층은 특별한 여밭이 없지만 조류의 흐름이 좋기 때문에 구조물들이 물고기 집 역할을 한다. 연중 벵에돔 조황이 좋으며 마을을 가로질러 방파제 입구까지 차량 진입이 가능해 현지꾼들을 비롯한 관광객들이 많이 찾는다. 봄철에는 종종 항내 물양장 석축까지 학공치가 몰려드는데, 어른아이 할 것 없이 몰려들어 마치 축제 분위기를 연출한다. 마을 뒤쪽의 구조라해수욕장은 연간 50만 명 이상의 피서객들이 찾는다.

■어종과 시즌

바닥이 대부분 사니질대로 이루어져 원투낚시 어종이 많다. 봄부터 보리멸과 중치급 도다리가 잘 낚이고, 여름부터 가을까지는 우럭과 쏨뱅이 · 쥐노래미가 입질을 하는데, 가을철엔 5짜에 이르는 대형 넙치가 미끼를 덮치기도 한다. 4월부터 12월까지 벵에돔낚시가 오래 지속되며, 9월부터 이듬해 3월까지는 감성돔이 출현하며 전문꾼들이 드나든다.

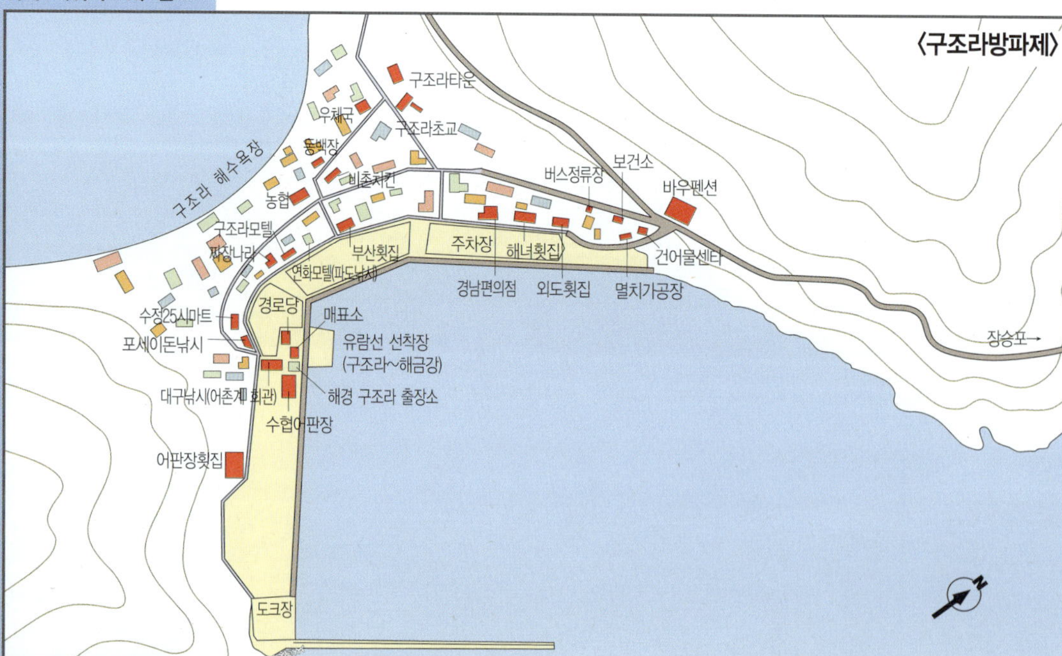

봄철에는 학공치가 나타나 마릿수 조황을 보이기도 한다.

■장비와 채비 · 미끼

원투낚시의 경우 바다 릴낚싯대(3.6m~4.5m) 3호 정도면 적당하다. 그 외 감성돔 · 벵에돔 등은 릴 찌낚시가 일반적인데, 낚싯대는 1호 전후의 5.3m짜리가 효과적이다. 원투낚시에서의 미끼는 청갯지렁이나 참갯지렁이가 주효하며, 릴 찌낚시는 크릴을 주로 사용하지만 봄철 수온이 낮은 계절에는 홍갯지렁이가 잘 먹힌다.

■포인트 안내

방파제 입구는 안팎으로 조류의 흐름이 약하고 수심이 얕아 피하는 것이 좋으며, 중간 쯤 부터 끝 부분 내 · 외항에서 고른 조황을 보인다. 릴 찌낚시의 경우 너무 먼 거리에 원투하는 것은 금물. 대부분 모래 바닥이어서 던질낚시 포인트이기 때문이다. 벵에돔이나 감성돔은 석축이 끝나는 부분의 내항과 외항이 포인트. 내항은 수심이 깊지가 않아 제로찌 채비에 마리수 벵에돔이 낚인다. 외항 쪽은 벵에돔과 감성돔 포인트이다.

■기타 참고사항

현지에는 낚싯배들이 많고, 관광지라 식당이나 민박 · 횟집들이 즐비한데, 방파제 가기 전 유람선터미널 앞에는 싱싱한 해산물을 썰어 파는 노점들이 성업 중이므로 아무 때나 바다의 맛을 음미해 볼 수 있다.

■인근 명소

모래가 곱고 경치가 뛰어나 여름철 관광객들의 발길이 몰린다. 해수욕장 근처와 마을에는 숙박이나 식당 등이 잘 형성되어 있다.

구조라 유람선터미널에서 유람선을 이용하면 외도 해상관광농원(섬 전체가 천연 동백숲으로 이루어져 있고, 그 안에는 아열대 식물 등 3천 여종의 수목이 조성돼 있음)과 '바다의 금강산'이라 불리는 해금강을 둘러볼 수 있다.

054 거제 다대 · 다포방파제

●소재지 : 경남 거제시 남부면 다대리 458-3, 다포리 199-7
●길 이 : 동방파제 250m, 서방파제 350m

교통편 : 거가대교 건너 옥포 · 장승포를 거쳐 14번국도 지세포 · 구조라 · 학동을 지나 계속 직진, 남하하다 보면 해변가에 다대마을을 알리는 삼거리가 나온다. 왼쪽 다대낚시점을 끼고 좌회전하면 방파제까지는 500여m 거리다. 다포방파제까지는 다대마을 입구 삼거리에서 오른쪽 14번국도를 타고 다대 · 다포항을 한 바퀴 돌면 약 2.4km 거리다.

연락처(055) : 다대리 다대낚시(633-1123) · 대흥낚시(634-4884) · 대도낚시(633-1093) · 거성낚시(633-1075) · 자유시간낚시(633-1232)

위치 : 〈위치도11〉 참조

■낚시여건

다대 · 다포항을 중심으로 서로 마주보고 있는 두 방파제는 바다를 보고 왼쪽이 다대방파제, 오른쪽이 다포방파제다. 거제 남부권 최대의 낚시 출항지로 다대는 갯바위낚시, 다포마을은 배낚시꾼들이 많이 모여든다. 특히 다대 마을은 갯바위로 드나드는 낚시인의 숫자가 많아 이들을 수용하는 주차시설 규모가 대단하다. 방파제 인근에도 부대시설이 잘 갖춰져 있는데, 펜션은 물론 편의점 · 민박 · 횟집 등이 고루 형성돼 있다.

■어종과 시즌

봄철 벵에돔과 볼락낚시로 포문을 여는 두 방파제는 5~6월엔 40cm급 농어가 가세하면서 활기를 띤다. 여름철엔 25cm 전후의 참돔과 벵에돔이 경쟁을 벌이며, 추석을 전후해서는 감성돔까지 합세해 피크 시즌을 이룬다. 감성돔은 10월부터 시작하여 이듬해 1월까지 잘 낚이는데, 씨알은 25~35cm급이 주종을 이룬다. 가을에는 삼치도 붙고, 갈치 밤낚시 또한 활황세를 이룬다. 던질낚시는 봄부터 초겨울까지 꾸준히 이어지는데, 초심

자들에게도 다양한 어종이 고루 손맛을 제공한다.

■장비와 채비 · 미끼

릴 찌낚시와 원투 던질낚시가 병행된다. 찌낚시의 경우는 크릴, 처넣기낚시에는 청갯지렁이와 참갯지렁이가 주로 쓰인다. 아침 · 저녁으로 농어 루어낚시를 하는 꾼들도 눈에 띄는데, 소형 루어인 멸치 플러그가 잘 듣는다. 루어 전용대를 사용하기도 하지만 일반 갯바위 3호 릴낚싯대를 사용해도 무방하다. 늦가을 시즌, 25cm급 고등어가 무리를 지어 들어올 때는 카드채비가 불티가 난다.

■포인트 안내

내항은 뻘바닥으로 이루어져 있고, 외항은 대부분 모래와 자갈로 이뤄져 있기 때문에 먼 거리를 공략하게 되면 도다리 · 보리멸 등 잡어 일색이다. 주 대상어종은 석축과 테트라포드를 중심으로 포진하는데, 조류의 흐름이 좋아 인근 갯바위 여밭에 머물던 고기들이 어둠살이 깔리면 방파제 구조물 주변으로 붙는다. 따라서 아침 · 저녁 또는 밤 시간 위주의 낚시가 진행된다. 선박의 입출항이 빈번하여 외항 쪽이 유리하며, 수심은 4m 전후로 깊지 않지만 조류의 흐름이 좋아 테트라포드 앞쪽에 채비를 가까이 붙이는 것이 요령이다.

■기타 참고사항

7~8개의 낚시점이 있으며 횟집과 민박도 많다. 배낚시의 경우 1일 대선료 30만원 정도이며, 볼락과 열기를 낚는 외줄낚시가 주류를 이룬다. 배낚시 시즌은 찬바람이 일어나는 11월 하순부터 이듬해 2월까지 성시를 이룬다.

■인근 명소

주변에 펜션 민박이 즐비하고 거제도 제일의 명소인 해금강이 인접해 있다. 남쪽으로 난 해안도로를 끼고 돌면 드라이브 코스로 일품이다. 특히 까마귀개(오포) 가기 전에 위치한 전망대에 오르면 손대도를 비롯한 한려해상국립공원의 비경이 한 눈에 내려다보인다.

055 창원 마산 심리방파제

●소재지 : 경남 창원시 마산합포구 구산면 심리 614-14 외
●길 이 : 북쪽 방파제 80여m, 남쪽 방파제 60여m

교통편 : 남해고속도로 내서IC로 나와 진동면 방향으로 좌회전한다. 호계사거리에서 구산 방면으로 우회전 후 12km 정도 이동하면 현동교차로가 나오는데 여기서 고성·통영 방면 우측 도로를 따라 1.4km 진행한다. 저도 연륙교 방면으로 다시 좌회전하여 3km여 지점의 덕동삼거리에서 우회전하면 유산삼거리가 나온다. 여기서 좌회전 후 난포삼거에서 심리 방면으로 3km 가량 이동하면 목적지이다.

연락처(055) : 구산면 수정리 동우낚시(221-7772)·월척낚시할인마트(221-1331)·고래낚시슈퍼(221-9368)

위치 : 〈위치도10〉 참조

낚시여건

2개의 선착장과 2개의 방파제가 있는 심리마을에서 가장 낚시가 잘 되는 곳은 바깥쪽에 위치한 2개의 방파제 중에서 남쪽에 위치한 작은 방파제이다. 심리방파제라 지칭하는 곳이 바로 이 방파제를 가리키는 것이지만 편의상 위쪽의 큰 방파제는 북방파제로, 남쪽에 위치한 방파제를 남방파제로 구분하여 부르기도 한다. 남쪽과 북쪽 방파제 크기가 서로 거의 비슷해 보이지만 건너편 북쪽에 위치한 방파제 길이가 10~20m 정도 더 길다. 마산합포구 구산면 일대에는 크고 작은 방파제가 여러 곳 있지만 인근의 낚시꾼들에게 출조 1순위 포인트로 꼽힐 정도로 심리방파제는 다양한 어종이 사계절 내내 낚이는 곳이다. 감성돔·고등어·학공치·가지매기는 물론 우럭과 볼락 등이 주요 대상어로 손꼽히는데, 특히 고등어나 전갱이가 들어오는 여름~가을 시즌에는 단골 꾼들로 북새통을 이룬다.

어종과 시즌

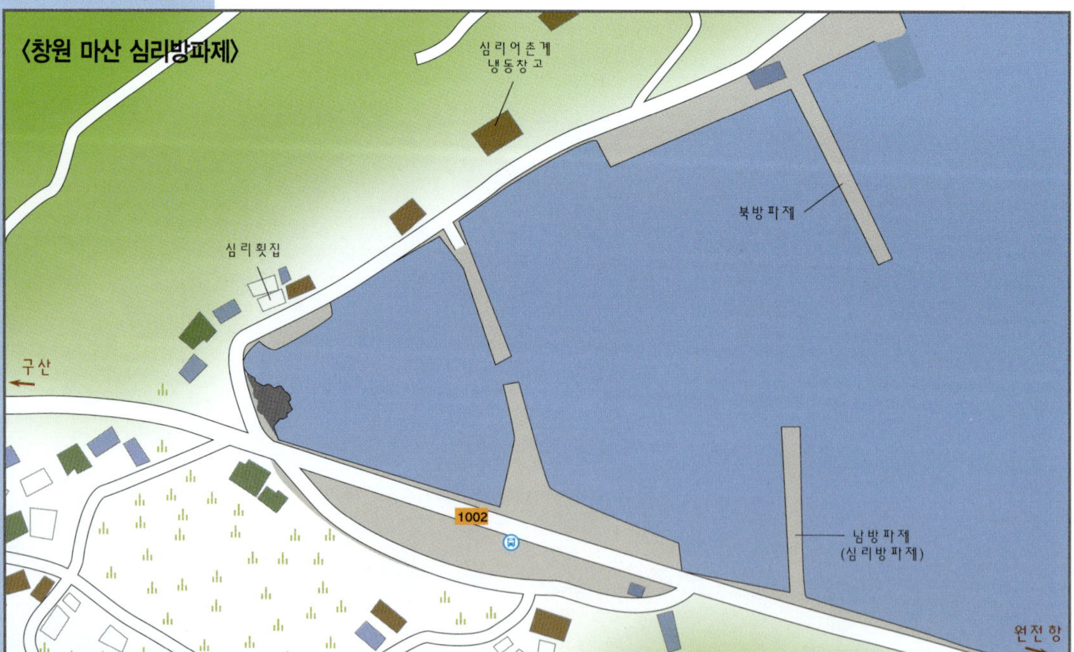

이곳 심리방파제의 인기 어종인 가지매기(농어 새끼)는 여름 장마철을 전후란 시기에 가장 마릿수가 많다. 여름 밤낚시에 릴 찌낚시 채비로 공략해도 잘 낚이지만 볼락 루어낚시 채비에도 간단없이 입질한다. 감성돔은 10월이 제 시즌이며 학공치는 주로 1~2월에 많이 낚인다. 록피시 종류의 우럭과 볼락은 거의 연중 낱마리로나마 사계절 내내 끊이지 않고 낚인다.

■장비와 채비 · 미끼

모두가 석축으로 만들어진 방파제이기 때문에 5.4m 이상의 민장대만 있어도 손맛 보기에는 어려움이 없다. 잔 씨알의 고기가 많은 편이나 잡어낚시터로는 심심할 틈이 없을 정도로 어자원이 풍부한 편이므로 미끼를 다양하게 준비할수록 좋겠지만 크릴새우와 청갯지렁이 두 종류가 기본이다. 루어낚시를 위해선 볼락볼 또한 기본이다.

■포인트 안내

주로 민장대 채비로 낚시하는 이들이 많다. 워낙 많은 꾼들이 몰려드는 곳이라 루어낚시나 원투낚시처럼 탐색 범위를 넓게 차지하는 낚시는 옆 사람들과 마찰을 불러일으키기 쉽다. 주변 상황을 고려해야 한다는 것이다.

따라서 루어낚시를 할 때는 꾼들이 붐비는 낮 시간을 피해 밤낚시를 하는 것이 좋다. 이곳은 또 방파제뿐만 아니라 해안 도로변에서도 낚시를 할 수 있다. 방파제에 사람이 많을 때에는 아예 원투낚시로 전환해서 해안도로가에 자리를 잡는 것도 좋은 방법이다.

■기타 참고사항

바닥 걸림은 없는 편이나 워낙 많은 사람들이 낚시를 하고, 드나드는 어선이 많아 폐어구나 버려진 낚시채비 등으로 인해 채비 손실은 어느 정도 각오해야 한다. 방파제의 가장 끝부분이 낚시하기에 편하다. 고등어나 전갱이 · 학공치가 들어올 때에는 입구 쪽을 제외한 방파제 전역에서 낚시가 잘 된다.

■인근 명소

심리방파제를 찾았다면 동남쪽 4.3km 지점에 위치한 원전항을 둘러보아야 한다. 깨끗하게 정비된 선착장과 방파제가 있어 덤으로 낚시를 즐길 수 있을 뿐만 아니라 가족과 함께 한나절을 보내기에도 안성맞춤이다. 시간이 허락한다면 반대편 서남쪽에 위치한 저도연륙교를 찾으면 더욱 값진 시간을 보낼 수 있다. 돼지가 누워 있는 형상의 저도(猪島)를 잇는 약 9.5km 길이의 연륙교는 '한국의 콰이강 다리'로 예찬되며 2001년 박신양 · 이미연 주연의 "인디언 섬머" 촬영장으로 더욱 유명해졌다.

한국의 名 방파제

056 창원 마산 진동방파제

●소재지 : 경남 창원시 마산합포구 진동면 요장리 233-42 외
●길 이 : 남방파제 480m, 북방파제 250m

교통편 : 마산에서 통영 방면 2번 국도를 타고 약 15분 정도 가면 진동면 소재지. 이곳에서 광암해수욕장·구산 방면으로 좌회전하여 진입하면 곧 광암마을에 닿는다.

연락처(055) : 진동 진동낚시(271-5940)·보문낚시(271-2564)·포인트낚시(272-0308)

■낚시여건

마산 인근에서 유일하게 해수욕장을 끼고 있는 곳이며, 방파제 인근에는 미더덕과 굴 양식장이 산재해 있어 사철 다양한 어종이 붙는다. 방파제 규모 역시 커 많은 인원을 수용할 수 있다. 수면으로부터 방파제 높이가 다소 높은 편이며, 외항 쪽으로는 테트라포드로 이루어져 있다.

전체적인 수심이 6~7m 정도로, 내만권 방파제로서는 제법 깊은 편이다. 방파제가 위치한 진동만(灣)은 감성돔과 각종 회유성 어종들의 산란장으로, 특히 감성돔의 경우 근년 들어 봄철 산란 회귀가 부쩍 늘어났다. 현지 어민들의 말에 따르면 예전에 사라졌던 잘피(내만권에 자라는 길이가 긴 해초)가 다시 자라나기 시작했고, 그 잘피밭이 감성돔의 산란장이 되기 때문이다.

■어종과 시즌

진동방파제는 예부터 봄 도다리와 가을 전어로 유명하다. 봄부터(5월) 시작되는 감성

위치 : 〈위치도10〉 참조

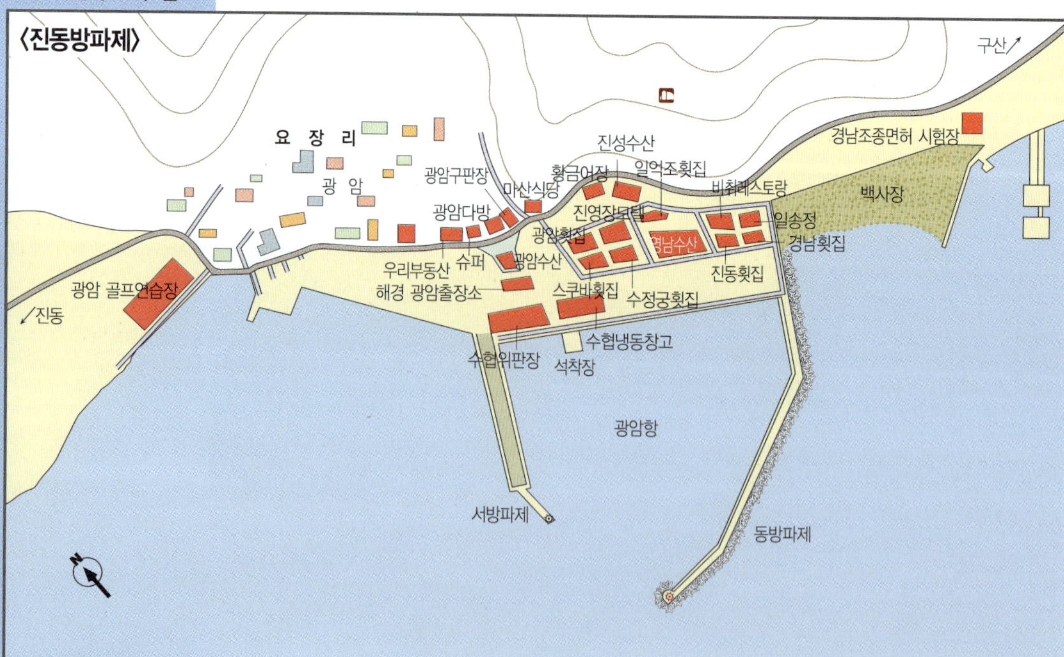

돔 · 볼락 · 도다리낚시는 가을 시즌(10월)까지 이어지며, 5~6월에 낚이는 감성돔의 씨알은 모두 대형급으로 전꾼들을 유혹하고도 남는다. 밤낚시에 낚이는 볼락 또한 마리수나 씨알 모두 만족감을 안겨준다. 여름으로 접어들면서 낚이는 가지매기는 가을이 되면 50cm를 훌쩍 뛰어넘는 씨알이 걸려들기도 한다. 초여름 갈치 밤낚시 또한 이곳 낚시의 한 장르로 자리잡고 있는데, 외지의 많은 낚시객들이 찾아들어 찌불놀이를 즐긴다.

■장비와 채비 · 미끼

민장대는 주로 야간에 감성돔을 노릴 때나 볼락낚시를 할 때 많이 사용된다. 하지만 대형 감성돔낚시에는 당연 릴 찌낚시가 유리하다. 미끼는 청갯지렁이와 크릴을 주로 사용하지만 봄철 볼락낚시에는 '병아리' 미끼가 즐겨 사용되기도 한다. 현지 낚시점에서 병아리 미끼를 구할 수 있으며, 봄에는 민물과 바닷물이 만나는 하구에서 직접 잡을 수도 있다. 그 외 묶음추 채비에다 청갯지렁이를 단 던질낚시도 많이 성행한다.

■포인트 안내

테트라포드가 있는 외항 쪽에서 감성돔낚시 및 볼락낚시가 많이 이루어지며, 방파제가 꺾이는 지점에서 대물 감성돔의 입질 빈도수가 높은 편이다. 여름철 밤낚시에 낚이는 대물 감성돔은 특히 조용한 곳을 포인트로 정하는 것이 조과에 큰 도움이 된다.

방파제 공사를 할 때 여기저기에 굴러 떨어진 큰 바위들이 지금은 수중여 역할을 하기 때문에 포인트 여건이 아주 좋은 편이다.

■기타 참고사항

진동방파제 일대에는 횟집 · 민박 · 모텔 · 식당 등이 밀집 돼 있어 장박에 전혀 불편함이 없어 가족을 동반하여 찾아도 좋은 곳이다. 또한 방파제 좌측에는 백사장이 있어 여름철 나들이에도 좋다. 구산면 방향으로 조금 더 진입하면 참숯가마찜질방이 있고, 진동에서 진주 방면(2번 국도변) 15분 거리에는 '양촌 온천' 이 가족과 함께 찾아볼만하다.

057 통영 견유방파제

●소재지 : 경남 통영시 용남면 장평리 289-12
●길 이 : 북방파제 160m, 남방파제 270m

교통편 : 진주·마산에서 고성을 거쳐 14번 국도로 통영을 비껴지나 거제도 방면으로 가다가 신거제대교 500m 못 미친 곳에서 견유마을 푯말을 보고 우회전하여 진입하면 이내 견유방파제에 닿는다.

연락처(055) : 장평리 신대교낚시(646-7531)·유방낚시(648-1931)·나룻터낚시(648-4075)

■낚시여건

통영과 거제를 잇는 신거제대교와 구거제대교 사이에 있는 견유마을을 에워싸고 있는 방파제이다. 거제와 통영을 사이에 둔 물골이기 때문에 조류의 흐름이 강하고 수심 또한 제법 깊은 편에 속한다. 사계절 다양한 어종이 낚이는가 하면, 봄철 괭이바다로 산란을 위해 북상하는 감성돔이 낚이기 시작해 가을철에 남하하기까지 꾸준히 시즌을 형성하는 곳이기도 하다. 주변 바닥이 사니질대로 넓게 형성되어 있어 방파제 및 인근 선상낚시에서는 도다리·문어·쭈꾸미 등이 가족 동반 낚시객들을 즐겁게 해준다.

■어종과 시즌

견유방파제에서 낚이는 어종은 너무 다양해 다 나열하기가 어렵다. 대표 어종으로는 감성돔·참돔·볼락·우럭·농어·도다리·노래미 등을 꼽을 수 있으며, 늦여름에는 쭈꾸미도 많이 낚여 하루 50여척의 배가 뜨기도 한다. 특히 도다리는 방파제 던질낚시에서 봄부터 꾸준히 낚고, 가을로 접어들면서 입질이 빈번해지는 감성돔낚시는 이곳 방파

위치 : 〈위치도11〉 참조

제의 축제 무드를 조성하는데, 이때는 많은 꾼들이 붐벼 설 자리가 없을 정도가 된다.

■장비와 채비 · 미끼

평상시에는 조류가 빨라 주로 처넣기낚시를 많이 하지만 조류가 약해지는 조금 물때가 되면 흘림 찌낚시도 많이 구사한다.

볼락낚시는 야간에 주로 행해지는데, 민장대로 여기저기 발품을 팔면 어느새 쿨러를 반쯤 채우기도 한다. 미끼는 크릴과 청갯지렁이 · 참갯지렁이를 두루 사용하지만 감성돔을 노리는 던질낚시에는 '쏙'이 위력을 발휘한다.

■포인트 안내

외항 방향에서 주로 낚시를 많이 한다. 조류의 세기에 따라 포인트가 바뀌는데, 사리 때에는 거의 흘림 찌낚시가 불가능할 때가 많다. 방파제가 꺾이는 지점 바깥쪽으로 포인트가 형성되는데, 안쪽으로는 수심이 너무 얕아 낚시가 곤란하다.

■기타 참고사항

견유방파제는 규모가 큰 마을을 끼고 있어 민박 · 편의점 · 낚시점 · 식당 · 횟집 등 편의시설이 잘 갖춰져 있으며, 바로 동네 한가운데에 자연산 활어 위판장이 있어 새벽 일찍 나가면 싱싱한 자연산 활어를 값싸게 구입할 수가 있다.

■인근 명소

관광의 고장답게 조금만 나서면 볼거리와 명소가 풍족하다.

두 개가 나란한 거제대교의 야경도 볼만하고, 통영시내에서 산양면으로 가는 길에는 국내 유일의 해저터널이 있으며, 통영대교에 오르면 '동양의 나폴리'라고 불리는 통영항이 한눈에 들어온다.

한편 통영항 부둣가에는 즐비하게 들어서 있는 충무김밥 거리와 싱싱한 활어 회센타가 관광객의 발길을 멈추게 한다. 그리고 거제대교를 지나게 되면 발 닿는 곳이 관광지라 할 만큼 빼어난 거제도 관광코스가 줄을 잇는다.

한국의 名 방파제

058 통영 삼덕방파제

●소재지 : 경남 통영시 산양읍 삼덕리 368-23 외
●길　이 : 동방파제 205m, 서방파제 130m

교통편 : 마산 및 진주 방면에서 14번 및 33번 국도를 이용하여 고성을 거쳐 14번 국도로 통영시내까지 진입한다. 통영시내를 관통하여 산양읍을 잇는 통영대교를 지나 우회전, 약 10분 정도 진행하면 삼덕항에 다다른다.

연락처(055) : 삼덕 통영OK피싱(641-2255) · 통영프로낚시(643-0045) · 두모낚시(649-1788) · 열바다낚시(643-4756)

낚시여건

산양읍은 통영대교로 통영시내와 연육되어 있지만 섬이나 다름없다. 삼덕항은 산양읍에서 제일 큰 어항으로 중요 어업 전진기지다. 1914년 경 대청동 · 원동 · 궁동 · 유동 등 4개의 마을이 통합되어 삼덕리로 개칭되었다고 한다.
삼덕항을 에워싸고 있는 방파제는 좌측의 큰 방파제(동방파제)와 우측의 뜬 방파제(서방파제)로 이루어져 있으며, 너울파도가 거세어 방파제 규모가 큰 편이다. 또한 주변에는 가두리 양식장이 많아 다양한 어종이 서식한다. 특히 여름철에 가끔씩 큰 태풍이 휩쓸고 가면 가두리양식장이 터지면서 이곳에서 탈출한 참돔 · 우럭들이 각 포구로 몰려들어 방파제낚시가 성시를 맞기도 한다.

어종과 시즌

봄 시즌에는 단연 볼락을 들 수 있다. 여름 장마 시기에는 20~25cm급 벵에돔이 폭발적인 조황을 보이며, 가을에는 감성돔이 출현하면서 그 위세에 벵에돔 인기가 주춤해진

위치 : 〈위치도11〉 참조

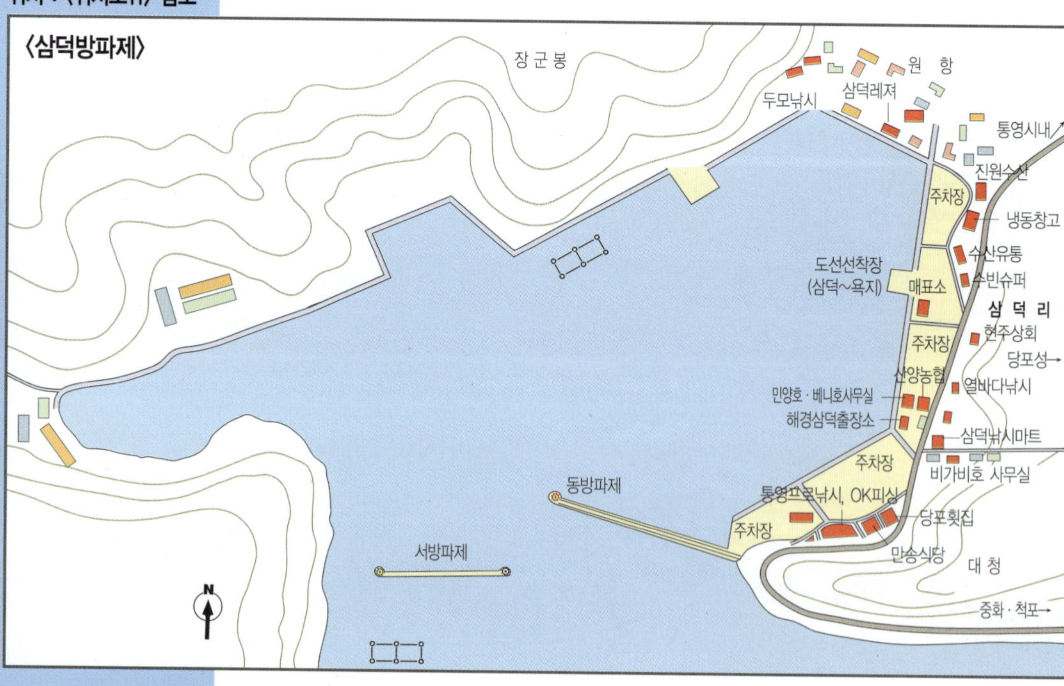

다. 감성돔의 경우 씨알이 굵지는 않지만 마리수 재미가 좋아 현지 꾼들이 많이 몰린다. 그 외 가을철에 많이 붙는 학공치도 현지민들에게 단연 인기 어종으로 꼽힌다.

■장비와 채비 · 미끼

방파제 발판이 높아 민장대보다는 주로 릴 찌낚시를 구사한다. 미끼는 크릴 · 청갯지렁이 · 참갯지렁이가 보편적으로 사용되며, 벵에돔 시즌에는 지방산 홍갯지렁이를 즐겨 사용한다. 볼락은 병아리(사백어)나 민물새우가 효과적이다.

■포인트 안내

학공치와 볼락의 경우는 전역이 포인트가 되고, 수심이 깊은 외항 쪽은 벵에돔과 감성돔 포인트이다. 특히 동방파제 끝부분이 감성돔이 잘 낚이는 자리인데, 큰 배들이 수시로 드나들어 낚시에 방해가 되는 것이 흠이다. 내항 쪽은 야간에 우럭을 노리면 마리수 재미가 좋고, 민장대로 볼락도 함께 노려볼만하다.

■기타 참고사항

삼덕항은 욕지도를 오가는 카페리호가 닿는 곳으로 동네 역시 큰 편에 속한다. 민박 및 편의시설 등이 잘 갖춰져 있으며, 방파제 입구에는 주차시설까지 잘 완비되어 있다. 동네 안쪽에는 가두리 양식산 참돔 위판장이 매일 서는데, 일반인들은 매입이 불가능하지만 동네 어민들께 부탁하면 싱싱하고 먹음직스러운 양식산 참돔을 아주 싼 값에 구입할 수 있다.

■인근 명소

미륵도의 해안선을 한 바퀴 도는 산양일주도로는 유명한 드라이브 코스로 해변 경치가 일품이다. 다도해의 수많은 섬들을 한눈에 내려다볼 수 있는 달아공원이 이웃해 있다. 또한 귀로에 시간적인 여유가 있다면 통영시내를 한 바퀴 둘러보아도 좋다. 국내 유일의 해저터널 속을 걸어보고, 이순신 장군의 유적지인 충열사 · 세병관을 거쳐 남망산공원에서 통영항을 조망한 후, 충무할매김밥을 싸들고 귀로에 오르면 추억에 남을만한 여정이 될 것이다.

059 통영 욕지항방파제

●소재지 : 경남 통영시 욕지면 동항리 581-43 외
●길　이 : 남방파제 230m, 동방파제 210m, 서방파제 200m

교통편 : 통영 여객선터미널과 산양읍 삼덕항에서 여객선이 운항된다. 통영항에선 하루 2회(1시간 30분 소요), 삼덕항에선 3회(1시간 정도) 운항되는데, 모두 차량을 탑재할 수 있다. 통영·고성·남해·삼천포 등지에서 매일 새벽 출조하는 낚싯배를 이용해도 된다.

연락처(055) : 동항리 욕지낚시(642-5022)·욕지바다낚시(649-4521)·낚시이야기(642-4439)·미진낚시(642-6306)

■낚시여건

욕지도는 통영을 대표하는 갯바위낚시터로 사시사철 꾼들의 발길이 끊이지 않는 곳이다. 여객선이 닿는 가장 큰 마을 입구는 큰 만(灣)으로 이루어져 있는데, 동촌·서촌·자부포·입석·조선포·옥동 등 여러 개의 부락이 밀집돼 있다. 이곳 욕지항 내에는 서방파제(빨간 등대)·남방파제(녹색 등대)·동방파제(흰색 등대)가 서로 마주보고 있으며, 계절별로 낚이는 어종이 다양하고 조황 역시도 조금씩 다르다. 또한 한겨울에도 수온이 10도 이하로 잘 떨어지지 않아 참돔·감성돔·우럭 등 가두리양식장이 발달해 있다.

■어종과 시즌

회유성 어종과 붙박이성 어종이 계절 따라 고루 낚인다. 봄철에는 볼락과 벵에돔이 입질을 다투다가 여름이 되면 벵에돔이 월등한 조과를 보인다. 가두리양식장에서 탈출한 참돔과 회유성 어종인 고등어·전갱이가 늦여름부터 나타나 입질 경쟁을 한다. 이때는 고등어와 전갱이 씨알이 매우 굵어 현지 어민들까지 낚시에 가세하여 대성황을 이루기

도 한다. 가을부터 낚이는 감성돔은 잔 씨알에서부터 대형급까지 다양한 손맛을 제공한다.

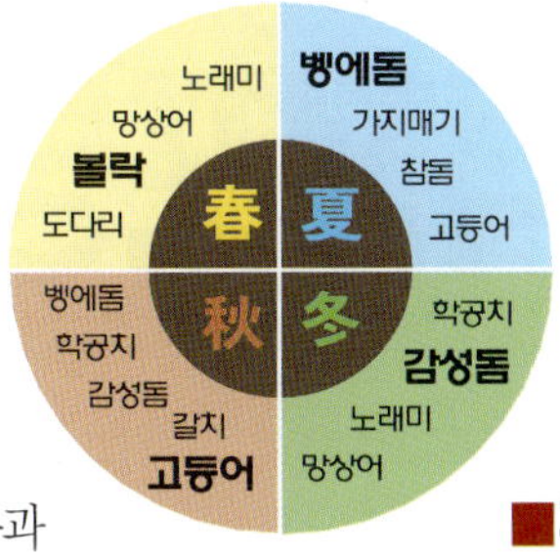

■장비와 채비 · 미끼

가족과 함께 낚을 수 있는 벵에돔과 학공치 · 고등어는 민장대 맥낚시를 주로 구사한다. 미끼는 크릴과 홍갯지렁이. 감성돔낚시는 흘림 찌낚시도 많이 하지만 테트라포드나 석축 사이에서 입질이 잦기 때문에 민장대 맥낚 채비의 조과가 앞선다. 청갯지렁이를 미끼로 원투 던질낚시를 시도하면 도다리 · 보리멸 · 노래미 등도 잘 낚인다.

■포인트 안내

3개의 방파제 조황이 비슷하여 우열을 가리기가 힘들다. 따라서 바람 부는 방향이나 목적하는 어종에 따라 장소를 선택하는 것이 바람직하다. 현지꾼들이 주로 찾는 곳은 자부포 앞의 서방파제(빨간 등대)로, 외항 쪽에 밀집돼 있는 가두리양식장으로 인해 다양한 어종들이 붙기 때문이다. 특히 장마 시즌이 되면 전 구간에서 25cm를 전후한 벵에돔이 마리수로 낚이는데, 해질녘에는 간혹 40cm가 넘는 씨알도 낚인다. 감성돔의 경우는 동방파제(흰색 등대) 내항과 낚시꾼의 발길이 뜸한 남방파제(녹색 등대)가 유리하다.

■기타 참고사항

욕지항은 웬만한 도시 비슷한 규모로 식당 · 편의점 · 횟집 · 유흥가 등이 밀집되어 있다. 또한 각 방파제까지의 거리가 멀어 도보로 이동하기에는 불편함이 따른다. 통영에서 욕지도행 카페리호에 자동차를 싣고 들어가면 편하게 낚시를 즐길 수 있다.

■인근 명소

욕지항에서 유동마을로 이어지는 해안도로는 풍치가 일품이며, 몽돌로 이루어진 두 개의 큰 해수욕장(흰작살해수욕장, 덕동해수욕장)이 있어 가족과 여행을 겸해 찾아도 좋을 듯하다. 그리고 항내에는 자연산 활어만을 취급하는 횟집이 여러 곳 있다.

060 고성 맥전포방파제

●소재지 : 경남 고성군 하일면 춘암리 791-1 외
●길　이 : 서방파제 405m, 동방파제 200m

교통편 : 남해고속도로 사천 I.C에서 내려 3번 국도를 타고 삼천포 시내까지 간 다음, 시외버스터미널을 지나 '고성' 방면 이정표를 보고 좌회전, 하이면 소재지와 상족암군립공원을 지나면 용암포에 못미처 맥전포항이 위치한다.

연락처(055) : 고성 새벽바다낚시(835-4399) · 동화낚시(672-9936), 사천 대물낚시(832-1711).

■낚시여건

고성 자란만과 삼천포항 사이의 고성군 하일면과 하이면에는 아담한 포구들이 많다. 그 중 맥전포방파제는 사량도를 오가는 도선 선착장이 있는 춘암리 용암포와 이웃해 있다. 고성군에서 규모가 제일 큰 방파제로, 봄부터 가을까지 다양한 어종이 선보여 인근 꾼들의 사랑을 독차지 한다. 봄철 자란만 일대로 산란을 위해 들어온 감성돔이 산란을 마치고 몸을 풀기 위해 인근 갯바위나 방파제 일대로 붙는 시기에 맞춰 대형급 씨알들이 곧잘 낚이며, 볼락은 봄부터 가을까지 꾸준한 조황을 보인다.

■어종과 시즌

고성만은 각종 고기들의 산란장으로 유명한 곳이다. 따라서 방파제 역시도 봄과 가을철 사이에 갯바위 못지않게 감성돔을 만날 수 있는데, 4월 중순 이후면 감성돔이 붙기 시작하여 초가을까지 시즌이 이어진다. 6월부터 대형급이 낚이며, 초가을에는 잔 씨알이 마리수 조과를 보인다. 또한 보리누름을 전후해서는 볼락 입질이 빈번해 볼락 마니아들의

위치 : 〈위치도12〉 참조

출조가 잦아지는데, 야간에 마리수가 좋아 입맛과 손맛을 동시에 즐길 수 있다. 여름과 가을 사이에는 잠깐 학공치가 모습을 보이지만 시즌이 짧은 것이 흠이다. 여름밤이 깊을 무렵, 심심풀이로 던질낚시를 시도해 보면 제법 굵은 씨알의 붕장어(아나고)가 낚여 쏠쏠한 손맛을 제공한다.

■장비와 채비 · 미끼

이곳에서의 감성돔낚시 매력은 초여름 밤이 되면 야음을 틈타 감성돔이 방파제 가장자리까지 바짝 붙기 때문에 민장대를 사용, 대물급 씨알을 노릴 수 있다는 것이다. 3칸 반~4칸 정도의 민장대에 여러 마리의 크릴을 꿰거나 청갯지렁이를 사용하여 바닥을 더듬듯 살살 끌어주면 된다. 단 크릴은 밑밥용 백크릴을 녹여 사용해야 효과를 볼 수 있다. 정숙은 필수. 볼락낚시는 전역에서 이루어지기 때문에 발품을 팔아야 만족할만한 조과를 얻는데, 봄철에는 청갯지렁이와 병아리를, 가을에는 민물새우를 즐겨 사용한다.

■포인트 안내

최근에 증축을 끝마쳐 길이가 상당히 길어졌고, 규모가 커 낚시 할 자리는 상당히 넓은 편이다. 큰 방파제 외항 쪽은 수심이 깊은 편으로 감성돔과 볼락을 동시에 노려볼 수 있다. 내항과 안쪽 방파제는 볼락 외 잡어 위주의 낚시가 진행된다. 외항은 조류 소통이 원활하지만 먼 곳에 수중여가 발달되어 있어 감성돔을 노리기에는 20여m 이상 원투를 하는 것이 좋다.

중간 지점부터 등대가 있는 곳까지가 일급 포인트. 한편, 방파제 초입에 검문소가 있어 군사작전 기간 동안에는 가끔 출입을 통제하는 경우가 있다.

■인근 명소

'고성군' 하면 역시 '상족암 군립공원'을 빼놓을 수 없다. 맥전포방파제에서 삼천포항 방면으로 차량 시간 5분이면 닿는데, 공룡화석지는 물론 공원 내에 자동차극장 및 편의시설이 잘 갖춰져 있다. 이웃해 있는 공룡박물관 또한 볼거리 중의 하나다.

061 사천 진널방파제

●소재지 : 경남 사천시 향촌동 1286-21
●길 이 : 큰 방파제 약 450m, 작은 방파제 약 360m

교통편 : 남해고속도로 사천 I.C로 빠져나와 3번 국도로 사천공항을 지나 삼천포 입구까지 간다. 삼천포 시외버스터미널을 지나 계속 진행, T자 삼거리에서 팔포매립지 방면으로 좌회전하여 진입한다. 금홍교를 지나면 신항만에 다다른다. 금홍교를 낀 방파제가 작은 방파제이며 건너편에 보이는 긴 방파제가 진널방파제이다.

연락처(055) : 향촌동 세종낚시(832-8114) · 해림낚시(835-0474) · 동금동 피싱스토리(833-1754) · 바다낚시(832-0667) · 금양낚시(832-4433)

■낚시여건

진널방파제는 삼천포 신항만(팔포매립지)을 에워싸고 있는 큰 방파제로 사시사철 감성돔이 낚이는가 하면, 다양한 어종이 서식하고 있어 연중 낚시객들의 발길이 끊이지 않는다. 가을철에는 진주 · 마산 · 부산 등지의 전문꾼들까지 모여든다. 규모가 큰 만큼 많은 인원을 수용할 수 있으며 내만에 위치한 방파제 치고는 깊은 수심을 유지한다. 조류 소통 또한 왕성하며, 인근에 위치한 화력발전소의 영향으로 다른 곳보다는 수온이 안정적인 것도 장점이다. 목섬 쪽으로 뻗어 있는 우측 방파제는 배를 대는 곳이지만 다양한 어종이 낚인다.

■어종과 시즌

대표적인 어종은 단연 감성돔으로 연중 낚시가 가능하다. 피크 시즌은 7월 말경부터 11월 말까지로 야간에 뛰어난 조황을 보여 낚시꾼들로 북새통을 이룬다. 낮에는 물이 탁해지는 사리 전후 때 좋으며, 초가을에는 잔 씨알 위주로 낚이다 초겨울 경부터는 굵은 씨알을 기대할 수 있다. 한겨울에는 대물급도 선보인다. 4~6월, 9~11월에는 볼락이 피

위치 : 〈위치도12〉 참조

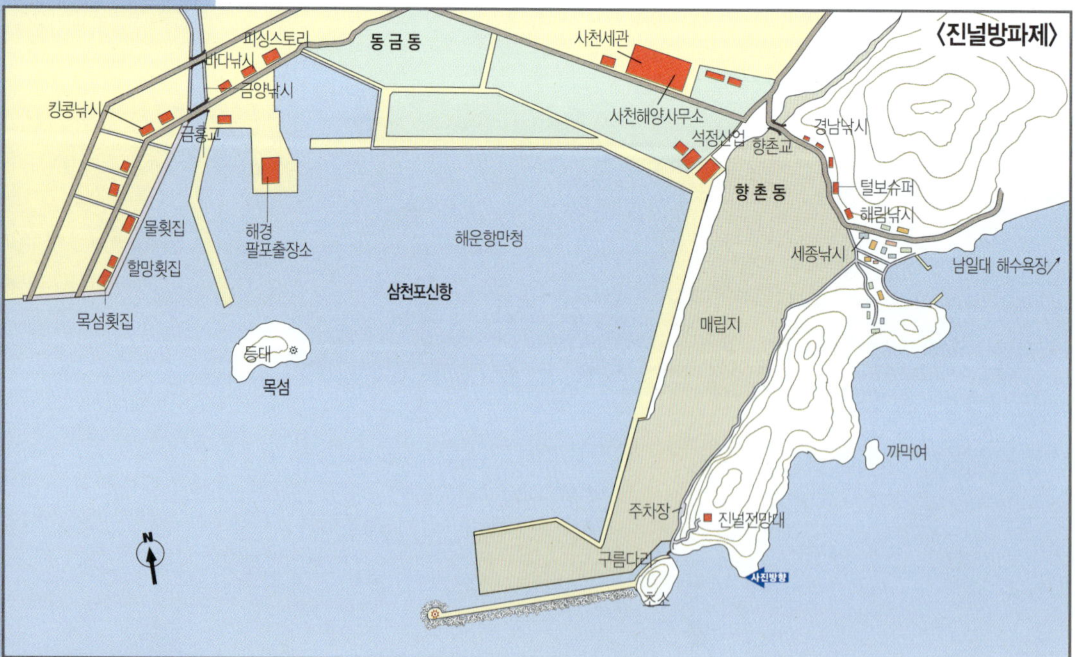

크를 맞고, 여름밤에는 감성돔과 함께 가지매기가 밤잠을 설치게 한다. 던질낚시엔 도다리와 보리멸이 낚이며, 가을철이 되면 학공치를 낚기 위한 꾼들이 몰리기도 한다.

끝 부분이 감성돔 일급 포인트. 썰물 때가 적시이며, 등대 바로 옆 내항은 들물 때 노려볼만 하다. 외항 수심은 10~12m. 내항 쪽도 입질이 기대되지만 씨알은 잔 편이다. 등대 주변은 조류가 왕성하여 조금 전후에 알맞고, 내항과 방파제 초입은 사리 전후에 좋다. 볼락의 경우 내항 쪽의 마리수가 좋은데, 석축이 높아 아래로 내려서서 민장대로 초입부터 등대까지 발품을 팔아야 한다. 우측의 작은 방파제는 한여름과 초가을 사이에 잔 씨알의 감성돔이 주로 낚이며, 가지매기가 금홍교 초입까지 올라붙고 가끔 대형급 씨알도 선을 보인다.

■장비와 채비 · 미끼

감성돔을 낚기 위해서는 릴 찌낚시를 즐겨 구사하지만, 현지 삼천포꾼들은 야간에 민장대(4칸~5칸)로 테트라포드 사이사이에 채비를 바짝 붙여 감성돔을 낚는다. 또한 현지산 참갯지렁이 미끼를 이용한 던질낚시에도 대물급 감성돔이 곧잘 걸려든다. 그 외 민장대로 노려볼 수 있는 어종으로는 볼락 · 학공치 · 망상어 · 고등어 등이 있으며, 농어는 야간에 청갯지렁이를 여러 마리 꿰어 릴 찌낚시로 노린다. 볼락은 봄철의 경우 청갯지렁이와 병아리, 민물새우를 적절하게 사용하며, 두 개의 가지바늘을 단 채비로 맥낚시를 구사한다.

■포인트 안내

큰 방파제 외항, 테트라포드 중앙 지점과 등대가 있는

■인근 명소

진널방파제 입구에 위치한 '진널전망대'에 오르면 한려수도가 한눈에 내려다 보이고, 전망대 산책로와 방파제 초입의 구름다리도 이색 명소이다. 고운 모래가 있는 남일대해수욕장과 싱싱한 회를 저렴하게 맛볼 수 있는 삼천포항이 이웃해 있어 가족과 함께 찾아 볼만하다.

062 사천 삼천포항방파제

●소재지 : 경남 사천시 서금동 127-5 외
●길　이 : 동방파제 약 500m, 서방파제 약 210m

교통편 : 대전-통영간 고속도로로 서진주I.C 지나 진주분기점에서 남해고속도로를 잠시 탔다가 사천I.C로 빠져나와 삼천포 방면으로 우회전, 3번 국도를 타고 삼천포까지 진입한다. 시내를 관통하면 곧 삼천포항에 닿을 수 있다.

연락처(055) : 선구동 현대낚시(833-2468) · 등대낚시(835-2446) · 서동 삼일낚시(832-3131) · 제일낚시(833-3559) · 한려낚시(832-4540)

■낚시여건

삼천포항은 사천시의 최대 어업전진기지로 서동 · 동서동 · 대방동 · 선구동 · 동서금동 등 여러 개의 동이 밀집되어 있는 사천의 중심지이다. 재래시장과 대단위 활어회센타 등이 즐비하고 인근에 관광지가 산재하여 많은 관광객들로 붐빈다. 또한 여객선터미널이 위치해 있어 인근 섬으로 향하는 여객선이 이곳에 집중되어 있기도 하다. 방파제 역시 대규모를 자랑하는데, 동쪽에 있는 등대 방파제(동방파제)는 일제시대 때 만들어진 것으로, 일대에서는 가장 오래된 역사를 자랑한다. 반대로 2002년에 완공된 뜬방파제는 배로만 진입이 가능하지만 감성돔과 볼락이 잘 낚여 인근 꾼들의 발길이 잦은 곳이다.

■어종과 시즌

이곳의 대표 어종은 볼락과 감성돔. 3월 중순이면 볼락을 시작으로 도다리 · 보리멸 · 가지매기 등이 여름철까지 이어진다. 볼락 피크 시즌은 4~5월과 9~11월. 7월 중순경이면 감성돔 시즌이 도래하여 11월 말까지 본격 시즌을 형성하는데, 가을에는 25~30cm급이

위치 : 〈위치도12〉 참조

주류를 이루다 늦가을에는 차츰 씨알이 굵어지는 가운데 간혹 5짜 씨알도 선을 보인다. 해뜰 무렵과 사리 전후 탁한 물색을 보일 때 가장 좋은 조과를 보인다.

는 낚시가 힘들다. 볼락은 전역에서 고른 조황을 보이는데, 뜬방파제 역시 마찬가지. 감성돔은 바깥쪽 테트라포드 일대가 좋으며, 발 앞으로 조류가 밀려오다 와류가 형성되는 곳을 찾으면 틀림없다.

■장비와 채비 · 미끼

볼락은 3칸 정도의 민장대면 족하다. 씨알은 크지 않지만 바늘 두 개를 단 가지채비로 바닥 층을 살살 끌어주면 입질이 이어진다. 감성돔의 경우 대부분 릴 찌낚시를 구사하지만 삼천포 현지꾼들은 4칸 정도의 민장대로 테트라포드 사이사이를 노려 뽑아내기도 한다. 미끼는 참갯지렁이와 크릴이 대중적으로 쓰인다.

■포인트 안내

동방파제는 감성돔의 경우 등대가 있는 끝부분 외항쪽과 꺾이는 주변이 일급 포인트로, 수심은 8~12m 안팎이다. 초들물과 초썰물 등 물돌이 무렵에 입질이 잦다.

내항엔 많은 선박들이 정박해 있어 볼락을 제외하고

■기타 참고사항

동방파제는 중간 지점까지 자동차로 진입할 수 있어 편리하다. 뜬방파제의 경우는 낚싯배를 이용해야 진입할 수 있는데, 1인당 왕복 1만원의 뱃삯을 받는다.

■인근 명소

삼천포항에는 대규모의 수협 활어회센타가 있어 저렴한 가격에 맛볼 수 있다. 동방파제 입구에는 노산공원이 있어 연인들의 산책로로 안성맞춤. 목조로 지어진 정자에 오르면 한려수도가 한눈에 내려다보인다. 인근의 창선 · 삼천포대교 야경 또한 빼놓을 수 없는 볼거리. 삼천포대교 인근에는 유람선선착장이 있어 삼천포 앞바다를 관광할 수 있다.

063 사천 신수항방파제

●소재지 : 경남 사천시 신수동 137-2 외
●길 이 : 남방파제 300m, 북방파제 170m

교통편 : 남해고속도로 사천 I.C에서 사천공항을 지나 곧장 삼천포항(사천항)까지 진입한다. 삼천포항에서 신수도까지는 객선을 이용한다(자가용 탑재 가능). 1일 5회 운행, 소요시간 15분.

연락처(055) : 선구동 현대낚시(833-2468) · 등대낚시(835-2446) · 서동 삼일낚시(832-3131) · 제일낚시(833-3559) · 한려낚시(832-4540)

낚시여건

2005년 2월 삼천포-신수도 간 차를 탑재할 수 있는 도선이 취항하여 자가용을 가지고 진입할 수도 있다. 신수도 본동과 남쪽의 대구동 사이는 해안도로가 시원하게 뚫려 새로운 관광지로 부상하고 있다.

낚시 역시 예부터 볼락과 감성돔이 잘 낚이는 곳으로 유명한데, 특히 볼락은 개체수가 많고 씨알도 굵어 볼락 마니아들의 주요 출조지로 명성이 높다. 방파제 역시 갯바위 못지않은 조황을 선보이며 꾼들을 유혹하고 있다. 특히 본동 앞의 긴 방파제는 폭이 넓고 테트라포드가 없는 돌멩이와 석축으로만 이루어져 있어 안전한 발판 위에서 낚시를 즐길 수 있다.

어종과 시즌

봄철은 역시 볼락 세상이다. 주로 야간에 손바닥 씨알이 마리수로 낚인다. 가을에는 반대로 낮낚시에 굵은 씨알이 선보이며, 한겨울에는 마리수는 적지만 씨알이 연중 제일

위치 : 〈위치도12〉 참조

굵게 낚인다. 감성돔은 5월 초부터 시작하여 6월 말까지 피크 시즌을 이루는데, 마리수는 적은 대신 45~55cm의 대형급이 낚인다. 7월 중순 이후부터는 살감성돔이 마리수로 낚이면서 가을 시즌을 재촉한다. 9~10월 두어 달 25~30cm급들이 한창 손맛을 안겨준다. 그 외 봄철에는 숭어가, 여름철에는 가지매기 · 학공치 · 고등어 · 전갱이 등이 선보인다.

장비와 채비 · 미끼

민장대를 이용하여 낚을 수 있는 어종은 볼락을 비롯한 망상어 · 고등어 · 학공치 등이다. 이 가운데 볼락낚시는 두 개의 바늘을 단 가지채비로 살살 끌어주는 형식의 맥낚 기법을 구사하면 어렵잖게 입질을 받을 수 있다. 봄에는 청갯지렁이, 가을에는 민물새우를 사용한다. 병아리도 잘 먹히지만 봄철에 잠깐 채집되기 때문에 사용 기간이 짧은 게 흠이다. 릴 찌낚시는 감성돔과 가지매기 등을 노릴 수 있으며, 감성돔 채비는 조류가 세기 때문에 1호~1.5호 정도의 구멍찌에다 금속 수중찌를 채워야 한다.

포인트 안내

감성돔과 볼락 모두 석축 중간 중간, 해초(몰)가 형성되어 있는 곳을 찾아 노리면 틀림없다. 감성돔 최고의 포인트는 큰 방파제 외항 쪽 중간 부분으로, 방파제 공사 때 돌이 투입된 곳을 찾으면 된다. 낚시를 하다 보면 밑걸림이 느껴지는 곳이다. 조금 물때 전후만 피하면 무난한 조과를 올릴 수 있다. 외항 쪽 수심은 8~10m 사이. 작은 방파제 역시 큰방파제 못지않게 조황이 좋은 편인데, 등대에서 안쪽으로 30m 지점이 일급 포인트이다.

인근 명소

삼천포항에서 뱃길로 15분이면 닿는 가까운 거리인 신수도는 동네가 조용하고, 또한 몽돌로 이루어진 아담한 소규모 해수욕장도 위치하는데, 여러 개의 깨끗한 방갈로가 있어 가족과 함께 찾아도 좋을 듯하다. 잘 정돈 된 해안도로를 따라 즐기는 남해 바다 풍치도 빼놓을 수 없는 구경거리다.

064 남해 물건방파제

●소재지 : 경남 남해군 삼동면 물건리 1-6 외
●길　이 : 북방파제 450m, 남방파제 320m

교통편 : 남해고속도로 사천 I,C에서 빠져나와 삼천포까지 간 다음 삼천포대교-창선대교를 지나 창선도에 진입, 재차 창선도를 가로질러 창선교를 지나면 삼동면 삼거리. 이곳에서 미조 방면으로 좌회전하여 약 7km 진행하면 물건리에 다다른다.

연락처(055) : 물건리 삼천포낚시마트(867-4590) · 물건낚시(867-7961) · 남해낚시(867-7232)

■낚시여건

약 230가구가 모여 사는 물건리 마을 앞에는 양쪽으로 두 개의 방파제가 길게 늘어 서 있다. 두 곳 모두 도보 진입이 불가하여 마을에서 운행하는 낚싯배를 이용해야 한다. 수심이 깊어(18~23m) 봄부터 한겨울까지 감성돔 · 볼락은 물론, 철따라 다양한 어종이 출몰한다. 내항은 석축, 외항은 테트라포드로 이루어져 있다.

■어종과 시즌

4월~6월은 볼락 시즌으로 벚꽃축제와 맞춰 가족을 대동한 꾼들의 발길이 분주하다. 6월 이후에는 감성돔을 선두로 낱마리지만 돌돔 · 벵에돔 · 참돔 등이 붙는다. 감성돔의 경우 추석 이전까지는 마리수로 낚이다가 찬바람이 불기 시작하면 씨알이 굵어지는데 한겨울엔 대형급이 낚이기도 한다. 여름밤엔 가지매기낚시가 재밌고, 가을철 씨알 굵은 학공치 또한 출조객들을 불러 모은다. 한겨울이면 선상 외줄낚시에 볼락 · 열기 꽃이 줄줄이 피어난다.

위치 : 〈위치도12〉 참조

장비와 채비 · 미끼

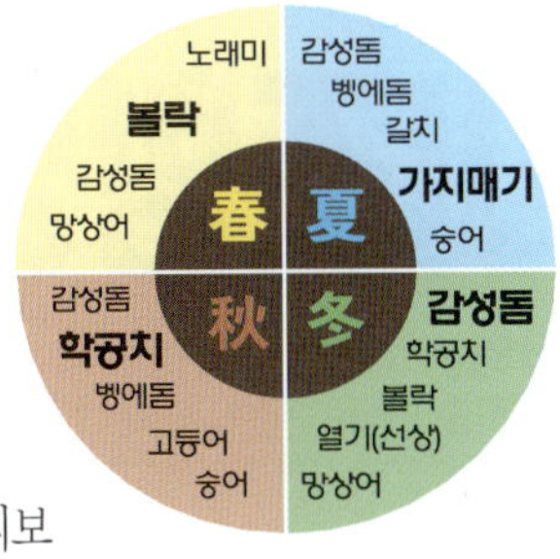

볼락은 3~3.5칸의 민낚싯대를 많이 쓰며, 볼락 6~7호 바늘을 2~3개 덧달아 맥낚을 구사한다. 잘 듣는 미끼는 병아리(사백어). 1호대를 기본으로 하는 감성돔낚시는 구멍찌보다는 막대찌를 많이 쓰는데, 깊은 수심(내항 16~18m)에다 조류가 약하고 많은 사람이 수시로 들락날락 하다보니 예민한 입질에 효과적이기 때문이다. 단 여름철에는 4~6m 수심 층에서 입질이 잦아 저부력의 구멍찌를 쓰기도 하며, B찌를 이용한 전유동낚시도 잘 듣는다. 가을은 감성돔이 서서히 깊은 곳으로 이동하는 시기로, 2호 정도의 막대찌에 목줄을 짧게(1.5m)하여 빨리 내리는 속공형 채비가 먹히기 시작한다.

포인트 안내

우선 감성돔은 외항보다 내항 쪽이 유리하다. 북방파제 최고의 포인트는 입구에서 25~30m 지점과 100m 지점의 석축 일대. 약 30m 이상 캐스팅해야 입질 확률이 높아진다. 남방파제는 내항 중앙의 계단 자리가 붐비는 곳이다. 외항 쪽은 북방파제 입구와 어장줄 자리 우측 일대가 인기 포인트. 두 곳 방파제 등대 콧부리도 빼놓을 수 없다. 볼락은 전역이 포인트로 특히 방파제 입구 내 · 외항 방향 모두에서 마리수와 씨알이 굵은 편이다.

기타 참고사항

현지 낚시연합회에 소속된 여러 척의 낚싯배가 수시로 낚시객들을 실어 나른다. 요금은 4인 기준 2만원. 배 운항 시간은 오전 6시~오후 8시(하절기는 새벽 5시~밤 10시). 방파제 입구에는 임시 매점(커피와 컵라면)이 있고, 마을에서 중국음식도 배달해 준다.

인근 명소

현지 물건리 해안엔 천연기념물 150호로 지정된 '물건리 방조어부림' 이 있다. 길이 1.5km, 폭 30m 규모의 울창한 숲과 이어지는 자갈밭 해수욕장 또한 여름 피서객들이 즐겨 찾는 곳이다. 마을 위쪽 언덕에 위치한 '독일마을' 과 '원예예술촌' 도 한번쯤 둘러볼만한 곳이다.

065 남해 미조항방파제

- ●소재지 : 경남 남해군 미조면 미조리 16-45 외
- ●길　이 : 서방파제 300m, 동방파제 170m, 북항 남방파제 80m

교통편 : 남해고속도로 진교 I.C나 하동I.C에서 나와 남해대교를 지나 남해읍까지 간다. 삼거리에서 이동면 방향으로 좌회전, 이동면과 상주를 경유하면 미조리에 닿는다. 부산·마산 방면의 경우는 남해고속도로 사천I.C에서 빠져나와 삼천포까지 간 다음 창선도를 지나면 만나는 삼동면 삼거리에서 미조 방면으로 좌회전, 3번 국도를 타고 미조 방향으로 향하면 된다.

연락처(055) : 미조리 낚시천국(867-3613)·사천낚시(867-4027)·팔도낚시(867-7231)·서남낚시(867-6011)·두미낚시(867-3620)·부산낚시(867-6806)

위치 : 〈위치도12〉 참조

■낚시여건

남해 미조 일대는 도보로 진입 가능한 갯바위 포인트가 다른 곳에 비해 턱없이 부족하여 방파제 의존도가 상당히 높은 편이다. 그 중 규모나 조황 면에서 최고로 꼽히는 방파제가 바로 미조항방파제다. 미조항방파제는 미조·팔랑포·북항방파제를 총칭해서 부르는 말인데, 어느 곳 하나 가볍게 봐선 안 되는 보배 같은 곳이다. 철따라 대상어종을 달리 할 수 있는 것도 미조항방파제만의 장점이다.

■어종과 시즌

미조항방파제의 주력 어종은 벵에돔과 살감성돔. 특히 벵에돔은 남해도 일원에서 가장 큰 씨알을 자랑한다. 한여름보다는 찬바람이 불어오는 10월이 피크 시즌이다. 그중 미조방파제가 가장 나은 조황을 보이는데 새벽녘에는 40cm급도 가끔씩 입질을 한다. 감성돔은 모든 지역에서 고른 조황을 보이며, 평균 씨알은 20~25cm. 주로 아침나절에 왕성한 입질을 보이지만 밤낚시를 하면 의외로 큰 씨알도 낚인다. 볼락도 빼놓을 수 없는

〈미조항방파제〉

어종. 봄철에는 마리수, 늦가을~한겨울에는 씨알 위주의 낚시가 이루어진다.

■장비와 채비 · 미끼

가을철에는 가까운 거리에서도 입질을 하므로 릴 찌낚시와 민장대낚시가 병행된다. 다만 민장대를 쓸 때는 테트라포드에 줄이 터지는 것을 방지하기 위해 7.2m 이상의 경조대를 써야한다.

릴 찌낚시는 조류의 흐름이 약하고 물색이 맑은 것을 감안, 저부력 채비로 공략하는 것이 유리하다. 벵에돔과 감성돔 미끼는 크릴이, 볼락은 민물새우와 청갯지렁이가 좋다.

■포인트 안내

세 곳 방파제 모두 외항 쪽에 포인트가 형성된다. 특히 외항 쪽 끝부분에서 두드러진 조황을 보이는데, 미조방파제는 평균 수심이 7~10m 정도로 조금 깊은 편이다. 테트라포드 근처보다는 최대한 먼 곳을 노리는 것이 키 포인트. 전방 20m 근처에 넓게 수중여가 형성되어 있는데 그곳을 집중적으로 노리는 게 요령이다. 팔랑포에서 배로 진입하는 팔랑포방파제는 초입으로부터 3분의 2지점, 꺾인 부분 외항 쪽에 포인트가 형성된다.

■기타 참고사항

물색이 너무 맑을 때에는 B이하의 구멍찌나 막대찌를 써서 예민한 입질을 감지해내야 한다. 뒷줄 견제는 필수. 릴 찌낚시가 아니더라도 맥낚시로 채비를 조금씩 끌어주면 보다 빠른 입질을 받을 수 있다. 팔랑포방파제의 경우 도보로 20분 정도 소요되므로 준비물을 확실하게 챙겨가는 것이 좋다.

■인근 명소

강원도 낙산사 홍연암, 강화도 보문사와 더불어 우리나라 3대 기도처의 하나로, 푸르른 남해의 경치를 한눈에 볼 수 있는 금산(보리암)이 인접해 있으며, 신라 원효대사가 좌선했다는 '좌선대바위'와 부근의 쌍홍문은 '금산 38경' 중에서도 으뜸으로 꼽힌다.

〈위치도10〉 경남 마산권

남해군 상주면 양아리 소재의 벽련방파제 노을 장면.

〈위치도11〉 경남 거제 · 통영 · 고성권

〈위치도12〉 고성 · 사천 · 남해권

33 거제 구영방파제

●경남 거제시 장목면 구영리 329-8
●길 이 : 약 100m

낚시개황 : 거제도 최북단에 위치해 진해만의 감성돔이 제일 먼저 붙는 곳이기도 하다. 바닥 지형은 완만해 그다지 수심이 깊지 않지만 조류가 원활해 봄부터 늦가을까지 살감성돔이 꾸준히 낚인다. 특히 조용한 밤낚시에는 민장대가 효과를 발휘한다. 봄철에는 5짜 감성돔이 선상 원투낚시에 호황을 보이고, 갯바위와 방파제는 8월부터 11월 말까지 25cm급 안팎 씨알이 마리수 조황을 보여 꾼들의 발길이 끊이지 않는다. 사니질대가 고루 분포하여 갯지렁이를 이용한 원투낚시에도 도다리 · 양태 · 보리멸 등이 잘 낚인다.

위치 : 〈위치도11〉 참조

교통편 : 통영 방면에서는 신거제대교를 넘어 14번국도로 신현을 지나 연초면 소재지에서 북쪽 5번국도를 갈아타고 하청 · 장목을 지나 황포 · 구영 방향으로 계속 북상하면 된다. 부산 방면에서 거가대교를 이용할 경우는 거제도 거가대로 관포교차로로 나온 후 장목 방면의 장목농협앞삼거리에서 우회전하여 계속 북상해야 한다.

연락처(055) : 장목리 거가낚시(635-2112) · 에이스낚시(635-2280) · 하청리 우연낚시(635-8245)

34 거제 상유방파제

●경남 거제시 장목면 유호리 449-13 외
●길 이 : 큰 방파제 약 150m, 작은 방파제 약 70m

낚시개황 : 거제도 북쪽에 위치한 까닭에 감성돔이 제일 먼저 붙는 곳이다. 봄부터 늦가을까지 큰 씨알은 드물지만 25~30cm급들이 손맛을 가득 안겨준다. 가을철에는 전갱이 · 고등어와 함께 갈치가 떼로 붙기도 하며, 밤낚시에는 볼락이 잘 낚인다. 왼쪽 작은 방파제는 수심이 얕아 끝 부분에 일부 포인트가 형성되고, 오른쪽의 큰 방파제는 외항 쪽 전역이 감성돔 일급 포인트이다. 5~6m 정도로 수심이 고르며, 조류 흐름도 원활하다. 방파제 규모는 작지만 조류의 흐름이 좋고, 테트라포드를 벗어나면 사니질 바닥이므로 멀리 원투하지 말고 발밑을 노려야 한다.

위치 : 〈위치도11〉 참조

교통편 : 통영 방면에선 신거제대교 건너 14번국도 연초삼거리에서 좌회전, 5번국도 하청면 소재지를 거쳐 장목농협앞삼거리에서 농소 방면으로 다시 우회전하여 10분 정도 진행하면 유호(상유)마을에 닿는다. 거다대교 방면에서는 관포교차로로 빠진 후 왼쪽 지하도로 빠져나오면 관포삼거리. 왼쪽으로 계속 북상하여 하유마을 입구를 지나 430여m 지점에서 나타나는 삼거리에서 오른쪽 바닷가로 내려가면 상유마을이다.

연락처(055) : 장목리 거가낚시(635-2112) · 에이스낚시(635-2280) · 하청리 우연낚시(635-8245)

35 거제 흥남방파제

●소재지 : 경남 거제시 장목면 시방리 280-11
●길 이 : 약 100m

낚시개황 : 이수도가 코앞에 보이는 흥남방파제는 규모는 작지만 거제도 내 방파제 중에선 가장 명소로 손꼽힌다. 방파제와 연결된 복잡한 수중여와 암초대가 멀리까지 뻗어 있고, 조류 또한 왕성하여 연중 감성돔을 비롯한 다양한 어종이 철따라 손맛을 제공한다. 봄철 민장대로 낚아 올리는 망상어 · 볼락 재미가 쏠쏠하고, 여름철 릴 찌낚시엔 참돔 · 돌돔 · 가지매기가 손맛을 보탠다. 이후 추석을 전후해 굵은 감성돔이 다시 붙기 시작하면 자리다툼까지 벌어진다. 이웃한 해수욕장에서는 여름철 원투낚시에 도다리와 보리멸 · 양태 등이 잘 낚여 피서객들을 즐겁게 한다.

위치 : 〈위치도11〉 참조

교통편 : 통영 방면에서는 신거제대교로 14번국도 사등 · 신현 · 연초를 지나 송정IC에서 거가대교 방향의 거가대로를 갈아탄 후 외포교차로에서 빠진다. 곧 나타나는 삼거리에서 좌회전하여 북상하다 보면 오른쪽으로 흥남해수욕장을 알리는 안내판이 나타난다. 부산 방면에서는 거가대교 건너 거가대로에서 대금교차로로 빠진 후 흥남 방향으로 남하하면 된다.

연락처(055) : 연초면 죽토리 진주낚시(636-3986) · 연사리 가우낚시할인마트(636-6496) · 옥포1동 피싱코리아(687-3444)

36 거제 대계방파제

●소재지 : 경남 거제시 장목면 외포리 1288-5
●길 이 : 약 50m

낚시개황 : 김영삼 전대통령의 생가로 널리 알려진 대계 마을에 위치한 방파제로, 외항 쪽은 테트라포드, 내항은 석축으로 이루어져 있다. 수중여가 산재한 외항 쪽이 일급 포인트로, 물색이 맑아 파도가 있는 날에 호황을 보인다. 봄철부터 늦가을까지 감성돔 · 벵에돔 · 돌돔 · 참돔 · 숭어 · 학공치 · 도다리 · 보리멸 등이 각축전을 벌이는데, 추석 무렵 감성돔이 입성하면 본격 쟁탈전이 벌어진다. 테트라포드 사이사이를 민장대로 노려도 의외의 수확을 거둘 수 있다. 그러나 파도가 잔잔한 날은 먼 곳을 노려야 한다. 숙박은 이웃 덕포해수욕장에서 해결해야 한다.

위치 : 〈위치도11〉 참조

교통편 : 통영 방면에서는 신거제대교 건너 신현 · 연초를 지나 송정IC에서 거가대교 방향의 거가대로를 갈아탄 후 덕포교차로로 나와 외포리 방향으로 북상하면 된다. 부산 방면에서는 거가대교를 건너 거가대로를 타고 내려오다 외포교차로로 나오면 된다.

연락처(055) : 연초면 죽토리 연초낚시(636-1017) · 옥포동 거제도낚시여행(688-5454) · 거제대물낚시(687-7327)

37 거제 덕포방파제

●소재지 : 경남 거제시 덕포동 81-7
●길 이 : 약 100m

낚시개황 : 옥포에서 5분 거리인 덕포해수욕장에 면해 있다. 해수욕장과 접해 바닥이 모래와 자갈로 이루어져 있지만 외항 쪽에는 수중여가 발달되어 있다. 여름철 손바닥 씨알의 벵에돔이 떼로 몰리는가 하면, 가지매기와 매퉁이 낚는 재미도 쏠쏠하다. 9월이면 25cm급 감성돔과 숭어 · 벵에돔으로 연중 최고의 피크 시즌을 형성한다. 벵에돔 · 감성돔 포인트는 외항과 방파제 콧부리 쪽이며, 릴 찌낚시보다는 민장대가 위력을 발휘하는데 석축에 거의 붙여서 내리는 찌낚시 채비로 2.5~4m 수심층을 노리면 확률이 높다. 해수욕장 주변에 횟집 · 펜션 · 민박집이 즐비하다.

위치 : 〈위치도11〉 참조

교통편 : 부산 방면의 경우 거가대교로 진입해 거가대로 덕포교차로로 빠져 나와 700여m만 진행하면 덕포해수욕장 입구가 나타난다. 통영 방면의 경우 신거제대교 건너 14번국도 신현 · 연초를 지나 옥포 방면의 송정IC에서 거가대교 방면의 거가대로로 진입해 약 2.5km 지점의 덕포교차로로 빠지면 된다.

연락처(055) : 연초면 죽토리 진주낚시(636-3986) · 연초낚시(636-1017) · 옥포동 거제도낚시여행(688-5454)

38 거제 여차방파제

●소재지 : 경남 거제시 남부면 다포리 52-7
●길 이 : 약 80m

낚시개황 : 유명한 여차 몽돌해변이 있는 여차마을 앞 방파제이다. 규모는 작지만 조류 소통이 좋고 이웃 갯바위와 함께 유명 낚시터로 각광받는 곳이다. 감성돔 · 벵에돔 · 볼락이 주로 어둠을 타고 몰려드는데, 방파제 양 옆으로 나 있는 대형 테트라포드가 거센 조류에 부딪쳐 고기들의 좋은 회유 여건을 만들어 내기 때문이다. 3월 초순, 이른 봄에는 숭어와 학공치가 주종을 이루며, 밤이 되면 대형급 감성돔도 출몰한다. 5월부터는 벵에돔이 시즌을 형성, 가을까지 호황을 이룬다. 이후 10월이 되면 다시 감성돔이 시즌을 형성한다. 관광지로서 민박 여건도 좋다.

위치 : 〈위치도11〉 참조

교통편 : 통영 방면에서는 신거제대교 건너 사곡삼거리에서 우회전 → 거제면 소재지 → 동부면 소재지의 오망천삼거리에서 좌회전 → 삼거림 · 마하병원 · 탑포사거리 → 저구삼거리에서 다대 방향 750여m 지점의 다포삼거리에서 우회전하면 다포마을을 지나 여차에 이른다. 거가대교 방면에서는 옥포 · 장승포를 거쳐 남부 방면의 14번 국도로 계속 남하하다가 다대 입구를 1.2km 지난 다포삼거리에서 좌회전하면 다포를 지나 여차에 이른다.

연락처(055) : 남부면 다포리 여차낚시(633-1132) · 다대리 자유시간낚시(633-1232) · 동부면 산양리 반반낚시(638-5832)

39 거제 대포방파제

●소재지 : 경남 거제시 남부면 저구리 767-3
●길 이 : 약 70m

낚시개황 : 거제 남부권의 대포항에 위치하며, 테트라포드가 아닌 석축으로만 조성된 방파제이다. 대물은 기대하기 힘들지만 잡어 손맛을 보는 데는 손색이 없다. 마을을 끼고 있어 차를 세워놓고 바로 낚시를 할 수 있는 것도 장점이다. 이른 봄부터 볼락과 망상어가 많이 붙고 학공치도 단골손님이다. 여름부터 벵에돔과 감성돔이 시작되는데, 벵에돔은 조류의 흐름이 좋은 사리 물때를 집중 공략해야 한다. 항구가 다소 번잡하여 감성돔은 밤낚시에 조과가 기대된다. 씨알은 크지 않지만 늦은 시간에 항구의 가로등을 벗 삼아 낚시를 하다보면 야간에도 벵에돔이 낚인다.

위치 : 〈위치도11〉 참조

교통편 : 거제대교에서 신현 · 옥포 방면으로 진행하다가 사곡삼거리에서 우회전, 거제면 소재지와 동부면 소재지를 거쳐 저구리와 명사를 지나면 곧 대포마을에 닿는다.

연락처(055) : 저구리 해양낚시(632-1561) · 미래낚시(632-1685) · 대포낚시(634-6159)

40 거제 대곡방파제

●소재지 : 경남 거제시 하청면 대곡리 748-11
●길 이 : 약 50m

낚시개황 : 거제도 부속섬 중 제일 큰 칠천도 북서편에 위치한다. 황덕도와 마주하고 있는 대곡마을 방파제로, 그 규모는 작지만 섬과 섬 사이의 유속이 좋고, 양식장이 산재하여 물고기들의 서식 여건이 뛰어나다. 봄철이면 5짜급 감성돔을 쉽게 만날 수 있으며, 우럭 · 볼락을 시작으로 여름철에는 숭어 · 전갱이가, 가을철에는 살감성돔과 볼락 · 전갱이 · 고등어가 재미를 듬뿍 안겨준다. 방파제 주변 수심이 깊지 않은 탓에 간조 때보다는 만조 전후 때 입질이 빈번하다.

위치 : 〈위치도11〉 참조

교통편 : 거가대교 쪽에선 관포교차로로 빠져나와 장목면소재지에서 칠천교를 건너 칠천도 장안마을삼거리에서 '어온' 방면으로 우회전하여 칠천동로를 따라 북상하다가 조곡마을을 지나 나타나는 삼거리에서 왼쪽 대곡 방향의 칠천중앙길을 넘어 대곡삼거리에서 좌회전 후 대곡마을회관 앞에서 우회전하여 800여m만 들어가면 된다. 통영 방면에서는 신거제대교 건너 연초삼거리에서 왼쪽 5번국도로 갈아타 하청면소재지를 지나 칠천도로 방향을 잡으면 된다.

연락처(055) : 장목면 장목리 에이스낚시(635-2280) · 연초면 죽토리 진주낚시(636-3986)

41 거제 옥계방파제

●소재지 : 경남 거제시 하청면 연구리 424-13 외
●길 이 : 큰 방파제 50m, 작은 방파제 30m

낚시개황 : 거제 칠천도 남쪽에 위치한 옥계리 앞 방파제다. 만(灣)을 이루고 있는 포구에 두 개의 방파제가 서로 마주보고 있다. 조황은 두 곳 모두 우열을 가리기 힘드나 마을 앞 방파제가 인기. 조류는 약하지만 양식장이 산재하여 현지 단골꾼들은 칠천도 내에서 최고의 낚시터로 손꼽는다. 봄에는 산란을 위해 대형 감성돔이 모여들고, 볼락낚시가 만개를 한다. 큰 씨알이 빠지는 7월 이후부터 늦가을까지는 손바닥 씨알의 살감성돔이 낚이는데, 때를 같이하여 도다리 · 숭어 등이 모여들어 낚시객들도 줄을 잇는다. 수심이 얕고 암초지대가 적어 겨울 낚시는 재미가 없다.

위치 : 〈위치도11〉 참조

교통편 : 신거제대교를 기점으로 신현읍을 지나 연초삼거리에서 장목면 방면으로 좌회전, 진입하다가 좌측으로 보이는 칠천대교를 지나자마자 좌회전하여 5분 정도 가면 옥계리에 닿는다.

연락처(055) : 장목면 장목리 거가낚시(635-2112) · 에이스낚시(635-2280) · 하청면 하청리 우연낚시(635-8245)

42 창원 원전방파제

●소재지 : 경남 창원시 마산합포구 구산면 심리 197-7 외
●길 이 : 큰 방파제 약 280m, 작은 방파제 약 70m

낚시개황 : 90년대 말, 심리에서 원전마을까지 해안도로가 개통되면서부터 낚시터로서의 전성기를 맞았다. 원전방파제와 해안도로는 물론, 마을 앞바다에선 선상낚시를 즐길 수 있기 때문이다. 보리누름이 한창인 5~6월에는 봄나들이와 맞물려 야간 볼락과 도다리 던질낚시가 성황을 이룬다. 초여름에는 갈치 선상낚시가 인기를 끄는데, 이때는 서둘러 배를 예약하지 않으면 탈 수가 없다. 가을이 시작되면 본격 감성돔낚시를 위한 전문꾼들이 찾아드는데, 초겨울까지 25~30cm급들이 마릿수 조황을 보인다. 방파제 수심은 5~6m 안팎이며, 외항 쪽이 포인트이다.

위치 : 〈위치도10〉 참조

교통편 : 남해고속도로 내서JC로 나와 내서읍을 거쳐 계속 남하하다 보면 현동교차로가 나온다. 여기서 고성·통영 방면 우측 도로를 따라 1.3km여 지점의 우산교차로에 이르면 심리 방면으로 좌회전한다. 곧 나타나는 옥동교차로에서 구산·심리 방면으로 덕동삼거리→유산삼거리→수정삼거리→난포삼거리 순으로 진행하면 원전항까지 약 18.6km 거리다.

연락처(055) : 구산면 수정리 보해낚시(222-5251)·대박낚시(222-6286)·구산낚시(221-1106)·유산리 유산삼거리낚시(221-4080)

43 창원 시락방파제

●소재지 : 경남 창원시 마산합포구 진전면 시락리 286-26
●길 이 : 약 40m

낚시개황 : 여러 어종의 산란처로 유명한 당항포 입구에 위치해 있다. 방파제 규모는 작지만 사철 다양한 어종이 붙고, 특히 마산시에서도 가까워 주말이면 나들이객들이 많이 찾는다. 봄철에는 볼락과 도다리가, 여름철 밤낚시에는 붕장어, 가을부터는 노래미가 각광을 받는다. 특히 봄철엔 감성돔의 씨알이 굵게 낚이며, 초가을부터는 손바닥만한 씨알이 마리수 재미를 안겨준다. 그 외에도 시락마을에서 전마선을 이용한 선상낚시도 유명한데, 도다리·볼락·보리멸·감성돔 등이 낚이며 마리수까지 보장되기 때문에 연중 꾼들의 발길이 끊이질 않는다.

위치 : 〈위치도10〉 참조

교통편 : 마산에서 2번 국도로 고성 방향의 진동면을 지나 암하삼거리에서 '동해·거류' 이정표를 보고 좌회전한다. 창포마을을 지난 다음, 동해면을 잇는 연육교(동진대교)를 건너지 말고 계속 직진하면 속개마을을 지나자마자 시락 마을에 닿는다.

연락처(055) : 진동면 진동리 진동낚시(271-5940)·보문낚시(271-2564)·포인트낚시(272-0308)

44 통영 수월리방파제

●소재지 : 경남 통영시 도산면 수월리 1236-1
●길 이 : 약 100m

낚시개황 : 고성-통영 간 국도 중간쯤 도산면 해안가에 위치한다. 외해에서 밀려오는 너울파도가 높아 방파제가 긴 편이다. 예부터 감성돔과 볼락터로 유명한데, 5~6월 보리누름 때면 외지 볼락 마니아들이 원정을 마다 않는다. 감성돔 역시 봄철 산란을 끝낸 후에도 이곳 수월리 방파제와 인근 갯바위에서 오래도록 머무는데, 가을 시즌까지 그 조황이 이어진다. 특히 여름 밤낚시에 굵은 놈들이 선을 보이는데 가을에는 그 씨알이 다소 잘아진다. 방파제 중간쯤 외항 쪽이 일급 포인트로, 물 흐름이 원활하지 못해 사리 물때 전후에 찾는 것이 좋다. 수심은 7m 안팎.

교통편 : 마산·진주에서 방면에서 고성읍을 거쳐 14번 국도로 통영시 방향으로 가다가 고성읍 기점 약 10km 지점의 도산면 소재지로 진입, 「수월리」이정표를 보고 약 4km 정도 더 들어가면 수월리방파제에 닿는다.

연락처(055) : 도산면 법송리 독도낚시여행(644-1782)·유촌바다낚시클럽(010-8879-9240)·대도낚시마트(646-8484)·원산리 바다낚시(644-0054)

45 통영 마동(척포)방파제

●소재지 : 경남 통영시 산양읍 미남리 338-5
●길 이 : 큰방파제 110m, 작은방파제 70m

낚시개황 : 통영시 산양읍(미륵도) 남단에 위치한다. 갯바위 출항지로 널리 알려진 척포(마동) 마을 우측에 있는 방파제로 길이는 그다지 길지 않지만 사철 다양한 어종이 낚인다. 특히 여름 태풍 때면 인근 가두리양식장이 연례행사처럼 터져 참돔과 우럭 소동이 벌어지기도 한다. 봄 시즌의 방파제에선 볼락 씨알이 굵게 낚이며, 여름에는 고등어 · 전갱이가 몰려들고, 장마철을 전후해서는 손바닥 씨알의 벵에돔이 마리수 조황을 보이는가 하면, 가을에는 감성돔과 학공치낚시가 성황을 이루기도 한다. 일급 포인트는 물이 빠지면 드러나는 방파제 콧부리 앞 수중턱 주변이다.

위치 : 〈위치도11〉 참조

교통편 : 마산이나 진주에서 고성읍을 거쳐 14번 국도를 타고 통영시내로 진입한다. 시내 산복도로를 타고 통영대교를 지나 산양읍 일주도로로 삼덕→연명→달아 마을을 차례로 지나 마동 마을로 내려가면 된다.

연락처(055) : 산양읍 미남리 은진낚시(646-3406) · 마동낚시(646-3434) · 은성낚시(645-1790)

46 통영 매물도 당금방파제

●소재지 : 경남 통영시 한산면 매죽리 74-12
●길 이 : 약 340m

낚시개황 : 큰 규모를 자랑하는 매물도 당금방파제는 초봄에 굵게 낚이는 벵에돔낚시로 유명한 곳이다. 수심이 깊고 조류가 빨라 사리 물때를 넘긴 10물~2물 사이에 좋은 조황을 보인다. 남해동부권에선 제일 빠른 2월 말경이면 벵에돔이 출현하는데, 씨알이 모두 30~40cm 전후로 굵은 편이다. 초봄에는 홍갯지렁이나 잘게 자른 참갯지렁이를 써야 입질을 받지만, 5월에 접어들면 씨알이 다소 잘아지면서 크릴에 반응을 보인다. 이때는 25cm 전후의 참돔 새끼들도 가세한다. 11월 이후부터 한겨울까지는 감성돔 시즌. 테트라포드가 워낙 커 이동 시 조심해야 한다.

위치 : 〈위치도11〉 참조

교통편 : 통영 여객선터미널과 거제도 저구항에서 매물도까지 운항하는 정기 여객선이 있다. 통영이나 거제도 다대 · 대포 · 저구항에서 낚싯배를 이용하여 곧바로 진입하는 게 편리하다.

연락처(055) : 통영시 도남동 한양낚시마트(644-5300) · 서호동 매물도낚시(642-0145) · 비진도낚시(642-9494) · 엔젤터미널낚시(643-3121)

47 통영 우도방파제

●소재지 : 경남 통영시 욕지면 연화리 182-7 인근
●길 이 : 약 50m

낚시개황 : 연화도 북쪽에 위치한 우도 마을 앞 방파제로 길이는 짧지만 수심이 깊고 갯바위와 연결되어 있어 사철 다양한 어종이 붙는다. 테트라포드가 없는 일자형 석축 방파제로 한창 시즌 때면 볼락 꾼들이 자리다툼을 벌이기도 한다. 수심은 8~12m. 4월~12월 시즌 가운데 봄철 씨알이 굵고, 여름~가을에는 마릿수가 좋다. 특히 여름에는 한낮에도 크릴과 민물새우가 잘 먹힌다. 벵에돔은 5월부터 늦여름까지 선보이는데, 장마철 전후가 피크. 감성돔은 사철 가능하지만 겨울 씨알이 굵은 편. 포인트는 바깥쪽 콧부리. 볼락은 방파제와 갯바위 전역에서 낚인다.

교통편 : 통영 여객선터미널에서 가고파호가 하루 두 차례 운행하고 있으며, 사천 · 고성 · 통영 등지에서 낚싯배를 이용하면 30~40분 소요된다.

연락처(055) : 산양읍 삼덕리 두모낚시(649-1788) · 통영프로낚시(643-0045) · 미남리 미남낚시(646-1637) · 대일낚시(645-8395)

48 통영 욕지도 목과방파제

●소재지 : 경남 통영시 욕지면 동항리 651 인근
●길 이 : 큰 방파제 110m, 작은 방파제 40m

낚시개황 : 욕지도 동항리 북쪽에 위치한다. 마을 좌측은 일자방파제, 우측은 'ㄱ'자로 꺾여 있다. 수심은 9~18m로 다양하며, 특히 본류대를 가까이 하고 있어 조류가 왕성한 편이다. 여름철부터 추석 이전까지는 자연산 및 인근 가두리에서 탈출한 양식 참돔이 낚이기도 한다. 씨알은 30~50cm, 낚이는 시각은 대체로 야간과 아침 해뜰 무렵. 감성돔은 사철 낚이는데, 5짜급 배출도 잦은 편이다. 포인트는 우측 방파제의 경우 'ㄱ'자로 꺾인 외항 쪽, 좌측 일자방파제는 콧부리 지점. 사리 물때는 적합지 않고, 가능한 30m 이상의 먼 거리를 공략해야 한다. 썰물 때가 찬스.

교통편 : 통영 여객선터미널에서 욕지호로 욕지도까지 간 다음, 도내(島內) 버스를 이용해 목과 마을까지 가면 된다. 사천·고성·통영 등지에서 낚싯배로 목과방파제까지 곧장 진입할 수도 있는데, 40분 정도 소요된다.

연락처(055) : 욕지면 동항리 욕지낚시(642-5022)·욕지바다낚시(649-4521)·낚시이야기(642-4439)·미진낚시(642-6306)

49 통영 두미도 북구방파제

●소재지 : 경남 통영시 욕지면 두미리 253 인근
●길 이 : 약 60m

위치 : 〈위치도12〉 참조

낚시개황 : 두미도 북서쪽에 위치한 북구방파제는 규모는 작지만 해마다 굵은 감성돔을 배출하는 전통적인 대물터이다. 마을 앞 동서방향 두 개의 방파제 가운데 낚시는 서쪽 큰 방파제 에서 이루어진다. 특히 여름 밤낚시에 대물 출현이 빈번하며, 가을철에는 밤과 낮을 가리지 않지만 씨알이 잘아진다. 봄철에는 볼락 조황이 우세하며 한 여름에는 전갱이·고등어가 붙는다. 감성돔 포인트는 방파제 좌측 외항 쪽 중간부터 끝까지. 특히 석축 끝나는 부분에서 민장대(5칸대) 맥낚 채비로 밤낚시를 하면 확률이 높다. 낮에는 릴 찌낚으로 30m 정도 원투하면 13~16m수심대에서 입질이 닿는다.

교통편 : 통영 여객선터미널에서 두미도 북구까지 가고파호가 하루 두 차례 운행된다. 남해·사천·고성·통영 등지에서 낚싯배를 이용하면 30분이 소요된다. 요금은 3만원.

연락처(055) : 통영시 산양읍 삼덕리 두모낚시(649-1788)·통영OK피싱(641-2255)·사천시 선구동 등대낚시(835-2446)·현대낚시(833-2468)

50 삼천포화력발전소 방파제

●소재지 : 경남 고성군 하이면 덕호리
●길 이 : 약 3,000m

위치 : 〈위치도12〉 참조

낚시개황 : 출입 제한 구역이지만 낚싯배로의 진입은 허용된다. 계절 따라 다양한 어종이 교차하는데, 주력 어종은 감성돔과 볼락. 감성돔의 경우 연중 30~50cm급이 낚이는데, 최고 피크 시즌은 11~12월 두 달이다. 조류가 거센 외항 테트라포드 전역이 일급 포인트로, 조류 강약에 따라 달리 공략해야 한다. 사리 때는 안쪽을, 조금 전후에는 바깥쪽이 포인트가 된다. 입질 수심층은 9~10m 전후. 2~3호 막대찌가 적합하다. 볼락은 4~6월에 마릿수가 좋은 반면, 가을철에는 씨알이 굵다. 그 외 학공치·망상어·노래미·가지매기 등 다양한 어종이 계절 따라 낚인다.

교통편 : 도보나 자동차로는 진입을 할 수 없으며, 삼천포항 외 기타 지역에서 낚싯배로만 진입이 가능하다. 삼천포항에서는 1인당 왕복 1만 5천원.

연락처(055) : 사천시 향촌동 세종낚시(832-8114)·해림낚시(835-0474)·동금동 바다낚시(832-0667)·선구동 현대낚시(833-2468)

51 사천 실안방파제

●소재지 : 경남 사천시 실안동 75-23 외
●길 이 : 북방파제 약 140m, 남방파제 약 160m

낚시개황 : 삼천포대교 북쪽 마도를 마주보고 있는 산분령 해안도로에 위치한 실안포구에 있는 방파제이다. 비슷한 길이의 북방파제와 남방파제가 마을을 양팔로 감싸 안 듯이 축조돼 있는데, 전 구간이 석축으로 발판이 편하다. 수심이 깊지 않아 썰물 때보다는 밀물 때, 맥낚시보다는 찌낚시가 유리하다. 봄철엔 볼락꾼들이 모여들고, 여름밤에는 농어(40~50cm급)를 낚기 위한 꾼들이 몰려드는데, 만조 시각에 입질이 가장 잦다. 채비를 멀리 던질수록 씨알이 굵다. 여름부터 늦가을까지는 잔챙이 감성돔이 마리수 조과를 보이며, 북방파제 바깥쪽이 일급 포인트이다.

위치 : 〈위치도12〉 참조

교통편 : 남해고속도로 사천 IC로 나와 3번국도(사천대로)로 삼천포항 방면으로 진행한다. 사천공항과 사천대교 입구를 계속 지나 남하하면 터널이 나온다. 터널을 나와 900여m만 진행하면 실안동을 알리는 사거리가 나온다. 오른쪽 실안선창길로 꺾어 들어가면 실안방파제까지는 350여m 거리다.

연락처(055) : 사천시 실안동 삼원낚시(833-1069) · 사천시 사천읍 수석리 대박낚시(852-8933) · 사주리 찬호낚시(853-1008)

52 사천 초양방파제

●소재지 : 경남 사천시 늑도동 502-13 외
●길 이 : 큰 방파제 50m, 작은 방파제 30m

낚시개황 : 사천시-창선도를 잇는 삼천포대교 상판 아래에 늑도와 나란히 있는 초양도의 방파제이다. 규모는 작지만 한 겨울을 제외한 내내 감성돔과 볼락이 잘 낚여 단골꾼들이 많다. 방파제와 연결된 넓은 주차장도 무시못할 감성돔 포인트. 들물 때는 방파제, 썰물 때는 주차장 옹벽이 유리하다. 평소 조류가 세차게 흘러 조금 물때 전후해 찾아야 한다. 감성돔은 5월 초순부터 11월까지 지속적으로 낚이는데, 봄 · 여름에는 낮낚시, 여름 · 가을 시즌엔 밤낚시가 유리하다. 씨알은 천차만별. 볼락 역시 3월부터 초겨울까지 꾸준한데, 역시 봄철에 씨알이 굵다.

위치 : 〈위치도12〉 참조

교통편 : 남해고속도로 사천I.C에서 빠져나와 삼천포까지 진입한 다음, 시내 입구에서 삼천포대교로 진입해 3개의 다리 가운데 첫 번째 다리인 삼천포대교를 지나자마자 초양섬으로 빠져 내려가면 곧장 방파제에 닿는다.

연락처(055) : 사천시 늑도동(초양도) 초양낚시편의점(833-1280) · 사천읍 수석리 대박낚시(852-8933) · 사주리 찬호낚시(853-1008)

53 창선도 적량방파제

●소재지 : 경남 남해군 창선면 진동리 997-17
●길 이 : 약 250m

낚시개황 : 창선도 동쪽 망치산 아랫자락에 있는 조그만 어촌에 도착하면 마을 좌측으로 일자형의 방파제가 길게 뻗어나 있는데, 입구에 주차시설 또한 잘 마련돼 있다. 테트라포드가 있는 외항 쪽은 씨알은 굵지 않지만 감성돔이 마리수 조황을 보인다. 가을철 본격 시즌에는 한 물때 40~50수 조황이 비일비재할 정도. 봄철에는 볼락꾼들의 발길이 적지 않은데, 내항 쪽 콧부리 가로등 아래쪽이 일급 포인트이다. 여름밤에는 갈치와 붕장어낚시가 별미를 선사하며, 전역에서 이뤄지는 던질낚시에는 보리멸 · 도다리가 낚인다. 11월 초순 이후부터 초봄까지는 비수기이다.

위치 : 〈위치도12〉 참조

교통편 : 남해고속도로 사천I.C→ 삼천포대교→ 창선도로 진입, 면소재지(수산리) 외곽도로를 타고 가다 '연곡' 이정표를 보고 좌회전, 포장도로를 따라 계속 직진하다가 연곡마을 입구에서 '적량' 푯말을 보고 우회전하면 3km 거리이다.

연락처(055) : 창선면 동대리 태공낚시(867-2900) · 대벽리 행운낚시(867-1120)

54 남해 창선도 장포방파제

●소재지 : 경남 남해군 창선면 진동리 133-1 외
●길　이 : 남방파제 약 240m, 북방파제 약 160m

낚시개황 : 창선도 동남쪽 끝자락 적량방파제 아랫쪽에 위치한다. 규모가 다소 큰 편이면서도 석축으로만 이뤄진 게 특징이다. 우측의 남방파제가 파도막이 방파제로, 석축 밑으로 군데군데 뚫려 있는 물 순환 구멍 주변이 감성돔 포인트. 봄에는 40~50cm급 씨알 재미, 가을에는 잔챙이 마리수 재미가 좋은 편이다. 볼락은 봄철 방파제 주변의 몰 사이를 노리면 되는데, 낮에도 민물새우에 입질이 잦다. 그 외 늦여름부터 붙는 갈치와 학공치낚시도 시도해 볼만하다. 북방파제는 갯바위 연결되어 있는 주변이 감성돔 포인트로, 7~8월 밤낚시에는 민장대로 감성돔을 낚기도 한다.

위치 : 〈위치도12〉 참조

교통편 : 남해고속도로 사천IC를 이용해 삼천포까지 진입해 삼천포대교를 건넌다. 창선도 초입의 단항사거리에서 미조 · 남해 방면으로 계속 직진하여 창선면 소재지 부근의 창선천교를 지나면 곧 상죽리 방향의 오른쪽으로 빠진다. 곧 나타나는 사거리에선 왼쪽 당저교 밑을 통과해 1700m 지점의 삼거리까지 진행해 오른쪽 부윤리 방면으로 길을 잡고서 진동리 장포마을이 나타날 때까지 계속 직진하면 된다.

연락처(055) : 창선면 진동리 장포낚시편의점(867-8234) · 장포횟집낚시(867-7559) · 동대리 태공낚시(867-2900)

55 남해 항도방파제

●소재지 : 경남 남해군 미조면 송정리 391-13
●길　이 : 약 150m

낚시개황 : 창선도에서 미조 가는 길목에 위치하며, 마을(항도)과 섬(항도)을 연결하는 특이한 방파제이다. 남쪽으로 테트라포드가 형성되어 감성돔과 볼락이 항시 노닌다. 태풍 매미 때 유실되었지만 튼튼하게 새로 완공되어 일급 낚시터로 거듭 태어났다. 마을 앞에는 몽돌밭이 넓게 형성되어 여름 휴가철 가족과 찾기에도 좋다. 이곳 역시 밤낚시에 호황을 보이는데, 남쪽 테트라포드 지역이 감성돔 포인트로 가을철에 마리수 재미가 좋다. 봄철에는 볼락, 여름 밤낚시엔 가지매기도 잘 물어준다. 몽동밭과 방파제에서 던질낚시를 하면 도다리 · 노래미 · 보리멸이 걸려든다.

위치 : 〈위치도12〉 참조

교통편 : ①남해고속도로 사천I.C 이용 : 삼천포 삼천포대교→창선대교→삼동면 물건리→미조면 항도 순. ②남해고속도로 진교I.C 이용 : 남해대교→고현→남해읍→상주면→미조 입구→ 항도 순으로 진입.

연락처(055) : 삼동면 물건리 삼천포낚시마트(867-4590) · 남해낚시(867-7232) · 동천리 산마루휴게소낚시(867-2102)

56 남해 노도방파제

●경남 남해군 상주면 양아리 1998-3
●길　이 : 약 80m

낚시개황 : 상주면의 부속섬인 노도는 서포 김만중의 유배지로 잘 알려져 있으며, 낚시꾼들에게는 봄철 볼락 · 감성돔 밤낚시터로 명성이 높다. 정기선이 따로 없어 벽련마을에서 어선을 이용해 진입하는데 5분 정도 소요된다. 배삯 1만원과 주차료, 그리고 현지 노도에서는 쓰레기 수거료를 징수한다. 피크 시즌은 4~6월. 감성돔 씨알은 30cm급부터 5짜급까지 다양하며 볼락 개체수도 많다. 바깥쪽으로 형성된 여밭이 포인트. 여름밤에는 가지매기, 가을에는 학공치를 낚기 위한 꾼들의 러시가 계속 이어지며, 11월 이후 겨울에는 낚시가 잘 안되는 편이다.

위치 : 〈위치도12〉 참조

교통편 : ①남해고속도로 사천I.C 이용 : 삼천포 삼천포대교→창선도→삼동면→미조면→상주해수욕장→양아리→백련마을 순. ②남해대교 이용 : 19번 국도를 이용, 고현→남해읍→상주면 양아리 순으로 해서 백련마을까지 진입한다.

연락처(055) : 남해읍 차산리 보물선낚시(863-1788) · 심천리 대물예감낚시(864-6362) · 삼동면 지족리 태공낚시(867-3522)

57 남해 염해방파제

●소재지 : 경남 남해군 서면 남상리 17911-8 외
●길 이 : 안쪽 방파제 약 120m, 바깥 방파제 약 50m

낚시개황 : 서면의 유명 감성돔 방파제다. 바다로부터 방파제 두 개가 겹으로 파도를 막아주는 형태이다. 봄철에 특히 5짜급 감성돔을 흔히 만날 수 있어 전문꾼들의 발길이 줄을 잇는다. 포인트는 바깥 방파제 콧부리와 좌측의 등대가 있는 갯바위로, 수심이 얕아 중들물 이후에 입질이 잦다. 수심은 5~6m 안팎. 가을철에는 25~30cm의 씨알로 마리수 재미도 만끽할 수 있다. 던질낚시에는 도다리 · 보리멸 · 노래미 등이 낚이고, 봄철 밤낚시에 민장대로 낚는 볼락 재미도 빼놓을 수 없다. 마을 앞 백사장에는 고운 모래가 깔려 있어 여름철 가족 피서지로도 안성맞춤이다.

위치 : 〈위치도12〉 참조

교통편 : 남해대교를 지나 남해휴게소낚시가 있는 첫 신호등에서 계속 직진해 약 400m 정도 가다 '서면' 이정표를 따라 우회전, 갈화리와 노구리를 지나면 염해 마을에 닿는다.

연락처(055) : 남해군 고현면 대사리 남해휴게소낚시(862-4440) · 설천면 덕신리 쉼터낚시(863-2431) · 하동군 금남면 노량리 대교낚시(882-0307)

58 남해 정포리방파제

●소재지 : 경남 남해군 서면 정포리 1062-4 인근
●길 이 : 약 150m

낚시개황 : 남해도 고현면과 서면 경계 지점에 위치한다. 내만 방파제 중 제법 규모가 있는 곳으로, 마을 앞 섬(우미도)을 향해 일자로 뻗어 있다. 2004년 여름, 30여m를 증축하고부터 낚시 여건이 더 좋아졌다. 자동차가 방파제 중간 지점까지 진입할 수 있고 석축으로 이뤄져 있어 낚시 또한 편하다. 특히 방파제 콧부리는 물속에 큰 돌섬이 있어 다양한 어종이 선을 보인다. 단연 감성돔이 최고 인기. 25~30cm로 크진 않지만 마리수 재미가 좋다. 중들물부터 초썰물 사이에 입질이 왕성하다. 또한 4~10월의 던질낚시에는 도다리 · 노래미 · 보리멸이 입맛을 돋운다.

위치 : 〈위치도12〉 참조

교통편 : 남해대교를 지나 남해휴게소낚시가 있는 첫 신호등에서 계속 직진하여 약 400m 정도 가다 '서면' 이정표를 따라 우회전, 갈화리를 지나면 곧바로 정포리에 닿는다.

연락처(055) : 고현면 대사리 남해휴게소낚시(862-4440) · 설천면 덕신리 쉼터낚시(863-2431) · 태평양낚시(863-0806)

한국의

名방파제 100+100선

제2부

제5장 전라남도 편

066 여수 오동도방파제

●소재지 : 전남 여수시 수정동 3 외
●길　이 : 서방파제 768m, 동방파제 680m

교통편 : 순천에서 여수로 진입, 고속터미널을 지나자마자 다리 건너기 직전에서 좌회전해 여수고 앞 사거리까지 간다. 여기서 직진해 5분쯤 더 가면 오동도 입구가 된다.

연락처(061) : 수정동 오동도낚시(664-4082) · 국동 서울낚시(643-4339) · 종화동 한일낚시(663-1313)

■낚시여건

동으로는 광양만, 서쪽으론 여수 내만을 끼고 있어 계절 따라 감성돔을 비롯, 깔다구(농어 새끼) · 볼락 · 갈치 · 노래미낚시가 이뤄진다. 특히 지난 90년대 후반부터 늦여름이면 갈치 떼가 출몰, 늦가을까지 시즌을 형성한다. 이 시기가 되면 여수는 물론 전국에서 남녀노소를 가리지 않고 인파가 몰려 갈치낚시를 즐긴다.

■어종과 시즌

감성돔은 12~3월 초 기간의 한겨울 낱마리 시즌을 제외하면 봄부터 늦가을까지 연중 낚인다. 특히 4월 초~10월까지가 제철. 여름엔 30~50cm급 깔다구가 손님고기로 출몰한다. 볼락은 다소 씨알은 잘지만 1년 내내 낚인다. 노래미도 사철 낚인다. 갈치는 8월이 되면 손가락 2개급 안팎의 잔 씨알이 비추기 시작, 점점 크기가 굵어지면서 12월 초까지 낚인다. 특히 오동도에 갈치가 붙기 시작하면 여수시민은 물론, 전국 각지에서 가족단위로 몰려든 남녀노소 꾼들로 불야성을 이루며 갈치축제가 벌어지게 된다.

위치 : 〈위치도13〉 참조

■장비와 채비 · 미끼

대상어종을 불문하고 릴찌낚시가 주로 구사된다. 갈치는 해가 지면서부터 출몰, 동틀 무렵까지 낚이므로 밤낚시채비가 요구된다. 목포권과 달리 전지찌나 야광찌 1개에 케미라이트 4~6개를 연달아 끼운 '기차채비'를 주로 쓴다. 낚싯대는 1호, 원줄은 2.5~3호, 찌는 3~5B의 중간부력찌에 케미를 꽂고, 목줄은 약 1발(1.5cm) 길이에 바늘은 볼락 11호가 적당. 미끼는 주로 싱싱한 전어를 채로 썰어 쓴다.

■포인트 안내

갈치를 제외한 감성돔 · 깔다구 · 볼락 등 대부분 어종의 낚시는 테트라포드가 있는 남쪽을 보고 이뤄진다. 특히 동방파제 테트라포드 구간이 인기. 감성돔 입질 수심은 6~7m권. 갈치 포인트는 동방파제와 서방파제, 그리고 선착장 일대가 대표적이다. 단 테트라포드가 미끄럽고 급작스런 너울파도가 잦으므로 초행자나 노약자, 펠트화 등 전문장비를 갖추지 않은 일반인은 출입을 자제해야 한다.

■기타 참고사항

오동도는 관광객과 나들이 인파로 붐비는 데다 대부분 포인트가 동쪽을 보고 있어 감성돔낚시는 ①밑밥을 넉넉히 줘야 하고, ②연안에서 멀리 포인트가 형성되며, ③최소 해뜨기 1시간 전 포인트에 도착, 예상 입질 지점에 넉넉히 밑밥을 준 다음, 해뜨고 1시간~1시간 반 이내 승부를 봐야 한다.

■인근 명소

오동도 자체가 전국적 관광명소인 만큼 섬을 한 바퀴 산책하거나 유람선을 타고 일주를 해도 좋다. 천연 오동나무 군락이 일품. 섬 입구의 자산공원과 10여분 거리의 돌산대교, 20여분 거리의 전라남도수산종합관(061-644-4136)도 찾아볼 만 하다.

067 여수 돌산(군내리)방파제

●소재지 : 전남 여수시 돌산읍 군내리 505-6 외
●길　이 : 동방파제 125m, 서방파제 30m

교통편 : 여수 시내에서 돌산대교나 거북선대교를 건넌다. 돌산교차로에서 돌산 방면 6.6km 지점의 무술목삼거리와 8.3km 지점의 도실삼거리, 15.8km 지점의 금봉삼거리 모두 군내 방면으로 우회전한다. 금봉삼거리에서 2.1km 남하한 지점의 오른쪽 돌산읍사무소를 끼고 400m만 진입하면 좌우로 방파제가 보인다.

연락처(061) : 여수시 돌산읍 군내리 진피싱(010-9222-5433)·우두리 낚시나라(643-9222)·여수시 봉산동 대물낚시(643-5666)·남산동 성신낚시(641-2133)

■낚시여건

돌산도 서남쪽에 위치하는 이곳은 금오열도의 관문이자 연근해 어업의 근거지항으로, 각종 활어의 집산지이기도 하다. 또 전방 요소요소에 위치해 있는 크고 작은 섬들이 외해의 바람막이 역할을 해 기상악화 시 어선의 대피소가 되어 준다. 조류소통이 좋고 석축방파제로서 발판이 험하지 않아 남녀노소 누구나 부담 없이 낚시를 즐길 수 있어 찾는 이들이 많다.

■어종과 시즌

어느 어종이든 사철 낚시가 이뤄진다. 우선 볼락의 경우 4월 초~10월까지 낚이고, 여름엔 손바닥만한 씨알의 깔다구(농어 새끼)가 낚인다. 장마 시작 전부터 붙기 시작하는 깔다구는 10월에 피크를 이루며 11월까지 꾸준히 낚인다. 감성돔은 25~30cm급이 8월부터 11월 초까지 낚인다. 학공치는 9~10월, 우럭은 볼락과 같은 시기에 잘 낚인다. 야간에 원투낚시로 노리는 붕장어는 7월~11월이 시즌.

위치 : 〈위치도13〉 참조

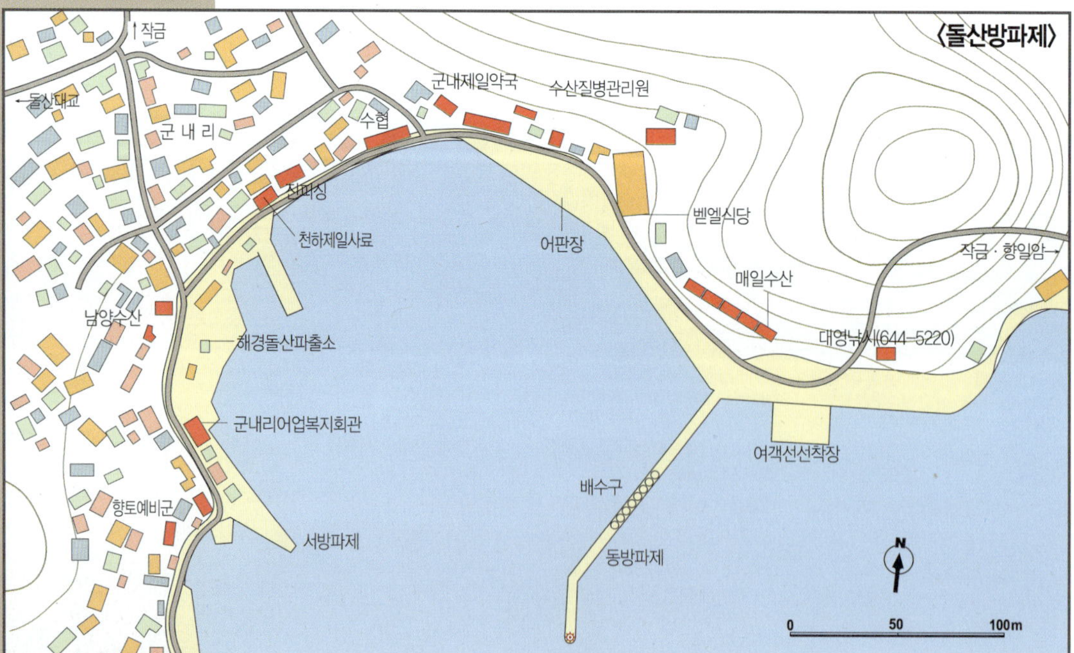

■장비와 채비 · 미끼

이곳은 물살이 센 편이어서 깔다구 · 볼락을 노릴 경우는 아주 약한 물때를 제외하면 대부분 3~4칸 길이의 민낚싯대를 이용, 벽에 채비를 붙이는 식의 낚시가 인기를 끈다. 채비는 한 뼘 가량의 소형 고추찌를 꽂은 뒤 바늘 위 목줄에 봉돌을 물려주는데, 물살 세기에 따라 B봉돌을 가감한다.

미끼는 청갯지렁이나 참갯지렁이를 주로 쓴다. 감성돔이나 학공치를 노릴 경우엔 릴찌낚 채비에 크릴을 주로 쓴다.

■포인트 안내

길이가 긴 동방파제의 경우 초입부터 중간까지는 수심이 얕고 물흐름이 적어 낚시가 거의 이뤄지지 않는다. 다만 등대가 있는 끝부분에선 낚시가 이뤄진다.

서방파제는 길이가 30m 정도로 짧지만 조류가 원활하고 자리가 넓어 동방파제보다 꾼들이 더 붐비곤 한다. 수심도 5~7m로 적당한 편. 또 동방파제는 많은 선박들이 수시로 앞을 지나다녀 원투낚시가 곤란할 때가 많은 등 낚시에 지장을 받지만, 서방파제는 비교적 오가는 배가 없어 한적한 것도 매력. 서방파제에서 원투낚시를 할 때는 전방 20~30m 지점을 노린다.

■인근 명소

동절기라면 현지 식당에서 즉석 굴구이를 즐겨 볼만하다.

돌산대교를 건너 군내리 가는 중간 지점인 무술목에 위치한 전라남도수산종합관(061-644-4136)은 1천6백평의 대규모 시설에 대형 수족관, 고래와 상어 · 가오리 등의 다양한 어류 박제가 전시돼 있는가 하면, 수산양식과 어업, 낚시 과정의 모형 등을 갖춰 해양에 대한 볼거리와 학습기회를 제공한다. 돌산도 남쪽 끝 임포에 위치하는 향일암(061-644-4742, 종무소)은 신라 선덕왕 때 원효대사가 창건한 절로, 금오산 기암절벽 사이의 동백나무숲과 다도해를 배경으로 솟아오르는 일출이 장관이다.

068

여수 안도 서고지방파제

●소재지 : 전남 여수시 남면 안도리 1131-8 외
●길 이 : 동(서고지)방파제 140m, 서(부도)방파제 80m

교통편 : 여수여객선터미널에서 연도행 여객선(금오고속훼리)이 1일 2회 운항된다. 약 1시간 40분 소요(13노트). 승용차 도선도 가능하다. 또는 여수항내 잠수기수협 앞이나 돌산도 평사·군내리·작금 등 포구에서 동틀 무렵에 출항하는 낚싯배를 이용할 수도 있다.

연락처(061) : 여수시 국동 서울낚시(643-4339)·대교낚시프라자(643-2392)·추적자낚시(663-9335)·신신낚시(641-3657)

■낚시여건

금오도 동남쪽에 위치한 안도(安島)의 서고지와 맞은편 대부도 사이의 물길을 막아 축조한 방파제를 말한다. 조류 소통이 좋고 물속 지형이 잘 발달해 있어 예로부터 황금어장으로 불리던 곳으로, 현재도 참돔 등 가두리가 많다. 또 봄부터 겨울까지 감성돔과 벵에돔·농어·참돔·학공치·망상어·우럭 등 온갖 다양한 어종이 낚여 전문꾼들도 즐겨 찾곤 한다.

■어종과 시즌

감성돔은 사실상 사철 낚인다. 하지만 한겨울엔 입질이 드문 편이고 3월 말부터 12월까지가 주 시즌. 봄철 3~4월과, 가을철 9~11월이 최고 시즌을 형성한다. 특히 4월과 8월 말~9월 초엔 종종 50cm까지 출몰하는 등 씨알이 굵게 낚여 전문꾼들이 자리다툼을 벌일 정도. 벵에돔은 6월 말~8월에 낚인다. 15~20cm급이 주종이나 간혹 30~35cm급의 굵은 씨알이 낚이기도 한다. 참돔은 20~30cm급의 상사리가 7~9월경 붙는데, 간혹 주

위치 : 〈위치도13〉 참조

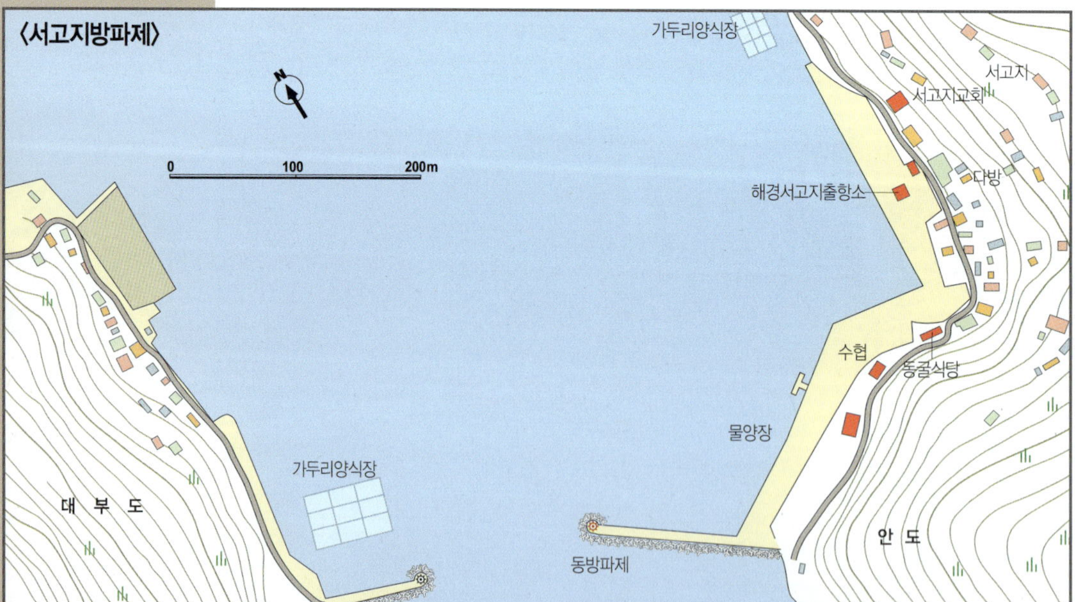

변 가두리에서 탈출한 32~35cm급의 양식산들도 섞여 낚인다. 깔다구(농어 새끼)는 7~9월, 볼락은 4~5월과 9월, 학공치는 8~10월, 망상어(인상어)는 9~10월, 고등어는 수온이 높은 8월 말~10월까지 출몰한다. 우럭 · 노래미는 사철 낚인다.

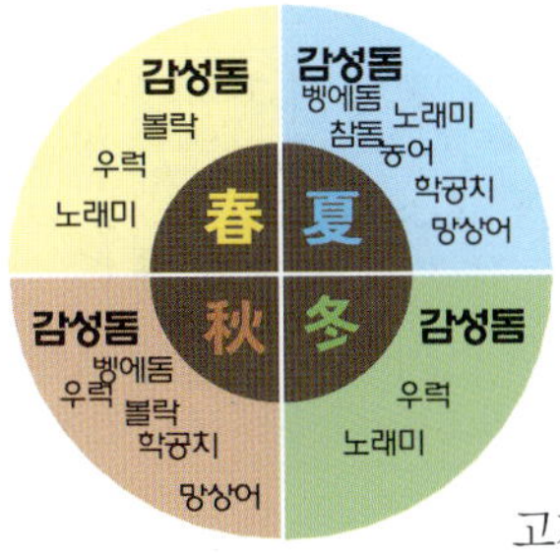

■장비와 채비 · 미끼

감성돔과 벵에돔 · 상사리 · 깔다구 등 대부분 어종은 릴 찌낚시에 크릴 미끼를 주로 쓴다. 테트라포드 틈새나 주변 여밭의 우럭이나 볼락을 노릴 경우는 2~3칸 길이의 민낚싯대가 편리하다. 이때는 크릴 외 청갯지렁이 미끼도 많이 쓴다.

■포인트 안내

감성돔 등 주어종을 릴찌낚시로 노릴 경우 큰방파제(동쪽방파제)는 입구로부터 2/3 지점부터 끝까지가 주 포인트. 안쪽으로는 수심이 얕고 몽돌밭이 깔려 있어 감성돔낚시는 어렵고 대신 볼락과 우럭이 낚인다. 건너편 부도방파제는 들 · 썰물 가리지 않고 낚시가 잘 되지만, 조류가 너무 세면 낚시가 어렵다. 북쪽의 가두리들을 보면서 낚시를 해야 한다. 감성돔 낚시 요령은 채비를 적당한 거리(약 20~25m, 수심 9~10m)로 원투해 테트라포드 사이의 고기를 밖으로 불러내어 속전속결로 낚아내는 것. 안쪽에서는 바닥걸림이 심하다. 단골꾼들은 1.5~2호 막대찌(자립형) 채비를 즐겨 쓴다.

■기타 참고사항

대체로 조류가 완만한 편이지만 조금 물때가 더 유리하다. 12~14물을 최고로 친다. 지형상 북서풍이 불어도 낚시가 가능한데, 이때는 물색도 적당히 탁해져 더욱 여건이 유리해진다.

■인근 명소

상산(해발 207m) 정상에 봉수대 유적이 있다. 마을 뒤편 오솔길을 따라 울창한 소나무 숲 사이로 산책을 하며 굽어보는 해안가 모습도 일품이다. 안도해수욕장은 모래찜질 장소로 유명하다.

069

여수 거문도 동도방파제

●소재지 : 전남 여수시 삼산면 동도리 1594-6 외
●길　이 : 동도방파제 950m, 찬물샘방파제 125m

교통편 : 여수여객터미널에서 쾌속선과 일반 여객선이 운항한다. 쾌속선은 1일 4회 운항(1시간 50분 소요). ☎(주)온바다해운(061-663-2191, 여수), 거문도여객터미널(666-8215).

연락처(061) : 거문리 쌍둥이낚시(666-2729), 돌핀낚시(665-7543), 영진낚시(666-8175).

■낚시여건

거문도를 찾은 낚시인들이 동도방파제를 찾는 이유는 크게 두 가지다. 즉 바깥 바다에 폭풍주의보가 발효됐을 때와, 기존의 명 포인트에서 조황이 신통치 않을 때다. 동도(東島)와 서도(西島)·고도(古島)가 병풍처럼 둘러싸고 있는 동도방파제는 원도 속의 내만(內灣)형 방파제로서, 북서·북동풍에 의한 높은 파도로 동·서도의 갯바위 포인트를 찾기 곤란할 때 최후 보루로 찾는 곳이다. 조황 또한 무난하다. 물목의 허리에 위치하여 조류 소통이 원활하고, 물밑에 방파제 건설 시 투입된 바위와 테트라포드 등이 엉켜 고기의 은신처를 잘 형성하고 있기 때문이다.

■어종과 시즌

벵에돔은 연중 낚인다. 감성돔은 10월부터 이듬해 3월까지 동절기에 제철을 맞는다. 봄철 3~6월엔 볼락이 붙고, 여름철인 7~9월엔 참돔이 낚인다. 이밖에 학공치는 2~4월, 고등어는 연중 수시로 출몰한다. 농어는 비교적 출몰 빈도가 적은 편이다.

위치 : 〈위치도13〉 참조

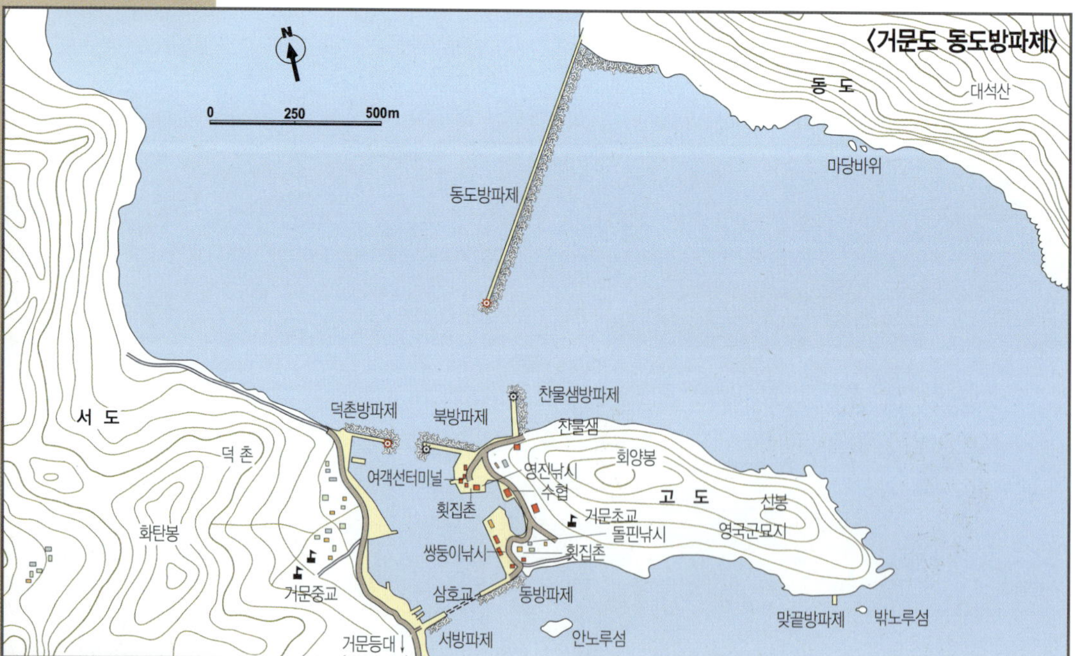

■장비와 채비 · 미끼

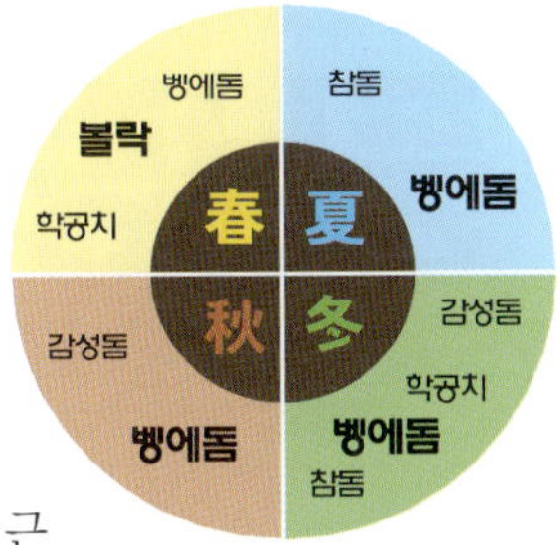

이곳은 여느 갯바위처럼 밑밥을 이용한 릴찌낚시가 주로 구사된다. 방파제와 수면 간의 높이가 높고, 특히 주 포인트인 남쪽 구간에 테트라포드가 설치돼 있기 때문이기도 하다. 비교적 근거리는 채비 걸림이 심하고 자칫하다간 고기를 걸어도 테트라포드 틈새로 박히는 경우가 많은 만큼, 근거리보다는 20~30m 전방에 밑밥을 꾸준히 투척, 테트라포드 틈새의 고기들을 바깥쪽으로 유인해 내어 낚아 올리는 것이 유리하다.

■포인트 안내

어느 한 곳을 꼽을 필요가 없을 만큼 테트라포드가 위치하는 남쪽 전 구간에서 낚시가 이뤄진다. 하지만 방파제 끝에서 3/10 지점의 좌우 20여m 구간에 가장 많은 꾼들이 몰린다.

벵에돔의 경우 전방 20m 안쪽에서는 완전 띄울낚시(찌부력 0)에 30cm 전후의 씨알이, 그보다 바깥쪽에서는 전유동낚시(찌부력 B~2B)에 40~45cm급 굵은 씨알이 낚인다. 특히 방파제 끝 20여m 구간에서 굵은 씨알의 배출이 잦다. 씨알 위주로 낚시를 한다면 전방 20~30m 가량에 스트라익 지점을 설정해 꾸준히 낚시를 하는 것이 좋다.

■인근 명소

청나라 정여창 일행이 이 섬을 방문해 주민들과 필담으로 대화를 나누던 중, 문장의 해박함에 감탄해 '큰 글이 있는 섬'이라 하여 거문도(巨文島)라 불렀다고 한다.

고도 거문리 동편에 가면 조선조 말 고종 때(1885.3.1~1887.2.5) 23개월간 영국군이 불법점거했던 '거문도사건' 당시의 흔적이 영국군묘로 아직도 남아 있다.

서도 남단에 위치한 동양최대의 거문도등대와 관백정, 수백년 묵은 동백나무 터널도 일품. 동도에 조선조 유학자 김유를 기리는 거문사, 서도에는 김양록을 기리는 서산사가 있고, 서도 덕촌리에는 유림해수욕장(일명 거문도해수욕장)이 있다.

070 고흥 풍남방파제

●소재지 : 전남 고흥군 풍양면 풍남리 1214-5 외
●길 이 : 서방파제 578m, 뜬방파제 350m

교통편 : 벌교를 기점으로 한다. 고흥 방면 27번 국도를 따라 유둔-과역을 거쳐 고흥읍까지 간다. 고흥읍에서 계속 국도를 따라 남하하다 보면 풍양면소재지 못 미쳐 나오는 삼거리에서 좌회전, 851번 지방도로를 따라 진입하면 풍남항에 이른다.

연락처(061) : 고흥읍 남계리 춘추낚시(833-4441) · 호형리 칠성낚시(835-2688) · 중앙낚시(835-0022) · 도화면 당오리 도화낚시(835-8528)

■낚시여건

여자만의 한복판에 위치한 방파제로 지난 1999년에 완공됐다. 풍남항 주변 해역은 양식장이 많고 어자원이 풍부해 예로부터 감성돔 배낚시의 전국적 명소로 알려져 있다. 낚시는 주로 600여m에 달하는 서방파제에서 이뤄지는데, 봄부터 초겨울까지 감성돔을 비롯, 각종 어종들이 낚여 꾼들이 즐겨 찾는다. 특히 차량 진입이 가능할 정도로 방파제 폭이 넉넉해 꾼들의 사랑을 받는다.

■어종과 시즌

감성돔은 5월 초부터 12월 초까지 낚인다. 평소엔 잔 씨알이 낚이지만 5월 말~6월의 봄 시즌과, 9월 말~10월 말의 가을 시즌엔 5짜급을 웃도는 굵은 씨알이 붙곤 한다.
감성돔과 같은 시기에 농어 새끼인 깔다구도 붙는데 평균 씨알은 20~30cm급. 학공치는 봄 · 가을 두 차례 붙는데, 4~5월 봄철과, 10월~11월 말 가을철에 특히 씨알이 굵게 낚인다. 7~8월 여름엔 숭어가 붙으며, 붕장어(아나고)는 감성돔과 비슷한 4월~12월 초

위치 : 〈위치도14〉 참조

까지 낚인다. 이밖에 우럭 · 노래미는 사철 낚이는 편. 고등어 · 도다리는 귀한 편이다.

■장비와 채비 · 미끼

조류 소통이 원활한 방파제 끝부분에서는 릴찌낚시를 주로 구사하지만, 방파제 입구를 찾는 꾼들은 주로 원투 처넣기낚시 위주로 즐긴다. 릴찌낚시에는 크릴 밑밥과 미끼를 이용한 흘림낚시 위주이고, 처넣기낚시에는 청갯지렁이를 즐겨 쓴다.

■포인트 안내

낚시는 주로 서방파제에서 이뤄진다. 뜬방파제나 내항 선착장 일대에서는 거의 낚시가 이뤄지지 않는다. 방파제 입구 쪽은 바다를 보고 원투낚시를 하는데, 특히 밤 시간에 붕장어 입질이 잦다.

방파제 끝의 등대부터 안쪽 50여m까지의 구간에서는 바다 쪽을 보고 흘림낚시를 구사하는 포인트. 테트라포드 끝나는 지점인 전방 7~10m 지점에서 입질이 잦다.

■기타 참고사항

방파제 주위는 원래 뻘이 많았던 곳인데, 방파제 공사 도중 투입된 암석들과 테트라포드가 물고기 서식 공간 노릇을 톡톡히 하고 있다.

조류는 빠르지도, 느리지도 않은 적당한 편이며, 물때는 물이 세어 뻘물이 일기 쉬운 9~10물을 제외하면 언제든 낚시가 가능한 편. 단 지형상 남풍과 사리가 겹치면 뻘물이 일어 낚시가 어려워진다.

■인근 명소

인근 도화면의 천등산(해발 554m) 신호리에 있는 금탑사는 신라 선덕여왕 때 원효대사가 창건한 고찰로, 여러 차례 전란으로 불탔으나 극락전이 남아 있다. 또 고흥읍의 고흥장(4일, 9일)을 기억해 뒀다가 들러볼 만하다. 고흥 특산인 유자와 마늘을 비롯, 남녘의 농산물을 값싸게 구할 수 있다. 새벽에 귀항하는 고깃배와 운좋게 마주치면 산낙지 · 전복 · 개불과 싱싱한 활어를 값싸게 구할 수도 있다.

071 고흥 녹동방파제

●소재지 : 전남 고흥군 도양읍 봉암리 2665-2 외
●길 이 : 동방파제 88m, 서방파제 100m, 남방파제 400m, 북방파제 250m, 뜬방파제 250m

교통편 : 벌교를 기점으로 할 때 고흥 방면 27번 국도 종점이 녹동이다. 국도를 따라 유둔-과역을 거쳐 고흥읍까지 간다. 읍에서 계속 국도를 따라 풍양-도덕-관리를 거쳐 진입하면 녹동항에 이른다. 조선소 앞에 위치하는 북방파제는 녹동항 수협공판장에서 약 1km쯤 해안로를 따라 올라가면 된다.

연락처(061) : 도양읍 봉암리 조광낚시(842-2398) · 보물낚시(842-2830) · 대물낚시(842-8500) · 실전낚시(842-3657) · 태양낚시(842-5009)

위치 : 〈위치도14〉 참조

낚시여건

고흥반도의 최남단에 위치하는 녹동항내 방파제로서 도보로 곧장 진입할 수 있는 북방파제(조선소방파제)와, 낚싯배를 이용해 진입해야 하는 뜬방파제(수중방파제), 도선으로 진입해야 하는 소록도방파제(남방파제), 진입은 쉬우나 사실상 낚시가 거의 이뤄지지 않는 서방파제와 남방파제 등, 이렇게 총 5개의 방파제로 구성돼 있다. 녹동항은 득량만(보성만) 우측 입구에 위치하는 데다 전방으로 소록도와 거금도 등 수많은 섬들이 산재하고 있어 수산물 유통과 해상교통의 관문인 동시에, 감성돔 · 농어 · 숭어 등 온갖 어종의 관문이자 1급 낚시터이기도 하다.

어종과 시즌

이곳에서 낚이는 어종은 감성돔 · 학공치 · 농어 · 능성어 · 도다리 · 노래미 · 돌돔 등으로 매우 다양해 한 겨울을 제외한 거의 사철 꾼들이 몰린다.
감성돔은 4월 말부터 시작, 12월 초까지 낚인다. 학공치는 봄 · 가을에 출몰하는데 봄엔

5~6월, 가을엔 11월 중순~12월 초까지 낚인다. 농어는 감성돔과 같은 5월~12월 말까지 깔다구급 씨알이 드문드문 낚인다. 또 6월~10월 초에 원투낚시를 하게 되면 25~35cm급 돌돔이 낚이고, 9월 초~10월 말엔 낱마리지만 능성어도 낚인다. 이밖에 도다리와 노래미는 일년 내내 낚인다.

■장비와 채비 · 미끼

크게 크릴을 이용한 릴찌낚시 기법의 흘림낚시와, 홍갯지렁이나 청갯지렁이 · 생새우류의 미끼를 이용한 원투낚시가 구사된다. 흘림낚시로는 감성돔 · 학공치 · 농어를 주로 낚고, 원투낚시엔 돌돔 · 능성어 · 도다리 · 노래미가 주로 낚인다.

■포인트 안내

남(소록도)방파제는 방파제 끝 10m 못 간 지점이 주 포인트로 들물엔 녹동 쪽, 썰물엔 반대 쪽을 보고 낚시를 한다. 남방파제 진입은 수시로 운항되는 도선을 이용한다. 도보로 갈 경우 소록도 선착장에서 15분 정도 소요. 북(조선소)방파제는 들물엔 정박한 배들에 가려 낚시가 어렵고 주로 썰물 때 낚시가 이뤄진다. 수중방파제 쪽을 볼 때 우측편 전 구간이 포인트로, 특히 등대 약 15m 가량 못 간 지점이 명당이다. 밤낚시에도 감성돔 · 노래미 · 깔다구가 낚인다. 수중방파제는 1~1.5만원 요금을 내면 낚싯배가 실어다 준다. 테트라포드가 설치돼 있으며 전 구간에서 낚시가 이뤄진다. 야영도 허용되나 동 튼 이후부터 날 저물기 전까지 꾼들이 몰린다.

■인근 명소

소록도는 섬 모양이 어린 사슴처럼 생겼다 해서 붙여진 이름으로, 경치가 아름답고 해수욕장이 있다. 한센병환자들이 모여 사는 곳으로 해수욕장과 중앙공원은 개방된다. 10여분 거리의 신호리 금탑사는 신라 선덕여왕 때 원효대사가 창건한 고찰로, 여러 차례 전란으로 소실됐으나 극락전이 남아 있다.

072 완도 완도항방파제

●소재지 : 전남 완도군 완도읍 가용리 1017-1
●길 이 : 약 300m

교통편 : 해남 방면에서 완도대교를 건너면 계속 13번국도(완도로)를 타고 완도항 방면으로 계속 직진한다. 약 15.4km 지점의 군내사거리에 이르러 좌회전 후, 해안도로(해변공원로)가 나오면 다시 좌회전하여 700여m 지점의 완도관광호텔 앞에서 우회전하면 곧 방파제이다.

연락처(061) : 완도읍 가용리 관광낚시(554-3288) · 백조낚시(552-3888) · 국제낚시(553-7000) · 서경바다낚시(554-7975) · 군내리 미조낚시(554-6685)

■낚시여건

완도항 북쪽의 완도관광호텔(구 씨월드호텔) 앞에 위치해 낚시인들 사이에 '씨월드방파제'란 이름으로 널리 알려져 있다. 완도의 중심 시가지에 위치해 접근이 쉽고, 10여 곳의 낚시점에서 미끼와 채비도 손쉽게 구할수 있다. 지형상으로도 완도와 신지도 사이의 물목에 방파제가 위치해 조류 소통이 좋은 데다 석축방파제로서 이용이 간편하다. 시즌이 되면 다소 씨알은 잘아도 감성돔이 마릿수로 낚이며 간혹 50cm급 씨알이 출몰하기도 한다. 이밖에 잡어자원도 쏠쏠하다.

■어종과 시즌

대표어종은 감성돔이다. 3월 초부터 12월 말까지 잔 씨알의 감성돔 마리수 재미가 좋다. 또 봄철엔 학공치도 붙는데, 3월 초부터 5월까지 출몰한다. 간혹 인근 양식장에서 유출된 우럭이나 광어가 시즌과 무관하게 낱마리로 낚이기도 하고, 노래미는 사철 손님고기로 간간히 올라온다. 가을엔 고등어가 붙는다.

위치 : 〈위치도15〉 참조

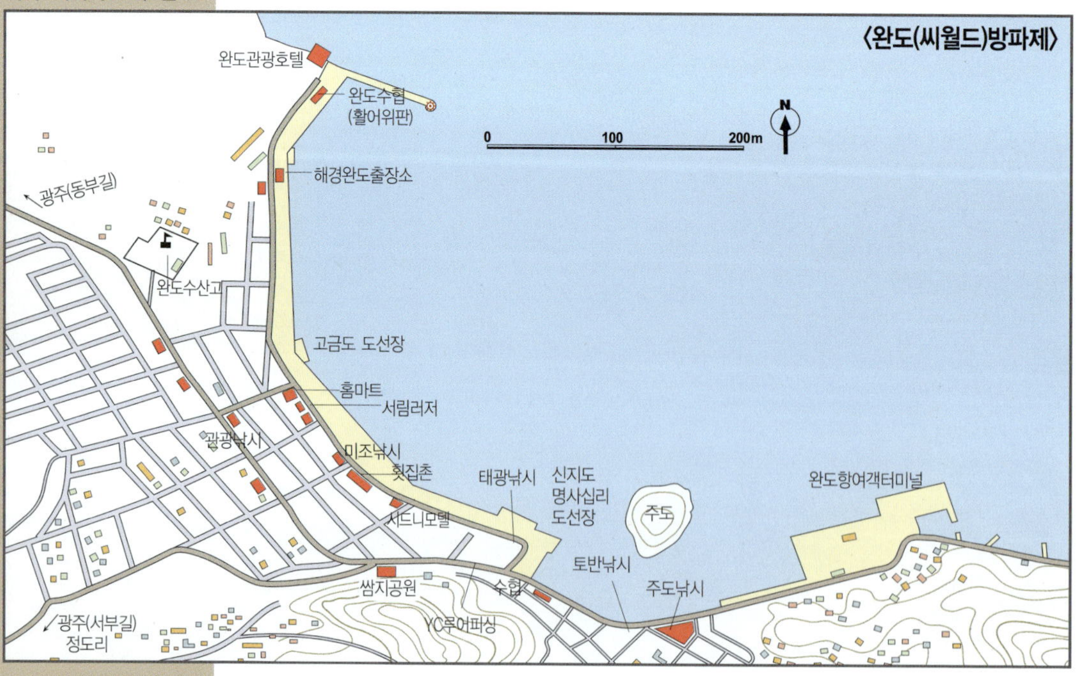

■장비와 채비 · 미끼

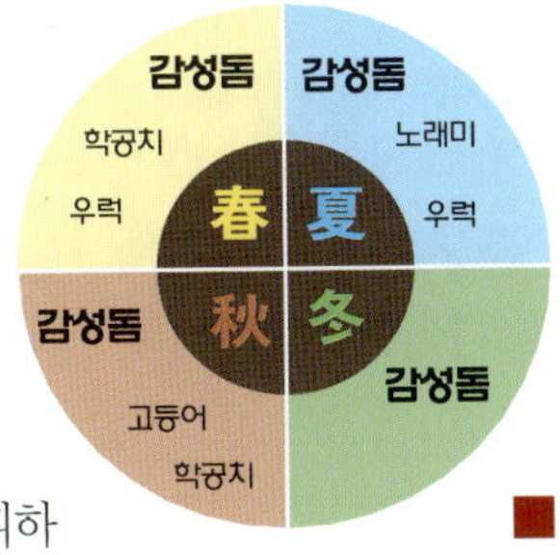

가을철 감성돔낚시를 하다보면 고등어와 학공치 등 잡어가 성화를 부리므로 채비를 무겁게 하여 빨리 내리거나, 되도록 멀리 원투하여 잡어를 피하는 게 요령이다. 조류가 센 편이어서 무게감 있는 1호 정도 구멍찌를 이용한 릴찌낚시를 주로 구사한다. 또 단골꾼들 중에는 막대찌를 쓰는 사례도 많은데, 선박의 운항으로 인한 파도가 많기 때문이다. 수심은 평균 7~8m, 바깥쪽은 10m 가량. 학공치나 고등어가 가 붙을 때는 3칸 안팎의 민낚싯대도 쓴다.

■포인트 안내

신지도를 바라보는 방파제 북쪽의 경우 초입은 초들물, 중간은 초들물~초썰물, 끝 쪽은 중썰물~만조 시각에 입질이 활발하다. 완도시내를 바라보는 남쪽은 중간 부분과 등대가 있는 끝 부분이 포인트. 중간 부분은 들물과 썰물을 다 볼 수 있고 낚시구간이 넓어 항상 꾼들이 몰린다. 끝 부분은 조그맣게 홈통이 져 있어 들물에 한번씩 고기가 붙곤 한다. 단골꾼들은 대개 들물엔 신지도 쪽을 보고 낚시를 하다가, 만조가 되면 방파제 끝으로부터 10~20m 지점에서 반대편 완도읍내 쪽을 보고 낚시를 한다(수심 약 11m).

■기타 참고사항

이곳 방파제의 물 밑은 자잘한 돌이 많아 고기가 상주하거나 오래 머물 만한 여건은 못 된다. 하지만 내만권을 오르내리는 감성돔을 비롯한 각종 고기들의 통로이자 중간 기착지가 된다. 따라서 되도록 물때를 맞춰 찾으면 의외로 재미를 볼 수 있는 확률이 높다.

■인근 명소

방파제에서 차로 10분 거리에 위치하는 장좌리 앞 장도(將島)는 신라 말 장보고가 당나라에서 13년 만에 귀국해 왕에게 군사 1만 명을 얻어 청해진을 설치, 당군과 왜군을 소탕하고 해상교역의 중심지를 세웠던 곳이다. 내성 · 외성 · 목책 · 법화사지 등의 유적이 있다. 15분 거리의 정도리 구계등(九階燈)은 길이 800m, 폭 80m에 걸쳐 아홉 계단의 갯돌(몽돌) 해변이 일품이다.

073 청산도 도청리방파제

●소재지 : 전남 완도군 청산면 도청리 930-22 외
●길 이 : 남방파제 350m, 북방파제 143m

교통편 : 완도여객터미널에서 여객선이 1일 4차례 운항한다. 소요시간 45분. 승용차를 가지고 들어갈 경우 왕복 42,000원.

연락처(061) : 청산면 도청리 청해낚시(552-8839) · 섬낚시(552-0809) · 완도읍 관광낚시(554-3288)

■낚시여건

섬 서편에 위치해 어지간한 북동풍이나 남동 방향의 강한 바람 속에서도 낚시가 가능한 곳으로, 일종의 강풍 대피성 포인트로 인기를 끈다. 바람 방향과 무관하게 파고가 높아지면 낚싯배들이 갯바위에서 꾼들을 철수시켜 안전한 이곳에 옮겨주기도 한다. 비단 낚싯배를 타고 온 외지 꾼들뿐 아니라, 여객선을 타고 들어오는 알뜰파들도 많다.
한창 학공치 떼가 붙으면 현지꾼들까지 총출동해 빈 자리가 없을 정도. 낚시도 생각보다 잘 된다. 조류 소통이 원활하고 주변 수심이 8~10m 정도로 적당한데다 물속에 다양한 지형이 형성돼 있기 때문이다.

■어종과 시즌

전문 낚시인들의 주대상어인 감성돔과 벵에돔을 비롯, 농어 · 우럭 · 고등어 · 학공치 · 전갱이 · 망상어 등 완도권 해역에 서식하는 대부분 어종을 만날 수 있는 대표적 섬 낚시터다. 감성돔은 사철, 벵에돔은 20~25cm급이 7월부터 12월까지 낚인다. 1월에도 낱

위치 : 〈위치도15〉 참조

마리 조과는 가능. 잡어로는 학공치와 고등어가 10월~12월이면 떼로 붙곤 하는데, 특히 학공치 씨알이 매우 굵어 이때가 되면 현지 청산도 꾼들이 총출동해 낚시를 즐기곤 한다. 전갱이는 5월경부터 12월까지 출현하고, 망상어는 사철 붙어있지만 워낙 씨알이 잘아 낚시 대상어로는 주의를 끌지 못한다. 테트라포드 틈새에 서식하는 20~25cm급 우럭은 사철 낚인다.

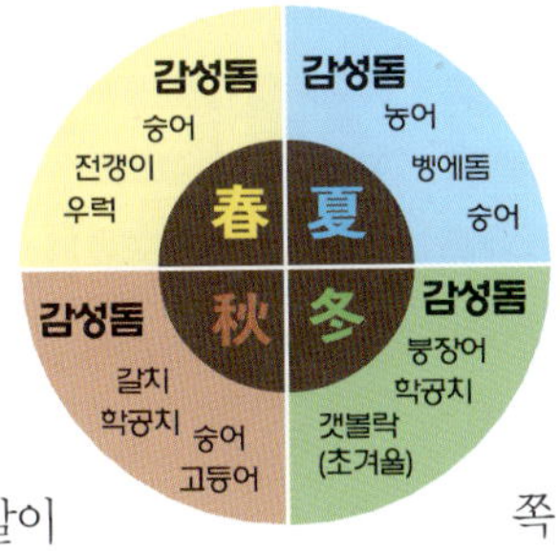

감성돔과 벵에돔을 기준할 경우 조류 소통이 원활한 큰방파제(남방파제) 초입 1/3 지점부터 끝까지의 전 구간이 주요 포인트. 들·썰물 모두 낚시가 가능하며 외항 쪽보다는 내항 쪽 조과가 앞서는 편. 수심 약 8~10m를 주고 전방 10~15m 이상 정도로 약간 멀리 노리는 게 유리하다.

■장비와 채비 · 미끼

기본적으로 감성돔용 1호 릴찌낚시 장비와 채비면 거의 모든 낚시의 커버가 가능하다. 감성돔은 수심에 맞춰 채비를 바닥에 붙여주는 게 유리하고, 벵에돔은 중·하층, 학공치는 중상층을 노리는 게 요령. 전문장비가 아니어도 방파제 테트라포드 틈새의 우럭을 노릴 때는 간편한 민낚싯대나 글럽웜을 이용한 루어 채비도 가능하다. 청갯지렁이를 꿴 근거리 처넣기나 원투낚시를 구사하는 꾼들도 있다.

■인근 명소

임권택 감독의 영화 서편제에서 주인공 오정혜가 아버지와 함께 흥에 겨워 진도아리랑을 부르던 촬영지가 바로 청산도 당리다. 영화처럼 푸른 산, 푸른 바다, 황톳길에 어우러진 섬으로, 예로부터 하늘과 바다, 산이 모두 푸르다 해서 '청산도'라는 이름이 붙었다고. 도청리방파제 인근에 위치하는 지리해수욕장 외, 섬 동편에 신흥해수욕장이 있고, 읍리에는 고인돌과 하마비가 있다.

■포인트 안내

074 진도 접도(수품항)방파제

●소재지 : 전남 진도군 의신면 금갑리 665-13 외
●길　이 : 동방파제 230m, 서방파제 300m

교통편 : 진도대교를 건너 진도읍까지 간 다음, 읍내에서 '의신' 또는 '신비의 바닷길' 이정표를 보고 의신면을 거쳐 금갑리해수욕장 방향으로 간다. 해수욕장 입구에서 접도연육교를 건너 수품리까지 가면 방파제가 보인다.

연락처(061) : 의신면 금갑리 원다낚시(544-0045) · 진도읍 남동리 신신낚시(544-0601) · 진도낚시(544-1288) · 동외리 태평양낚시(544-2720) · 이순신낚시(542-2727)

■낚시여건

진도의 근해 부속섬 중 가장 규모가 큰 접도 금갑리에 들어선 국가어항 방파제들로서 주위에 인공어초가 투여돼 봄철 산란기를 비롯, 사철 어자원이 풍성한 매력이 있다. 때문에 시즌이 되면 매일처럼 꾼들이 '미어터지는' 유명세를 치르곤 한다. 특히 낚싯배 출항이 안 되는 폭풍주의보 상황이나 서망 쪽에 뻘물이 일어 낚시가 곤란할 때 꾼들을 받아주는 마지막 보루 역할을 하는 곳이다.

■어종과 시즌

감성돔은 봄부터 가을까지 꾸준한 조황을 보인다. 특히 봄철에는 대물급 씨알이 자주 출현하여 전문꾼들도 즐겨 찾는다. 첫 모습은 5월 중순경부터 비치기 시작하며 이후 씨알이 잘아지는데 8~9월엔 25~35cm급이 마리수로 낚인다. 때로는 9~10월에 숭어 떼가 출현하여 꾼들에게 쿨러를 채우는 재미를 안기기도 한다. 7~8월엔 망상어가 출몰하고, 학공치는 찬바람이 나는 9~11월이 시즌. 고착성 어종인 노래미와 우럭은 사실상 사

위치 : 〈위치도16〉 참조

철 낚인다.

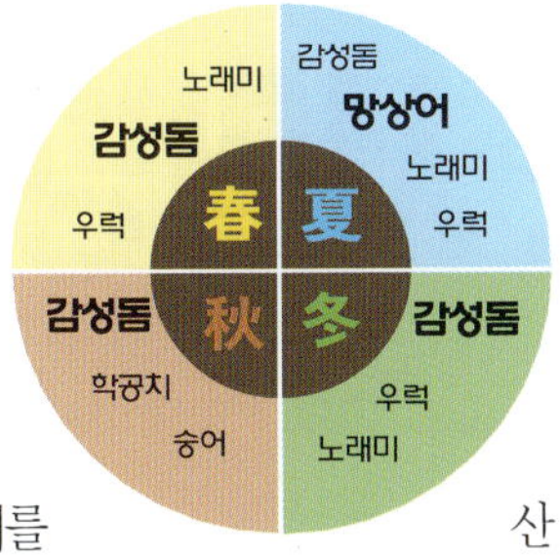

■장비와 채비 · 미끼

테트라포드 위에 올라 낚시를 해야 하는 만큼 릴찌낚시 위주로 진행된다. 다만 입지조건상 이웃 서망방파제처럼 해를 마주보는 동남쪽을 보고 낚시를 해야 하므로 역광에 의한 찌보기가 까다로운 게 흠. 때문에 단골꾼들은 시인성 확보를 위해 1호 정도 부력의 막대찌를 즐겨 사용한다. 청갯지렁이 미끼를 이용한 근거리 처넣기나, 원투낚시도 구사 가능하다.

■포인트 안내

서망방파제보다 수심이 다소 깊은 편으로, 평균 6~7m부터 8~10m권까지 다양한 편. 신방파제의 초입부 좌우측 양안과 구방파제의 끝부분이 인기 포인트. 떨어진 방파제는 낚싯배가 1인당 1만원씩을 받고 실어다 준다. 테트라포드가 미끄러운 만큼 스파이크형 갯바위장화보다 펠트화 또는 운동화가 오히려 덜 미끄럽다.

■인근 명소

조선 말엽 시 · 서 · 화의 삼절이라 불리던 화가 소치 허유가 고향에 세워 여생을 보낸 운림산방(061-543-0088)을 찾아보는 것도 좋겠다. 소치의 아들이 미산 허형이고, 남농 허건은 미산의 소치 손자이며, 허백련도 같은 자손이다. 운림산방 뒤쪽에 있는 쌍계사는 신라 문성왕 때 도선국사가 세운 고찰이다. 접도방파제에서 15분 거리인 고군면 회동마을에 '신비의 바닷길' 도 들러볼 만 하다.

회동마을과 의신면 모도 사이 2.8km 바다가 매년 음력 2월 그믐 때 폭 40m의 바닥을 드러내는 장관을 연출하고 하는데, 이를 일컬어 한국판 '모세의 기적' 이라 부르기도 한다. 이 기간인 음력 2월 그믐~3월초, 3일간 영등축제가 열린다. 이밖에 애견인들이라면 한국을 대표하는 충견 진도개를 공신력있게 구입할 수도 있겠다. 애주가들 또한 진도를 대표하는 전통주 홍주를 음미하는 기회를 가지는 것도 좋을듯하다.

075 진도 서망방파제

●소재지 : 전남 진도군 임회면 남동리 635-4 외
●길 이 : 남방파제 195m, 북방파제 535m

교통편 : 서해안고속도로 목포I.C로 나와 영산강하구둑-영암방조제-화원면을 거쳐 우수영까지 간다. 진도대교를 건너 18번 국도를 따라 진도읍내-임회면소재지-연동리를 차례로 지난 후 국도 종착지인 서망까지 진입한다.

연락처(061) : 임회면 연동리 팽목루어낚시(544-0083) · 석교리 유일낚시마트(543-3308) · 큰길바다낚시(543-9077)

■낚시여건

진도 서남단에 위치하며 동 · 남쪽은 산으로 둘러싸여 있고 북서쪽으로 개방돼 있다. 인근엔 미역 · 톳 양식장이 발달돼 있어 어자원을 불러 모으고 또 붙들어 두는 역할을 하고 있다. 때문에 수온이 내려가는 겨울을 제외한 봄부터 가을철 늦게까지 꾼들이 몰려 감성돔 · 숭어 · 우럭 · 노래미 · 학공치 등을 낚아내는 명낚시터로 꼽힌다.

■어종과 시즌

5월까지는 사실상 휴식기로 꾼들의 발길이 뜸하다. 하지만 이 시기에도 정착성 어종인 노래미나 우럭 등을 노리는 꾼들이 간간히 찾는다. 본격 시즌은 6~7월부터 시작된다. 이때는 4짜급 감성돔들이 낚이다가 여름철인 7~8월엔 굵은 씨알이 빠지는 대신, 20cm 미만의 살감성돔이 붙는다. 이후 10월이 되면 25~35cm급으로 씨알이 다시 굵어진다. 이 시기엔 숭어도 굵게 낚이는데, 9~10월이면 50~70cm급이 출몰한다. 학공치도 9월 초순 무렵부터 볼펜급 씨알이 비치기 시작, 점점 굵어지다가 10~11월이면 25~30cm급

위치 : 〈위치도16〉 참조

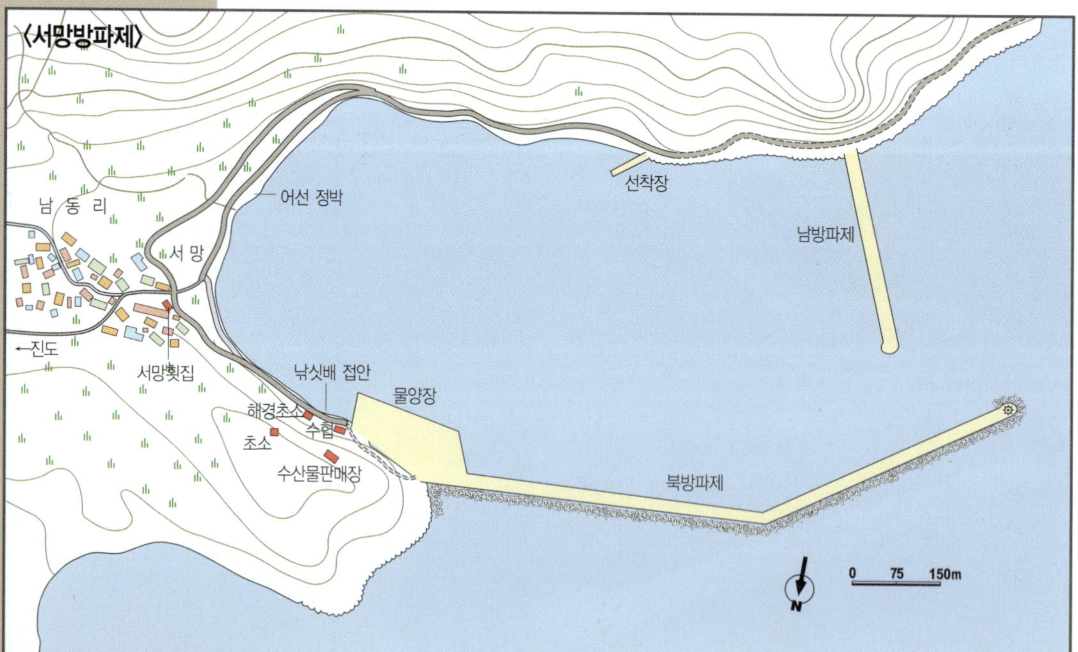

을 넘는 굵은 씨알이 낚인다.

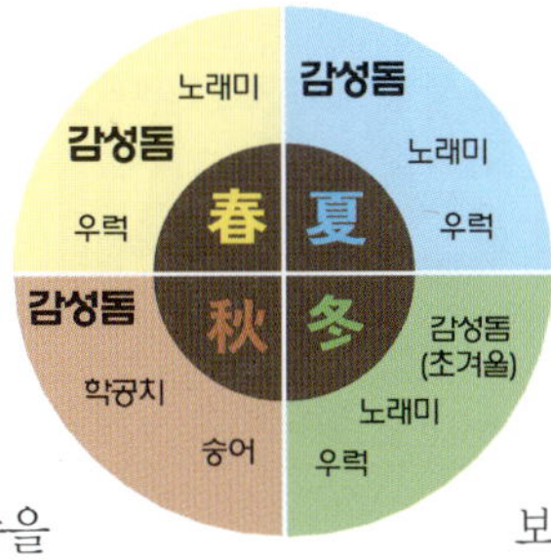

■장비와 채비 · 미끼

조금과 사리에 따라 차이가 있지만 방파제 평균 수심은 만조 기준 6~7m. 물살도 그다지 빠르지 않은 편이다. 주종을 이루는 릴찌낚시를 기준할 때, 0.8호~1호찌를 이용한 반유동채비가 널리 쓰인다. 또 방파제의 낚시구간이 북동 방향이어서 역광으로 인한 찌 보기가 어려워 구멍찌보다는 막대찌가 인기를 끈다. 방파제 초입부나, 조류가 약할 때는 원투낚시도 효과적이다.

■포인트 안내

큰방파제(북방파제)는 'ㄱ' 자로 꺾인 부분부터 끝 지점 등대까지의 50m 구간에 꾼들이 몰린다. 낚시 방향은 난바다를 보는 바깥쪽. 작은방파제(남방파제)는 끝 부분의 등대 주위. 역시 바깥쪽 방향을 보고 낚시가 이뤄진다.

■기타 참고사항

대부분 낚시구간이 테트라포드 지대인 만큼 안전사고에 각별하게 유의해야 한다. 어린이 등 노약자 동반시 더욱 주의를 요한다. 차량 진입이 안 되므로 도보로 진 · 출입해야 한다. 특히 강풍이 불거나 파도가 높을 경우는 진입이 곤란할 뿐더러 삼가야 한다.

■인근 명소

같은 임회면 남동리에 있는 남도석성(南挑石城)은 고려 원종 때 왜구의 노략질을 막기 위해 쌓았다고 하나 몽고 침입 때 삼별초의 항쟁 지도자였던 배중손이 최후를 마친 곳으로 알려진 석성이다. 바다와 접해 있고 석성의 보존이 완벽하여 역사적 가치가 매우 높다는 평. 역시 임회면에 있는 진도 출신 서예가 장전 하남호 선생이 사비로 세운 미술관인 '남진미술관'에 들러보는 것도 좋다. 서예 · 동양화 · 서양화 등이 전시돼 있다.

076 영암방조제 ~ 금호방조제

●소재지 : 전남 영암군 삼호읍, 해남군 산이면 · 화원면
●길 이 : 약 7km(영암~금호~별암방조제 합산)

교통편 : 서해안고속도로 기점인 목포까지 간 다음, 영암방면 2번 국도로 진행하다가 용앙리 대불대학교 앞 삼거리에서 진도 방면으로 우회전해 약 12km 가면 영암방조제에 이른다.

연락처(061) : 삼호읍 삼포리 황금낚시(461-2686) · 황도낚시(462-0560) · 황성낚시(464-4953) · 갯마을낚시(461-2882)

■낚시여건

'목포 내만 갈치낚시터' 로 알려져 있는 이곳은 지난 90년대 초 영암호와 금호호를 만들면서 건설한 영암 · 금호1 · 금호2의 3개 방조제를 말한다. 영암군 삼호면과 해남군 산이면 · 화원면의 2군 3개면에 걸쳐 있다. 방조제를 막은 지 얼마 되지 않은 지난 1994년부터 갈치 떼가 방조제 전 구간에 출몰하면서 이른바 목포 갈치낚시 붐이 조성돼, 지금은 갈치축제까지 열리는 전국적인 명소로 탈바꿈했다.

■어종과 시즌

주어종은 역시 갈치다. 해마다 빠르면 8월 중순경부터 '굵기가 손가락 1~2개 정도인 풀치급' 이 비치면서 씨알이 점점 굵어진다. 9월이면 손가락 2~3개급, 10월이면 3~4개급까지 굵어져 10월 말까지 낚인다. 이밖에 감성돔은 8~10월, 숭어는 5월~11월 중순까지. 6~8월 여름철 배를 타면 60~90cm급 농어도 낚인다. 이밖에 뱀장어와 갯볼락은 한겨울을 제외한 사시사철 낚인다.

위치 : 〈위치도16〉 참조

■장비와 채비 · 미끼

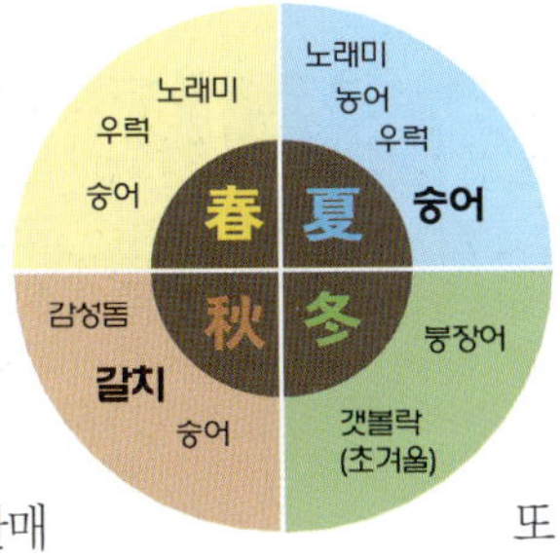

도보낚시는 1호 정도 릴낚싯대에 야간 찌와 케미라이트를 3~5개 연달아 끼운 기차채비가 사용된다. 초심자나 일반인들은 3.6~4.5m 길이의 3호릴대에 원줄 5~6호를 달아 현지 낚시점에서 판매하는 와이어채비를 세팅하는 게 무난하다. 미끼는 미꾸라지 · 냉동 빙어 · 피라미를 쓰거나 망둥이 · 전어를 잘라 쓰기도 한다. 배낚시는 2.5~3m 안팎의 외줄낚싯대 3~4대에 냉동 빙어나 미꾸라지를 꿰어 내린다. 도보낚시는 채비를 원투한 후 조류에 따라 자연스레 흘리면서 살살 끌어주고, 배에서는 살살 흔들어주면서 입질을 유도한다.

■포인트 안내

동쪽부터 서쪽으로 영암 · 금호2 · 금호1(별암)의 3개 방조제가 위치한다. 갈치낚시는 이들 3개 방조제 전역에서 이뤄진다. 하지만 갈치 이외의 감성돔 · 숭어 · 갯볼락 · 붕장어 등은 가장 서쪽의 별암방조제(금호1방조제)와, 한라조선소 쪽 한라방조제 일대가 주 낚시터이다.

■기타 참고사항

갈치는 추우면 깊은 곳에 머물다 날이 따뜻해져야 수면으로 상승하기 때문에 푸근한 날이 지속될 때의 조과가 좋다. 또 유영층이 수시로 바뀌므로 입질층을 제때 파악해내는 게 요령. 배낚시의 경우 노련한 꾼들은 2~3대, 많게는 4대의 낚싯대로 각각의 수심을 달리하여 입질을 파악해낸다. 입질이 오면 바로 채지 말고 오히려 여유줄을 더 줘 갈치가 충분히 미끼를 삼키도록 기다려야 헛챔질이 적다.

■인근 명소

목포 유달산에 올라 다도해 전경과 조각공원을 감상하며 국토사랑을 느껴보자. 차로 20여분 거리의 진도 우수영국민관광지에서 이순신 장군의 울돌목을 이용한 명량대첩을 그려보는 것도 좋겠다.

077 영광 계마항방파제

●소재지 : 전남 영광군 홍농읍 계마리 894-2 외
●길　이 : 서방파제 450m, 남방파제 340m

교통편 : 서해안고속도로 영광I.C로 나와 영광읍내까지 간다. 읍내에서 22번 국도를 타고 '법성·홍농' 방면으로 진행한다. 법성면소재에서 842번 지방도로를 타고 홍농면 소재지를 지나 '계마리국민관광지' 이정표를 보고 따라 가면 계마항에 이른다.

연락처(061) : 홍농읍 칠곡리 다솜낚시(356-8234)·상하리 등대낚시(356-0848)

■낚시여건

칠산어장으로 일컫는 서해의 대표적 황금어장을 앞에 두고 있는 계마항에 위치한 방파제다. 주변에 발달된 양질의 뻘 사이에 방파제가 들어서 있는 데다, 주위에 쥐섬을 비롯한 크고 작은 간출여와 물속여들이 발달해 있어 어자원들이 몰리는 좋은 여건을 갖추고 있다. 해마다 4월 말~5월 초가 되면 감성돔을 비롯, 각종 물고기들이 붙기 시작해 11월 중순경까지 시즌을 형성하면서 꾼들을 불러 모은다.

■어종과 시즌

감성돔은 4월 말~5월 5일 어린이날 즈음부터 시즌이 시작, 이후 11월 중순까지 계속된다. 특히 산란기에 돌입하는 봄 시즌의 씨알이 굵다. 이때는 40~50cm급의 대형급 감성돔이 곧잘 출몰하곤 한다.

감성돔 시즌 동안 농어도 붙는다. 마리수는 적으나 씨알은 30~50cm급으로 손맛이 일품. 숭어와 우럭도 5월 중순~11월 중순까지 낚인다.

위치 : 〈위치도16〉 참조

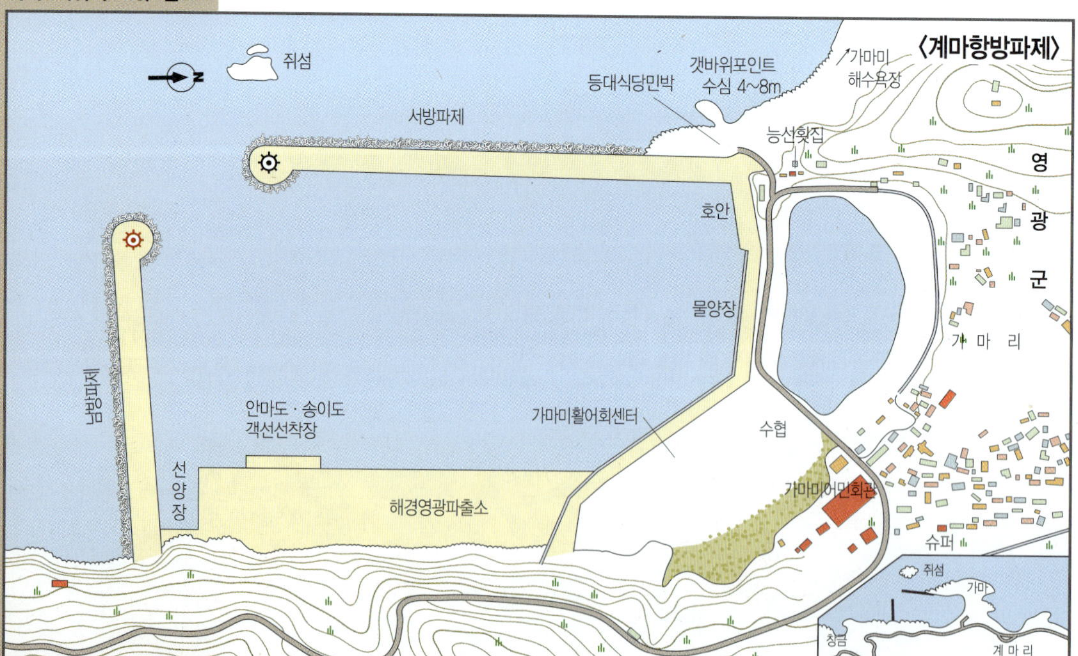

■장비와 채비 · 미끼

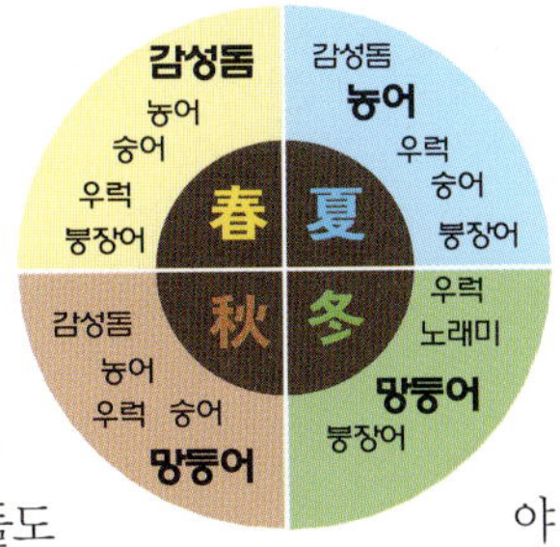

단골꾼들 대부분은 어종을 가리지 않고 릴찌낚시를 구사한다. 하지만 청갯지렁이를 미끼로 꿰어 던져놓고 감성돔 · 붕장어(아나고)나 농어 · 우럭 등을 노리는 원투 처넣기낚시를 즐기는 꾼들도 찾아볼 수 있다. 릴찌낚시의 경우 주변 수심이 3~5m로 얕은 편이어서, 0.5호 미만의 찌를 이용한 저부력 채비를 많이 쓰는 편이다.

■포인트 안내

흘림낚시(찌낚시)는 방파제와 방사제의 끝부분, 즉 방파제와 방사제가 마주보고 있는 부분에 꾼들이 몰린다. 두 곳 모두 바깥바다 쪽을 보고 낚시를 하는데, 채비를 너무 멀리 던지면 바닥이 뻘이므로 발밑부터 10m 이내 지역을 노리는 게 요령이다. 내항 쪽을 향해 처넣기 채비를 던지면 붕장어가 낚인다.

■기타 참고사항

항에서 방파제 끝을 볼 때, 우측에 연해 있는 갯바위는 도보 진입이 가능한데, 수심도 적당하고 갯바위 형성이 좋아 봄부터 가을까지 감성돔낚시를 즐기는 꾼들이 몰린다. 또 방파제 바깥에 위치한 쥐섬도 훌륭한 갯바위 포인트로, 보트를 타고 진입해야 한다. 이밖에 방파제 뒤편의 해수욕장 바로 앞에 산재하는 간출여들을 비롯한 방파제 주변의 간출여들은 영광 일대의 1급 보트 여치기 포인트들로, 굵은 감성돔 자원이 배출된다.

■인근 명소

방파제 바로 뒤편에 위치하는 가마미해수욕장은 금정산을 배경으로 위치한 '호남 3대 해수욕장'으로 꼽힌다. 길이 1km, 너비 2백m?dml 깨끗한 백사장이 반달 모양으로 둥그렇게 형성되어 있고, 200여 그루의 소나무가 숲을 이루고 있다. 앞 바다에는 크기와 모양이 거의 같은 7개의 섬이 나란히 떠 있는데 바로 칠산도다. 또 계마항은 조기 말리기에 적당한 기후를 형성, 예로부터 법성포와 함께 영광굴비의 원산지로 유명하다. 항구 내에 횟집촌도 있다.

〈위치도13〉 전남 여수권
066 여수 오동도방파제
067 돌산방파제
068 서고지방파제
069 동도방파제
(59) 대율방파제
(59) 소율방파제
(60) 대횡간도방파제
(61) 선창방파제
(62) 송고방파제
(68) 대부도방파제
여수시
돌산읍
돌산도
금오도
개도
낭도
거문도
안도
연도
가막만
화정면
여수시 화양면
여수시 화정면
여수시 남면
여수시 돌산읍
여수시 삼산면
소라면
만성리해수욕장
무슬목해수욕장
방죽포해수욕장
낭도해수욕장
호넉개해수욕장
향일암
백도 약28km
여수항 약 114km
낙포동 10Km

〈위치도14〉 전남 고흥권, 여수 초도권

〈위치도15〉 전남 강진 · 완도 · 해남권

〈위치도16〉 전남 해남 · 진도 · 영암 · 목포 · 신안권

59 여수 돌산도 율림방파제

●소재지 : 전남 여수시 돌산읍 율림리 134-15 외
●길 이 : 소율방파제 120m, 대율방파제 160m

위치 : 〈위치도13〉 참조

낚시개황 : 향일암이라는 아름다운 암자를 비롯, 흔들바위 · 바위굴 · 부처바위와 함께 울창한 동백림과 수평선이 장관을 이루는 전국적 관광지 임포 입구에 위치한다. 북쪽의 대율, 남쪽의 소율방파제의 2개로 이뤄진다. 이곳의 대표적인 어종은 볼락과 감성돔. 볼락 시즌은 3~6월의 봄볼락과, 10~12월의 가을볼락으로 나뉜다. 해에 따라선 1월에 볼락 입질이 쏟아지기도 한다. 감성돔낚시는 사철 이뤄지나 한겨울엔 입질이 드문 편. 이밖에 깔다구(농어 새끼)가 7~8월, 학공치가 9~12월, 고등어 · 전갱이가 8~10월 등등으로 올라온다. 원투낚시엔 도다리 · 양태도 올라온다.

교통편 : 여수터미널과 여수역에서 시내버스가 수시로 운행된다. 승용차는 돌산대교를 건너 17번 국도를 따라 무술목-평사리-죽포리까지 간 다음, 방죽포 이정표를 보고 좌회전, 해안도로를 따라 향일암-백포-율림-임포 순으로 진입한다.

연락처(061) : 돌산읍 율림리 여산수퍼낚시(644-4509) · 우두리 금호낚시(44-4040) · 다도해낚시(643-5066)

60 여수 대횡간도방파제

●소재지 : 전남 여수시 남면 횡간리 194 인근
●길 이 : 70m

위치 : 〈위치도13〉 참조

낚시개황 : 돌산도에서 1km 떨어진 대횡간도의 서편 횡간마을 앞에 있는 석축방파제이다. 나발도가 정면, 소두라도가 좌측에 보인다. 여객선선착장에서 도보 5분 거리. 감성돔 · 벵에돔 · 참돔 · 볼락에서부터 농어 · 도다리 · 노래미 · 학공치 · 고등어 · 보리멸 · 전갱이 등 온갖 다양한 어종이 사철 낚인다. 어종별 시즌은 감성돔과 참돔이 6~12월, 벵에돔 9~12월, 볼락 4~6월, 농어는 7~8월(30~40cm급) 및 11~12월(50~60cm급), 도다리 3~4월, 학공치 9~12월, 고등어 · 전갱이 8~10월 등이다. 바람에 뻘물만 안 지면 물때를 가리지 않으며, 들 · 썰물 모두 좋다.

교통편 : 돌산도 군내리에서 해동스타호가 1일 5회 운항된다. 월호도-화태도-대두라도-나발도-대횡간도 순으로 닿는다. 50분 소요. 군내리나 신기포구에서 낚싯배를 이용하면 더 빠르고 쉽게 진입할 수 있다.

연락처(061) : 여수시 돌산읍 군내리 진피싱(010-9222-5433) · 신복리 돌산낚시촌(644-1409)

61 여수 대두라도 선창마을 방파제

●소재지 : 전남 여수시 남면 두라리 137-2 인근
●길 이 : 40~50m씩

위치 : 〈위치도13〉 참조

낚시개황 : 섬 모양이 콩 같다 해서 이름 지어진 대두라도는 돌산도에서 남쪽으로 4km 떨어진 유인도. 섬 전역에 낚시가 가능한 8개의 방파제가 있는데, 그 중에서도 최북단 선창마을 앞에 5개의 석축방파제가 옹기종기 모여 있다. 방파제마다 도다리 · 노래미부터 감성돔 · 참돔까지 안 낚이는 고기가 없을 정도의 알짜 낚시터이다. 어종별 시즌은 도다리 3~4월, 노래미 연중, 볼락 4~6월, 감성돔 6월~이듬해 3월, 학공치 9~이듬해 1월, 고등어와 전갱이 8~10월, 참돔 6월~3월, 벵에돔 9~12월, 농어 7~12월, 보리멸 4~9월 등. 물이 센 사리는 좋지 않고 2~5물이 최적.

교통편 : 돌산도 군내리에서 여객선이 1일 5회 운항한다. 30분 소요. 차량 도선도 가능하다. 여객선 선착장이 닿는 동네가 선창마을이며, 두라초등학교 분교~선창 방면으로 5개 방파제가 위치한다.

연락처(061) : 여수시 돌산읍 군내리 진피싱(010-9222-5433) · 금성리 토요낚시(644-7639) · 낚시아카데미(644-7744)

62 여수 금오도 송고방파제

●소재지 : 전남 여수시 남면 육송리 653-12 외
●길 이 : 약 100m

낚시개황 : 금오도 북단의 송고(松高)마을 앞에는 길이 100여m의 석축 방파제 3개가 축조돼 있다. 돌산도 군내리에서 배로 10여분이면 닿는 데다가, 두라도 · 월호도 등과 물골을 이뤄 조류 소통이 좋아 일년 내내 다양한 물고기가 들어오는 실속 낚시터다. 어종별 시즌은 감성돔의 경우 4월부터 이듬해 1월까지. 특히 가을에는 마리수가 뛰어나 전문꾼들도 줄을 잇는다. 볼락은 4월 초~11월 말(피크는 4~6월), 도다리 5~8월, 벵에돔 4~10월, 깔다구(농어 새끼) 4월 말~10월, 망상어 4~12월, 학공치 7~11월(피크는 추석 전후), 보리멸 4~9월, 복어는 4~11월.

위치 : 〈위치도13〉 참조

교통편 : ①여수여객터미널 – 한려페리호(☎화신해운, 061-665-0011)가 1일 3회 운항하며, 1시간 30분 소요. ②돌산도 신기포구 – 금오도 여천포구까지 금오페리호(☎한림해운, 061-666-8092)가 1일 7회 운항하며 20분 소요. 여천포구서 송고마을까지는 도보로 15분.

연락처(061) : 여수시 교동 아세아낚시(662-3414) · 중앙동 만물상낚시(662-8560) · 남산동 낚시친구(641-5235) · 돌산읍 신복리 돌산낚시촌(644-1409)

63 여수 초도 대동리방파제

●소재지 : 전남 여수시 삼산면 초도리 산 125-2 외
●길 이 : 북방파제 425m, 남방파제(확장공사 중, 130m)

낚시개황 : 여수 서남쪽 77km 지점에 위치하는 초도에는 대동리 · 의성리 · 진막리 · 정각리의 4개 방파제가 있다. 이 중 대동리방파제는 규모가 제일 크고 포인트 여건도 좋아 연중 다양한 어종이 출몰한다. 특히 가을철에 상사리(참돔 새끼) · 돌돔 · 감성돔이 마리수로 낚여 현지꾼들뿐 아니라 전문꾼들도 즐겨 찾는다. 또 서편에 위치해 샛바람이 잦은 봄철, 샛바람이 터지면 꾼들이 믿고 찾아가는 곳이기도 하다. 볼락도 사철 낚이는데 특히 4~6월이 피크. 농어는 봄~가을 낚이는데 8월을 최고로 친다. 사리 물때를 피하면 밀 · 썰물 구분 없이 낚시가 잘 되는 편이다.

위치 : 〈위치도14〉 참조

교통편 : 여수연안여객터미널에서 여객선이 1일 1회 운항한다(하절기에는 증편). 1시간 30분 소요. ☎ 여수연안여객터미널 (061-663-0116~7), (주)청해진해운(오가고호, 663-2824)

연락처(061) : 여수시 교동 만물낚시(662-8560) · 남산동 먼바다피싱샵(641-2005) · 낚시친구(641-5235) · 종화동 쫑포낚시(666-4282)

64 강진 마량방파제

●소재지 : 전남 강진군 마량면 마량리 983-31 외
●길 이 : 서방파제 270m, 동방파제 260m

낚시개황 : 강진반도와 고금도 · 약산도가 이루는 물골을 앞에 두고 있어 연중 다양한 어종이 찾아든다. 특히 4월~11월 중순까지 감성돔이 잘 낚여 이 시기가 되면 꾼들의 발길이 끊이지 않는다. 이밖에 우럭과 숭어 · 붕장어는 사철 낚이고, 고등어 6~10월, 도다리 3~10월, 깔다구 4~11월, 보리멸 5~10월, 돌돔 5월 중순~8월, 학공치는 해걸이를 하지만 대개 5~10월 사이에 출몰한다. 사리 물때를 피한 10~13물, 2~5물이 최적 물때이다. 동방파제와 중방파제가 규모로나 조황 면에서 가장 뛰어나지만, 하방파제와 상방파제도 낚시가 제법 되는 편이다.

위치 : 〈위치도15〉 참조

교통편 : 수도권과 충청 · 호남 등 서부권에서의 진입은 서해안고속도로 목포I.C로 나와 2번국도로 독천-성전-강진까지 간 뒤 23번 국도로 칠량-대구를 거쳐 마량까지 간다. 영남 쪽에서는 남해고속도로-순천-보성-장흥-군동을 거쳐 진입한다.

연락처(061) : 마량리 코리아낚시(434-0123) · 넙도낚시(432-6764) · 서울낚시(433-3385) · 삼원레저낚시(434-3303)

65 완도 원동선착장

●소재지 : 전남 완도군 군외면 원동리 1094 외
●길 이 : 30~50m, 6개

낚시개황 : 완도대교 남단 좌우측과 북단에 아담한 규모의 석축 선착장들이 흩어져 있어 항상 꾼들이 몰린다. 감성돔은 4월 중순~6월의 산란철이면 35cm~50cm까지 배출되는데, 이후 소강기를 거쳐 7월 중순부터 살감성돔이 비치기 시작, 점점 씨알이 굵어지며 10월까지 시즌을 형성한다. 이밖에 농어는 3월 말~5월 및 8~10월, 우럭 7월 말~10월 말, 붕장어와 숭어는 거의 사철 낚인다. 노래미는 3월 말~4월 말에 씨알이 굵으며, 도다리도 3월 중순~4월 중순이 굵다. 조류가 원활해 물때보다는 밀·썰물 영향이 중요한데, 특히 초들물이 막 시작할 때에 조황이 좋다.

위치 : 〈위치도15〉 참조

교통편 : 광주 방면에서는 나주-영암-강진-성전을 거쳐 신전-북일-남창-완도대교 순으로 진입한다. 서해안고속도로 이용 시는 목포IC-독천-강진-성전 순으로 진입한다. 선착장 주위에 낚시점 3~4곳이 있다.

연락처(061) : 군외면 원동리 바구낚시(554-9007)·동원낚시(552-5459)·평화낚시(552-5507)

66 완도 여서도방파제

●소재지 : 전남 완도군 청산면 여서리 187-1 외
●길 이 : 동방파제 320m, 서방파제 165m

낚시개황 : 완도에서 41km 거리의 여서도 내에는 갯바위 포인트에 뒤지지 않는 방파제낚시터가 있다. 오히려 어종으로 보나, 조황으로 보나 갯바위보다 더 낫다는 평도 있을 정도. 특히 태풍 매미로 동방파제 일부가 유실되었을 당시, 물속에 흩어진 테트라포드와 구조물들로 그 여건이 더욱 좋아졌다. 거의 일년 내내 감성돔·벵에돔·돌돔이 낚이고, 장마철~11월엔 긴꼬리벵에돔이 출몰한다. 여름~가을엔 농어가 붙으며, 이밖에 잔재미를 볼 수 있는 어종으로 자리돔과 잔 씨알의 벵에돔이 여름에 잘 낚이고, 학공치·전갱이·고등어가 겨울철에 잔재미를 안겨준다.

위치 : 〈위치도15〉 참조

교통편 : 완도항에서 여객선 섬사랑3호가 소모도-모서-모동-장도-청산도 도청리를 거쳐 1일 1회 운항한다. 2시간 30분 소요. 완도항에서 낚싯배를 이용할 수도 있다. 1시간 20분 소요.

연락처(061) : 완도읍 군내리 YC루어피싱(010-4003-6116)·남해낚시(554-3791)·태광낚시(554-0802)·주도낚시(552-3278)

67 완도 소안도 맹선리방파제

●소재지 : 전남 완도군 소안면 맹선리
●길 이 : 북방파제 475m, 서방파제 400m

낚시개황 : 소안도의 아래쪽 서편에 위치하는 데다 노화도·보길도·자개도가 주위를 병풍처럼 둘러싸고 있어 대부분 바람에 의지되고, 봄부터 겨울까지 감성돔·참돔·벵에돔에서부터 학공치·고등어·도다리·광어·노래미 등 다양한 어종이 붙어 꾼들이 몰린다. 특히 승용차를 싣고 찾아보길 권한다. 어종별로 보면 감성돔은 4월 중순~12월 초에 낚이는데, 특히 8~12월 중에서도 가을~초겨울 시즌에 마리수가 뛰어나다. 참돔은 6~10월, 벵에돔 8~11월, 학공치·고등어·광어는 9~12월이다. 주변 조류가 완만한 편이어서 사리를 전후한 4~9물때가 유리하다.

위치 : 〈위치도15〉 참조

교통편 : 완도읍 화흥포항(555-1010)에서 청해진 카페리호가 1일 13회(휴가철 20회) 운항되며, 50분 소요. 승용차 도선 2만원. 면소재지인 비자리에 기착, 맹선리까지는 차로 10분 (약 4km).

연락처(061) : 완도읍 군내리 토반낚시(552-3278)·태광낚시(554-0802)·가용리 관광낚시(554-3288)·서경바다낚시(554-7975)

68 완도 보길도 보옥방파제

●소재지 : 전남 완도군 보길면 부황리 502-7 외
●길 이 : 남방파제 530m, 북방파제 170m

위치 : 〈위치도15〉 참조

낚시개황 : 1996년에 시작해 2010년에 이르기까지, 500여m 규모의 대형 방파제가 탄생한 뒤로 사철 많은 꾼들이 끊이지 않는 명낚시터가 되고 있다. 샛바람에도 낚시가 잘 되고, 북서풍에서도 방파제 안쪽에서 낚시가 가능하다. 감성돔과 돌돔이 9~12월의 가을철에 활발한 입질을 보여주고, 농어는 5~10월에 출몰한다. 숭어는 7~9월에 떼로 나타나 활발한 입질을 보여주고, 학공치는 8~11월, 고등어는 해마다 기복이 있지만 보통 8~10월에 모습을 비친다. 이밖에 우럭 · 노래미 · 붕장어(아나고) 등은 사철 낚인다. 학공치는 조금 물때가 좋으나 나머지 어종들은 물이 살아나는 3~7물이 좋다.

교통편 : ①해남 땅끝(갈두)→보길도. 1일 8회 운항(해광훼리5호, 장보고호 등), 1시간 소요. ②완도 화흥포→보길도. 1일 8회 운항(청해진카페리호), 약 1시간 10분 소요. ☎해광운수 (061-535-5786).

연락처(061) : 보길면 부황리 삼아낚시수퍼(552-3764) · 성화낚시수퍼(553-6227)

69 해남 어란진방파제

●소재지 : 전남 해남군 송지면 어란리 2099 외
●길 이 : 동방파제 280m, 선착장 180m, 북방파제 41m

위치 : 〈위치도15〉 참조

낚시개황 : 땅끝과 인접하고 있는 어란진항은 주위에 김양식장이 발달해 사철 다양한 어종이 출몰하고, 꾼들 또한 많이 몰린다. 방파제 주변 수심은 2.5~5m 정도. 조금 물때엔 원투로 도다리 · 붕장어 · 붕장어 등이 낚이고, 물이 센 사리 물때엔 감성돔을 비롯, 숭어 · 학공치 · 농어 · 참돔 등이 찌낚시에 낚인다. 어종별 시즌은 감성돔은 봄이 지나고 여름부터 초가을(7~9월)이 제철이다. 붕장어는 3월 중순~12월, 도다리와 깔다구(농어 새끼)는 7~8월, 망상어 5~6월, 숭어 7~9월, 보구치는 10월 한 달간 시즌을 형성한다. 보리멸도 간혹 출몰하나 자원이 적은 편.

교통편 : 서해안고속도로 이용 시 목포I.C로 나와 독천-해남을 거쳐, 화산-송암-송지-어란 순으로 진입한다. 광주 방면에서는 영암-강진-해남을 거쳐 진입한다.

연락처(061) : 송지면 어란리 서남해낚시(533-8477) · 만호낚시(533-2599) · 송지면 산정리 대물낚시(535-4988)

한국의 名 방파제 100+100선

제2부

제6장 경기 · 인천 편

078 인천 영종도 남 · 북방조제

●소재지 : 인천광역시 중구 운서동 2833-3 및 2854
●길　이 : 북로방조제 약 12,000m, 남로방조제 약 8,000m

교통편 : 올림픽도로나 강변북로를 따라 인천공항고속도로를 타고 영종대교를 건너면 공항입구JCT. 여기서 우회전, 화물터미널 방향을 따라 진행하면 곧 공항북로다. 도로 우측에 전개되는 제방이 북방조제이고, 남방조제는 공항여객청사 직전 신불I.C에서 용유도 방면으로 빠지면 좌측에 전개된다.

연락처(032) : 인천 중구 경서동 25시낚시할인마트(561-4985) · 낚시아울렛(462-9701)

■낚시여건

인천공항 건설 당시 영종 · 용유 · 삼목도에 인접한 3개 섬을 수십 km의 방조제로 연결, 매립한 땅이 현재의 영종도다. 덕분에 생겨난 수십 km의 방조제는 훌륭한 낚시터가 되어 날이 갈수록 수도권 나들이객들의 사랑을 한 몸에 받고 있다. 광활한 방조제 전구간이 낚시터일 만큼 장소가 넓고, 이에 더해 잠진도 · 삼목도 선착장과 을왕리 · 왕산리해수욕장 주위의 갯바위까지 겸비하고 있어 선택의 폭도 넓다. 아무리 붐비는 주말에도 교통체증의 우려가 없는 것도 이점.

■어종과 시즌

영종도에서 낚이는 어종은 우럭 · 양태 · 노래미 · 망둥이 · 숭어 등. 이중 가장 대중적인 어종은 우럭과 망둥이 · 숭어다. 우럭은 5월~10월까지 낚이며, 망둥이는 9월부터 11월 중순까지 입질한다. 노래미와 양태는 우럭낚시 도중 손님고기로 올라오는 편. 숭어는 장마가 시작되는 6월 중순부터 10월까지 출몰한다. 이밖에 7~8월 시기엔 깔다구(농어

위치 : 〈위치도17〉 참조

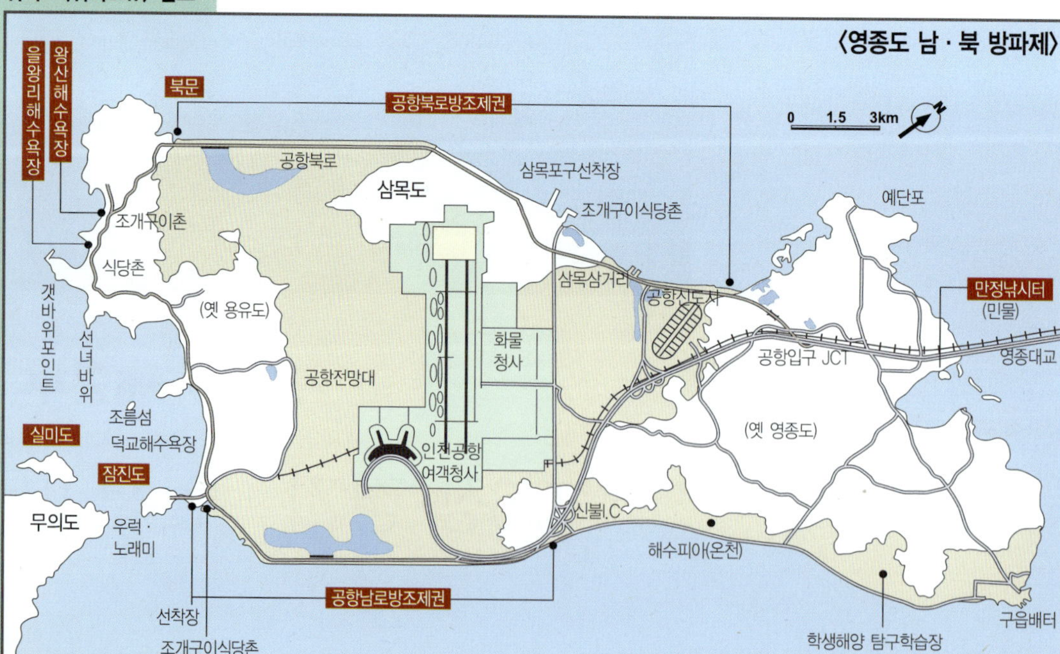

새끼)도 출몰한다.

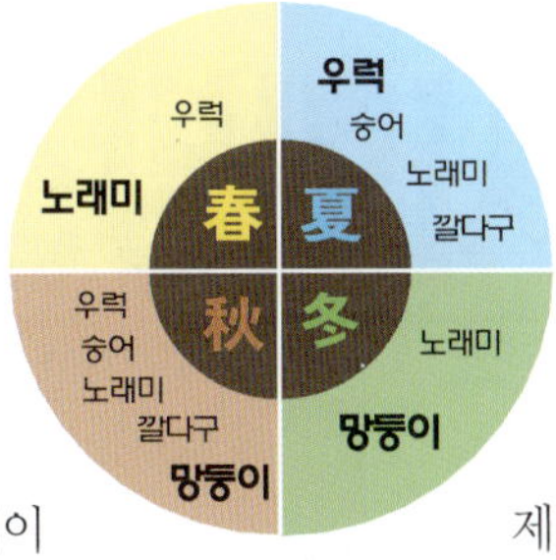

■장비와 채비 · 미끼

우럭은 글럽웜이나 스푼을 이용한 루어낚시나, 청갯지렁이를 꿴 원투 던질낚시로 낚아낸다. 청갯지렁이를 꿰면 노래미와 양태 · 망둥이 비율이 높아진다. 망둥이는 청갯지렁이를 꿰어 던질낚시나 2~3칸 길이의 붕어용 민물낚싯대를 이용한 바닥낚시로 손쉽게 낚을 수 있다. 숭어는 1호릴 대에 청갯지렁이를 꿰어 노리거나 2~3호 원투대로 낚는다.

■포인트 안내

방조제의 호안이 테트라포드 대신 완만한 경사의 석축이어서 간조 때 물이 빠진 상태만 아니면 전 구간에서 낚시가 가능하다. 하지만 방조제 앞쪽에 펄 대신 크고 작은 여밭이 형성된 곳일수록 꾼들이 몰린다. 또 남 · 북방조제 중간에 위치하는 배수갑문 주위는 항상 꾼들이 붐비는데, 이곳은 수심이 있어 간조 시간에도 낚시가 가능하다. 또 삼목선착장과 잠진도선착장 주위도 손꼽히는 포인트들.

■기타 참고사항

한겨울을 지나 봄철이 시작되면 남 · 북방조제 위로 나 있는 공항남 · 북로의 좌우측 갓길은 꾼들의 차량 행렬로 거대한 주차장으로 바뀌곤 한다. 삼목선착장과 잠진도선착장 입구에 청갯지렁이와 낚시소품, 1회용 낚싯대 등을 파는 이동식 낚시매점이 영업을 하고 있다.

■인근 명소

영종도 내에는 을왕리해수욕장과 왕산해수욕장이 있어 여름이 아니어도 사철 인파가 몰린다. 해수욕장 내에 조개구이 · 해물칼국수 · 횟집촌이 잘 발달돼 있다. 또 삼목선착장과 잠진도선착장에도 조개구이 식당촌이 군락을 이루고 있어 저렴하게 즐길 수 있다. 또 공항입구 신불I.C에서 구읍 배터 쪽으로 가다보면 바닷물 온천인 해수피아가 있어 가족과 함께 피로를 풀 수 있다.

영종도로 건너는 영종대교. 〈사진제공 신항공하이웨이(주)〉

079 안산 시화방조제

●소재지 : 경기도 안산시 대부본동 2104 ~시흥시 정왕동 2376
●길 이 : 11,200m

교통편 : 영동고속도로 월곶 I.C를 기점으로 한다. I.C로 나와 77번 국도를 타고 '오이도 · 시화방조제' 방향으로 8km쯤 가면 방조제 북쪽 초입에 이른다. 방조제를 8.5km쯤 건너면 큰가리섬, 다시 4km 더 가면 방조제 끝을 나와 우측으로 방아머리선착장이 보인다.

연락처 : 시흥시 월곶동 포인트낚시할인마트(431-9828) · 낚시물류창고(431-3030) · 안산시 대부북동 25시낚시(032-881-0772) · 만수낚시(032-881-8010)

낚시여건

시화호 건설로 생겨난 시화방조제는 서울 · 인천 · 안산 · 화성 · 수원 등 수도권 지역에서 가까운 초대형 방조제로, 다양한 종류의 잡어들이 철따라 선보임으로써 나들이를 겸한 바다낚시터로 각광받고 있다. 장장 11.2km에 이르는 방조제뿐 아니라, 방조제 양쪽에 위치한 방아머리선착장과 오이도 일대는 바닷바람을 쐬러 나온 나들이객과 낚시인이 함께 어울려 성시를 이루곤 한다. 낚이는 어종은 우럭 · 노래미 · 광어 · 도다리 · 농어 · 망둥이 등으로, 바닥고기들이 대개 주종을 이루는 가운데, 삼치 · 학공치 등의 회유어종도 닿는다.

어종과 시즌

우럭은 1~2월 한겨울에도 낱마리가 낚이지만 해에 따라 기복이 있다. 본격 시즌은 5월 초부터 10월 말~11월 초까지. 우럭낚시 도중 손님고기로 노래미와 광어 · 도다리가 함께 낚인다. 숭어는 7~8월이 제철. 삼치와 농어(깔다구)도 7~8월에 생각 밖으로 많은 양

위치 : 〈위치도17〉 참조

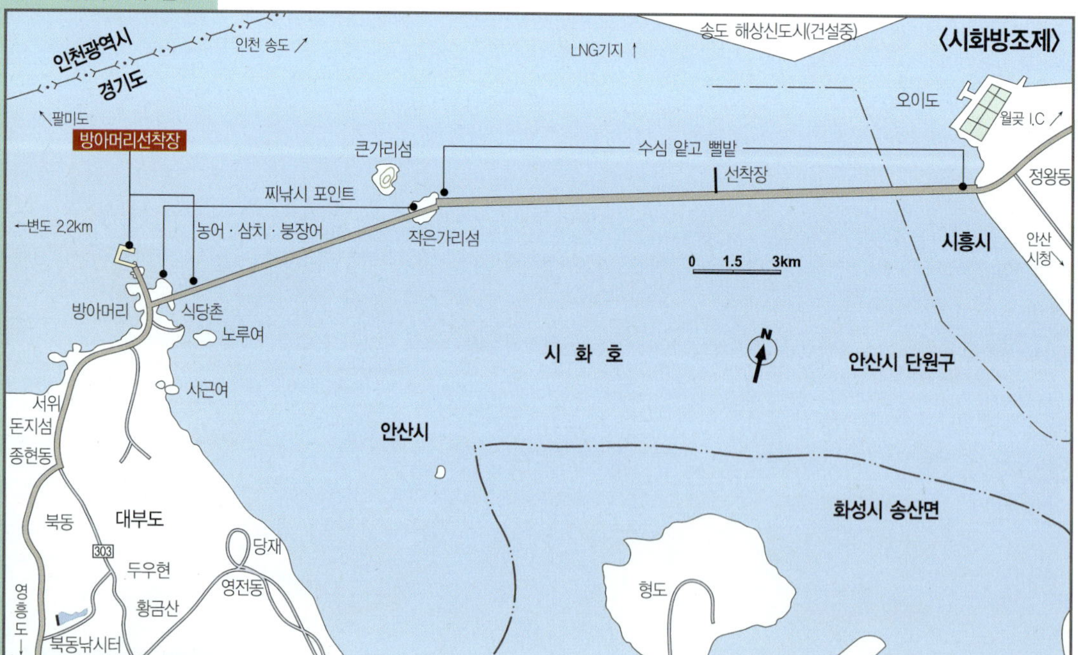

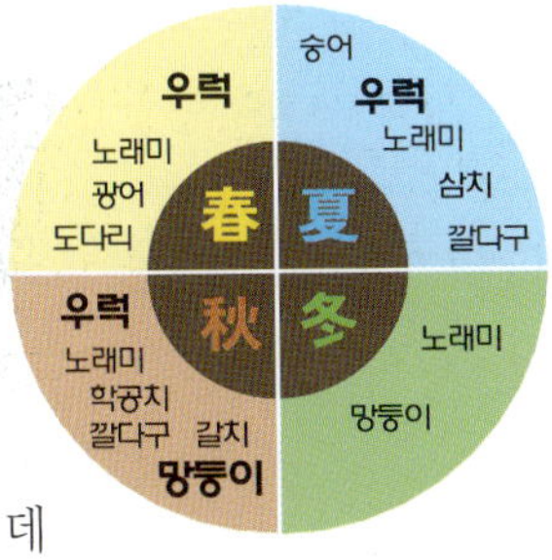

이 출몰한다. 학공치는 9~10월에 빛을 발하는 대표적인 가을낚시 어종. 갈치 또한 9~10월에 출몰한다. 근년 들어 살감성돔이 나타난 데 이어 30cm급 돌돔도 출몰해 꾼들을 놀라게 한 적이 있다.

장비와 채비 · 미끼

이곳에서의 낚시는 크게 4가지 형태가 있다. 갯지렁이를 꿰어 근거리에 던져놓고 입질을 기다리는 처넣기 방식, 밑밥을 이용해 근 · 중거리를 흘려 낚는 릴 찌낚시, 10~12호 가량의 무거운 봉돌을 이용해 80~100m까지 멀리 던져 넣는 원투낚시, 그리고 인조미끼를 이용한 루어낚시 등이 그것이다. 원투 채비는 봉돌 위에 스티로폼 등의 고부력재로 만든 관통찌를 세팅해 원투 후 채비를 흘리면서 입질을 받아내는 '원투 흘림낚시' 방식을 취하기도 한다. 미끼는 대부분 청갯지렁이를 사용한다.

포인트 안내

방조제 가운데서 서쪽으로 치우쳐 있는 쌍섬을 기준으로, 사리 물때에는 조류 흐름이 보다 약한 우측(동쪽) 방조제 일대가 좋고, 반대로 조금 물때에는 좌측(서쪽)과 방아머리선착장 일대가 유리하다. 이곳은 물 밑에 펄과 암반, 여밭이 섞여 있어 펄을 피한 여밭을 찾아내는 게 요령이다.

인근 명소

1987년 6월부터 94년 2월까지 6년 반에 걸친 공사 끝에 여의도 면적의 60배인 4천300만평의 간척지를 탄생시킨 시화방조제 자체가 커다란 볼거리이다. 해수유통 후 자연생태를 많이 회복한 시화호를 관람하는 것도 의미가 있다. 홍수시 초당 약 4,000톤을 뿜어내는 배수갑문 2개와 길이 20m 폭 8m의 진입도로, 선착장 5개소 등이 설치돼 있다.국내 최초의 조력발전소도 들어섰다. 낚시를 마친 뒤 대부도 · 탄도항에서 싱싱한 왕새우나 횟감을 따로 구입할 수도 있다. 방아머리항이나 오이도항에서 낚싯배를 이용할 수도 있다.

〈위치도17〉 인천권, 경기 안산 · 화성권

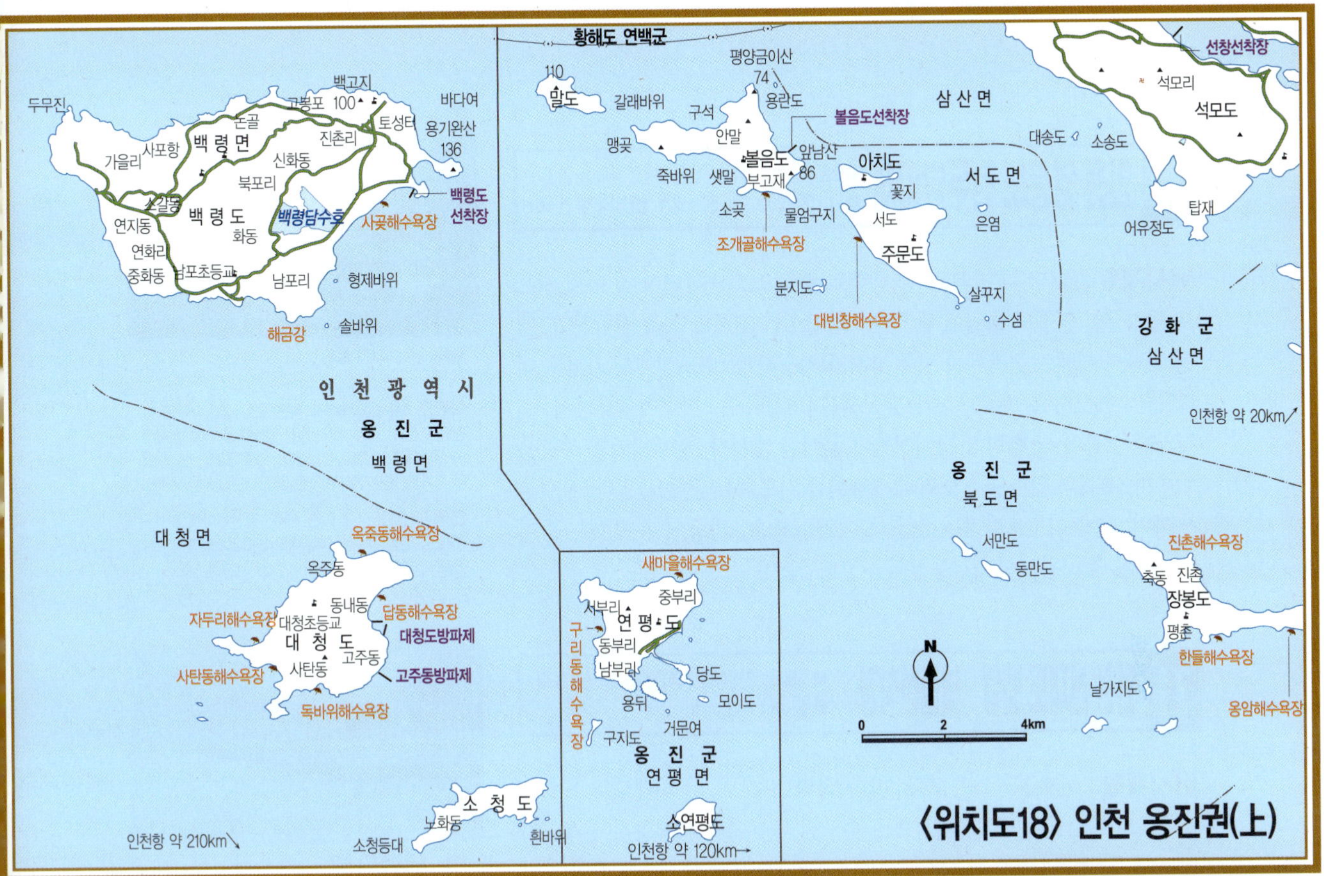

〈위치도18〉 인천 옹진권(上)

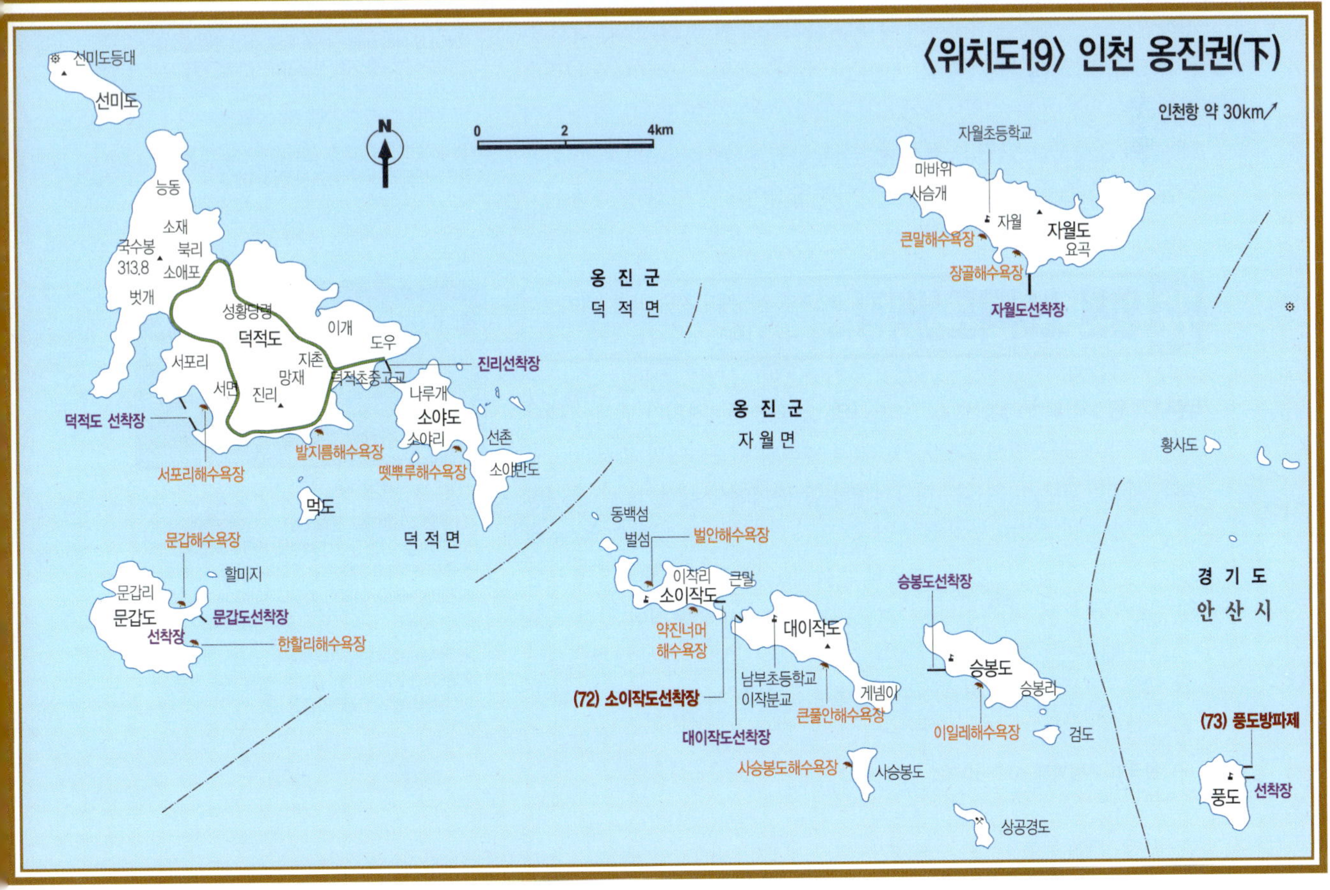

〈위치도19〉 인천 옹진권(下)

70 인천 영흥도 진두방파제

●소재지 : 인천광역시 옹진군 영흥면 내리 8-213
●길 이 : 20m 1개, 50m 2개, 철탑석축 한 변 50m

낚시개황 : 2001년 11월 15일 영흥대교 준공으로 연륙되어 섬 아닌 섬으로 탈바꿈한 영흥도 초입에 위치한 선착장이다. 3개의 석축 선착장과, 대형 철탑의 시멘트 석축에서 모두 낚시가 가능하다. 수도권에서 가까운 데다 물이 깨끗하고, 우럭 · 노래미 · 도다리 · 깔다구 · 학공치 · 붕장어 등, 다양한 어종이 낚여 항상 낚시객들이 끊이질 않는다. 원투낚시가 주종을 이루며, 우럭과 깔다구를 노려 루어낚시를 시도하는 꾼들도 있다. 우럭 · 노래미 · 주꾸미 · 도다리는 5월 초~12월 중순, 망둥이 8~12월, 숭어 10~12월, 학공치 9~10월, 붕장어와 깔다구는 9~11월이 시즌.

위치 : 〈위치도17〉 참조

교통편 : 서해안고속도로 비봉I.C로 나와 대부도 방면으로 진입, 화성-마도-송산-대부도를 거쳐 선재대교-영흥대교 순으로 진입한다. 영흥대교를 건너자마다 우회전, 바닷가를 끼고 진입하면 진두항에 이른다.

연락처(032) : 영흥면 내리 길낚시마트(881-7086) · 영흥도서해바다낚시(886-0203) · 현대낚시(882-8838)

71 인천 선재도 뱃말 · 넛출선착장

●소재지 : 인천광역시 영흥면 선재리 96-3 외
●길 이 : 약 30m씩

낚시개황 : 선재대교 개통으로 '바다 속의 육지'가 된 선재도는 육로로 자유로이 드나들 수 있는 이점으로 수도권 나들이객들의 발길이 끊이지 않는다. 최남단과 북단에 각각 위치하는 뱃말과 넛출선착장은 진입이 편리하면서도 섬 경치를 감상하며 낚시를 즐기기에 안성맞춤이다. 낚시 시즌은 5월~12월 중순까지이며, 낚이는 어종은 우럭 · 노래미 · 도다리를 기본으로, 망둥이(8~12월), 숭어(10~ · 12월), 학공치(9~10월), 양태 등이다. 간혹 깔다구(9~11월)도 붙는다. 가족 단위로 찾아 낚시로 게를 잡는 모습도 쉽게 볼 수 있다. 9~11월 밤낚시엔 붕장어도 잘 낚인다.

위치 : 〈위치도17〉 참조

교통편 : 서해안고속도로 비봉I.C로 나와 '대부도' 이정표를 따라 비봉-남양동-마도-서신-탄도방조제-선감도-대부도를 거쳐 선재대교를 건너면 된다. 다리 건너서 우회전하면 뱃말이고, 영흥대교 건너기 직전의 우측이 선재도 여객선이 닿는 넛출선착장이다.

연락처(032) : 영흥면 선재리(889-4672) · 정낚시(887-0930) · 대교낚시슈퍼(883-1122)

72 인천 소이작도선착장

●소재지 : 인천광역시 옹진군 자월면 이작리 산17 인근
●길 이 : 약 60m

낚시개황 : 인천에서 배로 50분 거리의 소이작도는 경치가 뛰어난 데다 풀등해수욕장과 벌안해수욕장으로 널리 알려져 여름철이면 피서객로 붐빈다. 하지만 피서철 외에는 비교적 한산한 편이어서 낚시인들은 호젓한 섬 분위기를 만끽하며 낚시를 즐길 수 있다. 낚이는 어종은 우럭 · 노래미 · 도다리 · 광어 · 붕장어(이상 4월 중순~10월 말), 피서철이 끝날 무렵이면 숭어와 농어 · 학공치가 붙는다(9~10월). 특히 가을철이 되면 선착장에서 35cm급 안팎의 감성돔이 종종 배출되어 전문꾼들까지 불러들이기도 한다. 주로 중들물 이상부터 입질 확률이 높은 편이다.

위치 : 〈위치도19〉 참조

교통편 : 소이작도 선착장까지 인천항연안여객터미널에서 1일 2회, 안산시 대부도 방아머리항여객터미널에서 하루 1회 운항한다. 문의 - 인천항연안여객터미널(032-885-0180), 대부도 대부고속해운(032-886-7813)

연락처(032) : 안산시 대부북동 낚시물류창고(887-2788) · 25시낚시(881-0772) · 인천 중구 항동7가 터미널낚시백화점(882-0772)

73 안산 풍도방파제

●소재지 : 경기도 안산시 풍도동
●길 이 : 큰방파제 180m, 작은방파제 60m

낚시개황 : 조그만 무명 섬이던 풍도는 90년대 후반부터 낚시터로 각광받기 시작해 낚시객들을 상대로 한 민박집이 10여 곳이나 생겨났을 만치 유명 섬낚시터가 됐다. 그만큼 섬이 아름답고 우럭 · 광어 등이 잘 낚이기 때문. 주어종인 우럭 · 노래미 · 광어는 5월 10일경부터 12월 말까지 낚이고, 숭어도 같은 시기에 붙는다. 농어는 7~9월, 학공치는 봄부터 나오지만 씨알이 잘아 8~12월이 제철. 특히 10~11월이 피크. 9월 중순경에는 붕장어(아나고) 재미가 한창이고, 고등어 · 삼치도 가을에 잠깐 비친다. 우럭의 경우는 특히 밤낚시에 씨알이 굵게 낚인다.

위치 : 〈위치도19〉, 〈위치도20〉 참조

교통편 : 풍도항 선착장까지는 인천항연안여객터미널에서 1일 1회 서해누리호가 운항한다. 대부도 방아머리선착을 경유해 육도까지 운행되는데 소요시간은 2시간~2시간 30분. 문의 – 인천항연안여객터미널(032-885-0180), 대부도 대부해운(032-886-7813)

연락처(031) : 인천 중구 항동7가 터미널낚시백화점(882-0772) · 안산시 대부북동 낚시물류창고(887-2788) · 25시낚시(881-0772)

74 화성 궁평항방파제

●소재지 : 경기도 화성시 서신면 궁평리 692 외
●길 이 : 북쪽 방파제 650m, 남쪽 선착장 480m

낚시개황 : 9.8km 길이의 화옹호방조제 북쪽 수문에 인접한 궁평항 방파제와 선착장으로, 놀이시설과 먹거리촌이 형성돼 낚시인과 나들이객들이 어울려 붐비는 때가 많다. 원투낚시가 주류를 이루며 우럭 · 노래미 · 숭어 · 농어 · 망둥이 · 삼치 등이 5월 초부터 12월 중순까지 낚인다. 5월 초~12월 초까지 낚이는 우럭은 잔 씨알부터 25cm급까지. 숭어 시즌도 우럭과 같다. 농어는 찬바람이 나는 9월 초부터 12월 초까지 30~40cm급이 주종으로 낚이며 간혹 70~80cm급도 출몰한다. 망둥이는 8월 말~12월 초까지가 제철이며, 망둥이낚시 도중 간혹 삼치가 붙기도 한다.

위치 : 〈위치도17〉, 〈위치도20〉 참조

교통편 : 서해안고속도로 비봉I.C로 나와 남양-마도-서신-궁평리 순으로 진입한다. 궁평I.C에서 승용차로 약 40분 거리.

연락처(031) : 서신면 궁평리 피싱캠프낚시(356-8668) · 궁평낚시(355-0201) · 마지막슈퍼낚시(356-3607) · 포인트낚시(356-7988)

75 화성 매향리선착장

●소재지 : 경기도 화성시 우정면 매향리 971
●길 이 : 약 720m

낚시개황 : 미군 공군기 폭격장 문제로 매스컴을 타 유명해진 아담하고 예쁜 어촌 마을 매향리(埋香里). 선착장 초입에 조개구이집과 횟집촌이 있어 나들이객들과 낚시인이 즐겨 찾는다. 주변이 온통 뻘밭인 데다 조석차가 커 선착장이 바다를 향해 700m 이상 경사지게 뻗어 있다. 따라서 중들물 이후엔 물에 잠겨 뒤로 물러나면서 낚시를 하게 된다. 주어종은 망둥이. 6월 말쯤 되면 볼펜 크기 씨알이 나오기 시작한다. 이후 추석 무렵이면 20cm 안팎으로 자라 본격 시즌을 형성하고, 11월 말~12월 초까지 절정을 이룬다. 8~9월엔 숭어 · 우럭도 가끔 낚인다.

위치 : 〈위치도20〉 참조

교통편 : 서해안고속도로 발안I.C로 나와 82번 국도로 조암(우정면 소재지)→ 화수삼거리를 거쳐 진입한다.

연락처(031) : 우정읍 매향리 매향프로낚시(351-3881) · 태공낚시(351-6533) · 화산리 기양낚시슈퍼(351-8338)

한국의 名방파제 100+100선

제2부

제7장 충청남도 편

한국의 名 방파제

080 태안 모항방파제

●소재지 : 충남 태안군 소원면 모항리 1336 외
●길　이 : 북방파제 480m, 남방파제 370m

교통편 : 서해안고속도로 서산I.C 또는 해미I.C를 나와 서산-태안을 거쳐 진입하다가 만리포 방면 32번 국도를 타고 소원면까지 계속 직진한다. 소원면을 지나 가락굴삼거리에서 좌측 임페리얼모텔을 지나자마자 좌회전, 약 900m 가량 진입하면 모항에 다다를 수 있다.

연락처(041) : 소원면 모항리 갈매기낚시마트(672-9542)·태안낚시프라자(672-1232)·태안읍 장신리 태안73낚시(675-0308)·OK낚시할인마트(672-5616)

위치 : 〈위치도21〉 참조

■낚시여건

90년도 이후 약 10여년에 걸쳐 증축 공사가 이뤄진 곳이다. 북방파제는 길이가 480m에 달하며, 거의 전 구간이 낚시터라고 봐도 무방하다. 길이 370m의 남방파제 역시 낚시 여건이 좋으며 신축 방파제 특유의 깔끔함이 그대로 살아 있다. 내항 쪽은 석축, 외항 쪽은 테트라포드가 놓여져 있다. 추락 방지용 철제 난간을 설치해 아이들과 동행하기에도 알맞다.

■어종과 시즌

모항방파제의 주요 어종은 숭어 · 학공치 · 도다리 · 우럭 · 노래미 · 붕장어 · 도다리 등을 꼽을 수 있다. 규모처럼 매우 다양한 어종이 낚이나 씨알이 굵지 않은 것이 흠이다. 우럭과 노래미는 매년 3월경부터 꾸준한 입질을 시작한다. 숭어는 봄~가을에 걸쳐 꾸준히 낚이며(4~11월), 학공치는 늦여름부터 가을까지(9~11월)가 피크다. 고등어는 9~11월 사이에 잘 낚이나 씨알은 20cm 이하로 그다지 굵지 않다. 도다리는 사계절

〈모항방파제〉

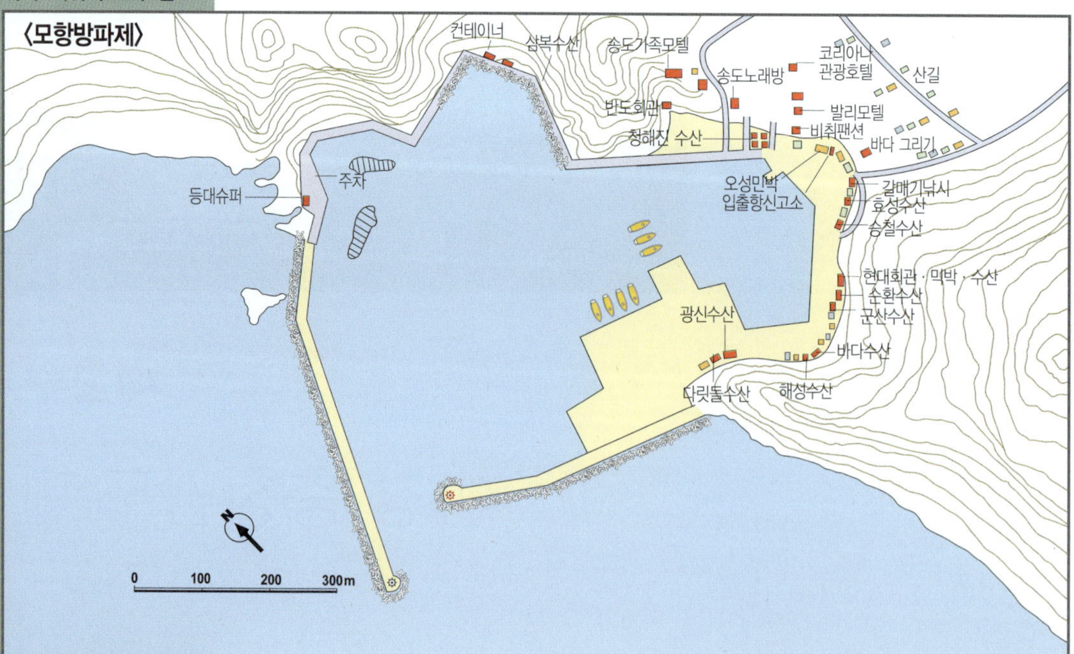

낚시가 가능하나 한겨울엔 바람이 약하고 너울이 없는 날에 주로 낚인다. 붕장어는 여름철 밤낚시에 마리수 재미가 좋다.

■장비와 채비 · 미끼

숭어 · 학공치 · 고등어 등의 어종은 민낚싯대를 이용한 찌낚시가 효과적이다. 4.5~5.3m 길이의 민낚싯대에 B부력 정도의 소형 고추찌를 달아 쓰는 것이 유리하다. 도래 밑 목줄은 1~1.5호 정도가 적당하며, 가급적 바늘은 학공치바늘 4~5호 또는 망상어바늘 3~4호 정도로 작게 쓰는 것이 유리하다. 우럭 · 노래미 · 붕장어 · 도다리 등은 원투 처넣기 낚시가 유리하다. 민낚싯대 찌낚시용 미끼로는 크릴새우가 가장 알맞다. 원투낚시용으론 청갯지렁이만 있으면 충분하다.

■포인트 안내

방파제가 크고 내항의 규모도 커서 조류 소통이 잘 되는 편이다. 다만 내항 쪽은 방파제 높이가 높아 릴찌낚시 채비가 아니면 낚시가 어렵다. 반면 외항 쪽은 테트라포드 위에서 낚시를 할 수 있어 편리하지만 테트라포드의 특성상 발판이 다소 위험한 것이 단점. 그중에서도 왕성한 입질을 보이는 곳은 방파제 끝 지점이지만 조과 차이가 크지 않기 때문에 적당한 곳에서 자리를 잡는 게 좋다.

■기타 참고사항

국가항으로 지정된 모항엔 모텔 · 민박 · 펜션 등의 각종 숙박시설과 식당 · 낚시점들이 고루 자리 잡고 있다. 모항에 도착해 가장 마음에 드는 숙박 시설을 잡은 뒤 낚시를 나서면 된다.

■인근 명소

태안권의 대표적 해수욕장인 만리포와 천리포 해수욕장이 인근에 위치해 있어 차량을 이용하면 피서와 낚시를 동시에 즐길 수 있다. 만리포는 백사장 길이가 3km에 달하며 각종 숙박시설과 회집 식당들이 자리 잡고 있어 낚시와 해수욕을 동시에 즐길 수 있는 좋은 여건을 갖추고 있다.

081 안흥 신진도방파제

●소재지 : 충남 태안군 근흥면 신진도리
●길　이 : 남방파제 550m

교통편 : 서해안고속도로를 이용해 서산-태안-안흥-신진대교를 넘어 신진도로 들어선다. 신진도항 입구 갈림길에서 바닷가가 보이는 끝 지점까지 직진한 뒤 좌회전, 수협어판장을 지나 바닷가를 따라 나 있는 길로 직진하면 태안해안경찰서 전용부두에 닿는다. 태안해안경찰서 정문에서 좌회전, 철문을 지나 150m 가량 따라 들어가면 방파제 입구다.

연락처(041) : 근흥면 신진도리 낚시백화점(675-7707)·바다낚시여행(675-0001)

■낚시여건

신진도의 서쪽 귀퉁이에 자리 잡고 있는 태안권의 대표적인 방파제낚시터다. 건너편 마도방파제와 마주보고 있어 빤히 바라다 보인다. 늦여름 이후부턴 중형 감성돔도 곧잘 낚여 전문꾼들의 출입도 잦은 곳이다. 현지 매점에서 라면 등의 간단한 끼니꺼리와 낚시용품을 구비하고 있으나 낚시 준비물은 출조 전 미리 챙겨가는 것이 유리하다.

■어종과 시즌

신진도방파제의 주요 낚시 대상 어종은 숭어·학공치·노래미·우럭·고등어·감성돔 등이다. 숭어는 이른 초봄부터 입질을 시작하지만 매년 4월 중순경부터 찌낚시에 활발한 입질을 한다.

노래미는 2월 중순경부터도 입질을 시작하며 우럭은 4월 초순경이면 피크 시즌에 접어든다. 고등어 조황은 마도방파제에 비해선 뒤지는 편이다. 감성돔은 5월 중순~10월 중순 사이에 45cm 이상의 중형급이 낚이기도 하며 살감성돔은 9~11월이 피크이다.

위치 : 〈위치도21〉 참조

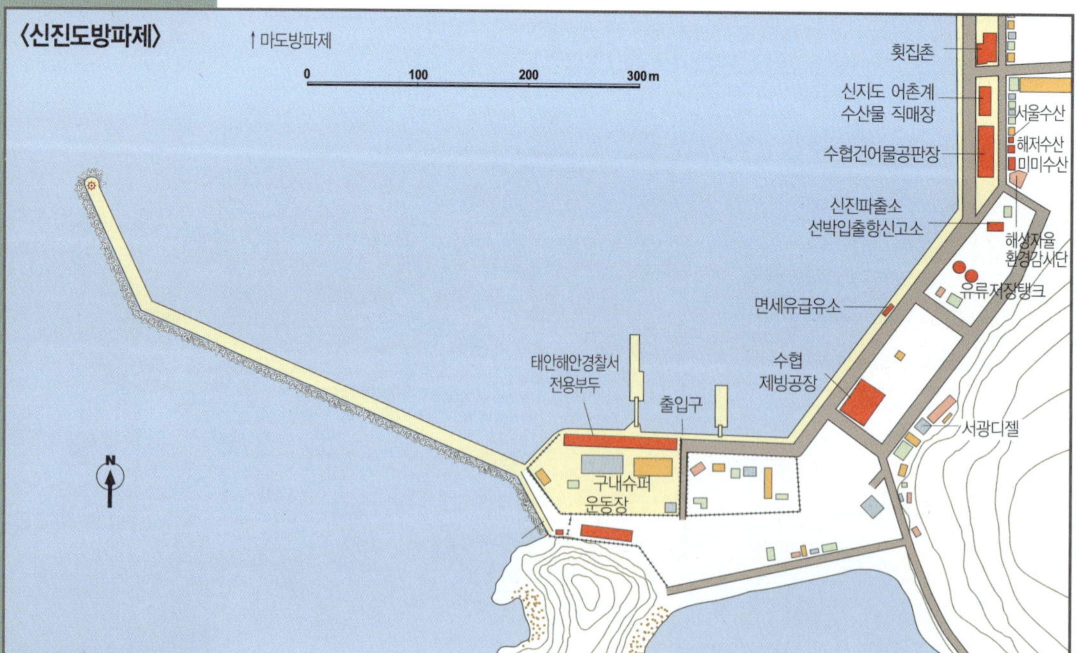

■장비와 채비 · 미끼

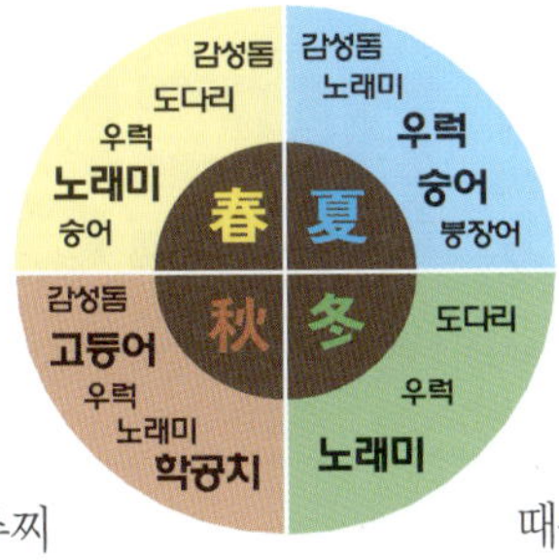

숭어 · 학공치 · 고등어 등을 낚을 목적이라면 민낚싯대를 사용한 찌낚시 채비가 안성맞춤이다.

길이 4.5~5.3m 정도의 민낚싯대에 원줄 2.5~3호, B부력 가량의 저부력 소형 고추찌를 단 채비면 낚시가 가능하다. 바늘은 학공치바늘 4~5호 또는 망상어바늘 3~4호 정도면 무난하다. 노래미와 우럭은 수심을 깊게 줄 경우 찌낚시로도 가능하지만 깊은 수심을 노릴 수 있는 원투낚시 채비가 알맞다. 감성돔은 일반 구멍찌 채비면 충분하며 조류 세기와 수심에 맞춰 0.5~1호 채비면 무난하다.

■포인트 안내

감성돔은 외항 쪽 테트라포드가 꺾어지는 지점을 중심으로 양쪽 100m 구간에서 가장 조황이 뛰어나다. 외항 쪽으로는 등대 방향 끝 지점 구간까지의 입질 확률이 높다. 숭어와 학공치는 전 구간에서 잘 되지만 내항 쪽 조황이 다소 앞서는 편. 조류 소통이 좋은 끝 지점이 유리한 편이다.

■기타 참고사항

방파제 초입에 주차를 할 만한 넓은 공간이 있어 주차 여건은 좋은 편이다.

그러나 매점과 낚시점 등이 전무하기 때문에 필요한 용품은 반드시 미리 준비해 가야 한다. 방파제 초입의 포장마차식 식당에선 바지락칼국수와 라면, 간단한 낚시도구 등을 판매하는 게 전부다.

■인근 명소

신진도의 서쪽 귀퉁이에 위치해 있는 데다가 태안해양경찰서와 인접해 있어 볼만한 명소나 맛집은 없는 편이다. 그러나 신진도항에선 가의도 · 옹도 · 정족도 등을 일주하는 유람선이 운항하고 있어 잠시 시간을 내 뱃놀이를 즐겨볼만 하다.

신진도 내엔 수많은 횟집과 일반 식당, 깔끔한 민박집과 신축 모텔, 펜션 등이 많아 숙박에도 무리가 없는 편이다.

082 안흥 마도방파제

●소재지 : 충남 태안군 근흥면 신진도리 234-1
●길 이 : 서방파제 170m

교통편 : 서해안고속도로 서산I.C와 해미I.C를 이용해 서산-태안-안흥-신진대교를 넘어 신진도로 들어선다.신진도항 입구 갈림길에서 우회전해 신진도-마도간 방조제를 건넌다. 방조제를 건너 약 400m 가량 진입한 뒤 우측 그린민박을 끼고 좌회전, 비포장길로 진입하면 마도방파제까지 진입할 수 있다.

연락처(041) : 근흥면 신진도리 삼정낚시(675-0660) · 태풍투어랜드(674-7936) · 정죽리 안흥낚시(675-1133)

■낚시여건

신진도와 제방 길로 연결되어 있어 차량 진입이 수월하며 방파제 초입엔 별도의 대형 주차장이 마련돼 있다. 주차장에서 불과 30m 거리여서 가깝고 길이 편해 가족낚시터로도 안성맞춤이다. 공중화장실과 편의점이 인접해 있다.

■어종과 시즌

마도방파제에서 주로 낚이는 어종은 숭어 · 학공치 · 노래미 · 우럭 · 고등어 등이다. 고등어는 2000년대 들어 출몰이 잦아지고 있는데, 씨알은 20cm 미만으로 잘지만 마리수 조과가 뛰어난 것이 특징. 매년 8월 말경부터 모습을 나타내기 시작해 10월 초순까지 활발한 입질을 한다. 숭어는 이른 초봄부터 입질을 시작하지만 매년 4월 중순경부터 찌낚시에 활발한 입질을 한다. 노래미는 2월 중순경부터도 입질을 시작하며, 우럭은 5월 중순경이면 피크 시즌에 접어든다. 감성돔은 9~11월경 낚이는 살감성돔을 제외하곤 대물급 출현은 드물지만, 5월 중순~10월 중순경엔 낱마리로 낚인다.

위치 : 〈위치도21〉 참조

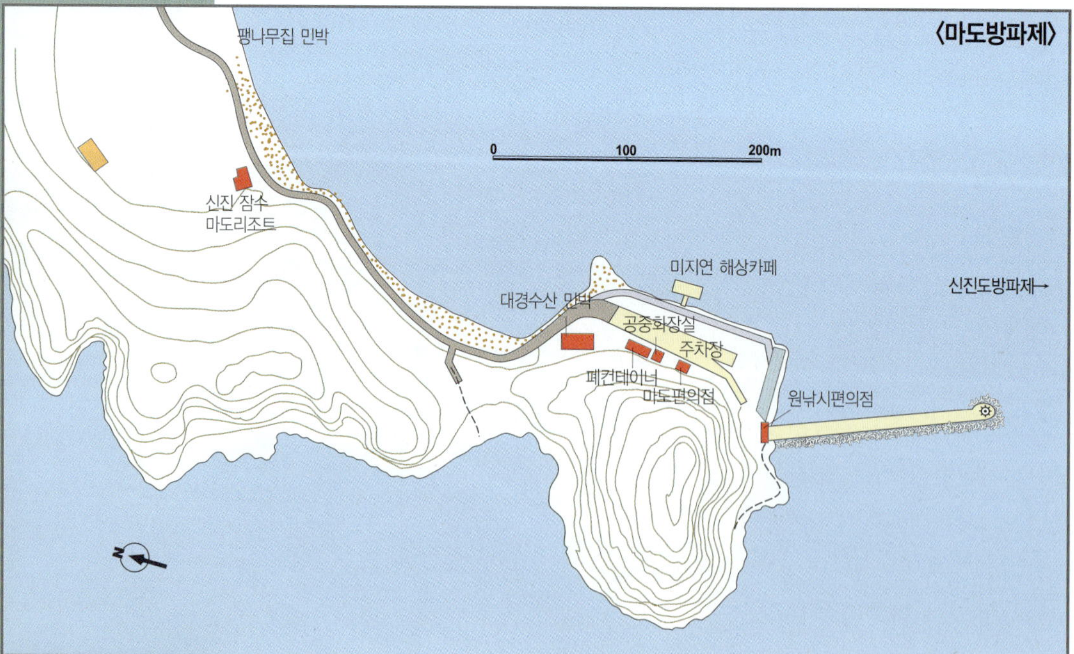

■장비와 채비 · 미끼

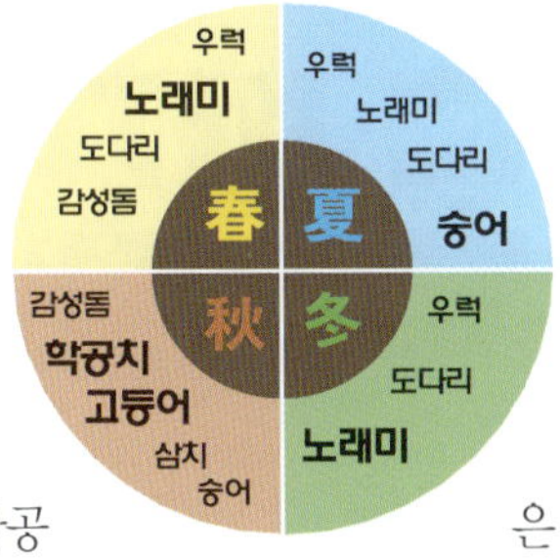

마도방파제에서 가장 무난하게 사용할 수 있는 채비는 민낚싯대를 사용한 찌낚시 채비다. 길이 4.5~5.3m 정도의 민낚싯대에 원줄 2~2.5호, 저부력 소형 고추찌를 단 채비면 숭어 · 학공치 · 고등어 등 다양한 어종을 낚을 수 있다. 바늘은 학공치바늘 3~5호 또는 망상어바늘 3~4호 정도면 무난하다.

노래미와 우럭은 수심을 깊게 줄 경우 찌낚시로도 가능하지만, 깊은 수심을 노릴 수 있는 원투낚시 채비가 알맞다. 3.6m 전후 길이의 민물 릴대와 중소형 스피닝릴을 채운 장비면 충분하며 낚시점에서 판매하고 있는 묶음추 채비를 그냥 써도 무방하다. 우럭과 노래미는 청갯지렁이, 학공치와 숭어 · 고등어류는 크릴 미끼면 충분하다.

■포인트 안내

외항 쪽 테트라포드에선 숭어와 학공치 · 우럭 · 노래미 등이 잘 낚이고 내항에서도 상황은 엇비슷하다. 그러나 밑밥만 충분히 품질하면 외항과 내항 가릴 것 없이 다양한 어종이 잘 낚이는 것이 장점.

대부분 꾼들은 발판 편하고 파도의 영향도 적은 내항 석축에서 낚시를 한다. 단점은 방파제와 석축 간의 높낮이 차가 커 뛰어내리기엔 다소 위험하다는 점이다. 중간 중간에 설치된 지지대를 밟고 내려가거나 초입 또는 방파제 끝부분에서 진입해야 한다. 방파제 초입의 무너진 석축 부근도 좋은 포인트다.

■인근 명소

마도방파제 인근엔 크게 볼만한 명소나 맛집은 없는 편이다. 그러나 신진도에선 주변 섬들을 일주하는 유람선이 운항하고 있어 잠시 시간을 내 뱃놀이를 즐겨볼만 하다.

마도엔 드물지만 진입 시 거치는 신진도 내엔 수많은 횟집이 들어서 있다. 일반 식당들도 많아 부담없이 식사를 해결할 수 있으며, 깔끔한 민박집과 신축 모텔, 펜션 등이 많아 숙박에도 큰 무리가 없는 편이다.

083 안면도 방포방파제

●소재지 : 충남 태안군 안면읍 승언리 1317-15
●길 이 : 약 350m

교통편 : 안면대교를 건너 백사장 입구의 삼거리에서 우회전, 백사장 쪽으로 달리다 좌회전해 해안도로를 탄다. 방포사거리까지 간 뒤 방포해수욕장 방향으로 우회전해 내려가면 방포항 이정표가 나온다. 방포항 내 소로를 따라 들어가다가 서해낚시를 보고 우회전하면 넓은 주차장이 나오고 방파제가 보인다. 방파제 초입까지 차가 들어갈 수 있다.

연락처(041) : 안면읍 승언리 방포서해낚시(673-4244) · 안면읍 승언리 안면도낚시(674-1406) · 창기리 연육교낚시(673-8100)

위치 : 〈위치도21〉 참조

■낚시여건

방파제 초입까지 차량 진입이 가능하고 입구에 대형 무료 주차장이 있어 주차 여건이 매우 좋은 편이다. 진입로인 방포항 입구에 낚시점과 식당 · 매점 · 모텔 등이 위치해 낚시를 위한 제반 여건이 잘 갖춰져 있는 편이다.

■어종과 시즌

주 어종은 우럭과 노래미 · 학공치 · 숭어 · 갈치 · 보리멸 등이다. 서해안에서 보편적으로 낚이는 모든 어종이 대상 어종에 속한다. 우럭과 노래미는 매년 3~4월경부터 입질을 시작해 12월 초까지 지속되며, 학공치는 6월 경부터 활발한 입질을 시작한다.
숭어는 5월 중순경부터 활발한 입질을 시작한다. 보리멸은 7월 피서철부터 입질을 시작해 10월까지가 피크. 갈치는 8월말부터 낚이기 시작해 10월말까지 시즌이 지속된다. 삼치의 경우 8월 말 무렵부터 입질을 시작하며 초반 씨알은 1지(指)반 정도이나, 10월에 접어들면 2지(指) 반 가량으로 부쩍 굵어진다.

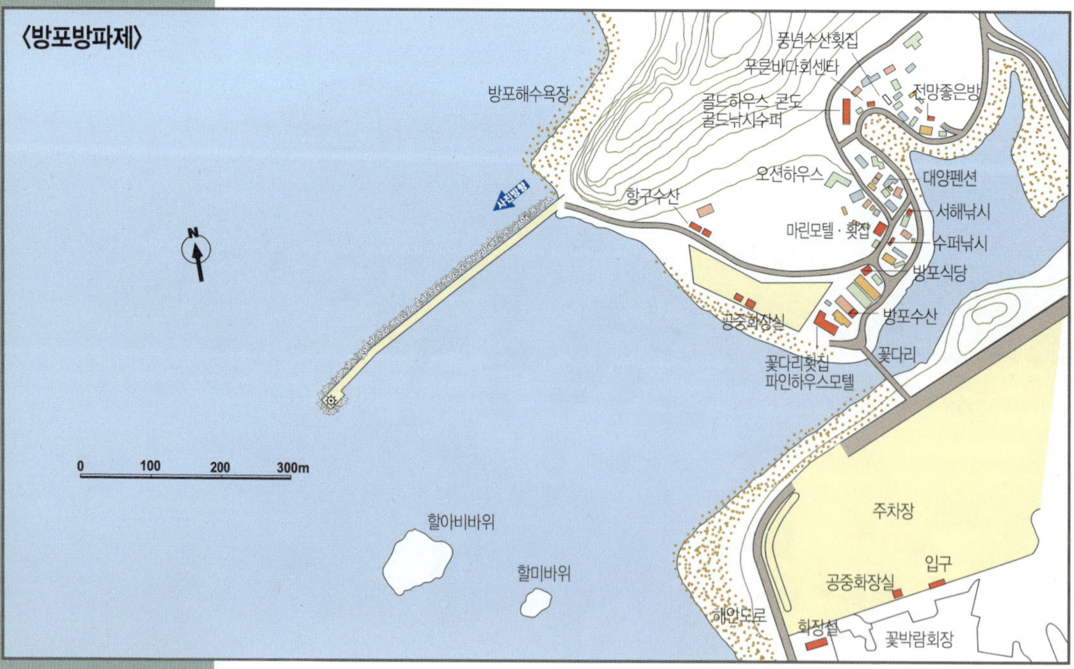

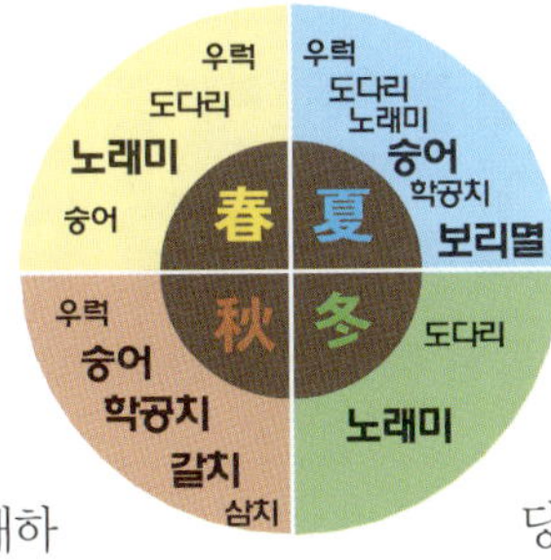

장비와 채비 · 미끼

우럭 · 노래미 · 보리멸은 일반적인 원투 낚시 채비로 낚을 수 있다. 민물낚시용 릴낚시 채비에 낚시점에서 판매하는 묶음추 정도면 충분히 낚시가 가능하다. 다만 입이 작은 보리멸을 낚기엔 낚시점에서 판매하는 붕어 릴낚시용 지렁이 채비가 효과적이다. 학공치와 숭어 등은 띄울낚시 채비가 효과적이다. 4.5~5.3m 길이의 민낚싯대에 소형 막대찌를 세팅한 채비면 충분하다. 갈치는 목줄을 와이어로 처리한 갈치 전용 채비를 사용한다.

포인트 안내

방파제 규모가 큰 데 반해 실제 낚시는 끝 지점에서 강세를 보인다. 방파제가 꺾여지는 지점(끝 지점에서 약 60m 안쪽)부터가 주요 포인트 구간이다.

내항 쪽으로는 층계로 만들어진 넓은 공간이 있는데 자리가 넓어 많은 인원이 동시에 낚시를 할 수 있다. 끝자락 테트라포드와 외해 쪽에선 학공치 · 숭어 등을 노리는 띄울낚시가 잘 된다. 외해 쪽 방파제가 꺾여지는 지점에 위치한 계단 방향에서도 낚시가 이루어진다.

기타 참고사항

방파제 초입부터 끝까지의 거리가 상당하므로 낚시에 필요한 물품을 완벽히 준비해 가야만 한다. 초입의 낚시점에서 웬만한 용품은 구비할 수 있다.

인근 명소

방포방파제에서도 바라다 보이는 할미 · 할아비바위를 비롯, 방포와 꽃지를 잇는 꽃다리, 꽃박람회장 등이 인근에 위치해 있어 찾기가 수월하다. 꽃지해수욕장을 따라 나 있는 해안도로는 새벽과 해질녘 나들이 코스로도 인기다. 승언3리에 위치한 자연휴양림에선 안면도산 자연송을 배경으로 산림욕을 즐길 수 있으며, 통나무집을 빌려 운치 있는 밤을 보낼 수도 있다(주말엔 예약이 필수다). 새벽녘 방포항과 백사장항을 찾으면 어부들이 잡아온 싱싱한 횟감을 구입할 수도 있다.

084 안면도 장곰포방조제

●소재지 : 충남 태안군 안면읍 고남면 누동리 2250 외
●길　이 : 약 300m

교통편 : 안면읍에서 영목 방향으로 15km 가량 차를 달리면 구매·장곰포항 이정표가 나온다. 약 500m 가량 더 달리면 고남면 입구다. 여기서 '각종낚시수퍼' 방향으로 좌회전해 쭉 진입하면 '슈퍼낚시·약'이라 쓰여진 가게가 나온다. 이 앞에서 좌회전, 안남중학교 정문을 25m 가량 지나 우회전, 마을 담장을 끼고 1.5km 가량 직진하면 펜션 같은 집이 나오고 이곳에서 우회전, 소로 길로 약 700m 달리면 우측에 방조제가 보인다.

연락처(041) : 고남면 고남리 매일낚시(673-7410)·고남바다낚시(673-6531)·원낚시할인마트(673-3411)

위치 : 〈위치도22〉 참조

■낚시여건

고남수로와 맞닿아 있는 방조제로서 규모가 작긴 하지만 접근이 편리하다. 큰 제방 정도로 보면 무리가 없다. 제방 바로 밑에 주차하고 방조제 위에서 낚시를 한다. 테트라포드가 아닌 시멘트 방조제여서 넓고 평평한 것이 특징. 낚시를 하면서 텐트를 치거나 식사를 지어 먹기에도 알맞다. 낚시 구간이 길어 많은 인원이 동시에 낚시할 수 있다는 점도 장점이다.

■어종과 시즌

뻘과 모래밭이 발달된 탓으로 늦여름부터 낚이는 어종들이 대부분이다. 대표적인 어종으로는 학공치·살감성돔·숭어·전어·고등어 등이다. 학공치는 매년 8월 휴가철 무렵부터 11월까지 잘 낚이며 10월에 가장 굵게 낚인다. 살감성돔은 8월 20일경부터 입질이 시작돼 11월 말까지가 시즌이다. 11월경엔 35cm급도 적잖게 낚인다. 숭어는 봄철엔 조황이 떨어지며 가을이 제 시즌이다. 8월 중반부터 시작돼 11월까지 시즌이 지속된다.

가을철 별미인 전어는 9월 초부터 10월 중반까지가 피크다. 고등어는 9월 초부터 11월 초까지 낚이며 씨알은 15~20cm 전후급이 대부분이다.

■장비와 채비 · 미끼

장곰포방조제에서 가장 효율적인 채비는 릴 찌낚시 채비다. 민낚싯대 찌낚시 채비로도 충분히 낚시가 가능하지만 멀리 원투하거나 흘려보낼 땐 불리하다. 민낚싯대는 5.3m 길이는 돼야 하며, B부력 정도의 소형 막대찌면 충분하다. 구멍찌와 소형 막대찌를 결합한 채비가 유용한데, 학공치 · 숭어 · 고등어 · 전어 등 중층 이상까지 떠다니는 고기를 낚을 때 매우 유용하다. 감성돔은 일반 구멍찌 채비로 낚는다.

■포인트 안내

꾼들이 많이 몰려 품질이 지속적으로 들어간 곳에 집어가 잘 되므로 오히려 한적한 곳에 혼자 있는 것 보단 유리하다. 대체적으로 방조제 중간 지점에서 낚시를 많이 하는데, 수심이 가장 깊고 조황도 앞서는 편이다. 수심은 만조 시 3~4m 수준. 조금보다는 사리 때 고수위가 유지돼 많은 고기들이 들어오며 조류 흐름도 왕성해 낚시에 유리하다.

■기타 참고사항

바닷가와 인접한 특성상 식당이나 매점 · 낚시점 등이 전무해 필요한 물품을 모두 준비해 가야 한다. 따라서 안면읍 또는 고남 입구에서 모든 준비를 끝내야 한다. 오히려 많은 사람들이 몰리는 유명 방파제에 비해 한적한 분위기와 뛰어난 조황이 매력으로 손꼽힌다.

■인근 명소

안면도의 맨 끝자락에 위치한 영목포구는 규모는 크지 않지만 시원한 바닷바람과 경치를 맛볼 수 있는 곳이다. 장곰포방조제와 인접한 고남수로는 안면도의 대표적인 붕어낚시 명소여서 민물과 바다낚시를 고루 즐기는 꾼들에게도 인기가 높다.

085 서천 부사호방조제

●소재지 : 충남 보령시 웅천읍 ~ 서천군 서면 도둔리, 부사리
●길　이 : 3,474km

교통편 : 서해안고속도로 춘장대I.C를 빠져나와 비인 방면으로 우회전, 약 3.3km 정도를 달리면 비인삼거리에 이르고 이곳에서 우회전해 5.4km 가면 비인면소재지를 거쳐 서면 삼거리에 이른다. 우회전해 2.2km 가면 도로 우측으로 보라가든이 보이고 계속 직진하면 방조제 수문이 보인다. 대천I.C를 이용할 경우 남포~웅천을 거쳐 진입한다.

연락처(041) : 서천군 서면 도둔리 마량포낚시(952-0182) · 홍원어부낚시(951-6506)

■낚시여건

방조제를 둘러 싼 테트라포드가 촘촘하고 규모도 작아 안전하게 낚시를 즐길 수 있다. 물속에 방조제 축조 시 떨어져 내린 큰 바윗덩어리들이 여기저기 잠겨 있어 우럭과 노래미 등의 서식 여건도 좋은 편이다. 어종도 매우 다양해 계절별로 다양한 손맛을 만끽할 수도 있다.

■어종과 시즌

주 어종은 우럭 · 노래미 · 붕장어 · 숭어 · 농어 · 감성돔 · 학공치 · 주꾸미 등이다. 우럭과 노래미는 4월경부터 입질이 시작되며, 학공치는 5월경에 가장 씨알이 굵게 낚인다. 감성돔과 농어는 5~6월경부터, 붕장어와 주꾸미는 늦여름부터 입질이 붙기 시작해 가을철에 피크를 이룬다. 10~11월경엔 갈치낚시가 성황을 이루는데, 이때는 갈치를 낚으러 나온 꾼들로 방조제가 불야성을 이룬다. 통상 11월 말까지도 갈치가 낚인다. 감성돔은 봄철 산란기에 대물이 낚이나 마리수는 기대하기 힘들다.

위치 : 〈위치도22〉 참조

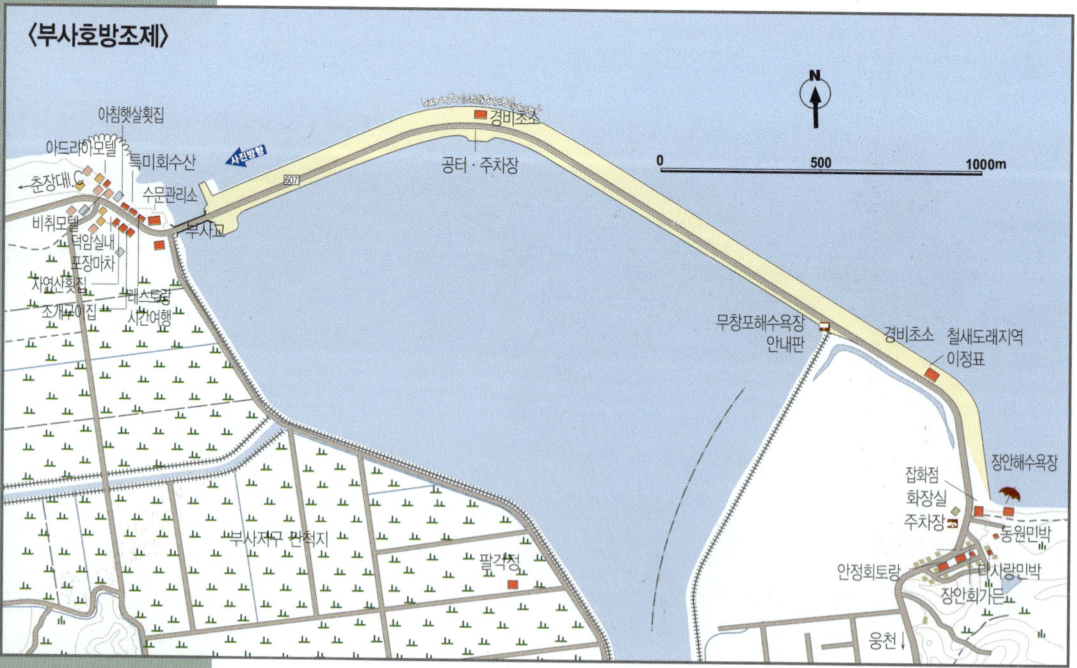

■장비와 채비 · 미끼

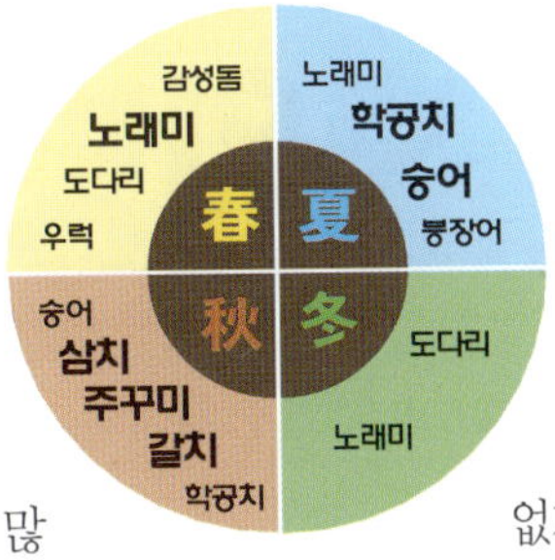

다양한 어종만큼이나 채비법도 다양하다. 우럭 · 노래미 · 붕장어 등을 노릴 때는 원투낚시 채비를, 숭어와 학공치를 노릴 때는 찌낚시 채비가 알맞다. 대체적으로 릴낚시 채비가 쓰임새가 많다. 숭어와 학공치낚시는 채비를 예민하게 사용하는 것이 관건. 주꾸미는 주꾸미낚시용 세발바늘 채비가 쓰이는데 인근 낚시점에서 쉽게 구입할 수 있다. 갈치는 날카로운 이빨에 대비해 와이어 재질의 목줄을 사용한다. 시즌이 되면 미리 만들어놓은 채비를 낚시점에서 구입할 수 있다.

■포인트 안내

방조제 전체 구간 중 최고의 명당은 수문구 일대다. 부사교를 기준으로 양쪽 연안에서 거의 모든 어종을 낚을 수 있다. 방조제가 꺾어지는 팔각정 부근도 빼놓을 수 없는 명당이다. 수중여가 잘 발달돼 있어 항상 꾸준한 조황을 보이는 구간이다. 그 밖의 구간에서도 다양한 어종을 낚을 수 있다.

■기타 참고사항

방조제의 특성상 주차할 만한 공간이 마땅치 않다. 방조제 갓길에 차를 주차해야 되므로 가급적 갓길에 밀착시켜 주차할 필요가 있다. 방파제 인근에 낚시점이 없기 때문에 서천과 대천 지역에서 미리 준비해 가야 한다. 가을철 갈치 시즌이 되면 대천과 홍원리에서 출항한 갈치 배들로 방파제 전역이 불야성을 이룬다. 방파제에 가까이 붙어 낚시를 하기 때문에 이 시기엔 방파제 갈치낚시 조황도 매우 뛰어나다.

■인근 명소

보령 방향 초입엔 장안해수욕장, 서천 방향엔 춘장대해수욕장이 자리 잡고 있다. 춘장대해수욕장 인근엔 민박과 여관 등 각종 숙박 시설이 몰려있어 성수기만 아니면 이용에 큰 문제는 없는 편이다. 인근 홍원항과 마량항에서 어민들이 직접 잡아온 자연산 횟감들을 맛볼 수 있고 저렴한 가격에 구입도 가능하다. 마량 동백나무숲과 서천해양박물관, 그리고 부사방조제 자체가 철새도래지역이서 가족과 함께 둘러볼만한 곳들이 많다.

086 서천 홍원방파제

●소재지 : 충남 서천군 서면 도둔리 1222-1 외
●길 이 : 서방파제 502m, 동방파제 309m

교통편 : 서해안고속도로를 이용할 경우 춘장대I.C를 빠져나와 우회전, 비인 방향으로 5분 가량 차를 달리면 비인사거리에 닿는다. 비인사거리에서 마량 방향으로 우회전해 배다리저수지-서면을 지나 직진하면 홍원항 이정표가 우측에 나타난다. 이정표를 보고 우회전해 굴다리를 통과하면 홍원항이다. 좌측으로 진입하면 서방파제, 우측으로 진입하면 동방파제로 진입한다.

연락처(041) : 서면 도둔리 홍원갯바위낚시(952-8522) · 서해바다낚시(951-1028) · 홍원항바다낚시(952-0411) · 홍원낚시프라자(041-951-8833) · 홍원낚시마을(953-8890) · 에이스낚시(953-0304)

위치 : 〈위치도22〉 참조

■낚시여건

테트라포드의 규모가 크지 않아 비교적 안전하게 낚시를 즐길 수 있다. 항구 내에 전문 낚시점이 여러 곳 있어 낚시도구 및 미끼를 구입하기에도 불편함이 없다. 방파제 끝까지 차량 진입이 가능하나 후진해 나와야 되는 불편함이 따른다. 석축으로 이루어진 내항 쪽은 파도가 없고 발판이 좋아 가족낚시꾼들은 이곳을 주로 찾는다.

■어종과 시즌

매년 2월 말경부터 노래미 · 숭어낚시가 시작된다. 노래미는 이맘때 가장 입질이 왕성하며 3월 중순까진 씨알도 굵게 낚인다. 숭어는 대부분 훌치기로 낚으며 3월 말에서 4월 초까지가 전성기다. 3월 중순경부턴 우럭이 모습을 비치기 시작하는데, 초봄 우럭은 대부분 손바닥급이다. 8~10월 사이엔 비드미로 불리는 새끼 감성돔이 잘 낚인다. 학공치는 5~6월에 씨알이 굵게 낚이며 가을까지 시즌이 이어진다. 7월부턴 새끼 농어, 8~9월엔 삼치, 9~10월엔 갈치낚시가 잘 된다. 내항 석축에선 돌게가 잘 잡힌다.

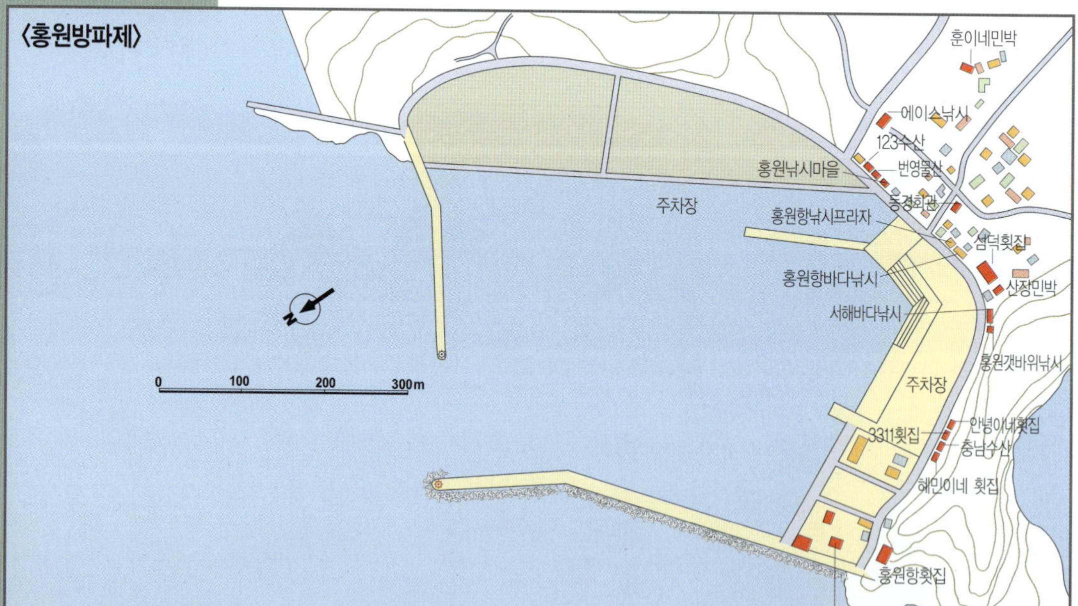

■장비와 채비 · 미끼

우럭과 노래미는 던질낚시용 묶음추 채비로도 쉽게 낚을 수 있다. 던질낚시엔 간혹 보구치 · 붕장어 같은 손님고기가 낚이기도 한다. 던질낚시용 미끼로는 낚시점에서 구입 가능한 청갯지렁이면 충분하다. 학공치는 민낚싯대를 사용한 찌낚시가 보편적으로 사용된다. 소형 고추찌 또는 날림찌와 고추찌를 결합시킨 이단찌 채비면 쉽게 낚시를 즐길 수 있다.

바늘은 망상어바늘 3~5호면 충분한데 바늘이 작을수록 유리하다. 숭어는 초봄엔 훌치기로, 여름이후론 찌낚시로 낚는다. 이빨이 날카로운 갈치를 낚기 위해선 낚시점에서 판매하고 있는 와이어 채비를 사용해야 한다.

■포인트 안내

방파제 초입부터 끝까지 모두가 포인트라고 할 수 있다. 전반적으로 학공치와 우럭 · 노래미는 외항 쪽이 우세하며, 숭어와 비드미(감성돔 새끼) · 학공치 등은 외항과 내항 모두에서 입질이 잦다. 봄~여름 시즌엔 외항에서 원투낚시를 시도하면 우럭과 노래미 · 보구치 · 붕장어 등이 함께 낚인다.

내항 쪽 석축은 발판도 편안해 안전하게 낚시를 할 수 있다. 파도가 없는 내항에선 오징어 등을 막대기에 묶어 구멍치기를 시도하면 돌게를 푸짐하게 잡을 수도 있다. 큰 방파제 맞은편 작은 방파제에서도 낚시가 가능하며, 봄~여름 시즌엔 대형 감성돔이 낚이기도 한다.

■인근 명소

춘장대해수욕장과 불과 10분 거리밖에 떨어져 있지 않으며 인근에 위치한 마량 동백나무숲과 동백정 등을 들러볼 수 있다. 홍원항에서 판매되고 있는 활어는 대부분 자연산이다. 따라서 같은 값이면 자연산 활어를 맛볼 수 있다. 매년 봄 · 가을엔 주꾸미축제와 전어축제가 벌어진다. 전국적인 행사로 치뤄지면서 매년 많은 인파가 찾고 있다. 서천해양박물관(952-0020)은 아이들의 자연생태 교육에도 알맞다.

087 서천 마량방파제

●소재지 : 충남 서천군 서면 마량리 339-3
●길　이 : 남방파제 약 550m, 북방파제 약 330m

교통편 : 서해안고속도로를 이용할 경우 춘장대I.C를 빠져나와 우회전, 비인 방향으로 5분 가량 차를 달리면 비인사거리에 닿는다. 비인사거리에서 마량 방향으로 우회전해 배다리저수지-서면을 지나 직진하면 홍원항 이정표가 우측에 나타난다. 홍원항 입구를 지나쳐 약 5분 달리면 마량항방파제에 닿는다. 방파제 초입까지 차를 몰고 갈 수 있다.

연락처(041) : 서면 마량리 해돋이낚시(951-2425) · 동백정낚시마트(951-8111) · 도둔리 마량포낚시(952-0182) · 홍원어부낚시(951-6506)

위치 : 〈위치도22〉 참조

■낚시여건

홍원항방파제와 더불어 보기 드물게 접근이 용이한 방파제다. 방파제 초입은 물론 중간 지점까지 차를 몰고 들어갈 수 있다. 내항 쪽 진입로에 차를 세우고 내항에서 낚시를 해도 되고, 반대편 테트라포드 쪽에서도 낚시가 가능하다. 시멘트 구조물로 깔끔히 단장된 내항은 발판도 좋고 조황도 뛰어나 가족 단위로 찾기에 안성맞춤이다.

■어종과 시즌

과거 마량방파제는 대물 감성돔을 배출해내던 감성돔 명당이었다. 그러나 90년대 중후반 이후 방파제 증축 공사와 자원 감소 탓에 과거의 명성만큼은 못 되지만 매년 5월 초순경부턴 대형 감성돔이 종종 솟구친다. 시즌은 봄부터 가을까지 지속된다. 그 밖의 어종과 낚시 방법은 인근 홍원항방파제와 거의 유사하다. 2000년대 들어 매년 9월 중순경을 전후해 갈치낚시가 호조를 보이고 있다. 내항 쪽에서도 갈치가 잘 낚인다. 감성돔을 노릴 경우엔 감성돔 찌낚시 전용 채비를 갖추는 것이 유리하다. 통상 0.5호 이상 부력의

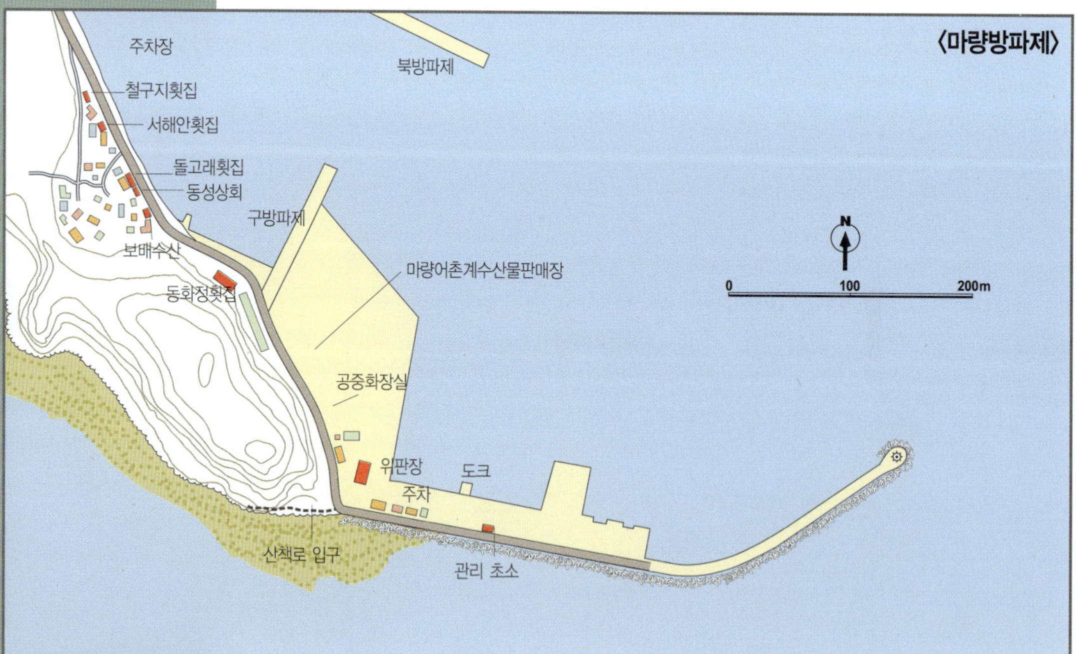

구멍찌 채비가 적당하며, 조류가 센 날은 1호 구멍찌 채비가 유리하다. 원투낚시용 채비는 원줄 4~5호에 목줄 3호 정도가 적당하며 도래 위에 5~7호 정도 되는 구멍봉돌을 채운다. 목줄 길이는 25~30cm가 적당하다. 감성돔 찌낚시 미끼는 단연 크릴이 유리하다. 갈치낚시용 미끼론 민물의 빙어가 대중적으로 쓰이나, 비늘이 벗겨지지 않은 상태의 선도 좋은 멸치도 잘 듣는다.

포인트 안내

우럭 · 노래미 · 학공치 등의 잡어는 내항과 외항 모두에서 낚을 수 있다. 파도와 바람이 잔잔한 날에 외항 쪽이 유리하나 기상이 좋지 못한 날엔 내항 쪽에서도 잔 손맛을 볼 수 있다. 감성돔은 방파제 중간 지점의 초소 앞 테트라포드 부위가 일급 포인트다. 갈치는 외항과 내항 모두 낚시가 가능하나 내항 쪽 선착장에서도 조황이 좋은 편이다.

기타 참고사항

일반 상점과 식당들이 즐비한 홍원항과 달리, 횟집 일색이어서 일반적인 식사를 해결하는 데는 다소 부족한 점이 없지 않다. 방파제 입구엔 컵라면과 어묵 등의 간단한 먹거리를 파는 이동식 포장마차가 있다. 간단한 채비와 미끼는 현지 수퍼 · 낚시점에서 구입할 수 있으나, 크릴 밑밥이나 집어제 같은 전문 낚시용품은 비인사거리의 낚시점 또는 홍원항 내의 낚시점에서 미리 구입해 가야 한다.

인근 명소

마량항 초입엔 횟집들이 자리잡고 있다. 홍원항과 마찬가지로 자연산 횟감들이 대부분이며, 비교적 저렴한 가격에 회를 즐길 수 있다. 불과 5분 거리에 동백정이 위치해 있어 관광객을 대상으로 한 민박 시설이 매우 잘 갖춰져 있다. 방파제 초입에도 민박집이 적잖게 있으나 승용차를 이용할 경우 5~10분 거리의 외곽에 위치한 깔끔한 민박집을 이용하는 편이 낫다. 바닷가와 인접한 민박집에선 서해 일출을 구경할 수도 있다.

〈위치도 20〉 경기 화성 · 평택권, 충남 당진 · 서산권

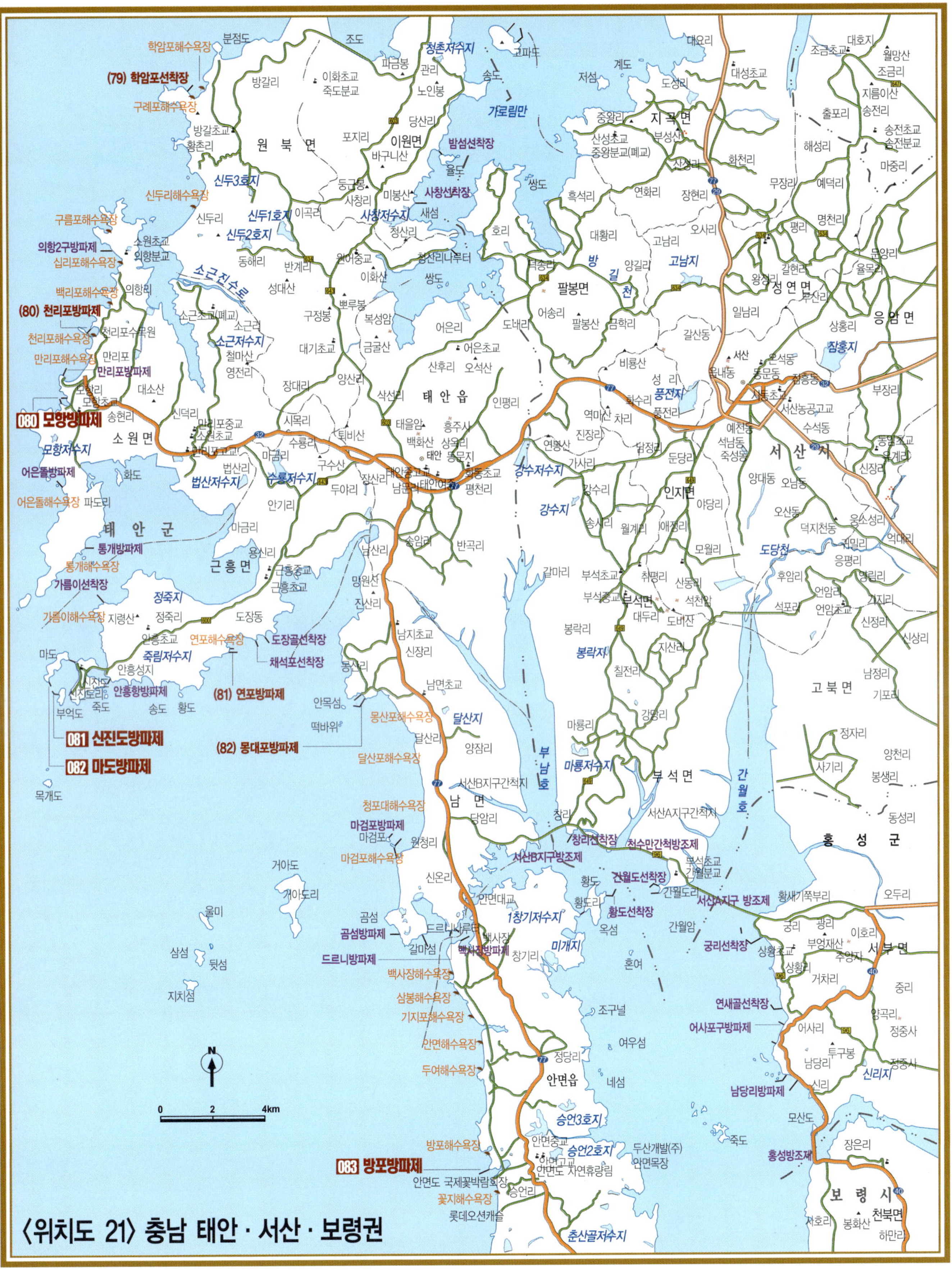

〈위치도 21〉 충남 태안 · 서산 · 보령권

〈위치도 22〉 충남 태안 · 보령 · 서천권

76 당진 한진선착장

●소재지 : 충남 당진시 송악읍 한진리 95-14
●길 이 : 약 110m

낚시개황 : 서해안고속도로 송악I.C와 가깝고 서해대교와 바다를 한눈에 볼 수 있어 낚시와 드라이브를 겸한 코스로도 안성맞춤이다. 낚시를 할 수 있는 구간은 50여m로 짧지만 우럭 · 노래미 같은 잡고기가 잘 잡힌다. 가을철엔 삼치도 낚인다. 조류가 거세기 때문에 원투낚시가 알맞고 중들물 이후 조류가 안정된 상태에서 낚시가 잘 된다. 우럭낚싯배도 많고 바다 한가운데 수중섬으로의 출조도 가능하다. 한진선착장 좌측 갯바위에선 우럭 루어낚시도 행해진다. 조황이 좋지 않을 땐 부곡산업단지변 둑을 찾아도 좋다. 낚시점 · 식당 · 여관 등의 편의 시설이 잘 갖춰진 아담한 포구다.

위치 : 〈위치도20〉 참조

교통편 : 서해안고속도로 송악I.C를 나와 38번 국도를 타고 고대산업단지 방향으로 약 3km 달리면 우측에 한진항 이정표가 보인다. 또는 I.C를 빠져 나온 뒤 바로 만나는 큰사거리에서 우회전, 끝까지 가면 부곡산업단지와 바다가 만나는 둑길이 나온다. 이곳에서 좌회전해 끝까지 달려도 한진선착장에 닿을 수 있다.

연락처(041) : 송악읍 한진리 바다낚시(356-4889) · 새서울낚시백화점(041-357-5805) · 본전낚시할인마트(358-8878) · 복운리 25시낚시슈퍼(357-2160)

77 당진 석문방조제 · 선착장

●소재지 : 충남 당진군 송산면, 석문면
●길 이 : 방조제 10.7km, 선착장 약 50m

낚시개황 : 석문방조제의 맨 동쪽에 위치한 선착장이다. 찾기 쉽고 주차 여건도 좋아 지역꾼들의 단골낚시터로 각광받는 곳이다. 여름철 이후엔 우럭 · 노래미 · 망둥어 등이 주 어종이며, 매년 9월 이후 11월 초순까지 삼치낚시로 인기를 끈다. 해마다 낱마리로 낚이던 삼치가 2000년도부터 떼로 낚이기 시작하면서 석문방조제의 대표적인 낚시 대상어가 됐다. 선착장이 높지 않고 완만하여 가족낚시터로도 안성맞춤이다. 숙박 시설과 각종 편의 시설은 없는 편이다. 인근 왜목포구는 서해에서 일출을 구경할 수 있는 명소로 각광을 받고 있다.

위치 : 〈위치도20〉 참조

교통편 : 서해안고속도로 송악I.C를 빠져나와 38번 국도를 타고 대호방조제 방면으로 달리다보면 현대제철을 지나 석문방조제 입구에 다다를 수 있다. 방조제 입구 수문 가기 전 '석문호'라고 쓰여진 표지에서 우회전해 들어가면 선착장이 나온다.

연락처(041) : 송산면 가곡리 석문휴게소낚시(354-1640), 바다낚시슈퍼(352-2070).

78 당진 도비도방파제

●소재지 : 충남 당진군 석문면 난지도리 568-1 외
●길 이 : 약 360m

낚시개황 : 대호방조제와 연결된 도비도 내의 방파제다. 과거 도비도는 난지도리에 속한 작은 섬이었으나 방조제 축조와 동시에 중간 휴게소 역할을 하고 있다. 선착장을 겸하는 도비도방파제에선 노래미 · 우럭 · 망둥이 등이 주어종이며, 9월 이후 가을 시즌엔 삼치낚시가 성황을 이룬다. 도비도엔 각종 휴양 시설이 들어서 있어 가족단위 휴양코스로도 적당하다. 도비도 선박여객터미널에선 난지도행 여객선을 이용할 수도 있으며 산책을 위한 산책코스도 마련돼 있다. 각종 식당과 매점 낚시점들이 들어차 있어 큰 불편함이 없는 편이다. 주차 시설에도 여유가 있다.

위치 : 〈위치도20〉 참조

교통편 : 서해안고속도로 송악I.C를 빠져나와 38번 국도를 타고 달리다보면 현대제철을 지나 석문방조제-장고항-교로리를 거쳐 대호방조제로 진입할 수 있다. 대호방조제로 진입해 직선 코스로 달리면 도비도 휴양지에 연결된다.

연락처(041) : 석문면 난지도리 도비도낚시(352-9291) · 교로리 파이팅낚시(352-8155) · 왜목낚시슈퍼(352-3343)

79 태안 학암포방파제

●소재지 : 충남 태안군 원북면 방갈리 515-172
●길 이 : 약 200m

낚시개황 : 내항 쪽에 별도의 작은 방파제 3개가 축조돼 있으며 인근에 유명 해수욕장들이 많다. 원투낚시와 찌낚시를 시도하면 우럭 · 노래미 · 붕장어 · 도다리 등이 낚인다. 선착장 입구까지 차량 진입 가능. 학암포구의 숙박 여건은 그다지 좋지 못하나, 포구 진입하기 전에 펜션 · 모텔 등의 숙박시설이 많다. 상가에 위치한 낚시점에서 필요한 용품과 미끼 등은 미리 준비해야 한다. 남쪽에 위치한 신두리해수욕장은 서해안 최대의 사구(모래언덕)로서 천연기념물 431호로 지정돼 있다. 해당화꽃 말똥구리 등의 관찰이 가능한 생태보고여서 학생들의 현장학습지로도 잘 알려져 있다.

위치 : 〈위치도21〉 참조

교통편 : 서해안고속도로 서산I.C 또는 해미I.C로 나와 서산→태안→원북 방면 603번 지방도를 타고 10km 가면 학암포 · 이원 방향 삼거리가 나온다. 이곳에서 학암포 방향으로 좌회전, 634번 지방도를 따라 20분가량 달리면 학암포에 닿는다.

연락처(041) : 원북면 방갈리 충연낚시슈퍼(674-7000) · 태안읍 장산리 태안73낚시(675-0308) · 남문리 OK낚시할인마트(672-5616)

80 태안 천리포방파제

●소재지 : 충남 태안군 소원면 의항리 978-82
●길 이 : 약 220m

낚시개황 : 천리포해수욕장과 마주보고 있어 해수욕과 낚시를 동시에 즐길 수 있다. 주 어종은 우럭 · 노래미 · 학공치 · 고등어 · 살감성돔 · 도다리 · 광어 · 붕장어 등이다. 한 겨울엔 우럭과 노래미 정도를 기대할 수 있는데, 간혹 500g급의 준수한 씨알들이 낚일 때도 있다. 방파제 초입에 넓은 주차 시설이 갖춰져 있으며 차량이 방파제 바로 앞까지 진입할 수 있다. 모텔과 민박 등이 방파제 입구에 자리 잡고 있어 숙식에는 큰 지장이 없는 편이다. 만리포해수욕장도 불과 15분 거리에 떨어져 있어 피서철에 각광을 받는다. 우럭 출항지로도 잘 알려져 있다.

위치 : 〈위치도21〉 참조

교통편 : 서해안고속도로 해미I.C 또는 서산I.C를 나와 서산-태안을 거쳐 32번 국도로 만리포까지 간다. 만리포해수욕장 끝에서 약 1km 가량 진입하면 KT 건물이 나오며 해안도로를 돌아 500여m 달리면 포구다. KT 건물 쪽에서 방파제가 건너 보인다.

연락처(041) : 소원면 의항리 천리포낚시슈퍼(6757-3653) · 태안읍 장산리 태안73낚시(675-0308) · 남문리 OK낚시할인마트(672-5616)

81 태안 연포방파제

●소재지 : 충남 태안군 근흥면 도황리 1525-222
●길 이 : 약 100m

낚시개황 : 태안권의 대표 해수욕장인 연포해수욕장과 맞닿아 있는 방파제다. 짧은 선착장은 간조 시 바닥이 드러나 낚시가 어렵고, 신축된 대형 선착장에서 주로 낚시를 한다. 주 어종은 우럭 · 노래미 · 학공치. 여름~가을 사이가 제철이다. 여름철 야간 원투낚시에 붕장어도 잘 낚이고, 9~10월경엔 갈치도 붙는다. 중밀물 이상 차올랐을 때부터 입질이 왕성하다. 차가 방파제 안쪽까지 진입할 수 있으나 어민들의 작업에 방해가 되지 않도록 한쪽에 일렬 주차시킬 필요가 있다. 민박집에서 도보로 10분 거리. 간조 땐 개펄에서 조개 잡는 재미도 좋다. 숙박 시설도 있다.

위치 : 〈위치도21〉 참조

교통편 : 서해안고속도로 서산I.C 또는 해미I.C를 빠져나와 서산-태안 순으로 진입한다. 태안을 벗어나 안흥 · 만리포 방면 603번 지방도를 타고 달리다 보면 근흥면을 지나 연포해수욕장 이정표가 나온다. 이정표가 길 좌측에 크게 있어 찾기가 쉽다.

연락처(041) : 태안읍 장산리 태안73낚시(675-0308) · 남문리 OK낚시할인마트(672-5616) · 은성낚시레저(675-4050) · 인평리 제일낚시편의점(675-5354)

82 태안 몽대포(몽산포)방파제

소재지 : 충남 태안군 남면 몽산리 686-25
길 이 : 약 450m

낚시개황 : 몽산포해수욕장과 인접한 전형적인 어촌 방파제이다. 유명 감성돔 갯바위 포인트인 안목섬과 덕바위가 인접해 있다. 주어종은 우럭 · 숭어 · 붕장어 · 도다리. 여름철 이후론 간혹 농어가 낚이기도 한다. 우럭 루어꾼들이 즐겨 찾는 곳이기도 한데, 생미끼보다는 루어에 씨알이 다소 굵게 낚인다. 석축 위에 시멘트 포장을 해놓아 발판도 편하다. 차량 진입이 안 되므로 선착장 초입에 주차해야 한다. 몽산포해수욕장에서 해수욕을 즐기다가 방파제로 이동해 낚시를 즐긴다. 우럭 배낚시 유명 출항지로서 몽대포구의 민박집은 낚시인 손님이 대부분일 정도다.

위치 : 〈위치도21〉 참조

교통편 : 서해안고속도로 서산I.C 또는 해미I.C로 나와 서산을 거쳐 태안읍내까지 진입하지 말고 외곽도로를 이용해 안면도 남면 방면 77번 국도를 타고 8km 가량 달리면 몽대포구 이정표가 나온다. 이 길을 따라 2.5km 가량 가면 몽대포구에 이른다.

연락처(041) : 태안읍 남문리 은성낚시레저(675-4050) · 인평리 제일낚시편의점(675-5354)

83 오천 보령방조제

●소재지 : 충남 보령시 천북면 하만리 ~ 오천면 소성리
●길 이 : 1,000m

낚시개황 : 충남 보령시 오천면과 천북면을 가로질러 막은 소규모 방조제로, 차량 통행이 많지 않아 한적한 분위기를 자아낸다. 방조제를 막기 전 오천권의 대표적인 감성돔 원투낚시터였던 만큼 간혹 대형 감성돔이 낚이기도 한다. 우럭과 학공치 · 숭어 · 망둥어 등이 중들물~만조 무렵에 잘 낚인다. 사리 때는 종종 수문을 여는데, 이때는 입질이 끊긴다. 가을철엔 삼치 떼가 몰려 이를 노리는 꾼들이 많다. 방조제 중간 지점의 물량장에 주차를 하거나 천북 방면 방조제 초입의 대형 주차장을 이용해도 된다. 오천항 인근에 횟집과 식당들이 많아 이용에 불편이 없다.

위치 : 〈위치도22〉 참조

교통편 : 서해안고속도로 광천I.C를 빠져나와 천북면 방면으로 진입, 오천항 이정표를 보고 차를 달리면 방조제에 닿는다. 광천 방면에선 청소면까지 간 뒤 진죽저수지 방향으로 좌회전, 신촌저수지 지나 오천항 방면으로 달리면 우측에 방조제가 보인다.

연락처(041) : 오천면 소성리 오천영환낚시(932-4031) · 오천항구낚시(934-1347) · 오천서해낚시(934-7117) · 만선낚시(933-8055)

84 오천 녹도방파제

●소재지 : 충남 보령시 오천면 녹도리 291-1 외
●길 이 : 약 100m

낚시개황 : 예부터 대천 현지꾼들이 자주 찾던 방파제낚시터로 유명한 곳이다. 석도를 바라보는 긴 방파제에선 농어가 잘 낚인다. 방파제 초입 부근 갯바위에서 초썰물~끝썰물 사이를 노려 밤낚시를 시도하면 마리수 조과도 가능하다. 씨알은 70~80cm급이 주종일 정도. 수심이 깊고 조류 소통이 원활한 콧부리에선 우럭 · 노래미 등이 잘 낚인다. 등대가 있는 작은 방파제는 우럭 · 노래미가 주대상어. 감성돔과 숭어는 잘 낚이지 않는다. 호도 방향의 북측 선착장에서 원투낚시를 시도하면 도다리를 마리수로 낚을 수 있다. 가을이 제철이다.

위치 : 〈위치도22〉 참조

교통편 : 대천항연안여객터미널에서 웨스트프론티어호가 평일 1회(10:00출항), 토 · 일요일에는 2회(08:00, 13:00출항) 운행되며 호도를 거쳐 녹도에 닿는다. 약 1시간 10분 소요. 녹도에서의 복항 시간은 평일 13:05, 토 · 일요일은 11:05, 16:05. 운항 시간 및 소요시간은 조석에 따라 차이가 있다. 문의 신한해운 041-934-8772~4.

연락처(041) : 보령시 신흑동 유명낚시(932-1976) · OK낚시(934-8027) · 해동낚시(931-4063)

85 오천 외연도방파제

●소재지 : 충남 보령시 오천면 외연도리 160-1 외
●길 이 : 동방파제 257m, 서방파제 260m

낚시개황 : 보령권 최고의 원도에 속하는 외연도는 낚시뿐 아니라 희귀 식물이 자생하는 관광지로서 각광을 받는 곳이다. 대형 '자연보호 입간판' 이 서 있는 서방파제(흰등대 방파제)는 물론 빨강 등대가 있는 동방파제 모두 옛날과 달리 편리하게 걸어서 진입할 수 있다. 두 방파제 모두 외해 쪽 테트라포드에서 찌낚시를 하면 씨알 굵은 우럭과 노래미가 낚인다. 서방파제 초입 갯바위는 감성돔 포인트, 반대편 동방파제의 초입 갯바위는 농어 루어낚시터로 명성이 높다. 우럭과 노래미는 테트라포드에서 잘 낚이며 갯바위에선 조과가 시원찮다. 유명 관광지인 만큼 숙박 시설 또한 잘 갖춰져 있다.

위치 : 〈위치도22〉 참조

교통편 : 대천항연안여객터미널에서 웨스트프론티어호가 평일 1회(10:00출항), 토 · 일요일에는 2회(08:00, 13:00출항) 운행되며 호도 · 녹도를 거쳐 외연도에 닿는다. 약 1시간 35분 소요. 외연도에서의 복항 시간은 평일 12:15, 토 · 일요일은 10:15, 15:15. 운항 시간 및 소요시간은 조석에 따라 차이가 있다. 문의 신한해운 041-934-8772~4.

연락처(041) : 보령시 신흑동 유명낚시(932-1976) · 해동낚시(931-4063) · 원다낚시(932-6056)

한국의 名방파제 100+100선

제2부

제8장 전라북도 편

088 군산 말도방파제

●소재지 : 전북 군산시 옥도면 말도리 13 외
●길 이 : 서방파제 150m, 동방파제 100m

교통편 : 군산항연안여객터미널에서 여객선을 이용한다. 장자훼리호가 1일 2회 군산항을 떠나 장자도→관리도→방축도→명도→말도 순으로 운항한다. 군산항 출발은 09:00 및 14:00, 말도 복항 시각은 10:50 및 15:50. 그러나 조석(潮汐)에 따라 시각이 다소 변동된다. 문의 : 에이치엘해운(063-466-7171). 군산 시내 낚시점에서 운영하는 낚싯배를 이용해도 된다.

연락처(063) : 군산시 오식도동 군산낚시프라자(463-4046)·군산프로낚시(445-1788)·리더낚시할인마트(464-8444)·대물낚시(461-0657)

위치 : 〈위치도23〉 참조

■낚시여건

크기가 아담하고 진입이 수월해 방파제 낚시터 치곤 발판이 매우 편한 곳이다. 테트라포드가 크지 않아 크게 위험하진 않다. 방파제 위에 텐트를 칠 수 있어 장박낚시를 즐기는 꾼들도 많다. 방파제 초입에서 우측으로 진입하면 갯바위로도 진입할 수 있다. 전문 낚시인 중에서도 갯바위 포인트 대신 이곳 말도방파제만을 찾는 꾼이 있을 정도로 감성돔 확률이 높은 곳이다.

■어종과 시즌

주 어종은 감성돔과 우럭이다. 감성돔은 6월 말~11월 말까지가 시즌. 씨알은 10~11월경이 가장 굵은 편이다. 우럭은 4월 초~12월까지 낚이며, 10~11월경의 씨알이 가장 굵다. 학공치는 7~11월, 노래미는 4월 초부터 12월까지 잘 낚인다. 그 밖의 어종으로는 광어와 도다리 등이 낚이며, 여름 시즌에 마리수 조과가 뛰어나다. 통상 11월 말까지도 시즌이 이어진다.

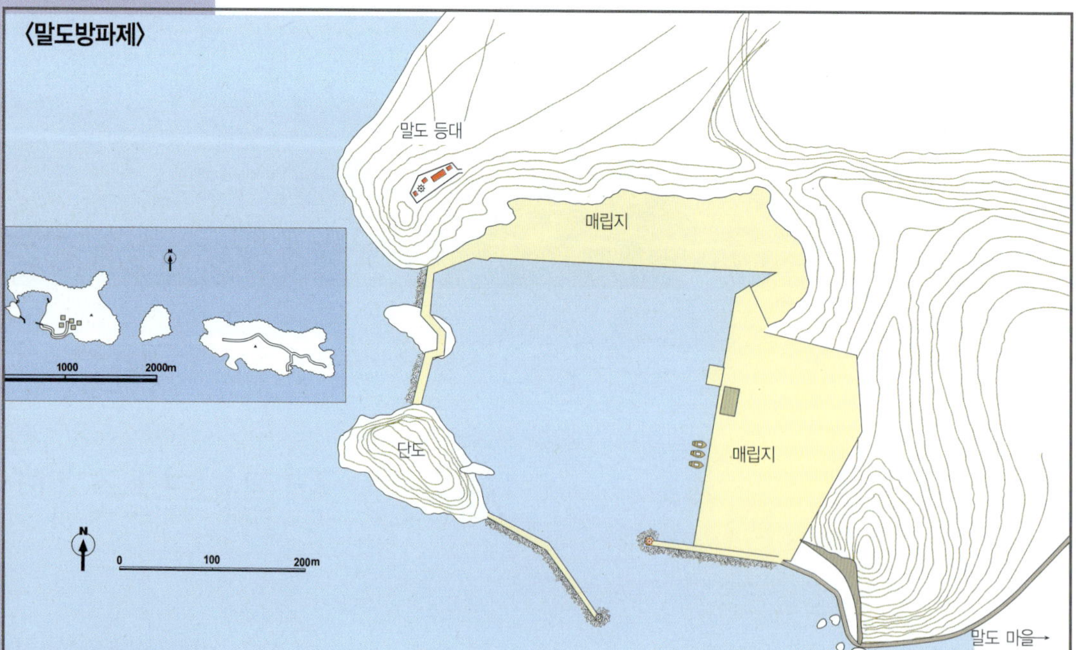

■장비와 채비 · 미끼

감성돔은 릴 찌낚시 채비가 쓰인다. 1호찌 채비 정도면 전 포인트를 두루 커버할 수 있다. 우럭은 원투낚시와 구멍치기로 낚는다. 구멍치기낚시는 3.6~4.5m 길이 전후의 낚싯대 또는 대나무에 원줄과 봉돌 · 바늘을 연결한 채비를 사용한다. 갯지렁이와 미꾸라지 · 오징어살 등을 꿰어 쓰면 입질이 빠르다. 테트라포드 사이로 미끼를 밀어 넣기만 하면 된다. 우럭 · 노래미 · 도다리 · 광어류 등은 간단한 원투낚시 채비 하나면 횟감을 마련할 수 있다. 학공치는 민낚싯대 찌낚시가 잘 먹힌다. 약간의 크릴 밑밥을 뿌려준 뒤 크릴의 속살만 꿰서 쓰면 입질이 빠르다.

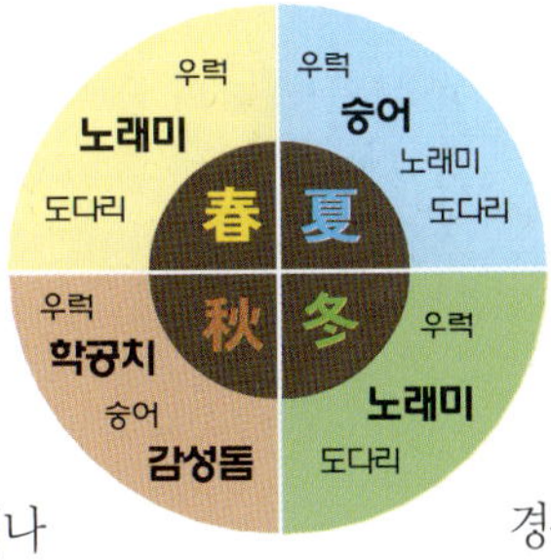

■포인트 안내

감성돔은 흰등대가 있는 곶부리 부근이 주 포인트 구간이다. 곶부리 양쪽 코너와 외해 쪽 코너에서 안쪽 20m 지점(밧줄이 위치한 지점)이 특히 명당이다. 밀물 때는 내항 쪽 입구 코너가 가장 확률이 높다. 우럭은 테트라포드 구멍 사이를 노리면 된다.

■기타 참고사항

낚시 여건이 편리해 여름철 피서 때는 많은 낚시인들이 몰리곤 한다. 민박을 할 경우엔 마을에서 도보낚시를 해야 하는데 다소 거리가 있다. 도보로 10~15분 거리. 그러나 시멘트 도로가 깔끔히 포장돼 있어 불편함은 없다. 민박집에서 식사를 해결할 수 있으며 작은 상점도 있어 간단한 생활용품은 구입이 가능하다. 그러나 낚시점이 없기 때문에 군산에서 미리 준비해 가야 한다.

■인근 명소

마을에서 도보로 진입할 수 있는 말도 등대는 등산 코스로도 제격이다. 등대에서 내려다보는 고군산군도 앞바다의 정취가 그만이다. 방파제에서 마을까지의 소로는 해안가를 따라 잘 정비돼 있어 새벽 조깅 코스로도 알맞다. 마을 앞 소규모 선창가에선 간단한 해수욕도 즐길 수 있다. 선녀가 놀다갔다는 선유도(仙遊島)와 무녀도 · 장자도의 연도교 등도 볼만하다.

089 군산 어청도방파제

●소재지 : 전북 군산시 옥도면 어청도리 산70-2 인근
●길이 : 동방파제 250m, 서방파제 250m

교통편 : 군산항연안여객터미널에서 뉴어청훼리호가 운행된다. 평일 1회(09:00), 토·일요일은 2회(07:30, 13:30) 운항. 어청도에서 복항 시각은 평일인 경우 12:20, 토·일요일은 10:20, 16:20. 계절과 물때(潮汐)에 따라 시각 변동이 생긴다. 문의 : 에이치엘해운(063-466-7171). 여름철엔 군산 시내 낚시점에서 출조하는 낚싯배를 이용하면 편리하다.

연락처(063) : 군산시 오식도동 군산낚시프라자(463-4046)·군산낚시마을(461-3873)·어락행낚시(467-7266)·새만금낚시마트(468-5789)·내초동 입질대박(442-4046)

위치 : 〈위치도23〉 참조

■낚시여건

군산에서 뱃길 1시간 30분 거리의 원도에 속한다. 거리가 다소 멀긴 하지만 적잖은 단골꾼을 보유하고 있는 방파제다. 갯바위낚시 전문꾼들이 감성돔이나 농어, 돌돔, 부시리 등을 낚기 위해 매년 초여름부터 발길이 잦은 섬이다. 현지에 식당과 민박집 등이 잘 갖춰져 있어 장기 일정으로 찾아도 무리가 없다. 남해안에서 낚이는 어종들이 대부분 낚여 올라오는 섬이다.

■어종과 시즌

어청도의 주 어종으론 농어와 돌돔을 꼽을 수 있다. 농어는 매년 5월 중순 이후부터 초겨울 무렵까지 꾸준히 낚인다. 여름고기로 알려진 부시리는 6월 중순경부터 출현해 10월말까지 낚인다. 돌돔은 6월 초순부터 11월 초순까지가 피크. 감성돔은 찬바람이 불기 시작하는 9월 말경부터 본격 시즌에 접어든다.

갯바위 및 방파제 우럭은 4월 말경부터는 손쉽게 낚을 수 있다. 찬바람이 불기 시작하는

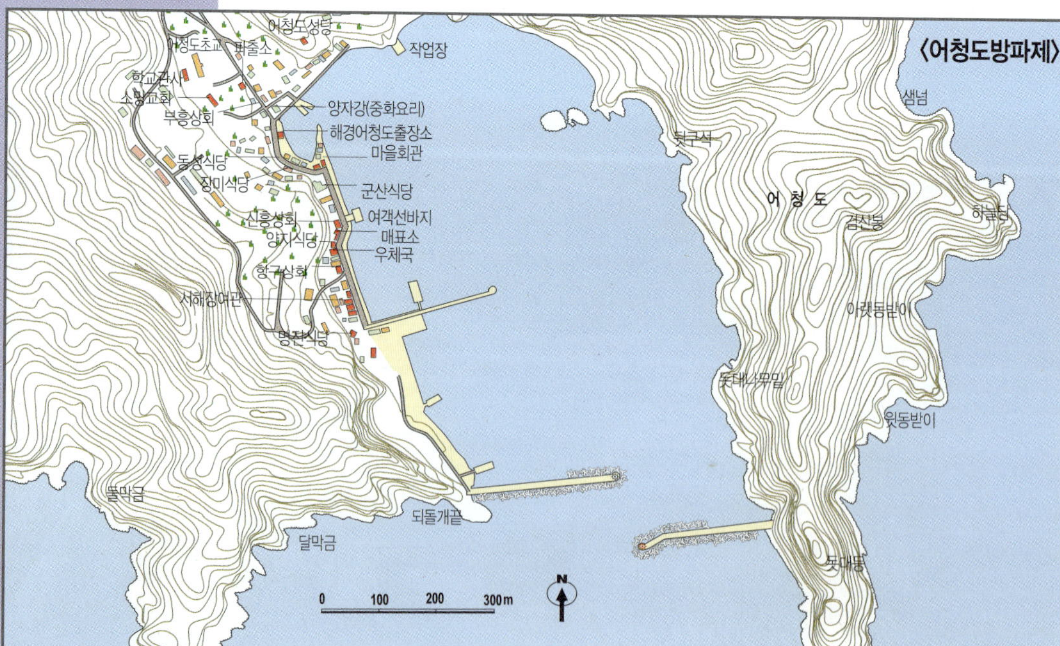

9월 말경부터는 감성돔낚시도 호조를 보이기 시작한다. 11월 초순까지 시즌이 지속되며 35~45cm급 씨알이 주로 낚인다. 참돔은 5월 중순경부터 10월 말까지가 피크다.

■포인트 안내

외항 방파제는 현지의 어선이나 낚싯배를 이용해 진입해야 한다. 가장 확률이 높은 어종은 농어로서 무거운 바이브레이션 루어가 잘 듣는다. 파도가 다소 이는 날에 조황이 좋다. 야간엔 청갯지렁이 미끼를 사용해 찌낚시를 하기도 한다. 끝 지점에서 가진여 방향으로 캐스팅한다.

우럭은 20~25cm급에 달할 정도로 굵게 낚이며 마리수 재미도 좋은 편이다. 여름철엔 돌돔도 잘 낚인다. 내항 방파제는 씨알은 다소 잘지만 농어 마리수 조과는 양호한 편. 초입에서 갯바위 방향을 노리는 것이 유리하다. 북서풍 주의보가 몰아칠 때는 내항과 외항 모두에서 농어가 잘 낚인다. 내항 방파제는 민박집에서 도보로 10분 거리.

■장비와 채비 · 미끼

농어는 찌낚시와 루어낚시로 낚는다. 찌낚시는 3호 릴대에 4000~5000번 중형릴, 원줄은 5호, 목줄은 5~6호를 사용한다. 바늘은 농어바늘 18~22호. 미끼는 청갯지렁이를 사용한다. 루어낚시는 플로팅 미노우플러그와 싱킹 플러그를 현장 조건에 맞춰 사용하면 된다. 무겁고 멀리 날아가는 바이브레이션류가 잘 듣는다. 부시리는 찌낚시와 루어낚시, 지깅낚시로 낚는데 미터급에 육박하는 대형들이 많아 튼튼한 장비가 요구된다. 감성돔과 돌돔 참돔은 릴 찌낚시 채비가 알맞다. 돌돔과 참돔은 원줄 4호에 목줄 5호 정도를 묶어야 대형급에 대비할 수 있다. 참돔은 최소 1.5~2호 릴대와 중형릴을 사용해야만 대형급에 대비할 수 있다. 3~5호 이상의 목줄을 반드시 지참하는 게 바람직하다.

■인근 명소

어청도 등대에서 바라보는 서해 일출이 장관이다. 마을 뒷길을 따라 도보로 3~40분 정도 소요된다. 다소 멀지만 아침 저녁 산책 코스로는 제격이다.

090 부안 계화방조제

●소재지 : 전북 부안군 계화면 계화리 1855 외
●길　이 : 계화 제2방조제 9.9km

교통편 : 서해안고속도로 부안I.C를 나와 동진면까지 간다. 동진면에서 계화면소재지를 지나 14번 도로를 타고 계화리(계화도)까지 간다. 계화면소재지를 벗어나 만나는 대창사거리에서 계화리까지는 약 4.7km. 계화교를 건넌 뒤 상리포구 방면으로 우회전, 계화초교를 지나 약 1km 가면 우측에 수문다리가 보인다. 수문다리를 건너면 방조제 둑이다.

연락처(063) : 계화면 창북리 일출전업사낚시(583-1505) · 부안읍 봉덕리 서림종합레저(584-2278) · 서외리 한라낚시(582-4857) · 서해낚시(583-9853)

위치 : 〈위치도23〉 참조

■낚시여건

대규모 방조제라 해도 실제 낚시가 이루어지는 구간은 방조제 중간 중간에 설치된 석축 선착장 일대다. 썰물 때 바닷물이 빠지면 어선들이 접안할 수 있도록 만든 석축 선착장이 방조제 연안을 따라 만들어져 있다. 발판이 안정적이고 평평해 낚시를 즐기는 데는 무리가 없다. 썰물이 진행돼 석축이 드러나야만 올라설 수 있지만 들물 또는 만조 때는 방조제 위에서 낚시를 하면 된다.

■어종과 시즌

주 어종은 망둥이 · 농어 · 숭어 · 붕장어 · 감성돔 등이다. 망둥이는 9월에 접어들면서 씨알이 굵게 낚이는데, 10~11월 사이에 씨알과 마리수 재미가 좋은 편이다. 길게는 12월 초순까지도 활발한 입질을 한다. 농어는 6월 초부터 입질이 시작되어 10월 초까지 낚이는데 씨알은 40~60cm급이 주류. 큰 씨알은 드물다. 붕장어는 5~10월 사이가 주 시즌이며, 주로 밤 시간에 낚이지만 물이 탁할 날에는 낮에도 잘 낚인다. 농어낚시 도중 손

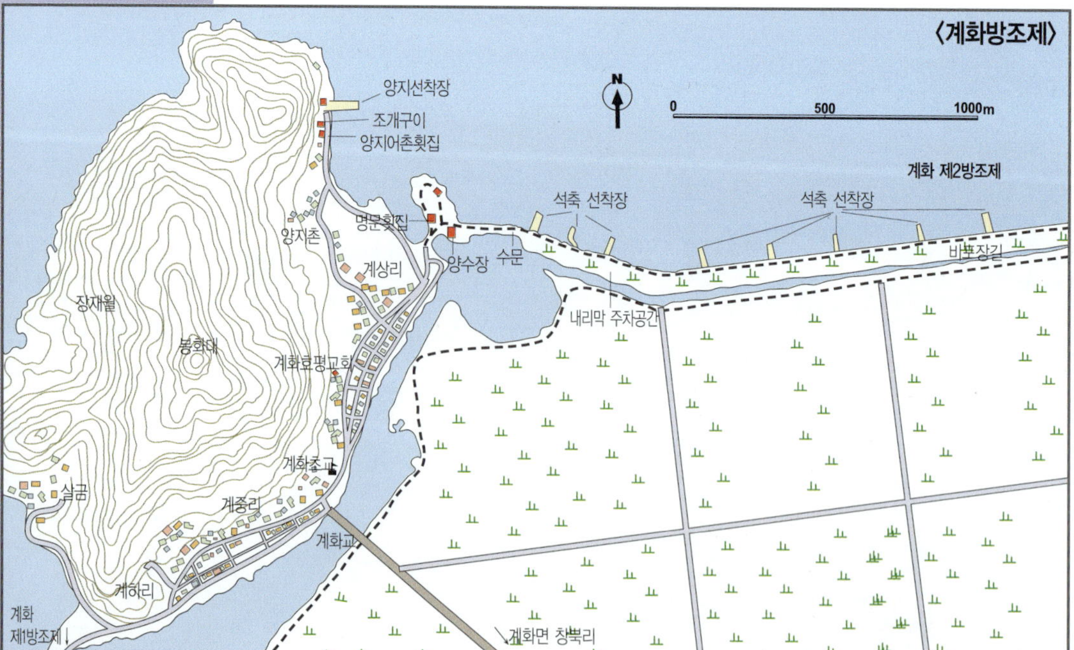

님고기로 낚이는 감성돔은 6~10월 사이에 간혹 낚이는 편이다.

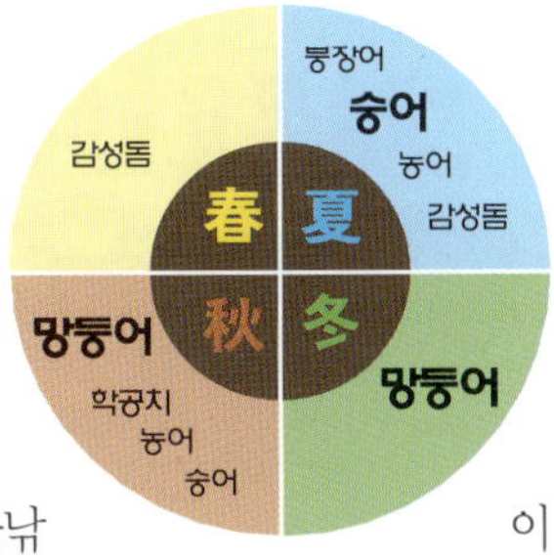

■장비와 채비 · 미끼

뻘밭의 특성상 찌낚시보다는 원투 처넣기낚시가 유리하다. 망둥이는 일반 민물낚시용 릴대가 적합하며, 묶음추 채비만으로도 충분하다. 농어와 붕장어는 15~20호 무게의 구멍봉돌을 사용한 원투채비가 효율적이다. 목줄은 70cm~1m 정도로 길게 주고 감성돔바늘 4~5호를 사용한다. 이 채비엔 감성돔도 걸려든다. 망둥이 미끼는 어떤 것을 사용해도 관계없으며, 농어와 붕장어 · 감성돔은 청갯지렁이 또는 홍갯지렁이를 사용한다.

■포인트 안내

수문구와 가까운 3~4번째 선착장 주변에서 주로 낚시가 이루어진다. 민물과 바닷물이 왕래하는 이유로 조황이 뛰어난 편이다.

방조제 위에서 채비를 원투해도 되며, 물이 빠지면 선착장에 올라 낚시를 하기도 한다. 여름이 되면 현지 어민들이 바다에 전마선을 대기시켰다가 낚시꾼들을 실어 주기도 한다(유료). 숭어는 선박들이 정박해 있는 선착장과 수문 반대편에서 훌치기로 낚는다. 농어와 감성돔은 뻘밭의 물골을 노리는 것이 유리하다.

■기타 참고사항

방조제는 마치 커다란 둑과 같은 형태를 하고 있는데 주변 여건은 황량하기 그지없다. 따라서 필요한 물품은 반드시 사전에 구입해 가야 한다. 둑길이 좁고 비포장이어서 비가 많이 내려 길이 미끄러울 땐 종종 곤란을 겪을 때도 있다.

■인근 명소

간척지의 특성상 주변에 별다른 볼거리나 먹거리를 찾기는 어렵다. 다만 철수길에 격포를 들러 채석강 · 부안댐 · 내소사 · 변산온천 · 금구원조각공원 · 곰소 · 젓갈단지 · 내소사 · 개암사 · 낙조대 등을 들러볼 수 있다.

091 부안 격포방파제

●소재지 : 전라북도 부안군 변산면 격포리 794 외
●길　이 : 북방파제 610m, 남방파제 380m

교통편 : 서해안고속도로 부안.C를 나와 30번 국도를 타고 하서-변사면을 경유해 격포항에 다다를 수 있다. 전북 이남 지방에서 올라 올 경우엔 줄포I.C를 나와 30번 국도를 타고 역으로 진입하면 된다. 두 코스 모두 도로변에 이정표가 잘 설치되어 있어 어렵잖게 찾아갈 수 있다.

연락처(063) : 부안군 변산면 격포리 일요낚시프라자(583-9906) · 변산레저낚시(584-9636) · 남부낚시(582-8273) · 변산낚시(584-3656)

■낚시여건

부안군의 대표적인 관광지 채석강과 맞붙어 있어 꾼들과 관광객들이 상시 몰리는 곳이다. 외항 쪽의 테트라포드 지역과 내항 쪽 석축 부근 모두에서 낚시를 즐길 수 있다. 낚시는 진입이 수월한 북방파제에서 주로 이루어진다. 횟집과 식당, 숙박업소와 낚시점들이 몰려있어 큰 불편이 없다.

■어종과 시즌

격포방파제에서 낚이는 어종은 다양하다. 우럭 · 노래미 · 숭어 · 학공치 · 감성돔 · 갈치 · 붕장어 등을 꼽을 수 있다. 숭어와 우럭은 매년 4~11월 사이에 잘 낚이며, 학공치는 5~11월 사이에 활발한 입질을 한다.

감성돔은 6월~11월경이 피크 시즌이나 확률은 높지 않다. 씨알이 잔 비디미(감성돔 새끼)는 여름~초가을 무렵이 피크. 갈치는 8월 말 이후 11월 중순경까지 꾸준하게 낚인다. 붕장어는 5월 이후 늦가을까지 낚인다.

위치 : 〈위치도23〉 참조

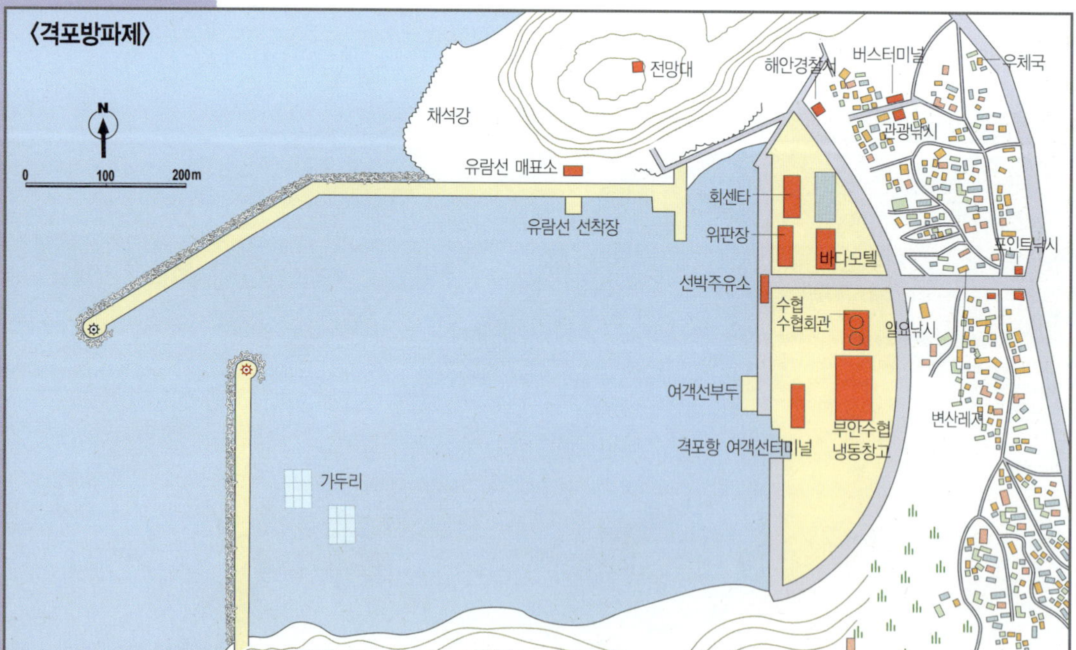

■장비와 채비 · 미끼

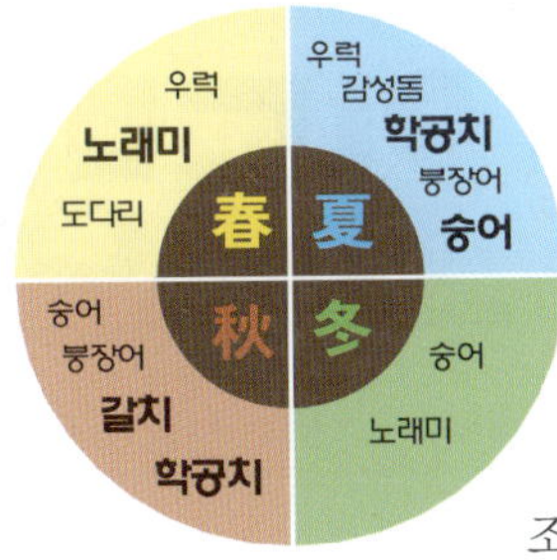

우럭 · 노래미 · 붕장어 등은 원투낚시가 잘 먹힌다. 민물낚시용 릴낚시 장비에 여벌의 묶음추만 준비하면 된다. 미끼는 청갯지렁이가 가장 대중적으로 사용된다.

숭어와 학공치 · 살감성돔은 띄울낚시로 낚는다. 4.5~5.3m 길이의 민낚싯대에 찌낚시 채비를 갖추면 되는데, 저부력 구멍찌 또는 소형 막대찌를 사용하는 것이 유리하다. 이들 어종을 노릴 때는 크릴 미끼가 주로 사용된다. 바늘은 학공치바늘 4~5호 내지 붕어바늘 4~5호가 적당하다. 갈치는 와이어 목줄을 사용한 전용 채비를 써야만 한다.

■포인트 안내

북방파제와 남방파제가 있지만 낚시는 북방파제에서 주로 이루어진다. 여느 방파제들의 특징과 같이 북방파제에서도 꺾이는 지점의 외항 쪽이 가장 유력한 포인트다. 이곳에선 감성돔도 낚인다. 학공치나 숭어는 파도가 잔잔한 내항 쪽에서 낚시를 하는 것이 수월하며, 붕장어 역시 내항 쪽의 조황이 앞서는 편이다. 우럭과 노래미 · 감성돔 등은 조류 소통이 원활한 내항 쪽이 유리하다. 방파제 끝 지점 역시 항시 꾼들이 붐비는 곳이나 실제로 중간 지점과 별반 조과 차이는 나지 않는다. 남방파제는 도보로는 진입이 어렵다. 도선을 이용할 경우엔 5천원 정도의 요금을 받는다.

■기타 참고사항

감성돔 · 농어 같은 고급 어종은 자주 만나기 힘들지만 숭어와 학공치 등의 손맛 어종은 손쉽게 낚인다. 미끼만 들고 가는 것보다는 약간의 밑밥을 준비한다면 훨씬 유리하다.

■인근 명소

주요 관광지로 채석강 · 적벽강 · 부안댐 · 변산온천 등지를 꼽을 수 있으며, 내소사 · 개암사 · 직소폭포 등지도 계절마다 다른 정취가 묻어난다. 모두 20~30분 안쪽 거리에 위치해 있어 찾기 쉽다.

092 부안 위도방파제

●소재지 : 전북 부안군 위도면 진리 1-127 외
●길　이 : 북방파제 270m, 서방파제 338m

교통편 : 격포항여객선터미널에서 파장금카페리와 대원카페리호가 운행된다. 계절에 따라 1일 6~7회, 주말과 공휴일은 8~9회. 성인 요금은 8천300원, 승용차 탑재 시는 편도 21,000원(운전자 1인 포함). 문의 : 격포 매표소(063-581-0023, 1997) / 위도 매표소(063-581-7414, 0122)

연락처(063) : 위도면 진리 오성낚시(583-4151) · 부안군 변산면 격포리 격포낚시(582-4793) · 일요낚시프라자(583-9906) · 변산레저낚시(584-9636)

■낚시여건

여객선이 닿는 진리 마을에서 민박을 하며 낚시할 수 있는 장점이 있다. 진리 마을은 민가 전체가 민박집이라 해도 과언이 아닐 정도. 상점은 물론 간단한 낚시채비와 미끼 등은 현지에서도 얼마든지 구입이 가능하다. 방파제낚시 조황이 좋지 못할 경우엔 현지의 낚싯배를 이용해 갯바위낚시를 나갈 수도 있다.

■어종과 시즌

방파제의 주 어종은 숭어 · 노래미 · 우럭 · 농어새끼 · 살감성돔 정도다. 숭어와 우럭은 3월~11월 말에 걸쳐 낚인다. 노래미는 아주 추운 2~3월에만 조황이 떨어질 뿐 사철 낚이며, 깔따구로 불리는 농어 새끼는 6~10월 말경이 피크다. 봄철에는 도다리도 잘 낚이는 편이다.

살감성돔은 8~11월경까지 잘 낚인다. 붕장어는 여름철 피서 시즌부터 초가을까지가 시즌이다.

위치 : 〈위치도23〉 참조

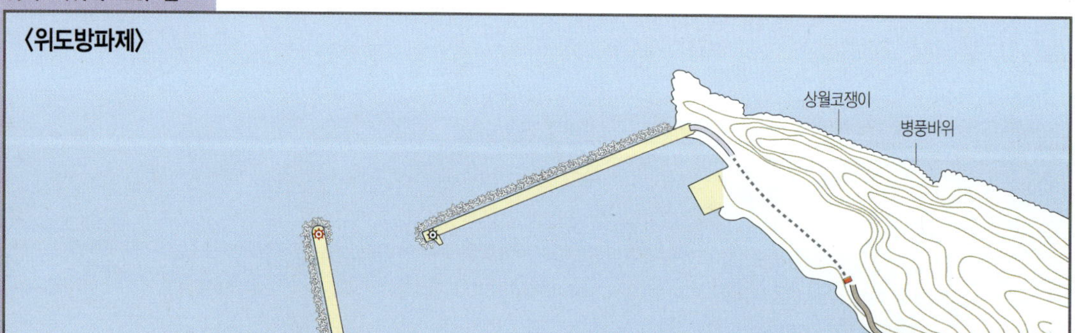

〈위도방파제〉

■장비와 채비 · 미끼

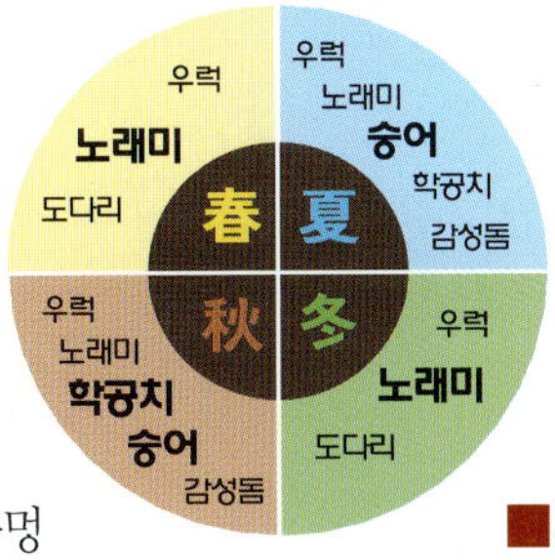

우럭과 노래미 · 붕장어 등은 원투낚시로 낚는다. 민물낚시용 릴낚시 채비와 묶음추만 있으면 손쉽게 낚시를 즐길 수 있다. 숭어 · 농어새끼 · 살감성돔은 민낚싯대 찌낚시 채비 또는 릴 찌낚시 채비가 알맞다. 구멍찌 부력은 B~2B 이하면 적당하며, 민감한 입질에 대비해 소형 고추찌를 덧달아 쓰는 것이 유리하다. 우럭과 노래미 · 붕장어 · 농어새끼용 미끼로는 청갯지렁이가 적합하며, 숭어와 살감성돔은 작은 크릴새우를 통째 또는 살점만을 떼어내어 사용한다.

■포인트 안내

두개의 방파제 중에서 여객선이 닿는 서쪽 방파제를 많이 찾는다. 거리가 가깝고 발판도 편해 찾기가 용이하기 때문이다. 내항 쪽은 수심이 얕고 뻘이 많아 조황이 좋질 못해 주로 외항 쪽에서 낚시가 이루어진다. 건너편 북방파제 역시 내항보다는 외항 쪽의 조황이 앞선다. 내항 쪽은 수심이 얕고 뻘이 많은 편. 그러나 거리가 너무 멀어 대부분 갯바위 부근에서 낚시를 하는 경우가 많다. 만약 방파제까지 들어간다면 콧부리 부근에서 시도하는 게 좋다. 숭어만큼은 내항 쪽도 조황이 좋은 편이다.

■기타 참고사항

갯바위와 붙어있는 북쪽 방파제는 마을 뒤편 길을 따라 진입해야 되는데 거리가 멀어 불편하다. 그래서 대부분은 방파제 초입의 갯바위에서 낚시를 즐긴다. 갯바위에서는 감성돔 조황도 뛰어난 편이다. 카페리호가 수시로 왕복하기 때문에 언제 찾아도 배를 이용할 수 있으며, 카페리호에 차를 싣고 들어갈 수도 있다. 그러나 위도 현지엔 마을버스와 택시도 있어 웬만한 곳은 현지 교통편으로 이동이 가능하다.

■인근 명소

위도의 대표 해수욕장으로 꼽히는 벌금해수욕장과도 가까워 여름철 피서를 겸한 낚시터로도 그만이다. 섬 전체를 둘러보면 곳곳에 아름다운 해수욕장이 위치해 있다.

〈위치도 23〉 전북 군산 · 김제 · 부안 · 고창권

86 군산 야미도선착장

●소재지 : 전북 군산시 옥도면 야미도리 153
●길 이 : 약 180m

낚시개황 : 규모는 작지만 잔 손맛 보기엔 딱 좋은 곳이다. 주어종은 우럭 · 숭어 · 학공치 · 노래미. 씨알보다는 마리수 재미가 좋다. 우럭은 손바닥 씨알이지만 9월 이후론 20cm 이상급도 곧잘 선보인다. 웜을 이용한 루어낚시가 잘 되는데 만조를 전후한 시각이 피크 타임이다. 밑밥을 준비하면 숭어 · 학공치 손맛도 볼 수 있다. 루어낚시와 민낚싯대 찌낚시 채비를 함께 준비하면 다양한 어종을 노릴 수 있다. 선착장 부근에 낚시점 · 민박집 · 여관 · 횟집 등이 들어서 있으며 여름엔 야미도해수욕장에서 해수욕을 즐길 수도 있다. 현지 배로 갯바위 출조도 가능하다.

위치 : 〈위치도23〉 참조

교통편 : 서해안고속도로 동군산I.C를 나와 군산 · 대야 방면으로 빠지지 말고 직진, 군장산업단지 방향 21번 국도를 타고 계속 달리면 비응도까지 진입할 수 있다. 새만금방조제 길을 따라 진입하면 첫 번째 닿는 섬이 야미도다.

연락처(063) : 옥도면 야미도리 야미도바다낚시(463-8216) · 군산시 오식도동 서군산낚시(461-5582) · 대물낚시(461-0657)

87 군산 무녀도선착장

●소재지 : 전북 군산시 옥도면 무녀도리 산11-2 인근
●길 이 : 약 50m

낚시개황 : 선착장이긴 하나 발판이 좋고 다양한 어종이 낚여 쏠쏠한 손맛을 보기에 적합한 곳이다. 감성돔과 농어 같은 고급 어종은 낚기 힘들지만 숭어 · 학공치 · 광어 · 도다리 등은 쏠쏠하게 낚인다. 숭어 · 학공치는 찌낚시로, 광어 · 도다리는 원투낚시로 낚는다. 우럭은 밤낚시에 굵게 낚인다. 유명 관광지인 선유도와 연도교로 연결돼 있어 산책을 겸한 나들이낚시 코스로도 알맞다. 해수욕장과 인접해 있어 숙박엔 큰 어려움이 없다. 민박집에서 선착장까진 불과 5분 거리. 콘도와 펜션 등도 있다. 간단한 낚시용품은 선유도의 상점 등에서 구입이 가능하다.

위치 : 〈위치도23〉 참조

교통편 : 군산항연안여객터미널에서 선유도행 여객선이 경유한다. 계절과 공휴일, 조석(潮夕) 등에 따라 1일 4~7회 운행된다. 문의 : 한림해운(063-461-8000), 월명여객선(063-462-4000). 군산시 오식도동에 즐비한 낚시점에서 운영하는 낚싯배를 이용해도 된다.

연락처(063) : 옥도면 무녀도리 덕진하우스(465-2132) · 군산시 오식도동 군산낚시프라자(463-4046)

88 군산 관리도방파제

●소재지 : 전북 군산시 옥도면 관리도리 84
●길 이 : 약 140m

낚시개황 : 민박집에서 방파제까지 불과 5분 거리에 위치해 있어 찾기 쉽고 안전한 방파제다. 감성돔과 농어를 빼곤 다양한 어종이 낚인다. 우럭 · 노래미 등은 원투낚시로, 숭어 · 학공치는 가을철에 찌낚시가 유리하다. 숭어 · 학공치를 낚을 때는 밑밥을 준비해가는 것이 단연 유리하다. 우럭은 가을철 밤낚시에 굵게 낚인다. 마을 뒤편으론 갯바위가 위치해 방파제 조황이 좋지 못할 경우 찾아볼만 하다. 긴추 방향 연안 갯바위를 타고 20분 정도 가면 자그마한 홈통이 나오며 이곳에서 해수욕을 즐길 수도 있다. 낚시용품은 군산에서 미리 준비해가야 한다.

위치 : 〈위치도23〉 참조

교통편 : 군산항연안여객터미널에서 말도 가는 장자훼리호가 관리도를 경유한다. 평일 2회 운항(08:00, 15:00)하며 조석(潮夕)에 따라 다소 변동될 수도 있다. 문의 : 에이치엘해운(063-466-7171). 군산 시내 낚시점에서 운영하는 낚싯배를 이용해도 된다.

연락처(063) : 군산시 오식도동 서군산낚시마트(461-5582) · 군산낚시프라자(463-4046) · 어락행낚시(467-7266)

89 군산 명도방파제

●소재지 : 전북 군산시 옥도면 명도리 152 인근
●길 이 : 큰 방파제 130m, 작은 방파제 110m

낚시개황 : 규모는 작지만 의외로 우럭 조황이 뛰어나다. 주어종은 우럭 · 숭어 · 노래미 · 광어 · 도다리. 우럭은 찌낚시 채비로 테트라포드 부근을 노리면 20~30cm급이 잘 낚이는데, 9~11월경 씨알이 가장 굵다. 단골꾼들은 주로 밤낚시로 우럭을 낚는데 낮에 비해 씨알이 월등히 굵다. 숭어와 학공치는 찌낚시 채비를 준비하는 게 빠르며, 우럭 · 노래미 · 광어 · 도다리 등은 원투낚시가 적합하다. 민박집과 불과 10분 거리여서 찾기 쉽고 발판도 편해 가족들과 함께 찾을 만하다. 민박집 외엔 상점이나 낚시점 등이 없기 때문에 필요한 용품은 미리 준비해 가야 한다.

위치 : 〈위치도23〉 참조

교통편 : 군산 여객선터미널에서 08시 40분에 여객선이 운항한다. 장자도-관리도-방축도를 경유해 명도로 들어간다. 운임은 1만3천9백5십원. 군산에서 낚싯배를 이용해 진입할 수도 있다.

연락처(063) : 군산 여객선터미널(442-0116) · 서군산낚시(445-5504) · 낚시프라자(442-4046), 현지 명도민박(463-6906) · 안영철(471-1158).

90 군산 연도항방파제

●소재지 : 전북 군산시 옥도면 연도리 176 외
●길 이 : 남방파제 280m, 북방파제 390m

낚시개황 : 군산항 북서쪽 34km 지점에 위치한 섬이다. 갯바위낚시터로도 유명한 곳으로 한적한 분위기에서 낚시를 즐길 수 있다. 등대가 있는 북방파제에서 주로 낚시를 한다. 주어종은 우럭 · 노래미 · 숭어 · 학공치 · 농어 등. 내항보다는 외항 쪽의 낚시 여건이 좋으며 마을에서 가깝다. 방파제 조황이 좋지 못할 경우엔 인근 갯바위를 찾아도 좋다. 마을에 민박집과 상점 등이 있어 불편한 점은 없으나 낚시용품 및 미끼는 미리 준비해 가야 한다. 위급한 상황이 생기거나 객선 시간을 맞추지 못할 경우엔 군산이나 홍원리에서 출항하는 낚싯배들을 이용할 수도 있다.

교통편 : 군산항연안여객터미널에서 말도행 여객선(장자훼리호)이 장자도-관리도-방축도-명도-말도 순으로 운항한다. 평일 2회 운항(08:00, 15:00)하며 조석(潮汐)에 따라 다소 변동될 수도 있다. 문의 : 에이치엘해운(063-466-7171). 군산 시내 낚시점에서 운영하는 낚싯배를 이용해도 된다.

연락처(063) : 군산시 오식도동 새만금낚시마트(468-5789) · 군산프로낚시(445-1788)

91 군산 비응도방파제

●소재지 : 전북 군산시 비응도동 1-2 외
●길 이 : 약 2.5km

낚시개황 : 군 · 장신항만개발계획에 의해 여객선터미널이 새로 들어선 비응도 동쪽에 남북으로 길게 늘어선 형태의 방파제다. 방파제 길이만 3km에 이르는 초대형급. 방파제가 너무 길다보니 포인트 찾기가 수월치 않아 현지꾼들은 별도의 표시를 해놓고 다니곤 한다. 감성돔이 주 대상어이며 우럭, 학공치, 숭어 등의 손님고기가 낚인다. 2000년도 초반까지만 해도 일반인들의 출입이 엄격히 금지돼 '몰래낚시'가 성행했으나 2004년도 이후론 별다른 제제를 하지 않고 있다. 특별난 이정표나 기점이 될 만한 건물이 없으므로 현지 낚시점에 문의 후 출조하는 게 바람직하다.

위치 : 〈위치도23〉 참조

교통편 : 군산항연안여객터미널에서 어청도 방면으로 운항하는 뉴어청훼리호가 연도를 경유한다. 평일 1회(09:00), 토 · 일요일엔 2회(07:30, 13:30) 출항하지만 계절에 따라 운항 횟수 및 시각은 변동될 수 있다. 문의 : 에이치엘해운(063-466-7171). 군산에서 낚싯배를 이용해도 되지만 북쪽 춘장대 방면의 홍원항이 더 빠른 출항지이다.

연락처(041) : 군산시 비응도동 유진낚시(466-3581) · 오식도동 우진낚시(467-7258) · 대물낚시(461-0657) · 어락행낚시(467-7266)

92 부안 위도 석금방파제

●소재지 : 전북 부안군 위도면 대리 347-2 인근
●길 이 : 약 240m

위치 : 〈위치도23〉 참조

교통편 : 서해안고속도로 부안IC를 격포항으로 간다. 격포항여객선터미널에서 위도행 여객선(파장금카페리호, 대원카페리호)이 평일은 6~7회, 주말과 공휴일은 8~9회 운행된다. 성인 요금은 8천300원, 승용차 탑재 시는 편도 21,000원(운전자 1인 포함). 문의 : 격포 매표소(063-581-0023, 1997) / 위도 매표소(063-581-7414, 0122)

연락처(063) : 변산면 격포리 격포낚시(582-4793) · 변산낚시(584-9636) · 일요낚시(583-9906)

낚시개황 : 위도의 맨 남쪽 끝에 위치한 석금마을 앞 선착장이다. 과거 멸치 어장이 번성했을 때부터 대형 숭어가 잘 낚이기로 유명했던 곳이다. 지리적 특성상 조류가 약함에도 불구하고 멸치 찌꺼기 냄새를 맡은 숭어 떼들이 자주 몰려든다. 어른 허벅지만한 숭어들이 적지 않아 웬만큼 채비를 강하게 준비하지 않으면 낚기 힘든 씨알들이 많다. 매년 6월경부터 시즌이 시작되며 6~7월 씨알이 가장 굵은 편. 학공치가 함께 낚이며 그 외의 어종은 잘 낚이지 않는 점이 특징이다. 밑밥을 충분히 준비하는 것이 유리하다. 대리해수욕장이 인근에 있어 숙박도 할 수 있다.

한국의
名방파제 100+100선

제2부

제9장 제주도 편

093 제주시 도두방파제

●소재지 : 제주특별자치도 제주시 도두1동 2635 외
●길 이 : 북방파제 150m, 남방파제 390m

교통편 : 제주시에서 일주서로(1132 지방도)를 타고 이호해수욕장 방향으로 가다가 도두봉 이정표를 보고 우회전해 들어가면 우측에 태공낚시가 보인다. 태공낚시를 지나 사거리에서 직진하면 큰 방파제, 우회전해 들어가면 작은 방파제가 나온다.

연락처(064) : 제주시 도두1동 뉴국제낚시(698-1747)·태공낚시(712-6667)·한라낚시(745-4550)·남양낚시 프라자(748-3339)

■낚시여건

관탈도와 추자도행 낚싯배들이 출항하는 곳으로 유명하다. 찾기가 쉽고 발판도 비교적 좋아 편안한 낚시를 즐길 수 있는 곳이다.

도두항엔 숙박시설과 식당·낚시점 등이 적절히 위치해 있어 필요한 물품을 현지에서 직접 조달할 수도 있다. 큰 방파제(남방파제)와 작은 방파제(북방파제) 모두 초입까지만 차량 진입이 가능하다.

■어종과 시즌

연중 낚이는 벵에돔은 장마철(6~8월)과 겨울철(9~12월)이 제 시즌이다. 겨울철 씨알이 다소 굵은 편이다. 돌돔은 4~5월 사이에 잘 낚인다. 농어는 벵에돔과 시즌이 유사한데, 여름철엔 씨알이 굵지 못하나 10~12월 사이엔 대형급이 곧잘 출몰한다. 흰오징어와 한치(화살오징어)는 6~12월 사이가 본격 시즌. 한치보다는 흰오징어 시즌이 더 오래 간다. 감성돔 역시 겨울철이 제 시즌인데, 주의보 또는 주의보급에 가까운 파도가 이는 날

위치 : 〈위치도24〉 참조

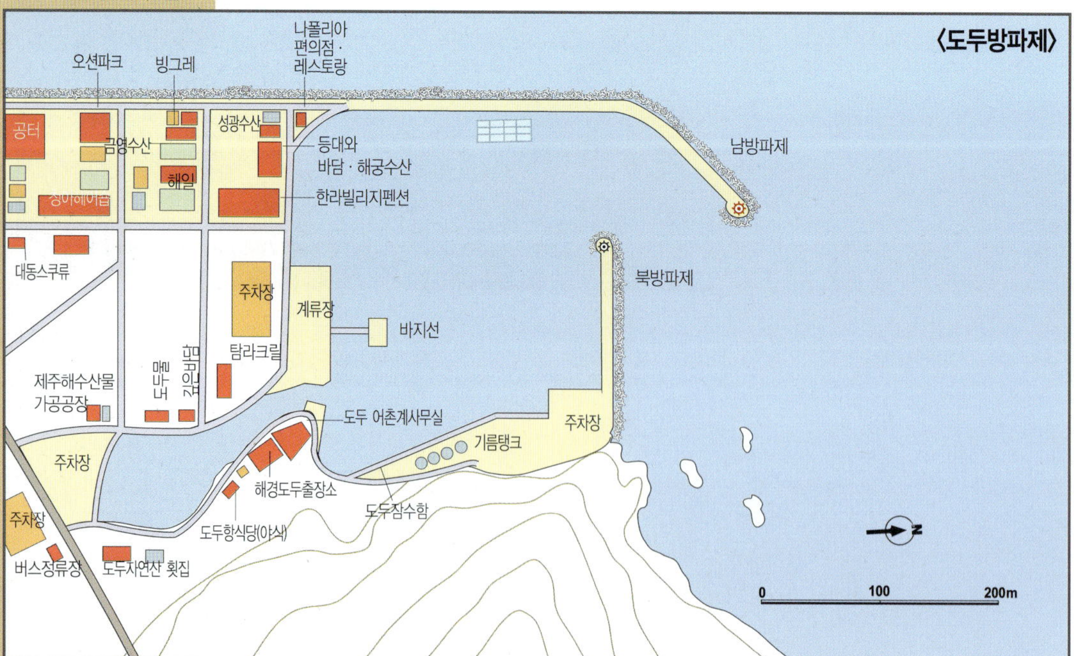

이 유리하다.

■장비와 채비 · 미끼

벵에돔과 감성돔은 구멍찌 채비로 낚는다. 벵에돔은 0~2B 전후 부력이면 충분하다.

미끼는 크릴이 가장 대중적이다. 돌돔은 주로 찌낚시를 구사하며, 미끼는 참갯지렁이와 집게 등이 주로 쓰인다. 2~3호 릴대에 원줄과 목줄은 공히 4~6호 정도로 강하게 쓴다. 한치와 흰오징어는 1.5~2호 릴대에 원줄 3~4호 정도를 사용하며, 살아있는 전갱이나 용치놀래기도 미끼로 사용된다. 감성돔은 0.5~1호 채비가 주로 쓰인다.

■포인트 안내

두 개의 방파제 중에서 낚시는 주로 큰 방파제에서 이루어진다. 벵에돔은 끝 지점이 주요 포인트이며, 감성돔은 방파제 초입 부분에서 주로 낚인다. 끝 지점에선 돌돔과 오징어류도 함께 낚인다. 끝 지점에서 외항 쪽 중간 지점까진 벵에돔과 독가시치가 고루 낚이지만, 역시 끝 지점이 유리하다. 독가시치는 내항 쪽이 유리하다.

작은 방파제는 주로 잡어 위주로 낚시가 이루어진다. 독가시치나 전갱이 · 용치놀래기 등이 주대상어. 잡어를 노리는 꾼들 중에는 주차장이 가까운 작은 방파제를 선호하는 이들도 있다.

■기타 참고사항

관탈도 및 추자도행 낚싯배가 출항하는 곳이므로 일정상 여유가 있으면 섬낚시를 한 번 떠나볼 만도 하다. 새벽 4~5시경에 각 낚싯배들이 출발한다.

■인근 명소

도두항 주변엔 깔끔한 모텔과 레스토랑, 중형 식당들이 자리 잡고 있어 숙박지와 가까운 곳에서 낚시를 즐길 수 있다는 것이 장점이다. 큰 방파제 초입에 숙박지와 매점 · 낚시용품 점 등이 몰려 있다. 여름철엔 도두항과 가까운 이호해수욕장에서 해수욕을 함께 즐길 수도 있다.

094 제주시 서부두방파제

●소재지 : 제주특별자치도 제주시 건입동 1435-11 외
●길 이 : 서부두방파제 1,720m

교통편 : 제주시내에서 택시를 타면 기본요금 거리다. 탑동 광장 워터파크(수영장) 입구 또는 서부두방파제 입구에 내려달라고 하면 된다. 방파제 안쪽까지 차량 진입은 불가. 횟집 입구까지만 진입할 수 있다. 횟집 맞은편에 주차하거나 탑동 놀이공원 주차장에도 주차가 가능하다.

연락처(064) : 제주시 건입동 서부두낚시(752-4315) · 용천낚시(724-7424) · 대한낚시(726-1477)

위치 : 〈위치도24〉 참조

■낚시여건

제주시 탑동 매립지 방파제와 인접해 있어 도심과 가깝다. 초입엔 각종 횟집과 식당들이 자리 잡고 있으며, 탑동 매립지 방파제 자체가 시민들의 휴식처 역할을 하는 곳이다. 방파제 규모가 커 현지꾼들은 소형 스쿠터나 자전거 등을 타고 들어가 방파제 위를 돌아다니며 낚시를 한다. 도심과 가깝지만 난바다를 향해 있는 특성상 다양한 어종이 사철 낚인다. 매년 각종 낚시대회가 열리는 곳이기도 하다.

■어종과 시즌

벵에돔은 사철 낚인다. 그 중에서도 장마철과 겨울철이 씨알과 마리수 면에선 단연 최고. 돌돔 찌낚시는 4~5월경, 원투낚시는 7~9월경에 잘 된다. 감성돔은 폭풍주의보 때 안통에서 곧잘 낚이나 씨알은 30cm 이하로 잘다.
겨울철과 폭풍주의보 때가 피크다. 참돔은 4~5월, 10~11월경이 피크. 농어는 겨울철에 주로 낚인다. 2003년 이후 오징어를 대상으로 한 에깅낚시도 시도되고 있다. 매년 8~9

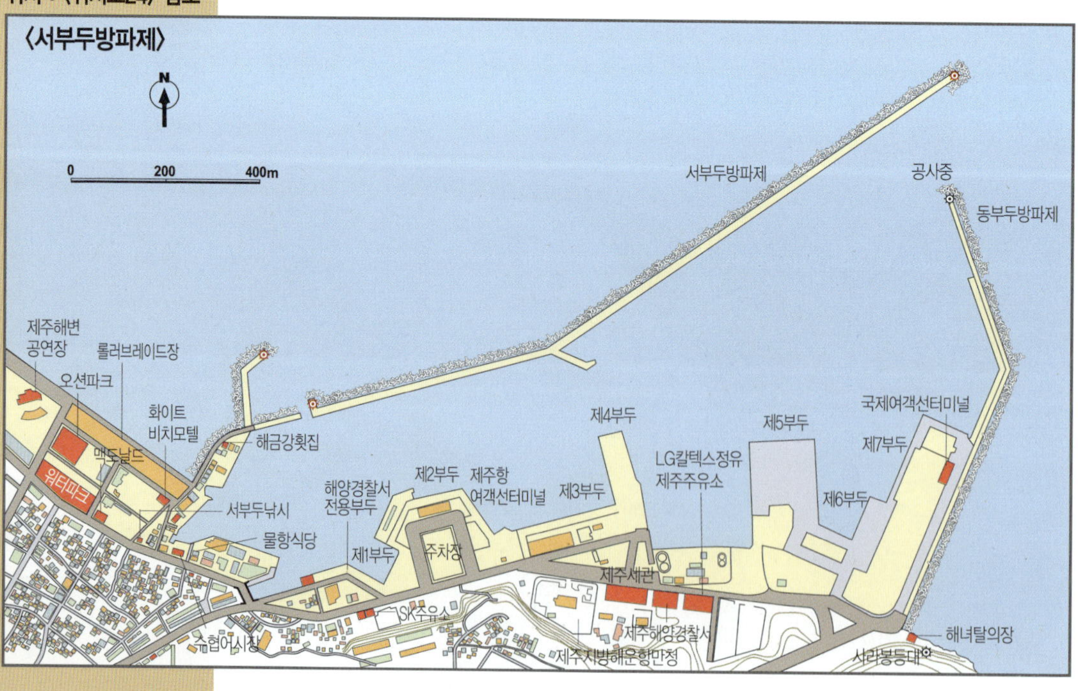

월 이후 늦여름에 접어들면 부시리낚시도 잘 된다. 새벽녘 또는 해질녘에 미터급에 육박하는 대형 부시리가 출몰하기도 한다. 자리돔·학공치 같은 잡어 조과도 뛰어나므로 간단한 민장대 채비만으로도 횟감은 마련할 수 있다.

■장비와 채비·미끼

벵에돔은 일반적인 릴 찌낚시 채비면 무리가 없다. 돌돔은 산란기 땐 찌낚시, 하절기인 한여름엔 원투낚시 채비로 낚는다. 참돔은 찌낚시와 원투낚시가 모두 잘 된다. 찌낚시의 경우 1~2호찌를 사용한 고부력 채비가 여러모로 편리하다. 농어는 찌낚시와 루어낚시가 두루 구사된다. 여름철 부시리낚시는 전갱이를 꿴 생미끼낚시와 루어낚시 모두가 잘 되는 편이다. 특히 루어에 낚이는 씨알이 굵다.

■포인트 안내

의외로 외항 쪽보다는 내항 쪽 조황이 앞선다. 동방파제 끝 지점을 마주 보는 곳이 가장 조황이 뛰어나다. 방파제 바깥쪽은 돌돔 찌낚시가 잘 되는데, 초입부터 끝까지가 모두 포인트다. 참돔은 조류 소통이 좋은 끝 지점이 가장 확률이 높으며, 최근엔 처넣기보다 찌낚시가 인기를 끌고 있다. 농어낚시의 경우 파도가 센 날은 안팎에서 모두 잘 된다.

■인근 명소

탑동 매립지 광장엔 수영장과 각종 놀이시설이 들어서 있어 아이들을 동반한 나들이 코스로도 알맞다. 탑동 매립지 광장에선 롤러브레이드와 자전거 등을 대여해 주기도 한다. 제주시와 가까운 용두암은 택시로 15분 거리. 용두암 주변엔 횟집과 카페촌 등이 몰려 있다. 드라이브 코스로도 최적이다. 제주도의 대표적 식당인 물항식당·서부두식당 등에서 판매 중인 고등어조림과 갈치구이 등이 일미다. 물항식당 인근에 위치한 수협공판장에선 싱싱한 횟감을 저렴하게 구입할 수도 있다.

095 구좌읍 김녕방파제

●소재지 : 제주특별자치도 제주시 구좌읍 김녕리 4211 외
●길　이 : 서방파제 680m, 동방파제 170m

교통편 : 제주시에서 일주동로(1132번 지방도)를 타고 삼양-조천-함덕-북촌-동복을 거치면 김녕에 이르는데, 김녕 직전 동하동 부근에서 해안도로로 좌회전해 차를 달리면 김녕방파제로 곧장 진입할 수 있다.

연락처(064) : 조천읍 조천리 해룡낚시(784-5563) · 북촌리 낚시여행(82-0133) · 구좌읍 세화리 공간낚시(782-8503) · 블루낚시(784-2977)

낚시여건

김녕해수욕장과 인접해 있어 여름철 낚시와 해수욕을 동시에 즐길 수 있는 여건을 갖추고 있다. 승용차로 이동하면 불과 10분 거리다. 방파제 주변엔 별다른 편의시설이 없기 때문에 필요한 용품은 김녕읍내에서 미리 준비해 가야 한다. 큰 방파제(서방파제)에선 다양한 어종이 고루 낚이는 반면, 작은 방파제(동방파제)에선 숭어와 독가시치 등의 잡어 위주로 낚시가 이루어진다.

어종과 시즌

벵에돔은 연중 낚이지만 가장 피크를 보일 때는 장마철(6~8월)과 겨울철(9월 말~12월 사이)이다. 농어는 벵에돔과 시즌이 유사하며 여름철엔 씨알이 굵지 못하나 10~12월 사이엔 대형급이 곧잘 출몰한다. '미즈이까' 로 불리는 대형 흰오징어와 한치(화살오징어)는 매년 6~9월 사이의 밤낚시에 마리수로 낚을 수 있다. 돌돔 찌낚시는 4~5월 사이가 피크이며, 이 무렵 밤낚시엔 참돔도 잘 낚인다.

위치 : 〈위치도24〉 참조

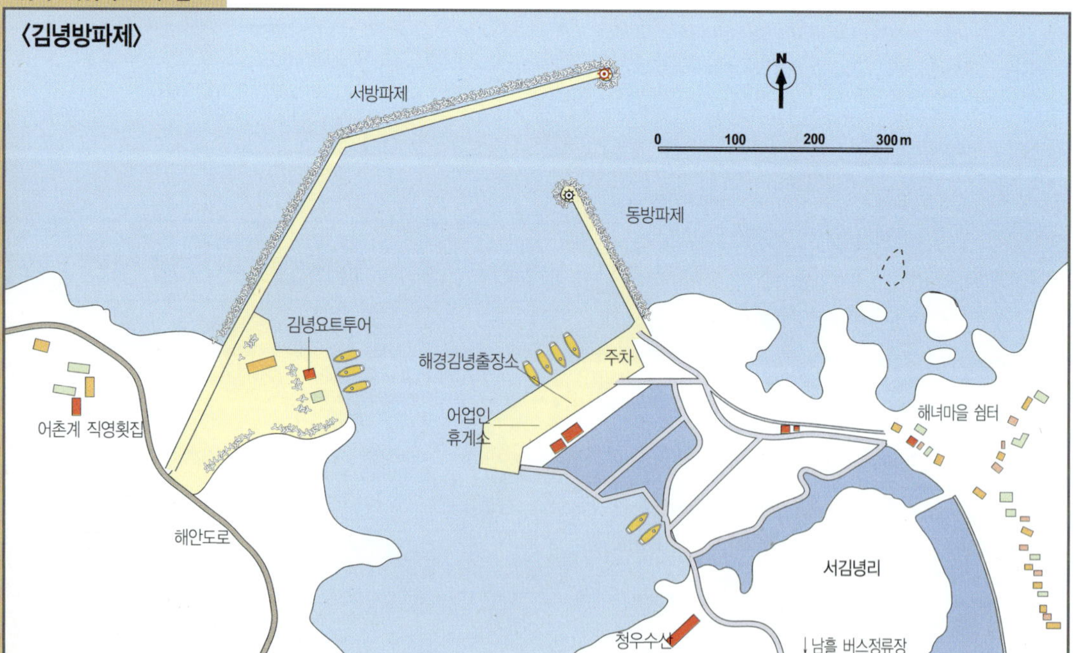

■장비와 채비 · 미끼

감성돔과 벵에돔은 릴 찌낚시 채비가 적합하다. 두 어종 모두 1호 릴대와 2500번 릴 정도의 구멍찌 채비면 다양한 어종을 곁들일 수 있다. 미끼는 크릴새우가 단연 잘 듣는다. 돌돔은 원투낚시도 가능하지만 대부분 현지 꾼들은 릴 찌낚시를 구사한다. 미끼는 참갯지렁이나 집게가 잘 듣는다. 다금바리는 산 전갱이와 고등어 생미끼를 사용한다. 독가시치와 숭어 역시 릴 찌낚시에 잘 낚인다.

■포인트 안내

감성돔을 노릴 경우엔 큰 방파제가 유리하다. 큰 방파제 외항권 중에서도 방파제가 꺾이는 지점이 최고의 명당. 주의보 때 전방에 잠겨 있는 수중여 일대를 노리는 것이 요령이다.

벵에돔은 감성돔과 같은 자리에서도 낚이지만 끝바리 중 외항 쪽으로 꺾이는 부분이 가장 유리하다. 바람이 너무 강할 땐 내항 쪽으로 돌아서 낚시를 하기도 한다. 돌돔과 다금바리는 외항 쪽에서 원투를 한다.

독가시치와 숭어는 거의 내항 쪽에서만 낚시를 해도 마리수 조과가 가능하다. 작은 방파제는 독가시치와 숭어가 잘 낚이는데 내항과 외항을 가리진 않는다.

■인근 명소

세계에서 가장 긴 용암동굴인 '만장굴(710-7903)'을 들러볼 만하다. 그 길이가 무려 13.422km에 달한다. 동굴 내 돌거북 · 돌기둥 · 낼개벽 등의 기암괴석들이 볼거리다. 구좌읍 동김녕리 소재.

또한 김녕 미로공원(064-782-9266)은 지난 1987년부터 관엽수를 심고 다듬어 조성된 곳으로서, 한번 미로에 들어가면 좀처럼 빠져나오기 힘든 이벤트 공원이다. 높은 곳에서 보았을 경우 제주도를 상징하는 7가지 상징물로 조성되어 있다. 전체적인 모양은 동서로 누워있는 제주도 형상이며, 뱀과 조랑말 등 다양한 모양으로 조성되어 있다. 구좌읍 동김녕리 소재.

096 성산읍 성산포방파제

●소재지 : 제주특별자치도 서귀포시 성산읍 성산리 353-4 외
●길　이 : 동방파제 871m, 서방파제(오조리방파제) 790m

교통편 : 제주시에서 일주동로(1132번 지방도)를 타고 조천-김녕-구좌-종달리를 거쳐 성산포로 진입한다. 성산수고를 지나 갑문다리를 건넌 뒤 좌회전해 진입하면 성산포여객선터미널 주차장을 거쳐 방파제 초입까지 진입할 수 있다.

연락처(064) : 성산읍 성산리 성산포바다낚시(784-0365) · 오조리 명성낚시(782-1917)

■낚시여건

우도행 낚싯배가 출항하는 성산포의 대표적인 방파제다. 길이에서도 알 수 있듯이 중간 지점까지 5분, 끝 지점까진 10분 이상 걸리는 대형 방파제다. 방파제 치고는 대형 어종들이 잘 낚여 각 어종별 시즌마다 꾼들로 성황을 이룬다. 다소 거리가 있다보니 현지꾼들은 소형 손수레에 낚시짐을 싣고 들어가곤 한다.

■어종과 시즌

벵에돔은 5월부터 2월 사이에 잘 낚인다. 한여름엔 씨알이 잘고 9월 이후론 마리수는 줄지만 씨알이 굵어지는 특징이 있다. 부시리는 8월 이후부터 입질을 시작해 1월을 넘기면 입질이 뜸해진다. 8월경부턴 70~80cm급이, 9월에 접어들면 1m급도 낚이고, 11월 이후로는 60~70cm급으로 잘아진다. 학공치는 12월부터 본격 시즌이며, 농어는 12월 말부터 6월 사이, 전갱이는 7~12월, 독가시치는 5~12월, 다금바리와 돌돔은 8~11월이 시즌이다.

위치 : 〈위치도24〉 참조

■장비와 채비 · 미끼

벵에돔은 구멍찌 채비가 대중적으로 쓰인다. 그러나 어자원의 급감과 카고낚시 유행으로 과거에 입해 손맛 보기가 다소 어려워졌다. 현지꾼들은 부시리를 노리는 카고 채비에 목줄만 바꿔 벵에돔을 노린다. 목줄은 부시리를 노릴 때는 4~5호, 벵에돔을 노릴 때는 1.7~2호를 사용한다. 부시리 찌낚시용 미끼로는 학공치와 전갱이가 쓰이며 루어낚시는 해질녘에 잘 먹힌다. 현지꾼들의 경우 내항쪽 잔잔한 바다에서 민장대로 산 전갱이를 낚은 뒤 미끼로 사용하고 있다. 반드시 잡어용 채비를 준비해야 한다. 다금바리는 정어리, 돌돔은 성게와 참갯지렁이 · 집게 등이 쓰인다.

■포인트 안내

벵에돔을 노릴 경우 외항 쪽 방파제가 약간 꺾이는 지점의 안통을 노리는 것이 가장 확률적이다. 발밑보다는 다소 먼 거리를 원투해 공략하는 것이 조과 면에서 유리하고, 부시리는 꺾이는 지점에서 바깥 쪽, 즉 우도 방향을 보고 캐스팅하는 것이 유리하다. 다금바리와 돌돔은 방파제 끝 지점이 포인트다. 우도 방향을 보고 캐스팅하며, 북동풍이 강해 캐스팅이 어려운 상황에선 내항 쪽을 보고 던져도 입질을 받을 수 있다. 학공치는 내항에서 잘 낚인다.

■기타 참고사항

성산포-우도 간을 운항하는 철부선은 차량 탑재가 가능하다. 랜트카를 빌려 우도 관광을 다녀오는 코스도 고려해볼만 하며, 우도 출조도 가능하다.

■인근 명소

성산포 하면 당연히 일출봉 산행을 빼놓을 수없다. 현지엔 민박집도 많아 숙박에도 전혀 어려움이 없다. 유람선을 타고 '우도팔경'과 세계적으로 유명한 일출해양공원의 비경을 감상할 수 있는 뱃놀이코스도 빼놓을 수 없다. 용머리 · 주간명월 · 악어바위 등을 일주한 뒤 성산포로 돌아온다(문의 784-2333). 해룡식당은 성산포 인근 해물탕으로 유명한 전문점(784-8849)이다.

097

남원읍 위미방파제

●소재지 : 제주특별자치도 서귀포시 남원읍 위미리 1757-13 외
●길　이 : 동방파제 500m, 서방파제 190m

교통편 : 서귀포시 중앙로타리를 기점으로 일주동로(1132 지방도)를 타고 남원읍 방면으로 계속 직진하다가 위미입구 삼거리에서 오른쪽 위미 방향으로 진입한다. 약 1.4km 지점의 위미우체국을 지난 사거리에서 우회전하여 250여m 만 나아가면 곧 위미항이다.

연락처(064) : 남원읍 위미리 위미낚시프라자(764-3129) · 산호낚시편의점(764-2919) · 태공낚시(764-5885)

■낚시여건

서쪽과 동쪽 방파제 모두 낚시가 잘 돼 인기가 높은 곳이다. 서방파제에선 주로 내항 쪽에서, 동방파제에서는 바깥 쪽으로 낚시를 한다. 각 방파제 초입마다 낚시점이 적소에 위치해 있어 각종 채비와 미끼를 구입하는데 어려움이 없다. 위미 어촌계에서 운영하고 있는 낚싯배를 이용하면 지귀도로 섬낚시를 나갈 수도 있다.

■어종과 시즌

주 어종은 벵에돔 · 독가시치 · 돌돔 · 흰오징어 등이며 농어 조황은 별로다. 벵에돔은 장마철인 6~8월경에 씨알과 마리수 조과 모두가 뛰어나다. 독가시치 역시 7~10월경을 최고로 친다. 돌돔은 4~6월경에 낚이며 평소엔 모습을 비치지 않던 대부시리가 매년 11~1월 사이에 출현하기도 한다. 다금바리는 8월경부터 입질을 시작한다. 한치는 잘 안 낚이며 흰오징어는 10~11월경 씨알과 마리수 모두 출중하다. 감성돔은 잘 안 되며 봄철에 서쪽 방파제 내항에서 간혹 낚일 때도 있다.

위치 : 〈위치도24〉 참조

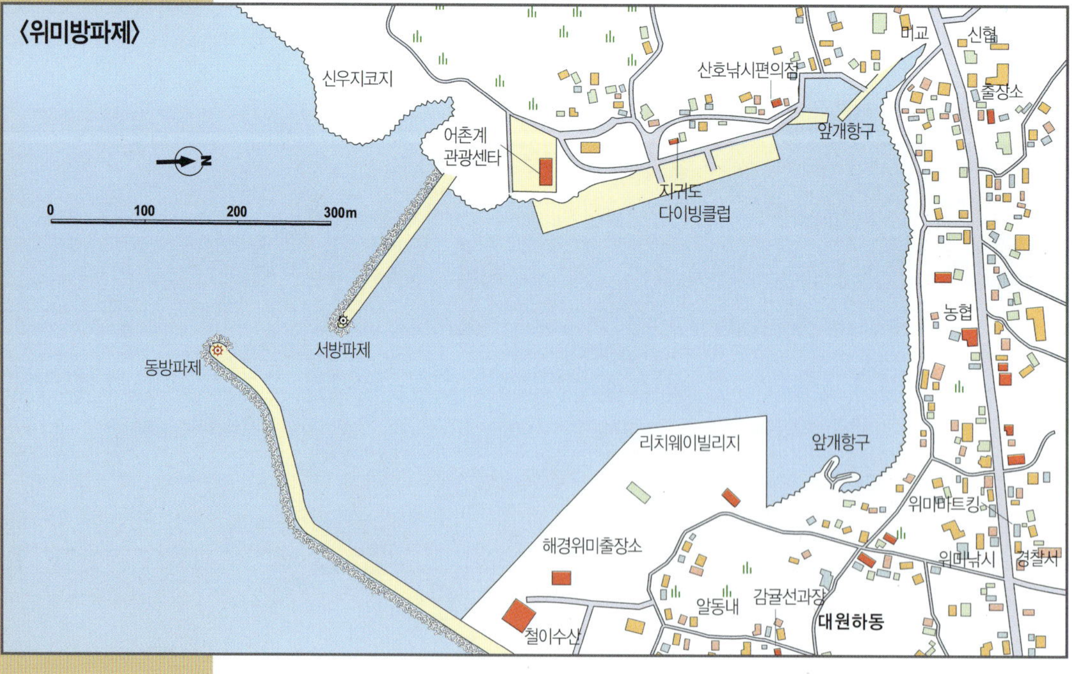

■장비와 채비

벵에돔과 독가시치는 공히 릴 찌낚시 채비가 쓰이며 미끼는 크릴이 가장 대중적으로 사용된다. 돌돔 찌낚시는 1~3호 릴대에 원줄 4호, 목줄은 3호, 바늘은 감성돔바늘 4~5호 정도를 사용하며 미끼는 참갯지렁이가 잘 듣는다. 다금바리는 돌돔낚시 장비와 채비가 동일하나 미끼로 고등어를 사용하는 점이 차이점이다. 한치와 흰오징어는 루어와 생미끼낚시 채비가 두루 쓰이는데 현지꾼들은 전갱이나 용치놀래미를 꿴 생미끼 채비를 선호한다.

■포인트 안내

벵에돔은 방파제 끝 지점이 최고의 명당이다. 동방파제는 등대 밑과 방파제 중간 지점이 최고로 꼽히며 서방파제는 등대 가기 전 30m 지점과 끝 지점이 손꼽힌다. 돌돔 포인트는 벵에돔 포인트와 유사하다. 독가시치는 내항과 외항을 가리지 않는다. 바람이 강하게 부는 날엔 주로 내항권이 포인트가 된다. 대부시리는 동방파제 등대 밑에서 지귀도 방향으로 원투를 하며 다금바리는 내항 쪽을 주로 노린다. 북서풍에는 양쪽 방파제 모두 영향이 없으나 서풍이 불 땐 동방파제는 낚시가 힘들고, 서방파제는 안통에서 낚시를 한다. 여름철 남서 또는 남동풍이 불어 너울이 일 때는 내항 쪽에서도 낚시가 잘되는 특징이 있다. 깊은 곳은 13m권 포인트도 있으나 전반적으로 6~8m 정도의 수심을 보인다. 봄철 서방파제 내항에서 대형 감성돔이 종종 낚일 때도 있다.

■인근 명소

신영영화박물관(764-7777)은 동양 최초의 영화박물관으로 불리는 곳으로 소라 모양을 닮은 영화관 건물이 특색 있다. 한국영화의 체계적 발전과 영화제작에 쓰이는 각종 소품 등이 전시되어 있다. 신영영화박물관과 인접한 '남원큰엉(730-1544)'은 바위덩어리가 바다를 삼킬 것 같이 입을 크게 벌리고 있다하여 붙여진 기암절벽의 이름이다. 높이 30m, 길이 200m의 절벽이 버티고 있으며 두 군데나 되는 자연동굴이 볼거리다. 위미항에서 10분 거리.

098 대정읍 모슬포방파제

●소재지 : 제주특별자치도 서귀포시 대정읍 하모리 1089-34 외
●길 이 : 서방파제 785m, 동방파제 235m

교통편 : 제주시 신제주입구를 기준으로 도령로(1132번 지방도)를 타고 대정 방면으로 진행한다. 신광사거리를 지나 계속 직진하다가 서귀포시 안덕면 동광IC에서 평화로 대정 방면의 우측도로로 빠져 대정·모슬포항 이정표를 보고 계속 진행하면 하모리교차로에 이른다. 직지하면 동방파제에 이르고 오른쪽으로 돌아가면 서방파제이다.

연락처(064) : 대정읍 하모리 반도낚시(794-8008)·덕선낚시(792-1126)·항구낚시(792-1500)

■낚시여건

모슬포의 대표적인 방파제 낚시터로서 큰 방파제(서방파제)와 작은 방파제(동방파제)로 나뉜다. 큰 방파제는 끝 지점까지 차량 진입이 가능하다. 벵에돔과 독가시치 등이 낚이며 주로 다금바리를 노리는 원투꾼들이 찾는다. 방파제 초입부터 중간 지점까지는 낚시가 잘 되지 않는다. 수중여가 잘 발달된 작은 방파제는 전문 찌낚시꾼들이 즐겨 찾는 곳이다.

■어종과 시즌

벵에돔은 장마철(6~8월)과 겨울철(9~12월)이 제 시즌이다. 겨울철 씨알이 다소 굵게 낚이는 편이다. 감성돔 역시 겨울철이 제 시즌인데, 주의보 또는 주의보급에 가까운 파도가 이는 날에 유리하다. 농어는 벵에돔과 시즌이 비슷하며, 여름철엔 씨알이 굵지 못하지만 10~12월 사이엔 대형급이 곧잘 출몰한다. 돌돔은 4~5월 사이에 잘 낚인다. 다금바리는 8~11월 사이에 주로 낚인다. 오징어류가 낚이는 시즌은 여타 방파제와 비슷하다.

위치 : 지도 00000

■장비와 채비 · 미끼

벵에돔과 감성돔은 구멍찌 채비로 낚는다. 감성돔은 0.5~1호 채비가 무난하며, 벵에돔은 0~2B 정도면 적합하다. 간혹 손님고기로 낚이는 농어는 전용 찌낚시 장비로도 낚을 수 있지만, 구멍찌 채비에도 적잖게 낚이고 있다. 벵에돔과 감성돔은 크릴이 주요 미끼. 농어도 크릴에 잘 낚이는 편이나 현지꾼들은 용치놀래기를 미끼로 꿰기도 한다. 돌돔 역시 찌낚시 채비로 낚으며, 다금바리는 원투낚시 채비로 낚는다. 돌돔 미끼는 참갯지렁이와 집게, 다금바리는 고등어나 전갱이 생미끼를 사용한다.

■포인트 안내

큰 방파제의 경우 방파제 전 구간 중에서도 맨 끝 지점이 가장 유력한 포인트다. 이곳에선 벵에돔과 농어 · 돌돔 등이 고루 낚이며, 다금바리를 낚기 위한 원투꾼들이 매일같이 나와 있는 곳이다. 원투낚시는 약간 안통으로 채비를 던진다. 감성돔과 벵에돔 · 독가시치만을 전문으로 노리고 간다면 작은 방파제가 유리하다. 작은 방파제 자체가 대규모 여밭 위에 축조된 탓으로 고기들의 서식 여건이 매우 뛰어난 때문이다. 해질녘 또는 파도가 적당히 이는 날 조과가 돋보이며, 특히 주의보 때는 50cm가 넘는 대물 감성돔이 잘 낚인다.

■기타 참고사항

모슬포엔 매월 1일과 6일, 11일과 26일에 5일장이 선다. 이 때가 되면 인근 지역 주민들이 모두 모여들어 장사진을 이루는데, 재래식 시골장터 분위기를 그대로 느낄 수 있다.

■인근 명소

모슬포항에서 출항하는 삼영호를 이용하면 가파도와 마라도 관광을 즐길 수 있다. 해발 104m의 낮은 언덕 위에 위치한 송악산에선 과거 일본군의 해안동굴과 가파도 · 마라도 · 범섬 · 숲섬 등지의 전경을 바라볼 수 있다. 대정읍내 삼방식당의 밀면은 그 맛이 시원하고 깔끔하기로 소문나 있다.

099 가파도 상동방파제

●소재지 : 제주특별자치도 서귀포시 대정읍 가파리 207 인근
●길　이 : 시멘트방파제 약120m, 중간방파제 약220m, 동방파제 약170m

교통편 : 모슬포항에서 삼영호가 08시부터 16시까지 하루 4회 운항한다. 소요 시간은 20분. 운임은 성인 편도 5,700원.

연락처(064) : 대정읍 하모리 반도낚시(794-8008) · 덕선낚시(792-1126) · 항구낚시(792-1500) · 삼영해운(794-5490)

■낚시여건

남제주권의 유명 섬낚시터인 가파도에 위치한 방파제다. 북쪽 방파제가 상동방파제, 남쪽에 따로 위치한 방파제가 하동방파제다. 소개하는 상동방파제는 방파제라는 표현이 무색할 정도로, 갯바위 못잖은 대형급 어종들이 낚이는 대물낚시터라고 할 수 있다. 바람이 적합하지 않거나 파도가 높은 날엔 갯바위 쪽보다 오히려 이곳 방파제 조황이 앞설 때가 많다.

■어종과 시즌

벵에돔은 3~4월 두 달간을 제외하곤 사계절 거의 낚인다. 한여름엔 씨알보다는 마릿수가, 9월 이후론 마리수는 줄지만 씨알이 굵어지는 특징이 있다. 감성돔은 사철 낚이며 45cm 이상의 붙박이 대형급도 많이 낚인다. 8월경부터 부시리 떼가 붙기 시작하는데, 이때는 찌낚시로도 마리수 조과가 가능하다. 간혹 찌낚시 도중 농어 떼가 붙기도 하는데 80cm가 넘는 씨알이 대부분이다. 넙치농어도 곧잘 낚인다. 농어는 12월경부터 2월

위치 : 〈위치도25〉 참조

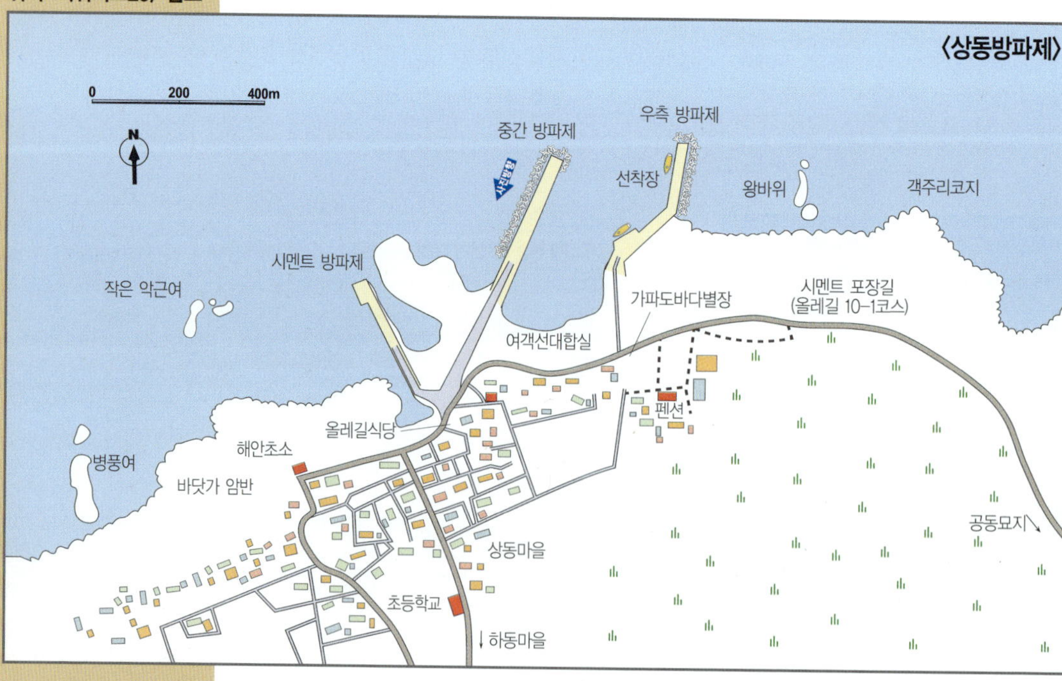

까지가 제 시즌이다.

■장비와 채비 · 미끼

벵에돔과 감성돔을 노릴 때는 대형급에 대비해 채비를 강하게 갖추는 것이 중요하다. 가파도 전역이 수심 얕은 여밭으로 형성되어 있어 씨알이 40cm만 넘어도 여쓸림을 당하는 경우가 많기 때문이다. 주간에는 1.5~1.7호 정도로 가늘게 목줄을 사용하다가 해질녘이 되면 3~5호 정도의 굵은 목줄을 사용해야만 한다. 바늘 역시 주간에는 5~6호 정도로 작게 쓰다가 해질녘엔 8~9호 정도로 크게 쓴다. 밤낚시에 대비해 전지찌 채비를 준비할 필요가 있다. 농어만을 노릴 때는 밤시간을 이용, 산 전갱이나 용치놀래기를 꿰어 던지면 어렵잖게 입질을 받을 수 있다. 해질녘에는 농어 루어낚시도 잘 먹히는 편이다.

■포인트 안내

세 개의 방파제 가운데 가장 긴, 가운데 방파제의 경우 밑 · 썰물낚시가 모두 가능하다. 벵에돔을 노릴 때는 물살 좋은 끝 지점이 가장 유리하다. 대체적으로 장타가 유리하며 끝 지점에선 발밑에서도 입질을 한다. 감성돔은 중간 지점의 여밭에서 입질이 잦다. 넙개 방향의 동쪽 방파제는 넙개 방향으로 채비를 흘려준다. 객주리코지 방향으론 깊어야 두 발 반 수심이다. 벵에돔과 감성돔이 함께 입질을 한다. 서쪽의 시멘트 방파제는 규모가 작아 3명 정도가 끝 지점에서 낚시를 할 수 있다. 모슬포 방향으로 장타를 쳐야 하며, 밤 시간엔 발밑에서도 벵에돔이 입질을 한다. 감성돔도 잘 낚인다.

■기타 참고사항

상동마을에 고급 팬션이 자리 잡고 있으나 대여료가 다소 비싼 것이 흠이다. 상동마을보다는 하동마을에 민박집이 많다. 저렴한 가격에 민박낚시를 즐길 수 있으며, 민박집에서 낚시터까지 데려다 주기도 한다.

■인근 명소

상동마을과 하동마을을 가로지르는 동네 길은 제주올레 10-1코스로 산책코스로도 그만이다. 아침저녁 조깅코스로도 이용되며, 밭 한가운데 위치한 전통 묘지와 돌담길 등이 이채로운 볼거리다.

100 제주시 애월방파제

●소재지 : 제주특별자치도 제주시 애월읍 애월리 1772-12 외
●길　이 : 북방파제 740m, 동방파제 100m

교통편 : 제주시에서 일주도로(1132번 지방도)를 타고 이호-외도-동귀-구엄-고내를 거쳐 진입할 수 있다. 또는 하귀에서 해안도로를 이용할 경우 가문동-구엄-중엄-신엄-고내를 지나면 애월항 작은 방파제가 바로 나온다. 해안도로를 이용하는 것이 오히려 편리하다.

연락처(064) : 애월읍 애월리 애월낚시센터(799-8544) · 애월읍 하귀1리 하귀낚시(713-3631) · 제주시 외도이동 대양낚시센터(742-1929)

■낚시여건

연안항만으로 지정된 항구에 축조된 대형 방파제인 만큼 폭풍주의보 또는 파도가 높은 날엔 안전사고에 주의를 기울여야 한다. 방파제가 꺾이는 지점의 물양장 이전 구간은 지대가 낮아 날이 궂은 날엔 파도가 종종 넘치곤 한다.

방파제 초입까지 차량이 진입할 수 있으며 주차 여건도 양호한 편이다. 대형 농어가 잘 낚이기로 유명한 방파제이기도 하다.

■어종과 시즌

감성돔은 매년 3~12월 사이에 낚이는데 여름철엔 밤낚시, 겨울철엔 주의보 상황에서 잘 낚인다. 벵에돔 역시 연중 낚이지만, 가장 피크를 보일 때는 장마철(6~8월)과 가을 · 초겨울(9월 말~12월)이다. 농어는 벵에돔과 시즌이 유사하며, 여름철엔 씨알이 굵지 않으나 10~12월 사이엔 대형급이 곧잘 출몰한다. '미즈이까'로 불리는 흰오징어와 한치(화살오징어)는 6~9월 밤낚시에 꾼들의 입맛을 한껏 돋워준다. 돌돔 찌낚시는 4~5월

위치 : 〈위치도25〉 참조

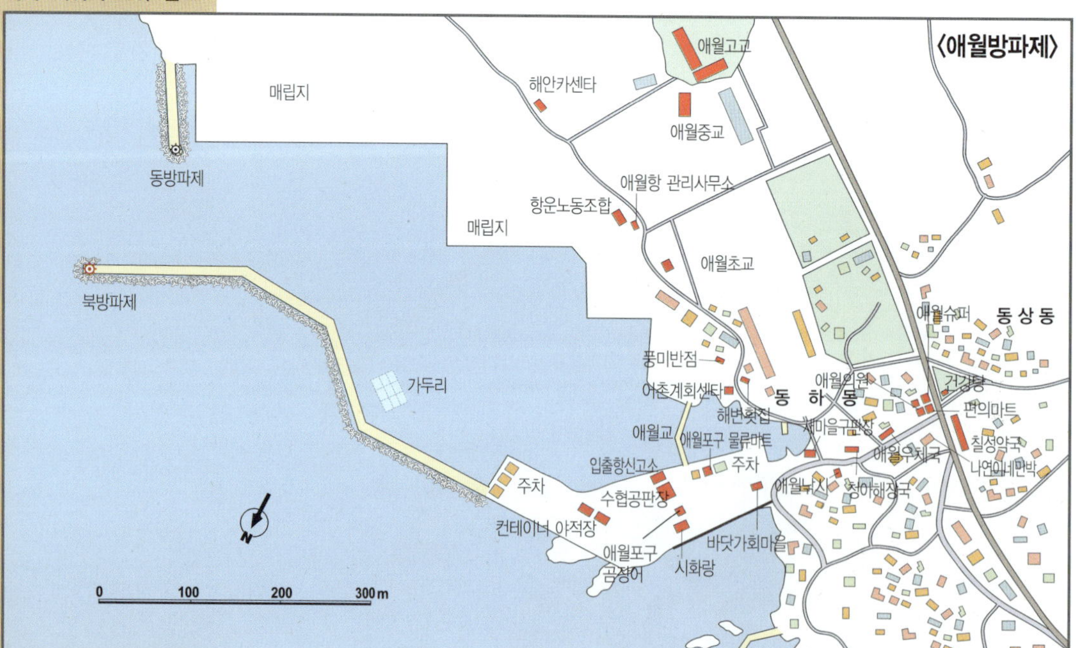

사이가 피크이며, 이 시기 밤낚시엔 참돔도 잘 낚인다. 독가시치는 연중 낚이나 역시 여름철 조황이 우세하다.

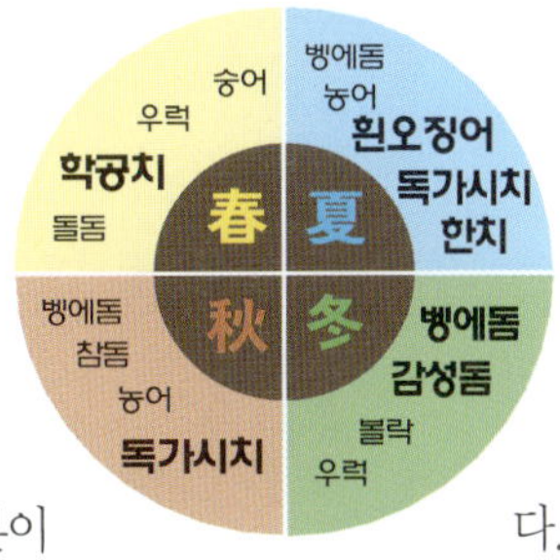

■장비와 채비 · 미끼

감성돔과 벵에돔은 구멍찌 채비가 기본이다. 벵에돔은 0~2B 가량의 저부력 채비가 유리하며, 감성돔은 0.5~1호까지 상황에 맞춰 다양한 호수를 사용한다. 미끼는 크릴이 가장 좋다. 돌돔은 1~1.5호 가량의 고부력 채비를 주로 사용한다. 낚싯대 역시 2~3호대가 적당하며 원줄과 목줄은 모두 4~6호가 적합하다. 반유동 기법을 사용할 경우 찌밑 수심은 5~7m가 적당하다. 한치 밤낚시는 오징어루어를 두 개 내지 다섯 개 정도 단 채비가 주로 쓰인다. 흰오징어낚시는 전갱이나 용치놀래기가 미끼로 쓰이는데, 생미끼에 큰 바늘을 꿰고 아래쪽에 삼봉바늘을 덧달아 낚는다.

■포인트 안내

방파제 초입의 물양장을 지나야만 제대로 된 포인트 구간을 만날 수 있다. 감성돔은 큰 방파제 맞은편의 작은 방파제 안통에서 잘 낚이며, 모래하집장 앞이 주요 포인트다. 벵에돔은 물양장을 지나 끝 지점까지가 주요 구간. 주로 외항 쪽이 포인트다. 돌돔과 흰오징어는 방파제 끝 지점에서 잘 낚인다.

■기타 참고사항

방파제 초입까지만 차량 진입이 가능하다. 주차장이 넓어 불편은 없다. 방파제 초입에 별다른 편의시설이 없으므로 출조 전 읍내에서 미리 준비해 가야 한다.

■인근 명소

애월 해안도로변에는 고급 레스토랑과 관광 펜션 등이 자리 잡고 있다. 취나물 주산지로 유명하며, 해안절경이 뛰어난 한담동 해안가와 사철 맑은 물이 솟아나는 하물 등으로 유명하다.

〈위치도 24〉 제주시-북제주-남제주권

〈위치도25〉 서귀포-남제주-북제주-제주시권

93 제주시 이호방파제

●소재지 : 제주특별자치도 제주시 이호1동 374-5 외
●길 이 : 약 310m, 140n

낚시개황 : 이호해수욕장에 인접한 방파제다. 조종면허시험장이 위치한 동쪽 이호랜드 방파제에선 감성돔 · 벵에돔 · 독가시치 · 한치 · 흰오징어 · 농어 등 다양한 어종이 낚인다. 수중여가 발달한 여건으로 조황이 양호한 편이다. 감성돔은 주의보가 발효된 날씨에 입질이 잦고 벵에돔은 새벽과 해질녘에 입질이 좋은 편이다. 해수욕장 서쪽에 위치한 현사포방파제는 독가시치와 용치놀래기 위주의 잡어 낚시터로 평가 받는다. 여름철에는 해수욕을 겸한 나들이 장소로 안성맞춤이지만 굳이 조황을 따진다면 이곳보다는 이호랜드 동쪽의 이호동포구(이호동부락)방파제를 권할만하다. 이들 지역 모두 제주공항에서 15분 남짓 거리로 접근성이 좋다.

위치 : 〈위치도25〉 참조

교통편 : 제주시내에서 1132번 지방도(일주서로)를 타고 이호 · 한림 방면으로 진행하다가 이호테우해변 입구 사거리에서 우회전하여 약 350m 지점에서 좌회전, 480여m만 직진하면 이호랜드에 닿는다. 현사포방파제는 이호테우해변입구를 약 370여m 지난 오른쪽 서부낚시점을 끼고 진입하면 된다.

연락처(064) : 제주시 이호1동 서부낚시(743-7796) · 일요낚시(713-8996) · 도남낚시(743-6596)

94 제주시 동부두방파제

●소재지 : 제주특별자치도 제주시 건입동 908-11
●길 이 : 약 240m

낚시개황 : 서부두방파제와 더불어 제주시의 대표적인 방파제낚시터다. 주어종은 벵에돔 · 부시리 · 돌돔 · 가다랑어 · 참돔 · 숭어 · 학공치 · 한치 · 흰오징어 등이다. 서부두방파제에 비해 벵에돔 씨알이 다소 잘고 감성돔도 살감성돔 수준이다. 부시리와 가다랑어는 매년 6월 장마철부터 시즌이 시작돼 9월경에 피크를 맞는다. 테트라포드 규모가 적당하고 발판도 양호한 편. 여름철 한치 시즌이 되면 가족들과 함께 나온 꾼들로 인산인해를 이룬다.

위치 : 〈위치도24〉 참조

교통편 : 제주시에서 탑동 매립지를 지나는 도로를 따라 국제여객선터미널 · 사라봉 방향으로 달리다 보면 동부두방파제 입구다. 시내에서 택시를 타면 불과 10여분 거리.

연락처(064) : 제주시 건입동 서부두낚시(752-4315) · 용천낚시(724-7424) · 신흥낚시백화점(725-1398)

95 우도 하우목동방파제

●소재지 : 제주시 우도면 연평리 2395-6 인근
●길 이 : 약 380m

낚시개황 : 우도 산호사해수욕장(산호해수욕장) 북쪽에 바로 맞붙어 있는 방파제다. 성산포-우도 간 도항선(제주사랑호)이 닿는 곳이어서 접근이 수월하다. 주어종은 벵에돔과 독가시치. 물때와 시간대만 잘 맞추면 우도 갯바위와 엇비슷한 조황을 올릴 때도 있다. 씨알도 잔챙이부터 굵은 씨알까지 고루 낚인다. 해수욕장 인근의 특성상 민박 등 숙박 여건이 좋고 카페 · 상점 등 각종 편의시설이 고루 갖춰져 있다. 겨울철 북동풍은 뒷바람이어서 편하게 낚시를 할 수 있는 반면, 북서풍은 맞바람이어서 다소 어려움이 따른다. 민박집에서 도보 이동이 가능하다. 새벽과 해질녘에 입질이 잦다.

위치 : 〈위치도24〉 참조

교통편 : 성산포-우도 간을 운항하는 도항선을 이용하면 된다. 아침 8시부터 저녁 6시30분까지. 소요 시간은 15~20분.

연락처(064) : 성산읍 오조리 명성낚시(782-1917) · 성산리 성산포바다낚시(784-0365) · 성산포항여객터미널(782-4398)

96 성산읍 신양리방파제

●소재지 : 서귀포시 성산읍 고성리 599-1 인근
●길 이 : 약 50m

낚시개황 : 남쪽과 북쪽 방파제 가운데 낚시는 주로 남쪽 방파제에서 이루어진다. 남쪽 방파제의 외항 쪽은 수중여가 잘 발달돼 있어 다양한 어종이 낚인다. 주어종은 벵에돔 · 돌돔 · 숭어 · 독가시치 · 학공치 등. 방파제 규모가 작고 테트라포드도 크지 않아 편안한 낚시를 즐길 수 있다. 벵에돔은 씨알은 굵지 않아 손맛 위주가 된다. 방파제가 다소 내만에 위치한 관계로 강풍이 부는 상황에서도 잔잔한 날이 많다. 방파제 입구엔 식당 · 숙박 · 낚시점 등의 낚시에 필요한 제반 시설이 거의 없어 성산포나 온평리에서 해결해야 한다. 해수욕과 낚시를 동시에 겸할 수 있다.

위치 : 〈위치도24〉 참조

교통편 : 제주시에서 일주동로(1132번 지방도)를 타고 성산까지 간다. 성산포 입구인 동남을 지나면 신양섭지코지해수욕장 방향 이정표가 보인다. 이정표를 보고 좌회전해 해수욕장 입구까지 가면 우측에 방파제가 보인다. 동남에서 약 2km 거리.

연락처(064) : 성산읍 고성리 관광낚시(782-3736) · 성산리 성산포바다낚시(784-0365)

97 서귀포 새섬방파제

●소재지 : 제주특별자치도 서귀포시 서귀동 산3-3 인근
●길 이 : 370m

낚시개황 : 서귀포항 남방파제를 말하며 새섬 남쪽에 축조돼 있어 도보 진입은 불가능하다. 유람선조합에서 새벽 4시부터 낚싯배를 운항하므로 폭풍주의보만 아니면 언제든 진입이 편리하다. 주어종은 벵에돔과 부시리. 벵에돔은 새벽녘과 해질녘이 피크 타임이다. 매월 6~7월경부터 입질을 시작하는 부시리는 초반에는 40~60cm 전후로 씨알이 잘다. 그러나 10월을 넘기면서부터는 80~90cm 이상급 씨알이 적잖게 낚인다. 서귀포항에는 각종 숙박 시설과 식당 · 낚시점 등이 자리 잡고 있어 이용에 불편이 없다. 배를 타고 들어가는 특성상 용치놀래기와 독가시치 같은 잡고기보다는 벵에돔을 겨냥한 전문꾼들의 출조가 주류를 이룬다.

위치 : 〈위치도25〉참조

교통편 : 새섬에서의 갯바위낚시는 서귀포유람선 선착장 쪽에서 다리(새연교)를 건너 도보로 진입할 수 있지만 새섬 남쪽에 위치한 방파제는 서귀포항의 낚싯배를 이용해야 한다.

연락처(064) : 서귀포시 서귀동 피싱아일랜드(767-9115) · 낚시갤러리(32-9995) · 바다마을낚시프라자(762-5953) · 동홍동 신신낚시(733-0807)

98 안덕 화순방파제

●소재지 : 제주특별자치도 서귀포시 안덕면 화순리 636-16
●길 이 : 995m

낚시개황 : 제주도 방파제 중에서 가장 수심이 깊은 곳이다. 옛날엔 내항 물양장 일대에서 낚시가 이루어졌으나 요즘엔 공사가 완료된 남쪽 방파제가 포인트이다. 주어종인 벵에돔 · 한치 · 흰오징어를 포함, 독가시치의 씨알이 굵고 마릿수 조과가 탁월하다. 테트라포드 규모가 크고 발판이 높아 안전에 유의해야만 한다. 주요 낚시 구간은 방파제 중간에서 끝 지점까지. 여름철 독가시치 시즌이 되면 꾼들로 인산인해를 이룬다. 화순해수욕장 입구에 민박집과 편의시설이 발달해 있다. 주변에 산방산과 조각공원이 있다.

위치 : 〈위치도25〉 참조

교통편 : 제주시 신제주입구를 기준으로 중문 · 대정 방면으로 진행한다. 신광사거리와 노형오거리를 지나 계속 직진하다가 서귀포시 안덕면 동광IC에서 중문 방향의 좌측 도로로 빠져 감산삼거리에서 우회전, 화순삼거리에서 또 한번 좌회전하면 화순항까지는 약 2km 거리다.

연락처(064) : 안덕면 화순리 화신낚시(794-9209) · 화순민박,낚시(792-1949)

99 제주시 한림 · 한수리방파제

●소재지 : 한림읍 한림리 1377-41, 한수리 914-4
●길 이 : 한림 660m, 한수리 1,540m

낚시개황 : 북제주군 한림읍에 위치한 한림항방파제로 북방파제(한수리방파제)와 서방파제(한림방파제)로 나뉜다. 두 방파제 모두 대형급이어서 많은 인원을 수용할 수 있으며 낚시터 성격에도 약간의 차이가 있다. 한수리방파제(북방파제)는 방파제 중간의 한림조선소를 지나 방파제가 꺾어지는 지점부터가 포인트다. 이후 지점부터는 외항 쪽 전역이 벵에돔 포인트다. 한림방파제(서방파제)에선 컨테이너 야적장 부근의 테트라포드에서부터 낚시를 한다. 역시 방파제가 꺾어지는 지점부터 끝 지점까지가 주효 낚시 구간. 벵에돔과 돌돔은 수심 깊은 끝 지점이가 유리하다.

위치 : 〈위치도25〉참조

교통편 : 제주시에서 일주서로(1132번 지방도)를 타고 이호-외도-하귀-고내-애월-곽지-귀덕을 거쳐 수원초교와 수원주유소를 지나 삼거리에서 한수리마을 쪽으로 직진, 약 150m 가량 진입한 뒤 갈림길에서 우회전해 진입하면 한림항이다. 항 우측으로 가면 한수리방파제, 좌측으로 가면 한림방파제로 진입할 수 있다.

연락처(064) : 한림읍 한림리 한림바다낚시(796-2898) · 한림낚시세터(796-5979)

100 한림 귀덕1,2방파제

●소재지 : 제주시 한림읍 귀덕리 976-11, 4110-10
●길 이 : 1리 방파제 약160m, 2리 방파제 약240m

낚시개황 : 두 개의 방파제 가운데 귀덕1리 방파제는 석축으로 된 소형 방파제다. 규모는 작지만 주의보 때 벵에돔 · 감성돔 조황이 뛰어나며 5짜급 벵에돔도 적잖게 낚인다. 수심은 3~4m. 주로 방파제 끝 지점에서 낚시를 한다. 대상어종과 낚시여건 모두 2리방파제가 다소 앞선다. 수심이 깊고 낚시 공간이 넓으며 물밑 여건도 좋은 편이다. 주로 외항 쪽에서 낚시를 한다. 5~6월경 산란기 무렵엔 대형 돌돔이 찌낚시에 잘 낚인다. 그 밖의 대상어종으로는 독가시치 · 학공치 · 한치 · 흰오징어 등이 있다. 인근 거북섬은 주의보 때 호황을 보이는 감성돔낚시터로 유명하다.

위치 : 〈위치도25〉 참조

교통편 : 제주시에서 일주서로(1132번 지방도)를 타고 이호-하귀-애월-곽지해수욕장을 거쳐 귀덕리까지 간다. 귀덕리 입구에서 500여m 거리. 도로변에서 거북등대가 보인다. 귀덕리 입구의 돌고래낚시 직전 오른쪽 샛길로 들어서면 포구까지 진입할 수 있다.

연락처(064) : 한림읍 귀덕리 귀덕낚시(796-5605) · 애월읍 구엄리 대경낚시(713-9355) · 하귀1리 하귀낚시(713-3631)

한국의
名방파제
100+100선

제3부 색인

전국 방파제 낚시터 일람

소 재 지	방파제명	소개지면
강 원		
강원도 강릉시 강동면 심곡리	심곡방파제	073
강원도 강릉시 강동면 안인진리	안인방파제	073
강원도 강릉시 강동면 정동진리	정동진방파제	073
강원도 강릉시 견소동	안목방파제	073
강원도 강릉시 사천면 사천진리	사천진방파제	076, 073
강원도 강릉시 연곡면 영진리	영진방파제	073
강원도 강릉시 옥계면 금진리	금진방파제	064, 073
강원도 강릉시 옥계면 주수리	옥계방파제	073
강원도 강릉시 주문진읍 주문리	주문진방파제	062, 073
강원도 고성군 거진읍 거진리	거진방파제	075, 072
강원도 고성군 죽왕면 가진리	가진방파제	072
강원도 고성군 죽왕면 공현진리	공현진방파제	050, 072
강원도 고성군 죽왕면 문암리	백도방파제	075, 072
강원도 고성군 죽왕면 오호리	오호방파제	072
강원도 고성군 토성면 교암리	교암방파제	072
강원도 고성군 토성면 봉포리	봉포방파제	072
강원도 고성군 토성면 아야진리	아야진방파제	075, 072
강원도 고성군 현내면 대진리	대진방파제	072
강원도 고성군 현내면 초도리	초도방파제	072
강원도 동해시 구호동	구호방파제	074
강원도 동해시 대진동	대진방파제	073
강원도 동해시 묵호동	묵호방파제	074
강원도 동해시 송정동	동해방파제	074
강원도 동해시 어달동	어달리방파제	074
강원도 동해시 용정동	용정방파제	074
강원도 동해시 천곡동	한섬방파제	074
강원도 삼척시 갈천동	후진방파제	074
강원도 삼척시 근덕면 궁촌리	궁촌방파제	074
강원도 삼척시 근덕면 덕산리	덕산방파제	066, 074
강원도 삼척시 근덕면 용화리	용화방파제	074
강원도 삼척시 근덕면 장호리	장호방파제	068, 074
강원도 삼척시 근덕면 초곡리	초곡방파제	077, 074
강원도 삼척시 원덕읍 갈남리	갈남방파제	074
강원도 삼척시 원덕읍 갈남리	신남방파제	074
강원도 삼척시 원덕읍 노곡리	노곡방파제	074
강원도 삼척시 원덕읍 노곡리	비화방파제	074
강원도 삼척시 원덕읍 노곡리	작진방파제	074
강원도 삼척시 원덕읍 월천리	월천방파제	074
강원도 삼척시 원덕읍 임원리	임원방파제	070, 074
강원도 삼척시 원덕읍 호산리	호산방파제	074
강원도 삼척시 정하동	정라진(삼척)방파제	077, 074
강원도 속초시 대포동	대포방파제	072
강원도 속초시 대포동	설악산입구방파제	072
강원도 속초시 대포동	외옹치방파제	072
강원도 속초시 동명동	동명항(속초)방파제	072
강원도 속초시 장사동	장사방파제	052, 072
강원도 속초시 청호동	청호동방파제	072
강원도 양양군 강현면 답리	낙산방파제	072
강원도 양양군 강현면 물치리	물치방파제	076, 072
강원도 양양군 손양면 동호리	동호방파제	072
강원도 양양군 손양면 수산리	수산방파제	056, 072
강원도 양양군 현남면 남애리	남애방파제	060, 072
강원도 양양군 현남면 동산리	동산방파제	058, 072
강원도 양양군 현남면 인구리	죽도(인구)방파제	076, 072
강원도 양양군 현북면 기사문리	기사문방파제	072
경 기		
경기도 강화군 삼산면 석모도 석모리	선창선착장	259
경기도 안산시 대부도 남동 말부흥	말부흥선착장	258
경기도 안산시 대부도 흥선리	나루끝선착장	258
경기도 안산시 대부도 북동	시화방조제선착장	258
경기도 안산시 대부도 북동 방아머리	방아머리선착장	258
경기도 안산시 대부본동, 시흥시 정왕동	시화방조제	256, 258
경기도 안산시 선감도 선감동	선감선착장	258
경기도 안산시 풍도 풍도동	풍도방파제	261, 280
경기도 안산시 풍도 풍도동	풍도선착장	280
경기도 안산시 육도 풍도동	육도선착장	280
경기도 화성시 서신면 궁평리	궁평항방파제	261, 280
경기도 화성시 서신면 백미리	밸미방파제	280
경기도 화성시 서신면 제부도 제부리	제부도방파제	280
경기도 화성시 서신면, 우정읍	화옹방조제	280
경기도 화성시 우정읍 매향리	매향리선착장	261, 280
경기도 화성시 우정읍 석천리	석천리방파제	280
경 남		
경남 거제시 거제면 법동리 산달도	산달도방파제	207
경남 거제시 거제면 서상리	서상방파제	207
경남 거제시 남부면 갈곶리	도장포방파제	207
경남 거제시 남부면 다대리	다대방파제	182, 207
경남 거제시 남부면 다포리	다포방파제	182, 207
경남 거제시 남부면 다포리 여차	여차방파제	210, 207
경남 거제시 남부면 저구리	저구방파제	207
경남 거제시 남부면 저구리 근포	근포방파제	207
경남 거제시 남부면 저구리 대포	대포방파제	211, 207
경남 거제시 남부면 탑포리	쌍근방파제	207
경남 거제시 능포동	느태방파제	172, 207
경남 거제시 능포동	능포방파제	174, 207
경남 거제시 덕포동	덕포방파제	210, 207
경남 거제시 동부면 가배리	당넘방파제	207
경남 거제시 동부면 가배리	쪽박금방파제	207
경남 거제시 동부면 가배리	함박금방파제	207
경남 거제시 동부면 오송리	오송리방파제	207
경남 거제시 동부면 학동리	고촌방파제	207
경남 거제시 둔덕면 술역리	대평방파제	207
경남 거제시 둔덕면 술역리 화도	와선포방파제	207

소 재 지	방파제명	소개지면
경남 거제시 둔덕면 술역리 화도	화도방파제	207
경남 거제시 둔덕면 어구리	어구방파제	207
경남 거제시 사등면 사등리	사등방파제	207
경남 거제시 사등면 성포리	금포방파제	207
경남 거제시 사등면 성포리	성포방파제	207
경남 거제시 사등면 지석리	지석방파제	207
경남 거제시 사등면 창호리 가조도	군령포방파제	207
경남 거제시 사등면 창호리 가조도	신전방파제	207
경남 거제시 사등면 창호리 가조도	실전방파제	207
경남 거제시 사등면 창호리 가조도	유교방파제	207
경남 거제시 사등면 창호리 가조도	진두방파제	207
경남 거제시 사등면 창호리 가조도	창촌방파제	207
경남 거제시 사등면 청곡리	청곡방파제	207
경남 거제시 옥포동	팔랑포방파제	172, 207
경남 거제시 일운면 구조라리	구조라방파제	180, 207
경남 거제시 일운면 와현리	내도방파제	207
경남 거제시 일운면 지세포리	지세포항	178, 207
경남 거제시 장목면 관포리	관포방파제	207
경남 거제시 장목면 구영리	구영방파제	209, 207
경남 거제시 장목면 구영리	황포방파제	207
경남 거제시 장목면 농소리	임호방파제	207
경남 거제시 장목면 대금리	대금방파제	207
경남 거제시 장목면 시방리	시방방파제	207
경남 거제시 장목면 시방리	흥남방파제	209, 207
경남 거제시 장목면 시방리 이수도	이수도방파제	207
경남 거제시 장목면 외포리	대계방파제	210, 207
경남 거제시 장목면 외포리	소계방파제	207
경남 거제시 장목면 외포리	외포방파제	170, 207
경남 거제시 장목면 유호리	상유방파제	209, 207
경남 거제시 장목면 유호리	하유방파제	207
경남 거제시 장승포동	장승포방파제	176, 207
경남 거제시 하청면 대곡리 칠천도	대곡방파제	211, 207
경남 거제시 하청면 대곡리 칠천도	물안방파제	207
경남 거제시 하청면 대곡리 칠천도	송포방파제	207
경남 거제시 하청면 덕곡리	덕곡방파제	207
경남 거제시 하청면 석포리	석포방파제	207
경남 거제시 하청면 실전리	실전방파제	207
경남 거제시 하청면 어온리 칠천도	어온방파제	207
경남 거제시 하청면 연구리 칠천도	금곡방파제	207
경남 거제시 하청면 연구리 칠천도	연구방파제	207
경남 거제시 하청면 연구리 칠천도	옥계방파제	211, 207
경남 고성군 거류면 당동리	거류방파제	207
경남 고성군 거류면 화당리	화당방파제	207
경남 고성군 동해면 내산리	내산방파제	206
경남 고성군 동해면 내산리	막포방파제	206
경남 고성군 동해면 양촌리	양촌방파제	206
경남 고성군 동해면 용정리	가룡포방파제	207
경남 고성군 동해면 용정리	용정방파제	207
경남 고성군 동해면 장좌리	우두포방파제	207
경남 고성군 하이면 덕호리	삼천포화력발전소방파제	214, 208
경남 고성군 하일면 춘암리	맥전포방파제	194, 208
경남 남해군 고현면 갈화리	갈화방파제	208
경남 남해군 고현면 갈화리	죽강방파제	208
경남 남해군 고현면 차면리	차면방파제	208
경남 남해군 남면 당항리	두곡방파제	208
경남 남해군 남면 당항리	야촌방파제	208
경남 남해군 남면 덕월리	구미동방파제	208
경남 남해군 남면 덕월리	덕월리방파제	208
경남 남해군 남면 선구리	선구방파제	208
경남 남해군 남면 선구리	향촌방파제	208
경남 남해군 남면 임포리	사촌방파제	208
경남 남해군 남면 평산리	유구방파제	208
경남 남해군 남면 평산리	평산방파제	208
경남 남해군 남면 홍현리	홍현방파제	208
경남 남해군 남해읍 선소리	선소방파제	208
경남 남해군 남해읍 입현리	섬호방파제	208
경남 남해군 미조면 미조리	미조항방파제	204, 208
경남 남해군 미조면 미조리	설리방파제	208
경남 남해군 미조면 미조리 범섬	범섬방파제	208
경남 남해군 미조면 미조리 조도	조도방파제	208
경남 남해군 미조면 송정리	가인포방파제	208
경남 남해군 미조면 송정리	노구방파제	208
경남 남해군 미조면 송정리	송정방파제	208
경남 남해군 미조면 송정리	초전방파제	208
경남 남해군 미조면 송정리	항도방파제	216, 208
경남 남해군 삼동면 금송리	노루목방파제	208
경남 남해군 삼동면 금송리	둔촌방파제	208
경남 남해군 삼동면 금송리	전도방파제	208
경남 남해군 삼동면 동천리	양화금방파제	208
경남 남해군 삼동면 물건리	대지포방파제	208
경남 남해군 삼동면 물건리	물건방파제	202, 208
경남 남해군 삼동면 물건리	은점방파제	208
경남 남해군 삼동면 지족리	수장포방파제	208
경남 남해군 상주면 상주리	상주방파제	208
경남 남해군 상주면 양아리	대량방파제	208
경남 남해군 상주면 양아리	두모방파제	208
경남 남해군 상주면 양아리	벽련방파제	208
경남 남해군 상주면 양아리	소량방파제	208
경남 남해군 상주면 양아리 노도	노도방파제	216, 208
경남 남해군 서면 남상리	남상리방파제	208
경남 남해군 서면 남상리	염해방파제	217, 208
경남 남해군 서면 노구리	노구방파제	208
경남 남해군 서면 노구리	유포방파제	208
경남 남해군 서면 서상리	서상방파제	208
경남 남해군 서면 서상리	예계방파제	208
경남 남해군 서면 작장리	상남방파제	208

소 재 지	방파제명	소개지면
경남 남해군 서면 작장리	작장리방파제	208
경남 남해군 서면 정포리	정포리방파제	217, 208
경남 남해군 설천면 금음리	옥동방파제	208
경남 남해군 설천면 남양리	봉우방파제	208
경남 남해군 설천면 노량리	감암방파제	208
경남 남해군 설천면 문의리	동흥방파제	208
경남 남해군 설천면 문의리	왕지방파제	208
경남 남해군 설천면 문항리	모천방파제	208
경남 남해군 설천면 비란리	비란방파제	208
경남 남해군 설천면 비란리	진목방파제	208
경남 남해군 이동면 신전리	원천방파제	208
경남 남해군 이동면 초음리	초양방파제	208
경남 남해군 이동면 화계리	화계방파제	208
경남 남해군 창선면 가인리	가인방파제	208
경남 남해군 창선면 가인리	고두방파제	208
경남 남해군 창선면 광천리	광천방파제	208
경남 남해군 창선면 광천리	사포방파제	208
경남 남해군 창선면 당저리	해창방파제	208
경남 남해군 창선면 당항리	당항방파제	208
경남 남해군 창선면 대벽리	냉천방파제	208
경남 남해군 창선면 대벽리	단항방파제	208
경남 남해군 창선면 대벽리	대벽방파제	208
경남 남해군 창선면 서대리	보천방파제	208
경남 남해군 창선면 서대리	서대방파제	208
경남 남해군 창선면 율도리	율도방파제	208
경남 남해군 창선면 지족리	신흥방파제	208
경남 남해군 창선면 지족리	지족방파제	208
경남 남해군 창선면 진동리	대곡방파제	208
경남 남해군 창선면 진동리	장포방파제	216, 208
경남 남해군 창선면 진동리	적량방파제	215, 208
경남 사천시 동서동 마도	마도방파제	208
경남 사천시 동서동 신도	신도방파제	208
경남 사천시 동서동 초양도	초양방파제	215, 208
경남 사천시 서금동	삼천포항방파제	198, 208
경남 사천시 신수동 신수도	신수항방파제	200, 208
경남 사천시 신수동 신수도	대구동방파제	208
경남 사천시 실안동	실안방파제	215, 208
경남 사천시 향촌동	사등방파제	208
경남 사천시 향촌동	진널방파제	196, 208
경남 창원시 마산합포구 가포동	가포본동방파제	206
경남 창원시 마산합포구 구산면 구복리	구복방파제	206
경남 창원시 마산합포구 구산면 남포리	남포방파제	206
경남 창원시 마산합포구 구산면 내포리	욱곡방파제	206
경남 창원시 마산합포구 구산면 반동리	반동방파제	206
경남 창원시 마산합포구 구산면 수정리	구산방파제	206
경남 창원시 마산합포구 구산면 심리	설진방파제	206
경남 창원시 마산합포구 구산면 심리	심리방파제	184, 206
경남 창원시 마산합포구 구산면 심리	원전방파제	212, 206
경남 창원시 마산합포구 구산면 심리	실리방파제	206
경남 창원시 마산합포구 구산면 옥계리	옥계방파제	206
경남 창원시 마산합포구 덕동동	덕동방파제	206
경남 창원시 마산합포구 진동면 고현리	고현방파제	206
경남 창원시 마산합포구 진동면 다구리	다구방파제	206
경남 창원시 마산합포구 진동면 요장리	진동방파제	186, 206
경남 창원시 마산합포구 진동면 요장리	수우도방파제	206
경남 창원시 마산합포구 진전면 시락리	시락방파제	212, 206
경남 창원시 마산합포구 진전면 창포리	창포방파제	206
경남 창원시 진해구 귀산동	귀산방파제	206
경남 통영시 광도면 덕포리	손덕방파제	207
경남 통영시 광도면 안정리	호암방파제	207
경남 통영시 광도면 우동리	구집방파제	207
경남 통영시 도남동	마리나리조트방파제	207
경남 통영시 도산면 수월리	수월리방파제	212, 207
경남 통영시 동호동	동호항방파제	207
경남 통영시 미수동	미수동방파제	207
경남 통영시 산양읍 미남리	달아방파제	207
경남 통영시 산양읍 미남리	마동(척포)방파제	213, 207
경남 통영시 산양읍 삼덕리	삼덕방파제	190, 207
경남 통영시 산양읍 연곡리 만지도	만지도방파제	207
경남 통영시 산양읍 연곡리 연대도	연대도방파제	207
경남 통영시 산양읍 연곡리 오곡도	오곡방파제	207
경남 통영시 산양읍 연화리	연명방파제	207
경남 통영시 산양읍 영운리	이운방파제	207
경남 통영시 산양읍 영운리	일운방파제	207
경남 통영시 산양읍 저림리 저도	저도방파제	207
경남 통영시 산양읍 저림리 학림도	학림방파제	207
경남 통영시 욕지면 동항리	목과방파제	214, 207
경남 통영시 욕지면 동항리	욕지항방파제	192, 207
경남 통영시 욕지면 두미리 두미도	북구방파제	214, 207
경남 통영시 욕지면 연화리 우도	우도방파제	213, 207
경남 통영시 용남면 동달리	동암방파제	207
경남 통영시 용남면 원평리	내포방파제	207
경남 통영시 용남면 원평리	승방방파제	207
경남 통영시 용남면 장문리	기호방파제	207
경남 통영시 용남면 장평리	견유방파제	188, 207
경남 통영시 용남면 지도리 수도	수도방파제	207
경남 통영시 용남면 지도리 어의도	어의방파제	207
경남 통영시 용남면 지도리 지도	지도방파제	207
경남 통영시 인평동	민양방파제	207
경남 통영시 평림동	우릿개방파제	207
경남 통영시 한산면 두억리	문어포방파제	207
경남 통영시 한산면 두억리	장작지방파제	207
경남 통영시 한산면 매죽리 대매물도	당금방파제	213, 207
경남 통영시 한산면 매죽리 대매물도	대항방파제	207
경남 통영시 한산면 비진리 비진도	내항방파제	207

소 재 지	방파제명	소개지면
경남 통영시 한산면 비진리 비진도	외항방파제	207
경남 통영시 한산면 용호리 용초도	용초방파제	207
경남 통영시 한산면 용호리 용초도	호두방파제	207
경남 통영시 한산면 용호리 죽도	죽도방파제	207
경남 통영시 한산면 창좌리 서좌도	동좌방파제	207
경남 통영시 한산면 추봉리 추봉도	당촌방파제	207
경남 통영시 한산면 추봉리 추봉도	봉암방파제	207
경남 통영시 한산면 하소리	하포방파제	207
경남 통영시 한산면 하소리	한산방파제	207
경남 하동군 금남면 대도리	대도방파제	208
경 북		
경북 경주시 감포읍 감포리	감포방파제	126, 131
경북 경주시 감포읍 감포리	척사방파제	131
경북 경주시 감포읍 나정리	대신방파제	131
경북 경주시 감포읍 대본리	가곡방파제	131
경북 경주시 감포읍 대본리	대본3리방파제	131
경북 경주시 감포읍 오류리	연동방파제	131
경북 경주시 감포읍 오류리	오류방파제	135, 131
경북 경주시 감포읍 전동리	나정방파제	131
경북 경주시 감포읍 전촌리	전촌(장진)방파제	131
경북 경주시 양남면 수렴리	수렴방파제	131
경북 경주시 양남면 읍천리	읍천방파제	136, 131
경북 영덕군 강구면 강구리	강구방파제	108, 130
경북 영덕군 강구면 삼사리	삼사방파제	130
경북 영덕군 강구면 하저리	하저방파제	135, 129
경북 영덕군 남정면 구계리	구계방파제	110, 130
경북 영덕군 남정면 남정리	남정방파제	130
경북 영덕군 남정면 부경리	부경방파제	130
경북 영덕군 병곡면 병곡리	병곡방파제	129
경북 영덕군 영덕읍 노물리	노물방파제	104, 129
경북 영덕군 영덕읍 대부리	대부방파제	106, 129
경북 영덕군 영덕읍 대탄리	대탄방파제	134, 129
경북 영덕군 영덕읍 석리	석동방파제	102, 129
경북 영덕군 영덕읍 오보리	오보방파제	134, 129
경북 영덕군 영덕읍 창포리	창포방파제	134, 129
경북 영덕군 영해면 대진리	대진2리방파제	133, 129
경북 영덕군 영해면 대진리	대진3리방파제	129
경북 영덕군 영해면 사진리	사진1리방파제	129
경북 영덕군 영해면 사진리	사진2리방파제	129
경북 영덕군 영해면 사진리	사진3리방파제	098, 129
경북 영덕군 축산면 경정리	경정1리(차유)방파제	129
경북 영덕군 축산면 경정리	경정2리방파제	133, 129
경북 영덕군 축산면 경정리	경정3리(오매)방파제	129
경북 영덕군 축산면 축산리	축산방파제	100, 129
경북 울릉군 북면 현포리	현포방파제	130
경북 울릉군 서면 남양리	남양방파제	130

소 재 지	방파제명	소개지면
경북 울릉군 서면 태하리	태하방파제	130
경북 울릉군 울릉읍 도동리	도동방파제	130
경북 울릉군 울릉읍 저동리	저동방파제	136, 130
경북 울진군 근남면 진복2리	진복(동정)방파제	132, 128
경북 울진군 기성면 구산리	구산방파제	094, 129
경북 울진군 기성면 기성리	기성방파제	132, 128
경북 울진군 기성면 사동리	사동방파제	092, 128
경북 울진군 북면 나곡리	나곡3리방파제	128
경북 울진군 북면 부구리	석호방파제	128
경북 울진군 울진읍 연지리	대나리방파제	086, 128
경북 울진군 울진읍 온양리	온양(양정)방파제	084, 128
경북 울진군 울진읍 연지리	현내방파제	088, 128
경북 울진군 울진읍 읍내리	공세항(공석)방파제	132, 128
경북 울진군 원남면 오산리	오산방파제	090, 128
경북 울진군 죽변면 봉평리	골장방파제	082, 128
경북 울진군 죽변면 죽변리	죽변방파제	080, 128
경북 울진군 평해읍 직산리	직산방파제	133, 129
경북 울진군 후포면 후포리	한진방파제	129
경북 울진군 후포면 후포리	후포방파제	096, 129
경북 포항시 남구 구룡포읍 구룡포리	구룡포방파제	122, 130
경북 포항시 남구 구룡포읍 병포리	병포리방파제	130
경북 포항시 남구 구룡포읍 삼정리	삼정1리방파제	130
경북 포항시 남구 구룡포읍 삼정리	삼정3리방파제	130
경북 포항시 남구 구룡포읍 석병리	석병방파제	130
경북 포항시 남구 구룡포읍 장길리	장길방파제	131
경북 포항시 남구 구룡포읍 하정리	하정1리방파제	130, 131
경북 포항시 남구 구룡포읍 하정리	하정3리방파제	130, 131
경북 포항시 남구 대보면 강사리	강사1리방파제	130
경북 포항시 남구 대보면 강사리	강사2리방파제	130
경북 포항시 남구 대보면 강사리	강사3리방파제	130
경북 포항시 남구 대보면 구만리	구만(까꾸리)방파제	130
경북 포항시 남구 대보면 대동배리	대동배1리방파제	130
경북 포항시 남구 대보면 대동배리	대동배3리방파제	130
경북 포항시 남구 대보면 대보리	대보방파제	130
경북 포항시 남구 대보면 대보리	대천리방파제	130
경북 포항시 남구 동해면 마산리	마산(학구미)방파제	130
경북 포항시 남구 동해면 임곡리	임곡방파제	130
경북 포항시 남구 동해면 흥환리	흥환1리방파제	130
경북 포항시 남구 동해면 흥환리	흥환2리방파제	130
경북 포항시 남구 송정동~송내동	포항종합제철방파제	130
경북 포항시 남구 장기면 계원리	계원2리방파제	131
경북 포항시 남구 장기면 두원리	두원방파제	131
경북 포항시 남구 장기면 모포리	모포방파제	131
경북 포항시 남구 장기면 신창리	신창방파제	131
경북 포항시 남구 장기면 양포리	양포방파제	124, 131
경북 포항시 남구 장기면 영암리	영암1리방파제	131
경북 포항시 남구 장기면 영암리	영암3리방파제	131
경북 포항시 북구 송라면 방석리	방석방파제	130

소 재 지	방파제명	소개지면
인천광역시 옹진군 자월면 소이작도 이작리	소이작도선착장	260, 259
인천광역시 옹진군 자월면 승봉도 승봉리	승봉도선착장	259
인천광역시 옹진군 자월면 자월도 자월리	자월도선착장	259
인천광역시 중구 무의도 무의동	샘꾸미선착장	258
인천광역시 중구 무의도 무의동	잠진도선착장	258
인천광역시 중구 북성동 월미도	소월미도방파제	258
인천광역시 중구 북성동 월미도	월미도방파제	258
인천광역시 중구 북성동 월미도	월미도선착장	258
인천광역시 중구 운서동	영종도방조제	254, 258
인천광역시 중구 영종도 덕교동	거잠포선착장	258
인천광역시 중구 영종도 운서동	삼목선착장	258
인천광역시 중구 영종도 중산동	영종도선착장	258
인천광역시 중구 영종도 중산동	중산동방파제	258
전 남		
전남 강진군 마량면 마량리	마량방파제	249, 246
전남 고흥군 금산면 거금도 신전리 진몰	진몰방파제	245
전남 고흥군 금산면 거금도 신촌리	금진방파제	245
전남 고흥군 금산면 거금도 신촌리	중동방파제	245
전남 고흥군 금산면 거금도 신평리 월포	신평선창	245
전남 고흥군 금산면 거금도 신평리 월포	월포방파제	245
전남 고흥군 금산면 거금도 어전리	어전리방파제	245
전남 고흥군 금산면 거금도 어전리 공고지	공고지방파제	245
전남 고흥군 금산면 거금도 어전리 금장	금장방파제	245
전남 고흥군 금산면 거금도 어전리 익금	익금방파제	245
전남 고흥군 금산면 거금도 오천리 동촌	동촌방파제	245
전남 고흥군 금산면 거금도 오천리 오천	오천방파제	245
전남 고흥군 금산면 거금도 오천리 용도	용도방파제	245
전남 고흥군 금산면 연홍도	연홍도방파제	245
전남 고흥군 도양읍 봉암리 녹동	녹동방파제	230, 245
전남 고흥군 도양읍 봉암리 동봉	동봉방파제	245
전남 고흥군 도양읍 소록리 소록도	소록도방파제	245
전남 고흥군 도화면 가화리 전어포	가화방파제	245
전남 고흥군 도화면 가화리 전어포	전어포방파제	245
전남 고흥군 도화면 구암리 가인동	가인방파제	245
전남 고흥군 도화면 구암리 선창	구암방파제	245
전남 고흥군 도화면 덕중리	덕중방파제	245
전남 고흥군 도화면 봉산리 석수포	석사방파제	245
전남 고흥군 도화면 사덕리 성촌	성촌방파제	245
전남 고흥군 도화면 지죽리 지죽	지죽방파제	245
전남 고흥군 동일면 내나로도 덕흥리 구룡	구룡방파제	245
전남 고흥군 봉래면 사양도 사양리	사양도방파제	245
전남 고흥군 봉래면 신금리 애도 봉호	봉호방파제	245
전남 고흥군 봉래면 외나로도 신금리 엄남	엄남방파제	245
전남 고흥군 봉래면 외나로도 외초리 중촌	중촌방파제	245
전남 고흥군 영남면 남열리	남열방파제	245
전남 고흥군 포두면 남성리 동래도	동래도선착장	245
전남 고흥군 포두면 남성리 연신목	연신목방파제	245

소 재 지	방파제명	소개지면
전남 고흥군 포두면 남성리 익금	익금방파제	245
전남 고흥군 포두면 옥강리	내초방파제	245
전남 고흥군 풍양면 풍남리	풍남방파제	228, 245
전남 고흥군 풍양면 풍남리 강동	강동방파제	245
전남 목포시 눌도동	눌도선착장	247
전남 신안군 안좌면 읍동리	고산방파제	247
전남 신안군 안좌면 자라리	자라리선착장	247
전남 신안군 안좌면 한운리	한운리선착장	247
전남 신안군 압해면 장감리	구도선착장	247
전남 신안군 압해면 장감리	신장선착장	247
전남 신안군 팔금면 원산리 북진	북진방파제	247
전남 여수시 경호동 대경도 오복	안방파제	244
전남 여수시 경호동 대경도 외동	큰방파제	244
전남 여수시 경호동 소경도	소경도방파제	244
전남 여수시 국동	뜬(일자)방파제	244
전남 여수시 국동 넙내리	넙내리방파제	244
전남 여수시 남면 금오도 두모리 두포	초포방파제	244
전남 여수시 남면 금오도 심장리 미포	미포방파제	244
전남 여수시 남면 금오도 심장리 소우실포	우실포방파제	244
전남 여수시 남면 금오도 심장리 심포	심포방파제	244
전남 여수시 남면 금오도 심장리 장지	심장리방파제	244
전남 여수시 남면 금오도 우학리	우학리방파제	244
전남 여수시 남면 금오도 우학리 독사골	독사골방파제	244
전남 여수시 남면 금오도 우학리 직포	직포방파제	244
전남 여수시 남면 금오도 우학리 학동	학동방파제	244
전남 여수시 남면 금오도 유송리 대유	대유방파제	244
전남 여수시 남면 금오도 유송리 소유	소유방파제	244
전남 여수시 남면 유송리	송고방파제	249, 244
전남 여수시 남면 금오도 유송리 여남	여남방파제	244
전남 여수시 남면 금오도 유송리 여천	여천기미방파제	244
전남 여수시 남면 금오도 유송리 함구미	함구미방파제	244
전남 여수시 남면 두라리 대두라도 벌통	벌통방파제	244
전남 여수시 남면 두라리 대두라도 선창	선창방파제	248, 244
전남 여수시 남면 두라리 대두라도 인금	인금방파제	244
전남 여수시 남면 두라리 소두라도	소두라도 대방파제	244
전남 여수시 남면 두라리 소두라도	소두라도 소방파제	244
전남 여수시 남면 안도 안도리 동고지	동고지방파제	244
전남 여수시 남면 안도 안도리 서고지	서고지방파제	244
전남 여수시 남면 안도 안도리 안도마을	안도방파제	244
전남 여수시 남면 안도 안도리 이야포	이야포방파제	244
전남 여수시 남면 안도리 대부도	대부도방파제	244
전남 여수시 남면 연도리 연도 서동,남부	연도방파제들	244
전남 여수시 남면 연도리 연도 역포	역포방파제	244
전남 여수시 남면 화태리 화태도	개머리방파제	244
전남 여수시 남면 화태리 화태도 독정이	독정이방파제	244
전남 여수시 남면 횡간리 대횡간도	대횡간도방파제	248, 244
전남 여수시 남면 횡간리 소횡간도	소횡간도방파제	244
전남 여수시 덕충동	여수신항방파제	244

소 재 지	방파제명	소개지면
전남 여수시 돌산읍 군내리	돌산(군내리)방파제	222, 244
전남 여수시 돌산읍 군내리 서외	서외방파제	244
전남 여수시 돌산읍 군내리 송도	송도방파제	244
전남 여수시 돌산읍 금봉리 금천	금천방파제	244
전남 여수시 돌산읍 금봉리 항대	항대방파제	244
전남 여수시 돌산읍 금성리 성두	성두방파제	244
전남 여수시 돌산읍 금성리 작금	작금방파제	244
전남 여수시 돌산읍 둔전리 계동	작은 계동방파제	244
전남 여수시 돌산읍 둔전리 계동	큰 계동방파제	244
전남 여수시 돌산읍 신복리	신기방파제	244
전남 여수시 돌산읍 우두리 상동,하동	상하동방파제	244
전남 여수시 돌산읍 우두리 월전	월전방파제	244
전남 여수시 돌산읍 우두리 진목	진목방파제	244
전남 여수시 돌산읍 율림리 대율	대율방파제	248, 244
전남 여수시 돌산읍 율림리 소율	소율방파제	244
전남 여수시 돌산읍 율림리 백포	백포방파제	244
전남 여수시 돌산읍 율림리 소율	소율(돌산도)방파제	244
전남 여수시 돌산읍 율림리 임포	임포방파제	244
전남 여수시 돌산읍 죽포리 두문포	두문포방파제들	244
전남 여수시 돌산읍 평사리 굴전	안굴전방파제	244
전남 여수시 돌산읍 평사리 모장	모장방파제	244
전남 여수시 돌산읍 평사리 무슬목	월호방파제	244
전남 여수시 돌산읍 평사리 평사	평사방파제	244
전남 여수시 만흥동 만성리	만성리방파제	244
전남 여수시 삼산면 거문도 고도 거문리	고도 북방파제	244
전남 여수시 삼산면 거문도 고도 거문리	맞끝방파제	244
전남 여수시 삼산면 거문도 고도 거문리	찬물샘방파제	244
전남 여수시 삼산면 거문도 동도 유촌리	유촌방파제	244
전남 여수시 삼산면 동도리	동도방파제	226, 244
전남 여수시 삼산면 거문도 동도 죽촌리	죽촌방파제	244
전남 여수시 삼산면 거문도 서도 덕촌리	덕촌방파제	244
전남 여수시 삼산면 거문도 서도 덕촌리	서방파제	244
전남 여수시 삼산면 거문도 서도 변촌	변촌방파제	244
전남 여수시 삼산면 거문도 서도 장촌	녹산방파제	244
전남 여수시 삼산면 거문도 서도 장촌	장촌방파제	244
전남 여수시 삼산면 손죽도 손죽리	손죽도방파제	245
전남 여수시 삼산면 초도리 대동	대동리방파제	249, 245
전남 여수시 삼산면 초도리 의성	의성리방파제	245
전남 여수시 소호동	소호방파제	244
전남 여수시 신월동	신월동한국화약방조제	244
전남 여수시 종화동 오동도	오동도방파제	220, 244
전남 여수시 종화동	종화동방파제	244
전남 여수시 화양면 백야리 백야도	백야도방파제	244
전남 여수시 화양면 백야리 힛도	힛도방파제	244
전남 여수시 화양면 용주리 호두	호두방파제	244
전남 여수시 화양면 이목리 벌구	벌구방파제	244
전남 여수시 화양면 이목리 이목	이목방파제	244
전남 여수시 화양면 장수리 장척	장수방파제	244
전남 여수시 화정면 개도리 개도 운구지	운구지방파제	244
전남 여수시 화정면 개도리 모전	모전방파제	244
전남 여수시 화정면 개도리 여석	여석방파제	244
전남 여수시 화정면 개도리 월항	월항방파제	244
전남 여수시 화정면 낭도리 낭도 여산	낭도방파제	244
전남 여수시 화정면 낭도리 사도	사도방파제	244
전남 여수시 화정면 상화도	상화도방파제	244
전남 여수시 화정면 월호리 월호도 월호	월호방파제	244
전남 여수시 화정면 적금리 적금도	적금도방파제	244
전남 여수시 화정면 조발리 조발도	조발도방파제	244
전남 여수시 화정면 하화도	하화도방파제	244
전남 영광군 홍농읍 계마리	계마항방파제	242, 247
전남 영암군 삼호읍 용당리	대불방조제	247
전남 영암군 삼호읍 용당리	용당선착장	247
전남 영암군 삼호읍, 해남군 산이면	영암호방조제	240, 247
전남 완도군 고금면 고금도 농상리 대곡	대곡방파제	246
전남 완도군 고금면 고금도 덕동리 화성	화성방파제	246
전남 완도군 고금면 고금도 도남리 연동	연동방파제	246
전남 완도군 고금면 고금도 도남리 척찬	척찬리방파제	246
전남 완도군 고금면 고금도 봉명리	봉명방파제	246
전남 완도군 고금면 고금도 봉명리	칠인리방파제	246
전남 완도군 고금면 고금도 상정리	상정방파제	246
전남 완도군 고금면 고금도 청룡리 가옥재	가옥재방파제	246
전남 완도군 고금면 고금도 청룡리 용초	용초방파제	246
전남 완도군 군외면 당인리	당인리방파제	246
전남 완도군 군외면 대문리 갈문	갈문리방파제	246
전남 완도군 군외면 불목리 남선	남선리방파제	246
전남 완도군 군외면 불목리 원불목	불목방파제	246
전남 완도군 군외면 불목리 원불목	영풍방파제	246
전남 완도군 군외면 삼두리 선창	삼두리방파제	246
전남 완도군 군외면 신학리 대문	대문리방파제	246
전남 완도군 군외면 신학리 신흥	신흥방파제	246
전남 완도군 군외면 원동리	원동선착장	250, 246
전남 완도군 노화읍 노화도 고막리 미라	미라리방파제	246
전남 완도군 노화읍 노화도 등산리	등산리방파제	246
전남 완도군 노화읍 노화도 등산리 당산	당산리방파제	246
전남 완도군 노화읍 노화도 신양리	신양리방파제	246
전남 완도군 노화읍 노화도 충도리 선장터	선장터방파제	246
전남 완도군 보길면 보길도 정자리 보옥	보옥방파제	251, 246
전남 완도군 보길면 보길도 정자리 선창	선창방파제	246
전남 완도군 보길면 예작도	예작도방파제	246
전남 완도군 생일면 봉선리 굴전	굴전리방파제	246
전남 완도군 생일면 유서리 유촌	유촌방파제	246
전남 완도군 소안면 가학리	가학방파제	246
전남 완도군 소안면 가학리 신흥	신흥방파제	246
전남 완도군 소안면 구도	구도방파제	246
전남 완도군 소안면 맹선리	맹선리방파제	250, 246
전남 완도군 소안면 미라리	미라리방파제	246

소 재 지	방파제명	소개지면
전남 완도군 소안면 비자리	비자리방파제들	246
전남 완도군 소안면 이월리 월항	월항리방파제	246
전남 완도군 소안면 진산리	진산리방파제	246
전남 완도군 소안면 횡간도 횡간리	횡간도방파제	246
전남 완도군 신지면 신지도 동고리	동고리방파제	246
전남 완도군 신지면 신지도 신리 백촌	백촌방파제	246
전남 완도군 신지면 신지도 신리 산동	명사방파제	246
전남 완도군 신지면 신지도 신리 울몰	울몰방파제	246
전남 완도군 신지면 신지도 신상리 세포	세포방파제	246
전남 완도군 신지면 신지도 월양리 동촌	동촌방파제	246
전남 완도군 신지면 신지도 월양리 방죽포	방죽포방파제	246
전남 완도군 신지면 신지도 월양리 석화포	석화포방파제	246
전남 완도군 약산면 조약도 득암리	득암방파제	246
전남 완도군 약산면 조약도 득암리	사동방파제	246
전남 완도군 약산면 조약도 우두리	넙고리방파제	246
전남 완도군 약산면 조약도 장용리 구성	구성방파제	246
전남 완도군 약산면 조약도 장용리 섬목	섬목방파제	246
전남 완도군 약산면 조약도 장용리	장용방파제	246
전남 완도군 약산면 조약도 해동리	당목방파제	246
전남 완도군 약산면 조약도 해동리	해동방파제	246
전남 완도군 약산면 조약도 해동리 가래	가래방파제	246
전남 완도군 약산면 조약도 해동리 어두	어두방파제	246
전남 완도군 약산면 조약도 해동리 작은가래	작은가래방파제	246
전남 완도군 완도읍 가용리	완도(씨월드)방파제	232, 246
전남 완도군 완도읍 대신리	신정방파제	246
전남 완도군 완도읍 대야리	대야방파제	246
전남 완도군 완도읍 망석리	망남방파제	246
전남 완도군 완도읍 정도리	화흥방파제	246
전남 완도군 완도읍 중도리	석장리방파제	246
전남 완도군 청산면 국산리	국화리방파제	246
전남 완도군 청산면 당락리	당락리방파제	246
전남 완도군 청산면 대모도 모동리	모동리방파제	246
전남 완도군 청산면 대모도 모서리	모서리방파제	246
전남 완도군 청산면 도청리	도청리(청산항)방파제	234, 246
전남 완도군 청산면 여서리	여서도방파제	250, 246
전남 완도군 청산면 읍리 권덕리	권덕리방파제	246
전남 완도군 청산면 장도	장도방파제	246
전남 완도군 청산면 지리	지리방파제	246
전남 진도군 고군면 가계리 가계	가계방파제	247
전남 진도군 고군면 가계리 용호	용호방파제	247
전남 진도군 고군면 가계리 회동	회동방파제	247
전남 진도군 고군면 금호도 금계리	금호방파제	247
전남 진도군 고군면 지막리 벌포	벌포방파제	247
전남 진도군 의신면 금갑리	금갑방파제	247
전남 진도군 의신면 만길리 도명	도명방파제	247
전남 진도군 의신면 만길리 도목	도목방파제	247
전남 진도군 의신면 접도 수품리	접도(수품)방파제	236, 247
전남 진도군 의신면 초사리	초평방파제	247
전남 진도군 임회면 굴포리	굴포방파제	247
전남 진도군 임회면 굴포리 짝별	짝별방파제	247
전남 진도군 임회면 남동리	남동방파제	247
전남 진도군 임회면 남동리 서망	서망방파제	238, 247
전남 진도군 임회면 남동리 팽목	팽목방파제	247
전남 진도군 지산면 가치리	가치방파제(상,하)	247
전남 진도군 지산면 가학리 가학	가학방파제	247
전남 진도군 지산면 거제리	거제방파제	247
전남 진도군 지산면 보전리 갈두	갈두선착장	247
전남 진도군 지산면 보전리	보전방조제	247
전남 진도군 지산면 송호리 죽도	죽도선착장	247
전남 진도군 지산면 심동리 세포	세포방파제	247
전남 진도군 진도읍 수유리 둔전	둔전방파제	247
전남 진도군 진도읍 수유리 청룡안	안방파제	247
전남 해남군 문내면 난대리 양정	양정방파제	247
전남 해남군 문내면 학동리 삼정	삼정방파제	247
전남 해남군 북평면 서홍리 서홍	서홍방파제	246
전남 해남군 북평면 서홍리 신흥	신흥방파제	246
전남 해남군 북평면 영전리 남성	남성방파제	246
전남 해남군 북평면 영전리 안평	안평방파제	246
전남 해남군 북평면 이진리	이진방파제	246
전남 해남군 산이면 구성리	금호2호방조제	240, 247
전남 해남군 산이면, 화원면	금호1호(별암)방조제	240, 247
전남 해남군 산이면, 화원면	내만방조제	240, 247
전남 해남군 산이면, 화원면	별암방조제	240, 247
전남 해남군 송지면 송호리	송호리방파제	246
전남 해남군 송지면 송호리 갈두	갈두방파제	246
전남 해남군 송지면 송호리 갈산	갈산방파제	246
전남 해남군 송지면 송호리 송종	송종리방파제	246
전남 해남군 송지면 어란리	어란진방파제	246, 247
전남 해남군 송지면 어불도	어불도방파제	246, 247
전남 해남군 화산면 안호리	좌일방파제	247
전남 해남군 화산면 평호리	송평선착장	247
전남 해남군 화원면 주광리	주광리방파제	247
전남 해남군 화원면 화봉리	화봉리방파제	247
전남 해남군 황산면 옥동리	옥동방파제	247
전남 해남군 황산면 외입리 성산	성산방파제	247
전남 해남군 황산면 외입리 성산	성산선착장	247
전남 해남군 황산면 한자리 징의	징의도방파제	247
전남 해남군 황산면, 화산면	고천암방조제	247

전 북

소 재 지	방파제명	소개지면
전북 군산시	군산외항방파제	298
전북 군산시 소룡동	장산도방파제	298
전북 군산시 비응도동 비응도	비응도방파제	300, 298
전북 군산시 옥도면 개야도리	개야도선착장	298
전북 군산시 옥도면 관리도리	관리도방파제	299, 298
전북 군산시 옥도면 말도리	말도방파제	288, 298

소 재 지	방파제명	소개지면
전북 군산시 옥도면 말도리 명도	명도방파제	300, 298
전북 군산시 옥도면 무녀도리	무녀도선착장	299, 298
전북 군산시 옥도면 방축도리	방축도방파제	298
전북 군산시 옥도면 선유도리	선유도방파제	298
전북 군산시 옥도면 신시도리	신시도방파제	298
전북 군산시 옥도면 야미도리	야미도선착장	299, 298
전북 군산시 옥도면 어청도리	어청도방파제	290, 298
전북 군산시 옥도면 연도리	연도방파제	300, 298
전북 군산시 옥도면 장자도리	장자도방파제	298
전북 군산시 옥도면 죽도	죽도선착장	298
전북 군산시 옥서면 선연리	하제선착장	298
전북 부안군 계화면 계화리	계화제1방조제	298
전북 부안군 계화면 계화리	계화제2방조제	292, 298
전북 부안군 계화면 계화리	양지선착장	298
전북 부안군 계화면 의복리	돈지선착장	298
전북 부안군 동진면 동진리	동진방조제	298
전북 부안군 변산면 격포리	격포방파제	294, 298
전북 부안군 변산면 격포리	궁항방파제	298
전북 부안군 변산면 격포리	죽막방파제	298
전북 부안군 변산면 대항리	송포선착장	298
전북 부안군 변산면 도청리	모항방파제	298
전북 부안군 변산면 도청리	상록선착장	298
전북 부안군 변산면 마포리	성천선착장	298
전북 부안군 위도면 대리(위도)	석금방파제	301, 298
전북 부안군 위도면 진리(위도)	위도방파제	296, 298
전북 부안군 진서면 운호리	마동방조제	298
전북 부안군 진서면 운호리	왕포선착장	298
전북 부안군 진서면 진서리	곰소방파제	298
전북 부안군 하서면 백련리	월포방조제	298
전북 부안군 하서면 백련리	해창선착장	298
전북 부안군 하서면 장신리	불등선착장	298
전북 부안군 하서면 장신리	장원방조제	298
제 주		
제주특별자치도 서귀포시 남원읍 신예2리	공천포방파제	321
제주특별자치도 서귀포시 남원읍 남원1리	남원1리방파제	321
제주특별자치도 서귀포시 남원읍 위미리	위미방파제	312, 321
제주특별자치도 서귀포시 남원읍 태흥리	태흥리방파제	321
제주특별자치도 서귀포시 대정읍 가파리	상동방파제	316, 320
제주특별자치도 서귀포시 대정읍 가파리	하동방파제	320
제주특별자치도 서귀포시 대정읍 동일리	동일리방파제	320
제주특별자치도 서귀포시 대정읍 상모리	산이수동방파제	320
제주특별자치도 서귀포시 대정읍 영락리	영락리방파제	320
제주특별자치도 서귀포시 대정읍 하모리	운진항방파제	320
제주특별자치도 서귀포시 대정읍 하모리	하모방파제	320
제주특별자치도 서귀포시 대정읍 하정리	모슬포방파제	314, 320
제주특별자치도 서귀포시 성산읍 오조리	오조리방파제	321
제주특별자치도 서귀포시 성산읍 성산리	성산포방파제	310, 321
제주특별자치도 서귀포시 성산읍 신산리	신산리선착장	321
제주특별자치도 서귀포시 성산읍 신양리	신양리방파제	323, 321
제주특별자치도 서귀포시 성산읍 신천리	신천리방파제	321
제주특별자치도 서귀포시 성산읍 온평리	온평리방파제	321
제주특별자치도 서귀포시 안덕면 대평리	대평방파제	320
제주특별자치도 서귀포시 안덕면 사계리	사계방파제	320
제주특별자치도 서귀포시 안덕면 화순리	화순방파제	323, 320
제주특별자치도 서귀포시 표선면 표선리	표선방파제	321
제주특별자치도 서귀포시 대포동	대포방파제	320
제주특별자치도 서귀포시 법환동 법환리	법환리방파제	320
제주특별자치도 서귀포시 서귀동 새섬	새섬방파제	323, 320
제주특별자치도 서귀포시 중문동	중문방파제	320
제주특별자치도 제주시 구좌읍 동복리	동복방파제	321
제주특별자치도 제주시 구좌읍 서김녕리	김녕방파제	308, 321
제주특별자치도 제주시 구좌읍 세화리	세화방파제	321
제주특별자치도 제주시 구좌읍 월정리	구좌방파제	321
제주특별자치도 제주시 구좌읍 종달리	종달리방파제	321
제주특별자치도 제주시 구좌읍 하도리	하도방파제	321
제주특별자치도 제주시 애월읍 고내리	고내방파제	320
제주특별자치도 제주시 애월읍 구엄리	구엄방파제	320
제주특별자치도 제주시 애월읍 신엄리	신엄리방파제	320
제주특별자치도 제주시 애월읍 애월리	애월방파제	318, 320
제주특별자치도 제주시 애월읍 하귀1리	동귀방파제	320
제주특별자치도 제주시 우도면 상우목동	상우목동방파제	321
제주특별자치도 제주시 우도면 하우목동	하우목동방파제	322, 321
제주특별자치도 제주시 조천읍 북촌리	북촌방파제	321
제주특별자치도 제주시 조천읍 신흥리	신흥리방파제	321
제주특별자치도 제주시 조천읍 조천리	조천방파제	321
제주특별자치도 제주시 한경면 고산리	자구내방파제	320
제주특별자치도 제주시 한경면 고산리	차귀도방파제	320
제주특별자치도 제주시 한경면 두모리	두모방파제	320
제주특별자치도 제주시 한경면 신창리	신창선착장	320
제주특별자치도 제주시 한경면 용수리	용수방파제	320
제주특별자치도 제주시 한경면 판포리	판포방파제	320
제주특별자치도 제주시 한림읍 귀덕리	귀덕1,2리방파제	324, 320
제주특별자치도 제주시 한림읍 금릉리	금릉방파제	320
제주특별자치도 제주시 한림읍 수원리	수원리방파제	320
제주특별자치도 제주시 한림읍 옹포리	옹포방파제	320
제주특별자치도 제주시 한림읍 한림리	한림방파제	324, 320
제주특별자치도 제주시 한림읍 한수리	한수리방파제	324, 320
제주특별자치도 제주시 도두2동	도두방파제	304, 321
제주특별자치도 제주시 삼도2동	동부두방파제	322, 321
제주특별자치도 제주시 삼도2동	서부두방파제	306, 321
제주특별자치도 제주시 삼양3동	삼양방파제	321
제주특별자치도 제주시 외도2동	연대방파제	320
제주특별자치도 제주시 이호1동	이호방파제	322, 320
제주특별자치도 제주시 이호1동	이호동부락방파제	320
제주특별자치도 제주시 이호1동	이호조종면허방파제	320

소 재 지	방파제명	소개지면
제주특별자치도 제주시 화북1동	화북방파제	321
충 남		
충남 당진시 석문면 가곡리	성구미선착장	280
충남 당진시 석문면 교로리	왜목선착장	280
충남 당진시 석문면 난지도리	대난지도선착장	280
충남 당진시 석문면 난지도리	도비도방파제	283, 280
충남 당진시 석문면 장고항리	용무치선착장	280
충남 당진시 석문면 장고항리	장고항방파제	280
충남 당진시 석문면 장고항리	장고항초입선착장	280
충남 당진시 석문면, 서산시 대산읍	대호방조제	280
충남 당진시 송산면 가곡리	석문선착장	283, 280
충남 당진시 송악읍 고대리	안섬방파제	280
충남 당진시 송악읍 복운리	제1농장방조제	280
충남 당진시 송악읍 한진리	한진선착장	283, 280
충남 당진시 신평면 부수리	맷돌포선착장	280
충남 보령시 신흑동	대천항방파제	281
충남 보령시 신흑동, 남포면	남포방파제	281
충남 보령시 오천면 녹도리 녹도	녹도방파제	285, 281
충남 보령시 오천면 녹도리 호도	호도방파제	281
충남 보령시 오천면 삽시도리 고대도	고대도방파제	281
충남 보령시 오천면 삽시도리 삽시도	삽시도방파제	281
충남 보령시 오천면 삽시도리 장고도	장고도방파제	281
충남 보령시 오천면 소도	소도방파제	281
충남 보령시 오천면 외연도리	외연도방파제	286, 281
충남 보령시 오천면 원산도리 원산도	도투머리선착장	281
충남 보령시 오천면 원산도리 원산도	선촌선착장	281
충남 보령시 오천면 원산도리 원산도	지곳선착장	281
충남 보령시 오천면 원산도리 원산도	초전선착장	281
충남 보령시 오천면 월도	월도선착장	281
충남 보령시 오천면 육도	육도선착장	281
충남 보령시 오천면 효자도리	효자도선착장	281
충남 보령시 웅천읍 관당리	무창포방파제	281
충남 보령시 웅천읍, 서천군 서면 도둔리	부사호방조제	274, 281
충남 보령시 주교면 송학리	송도방조제	281
충남 보령시 천북면 오포리	보령화력발전소방파제	281
충남 보령시 천북면 하만리, 오천면 소성리	보령방조제	285, 281
충남 서산시 대산읍 화곡3리	삼길포선착장	280
충남 서산시 부석면 간월도리	간월도선착장	281
충남 서산시 부석면 창리	창리선착장	281
충남 서산시 부석면, 홍성군 서부면	서산A지구방조제	281
충남 서산시 팔봉면 고파도리	고파도선착장	280, 281
충남 서천군 비인면 다사리	다사리방파제	281
충남 서천군 서면 도둔리	홍원방파제	276, 281
충남 서천군 서면 마량리	마량방파제	278, 281
충남 서천군 서면 월호리	월호리선착장	281
충남 서천군 장항읍 장암리	장암리방파제	281
충남 태안군 고남면 고남리	영목선착장	281

소 재 지	방파제명	소개지면
충남 태안군 고남면 고남리	옷점방파제	281
충남 태안군 고남면 고남리	구매방파제	281
충남 태안군 고남면 누동1구	장곰포선착장	281
충남 태안군 고남면 누동1구	장곰포방조제	272, 281
충남 태안군 근흥면 도황리	도장골선착장	281
충남 태안군 근흥면 도황리	연포방파제	284, 281
충남 태안군 근흥면 도황리	채석포선착장	281
충남 태안군 근흥면 신진도리	마도방파제	268, 281
충남 태안군 근흥면 신진도리	신진도방파제	266, 281
충남 태안군 근흥면 안흥	안흥항방파제	281
충남 태안군 근흥면 정죽리	가름이선착장	281
충남 태안군 남면 몽산리	마검포방파제	281
충남 태안군 남면 신온리	곰섬방파제	281
충남 태안군 남면 신온리	드르니포구	281
충남 태안군 남면 신온리	몽대포구방파제	285, 281
충남 태안군 소원면 모항리	만리포방파제	281
충남 태안군 소원면 모항리	모항방파제	264, 281
충남 태안군 소원면 모항리	어은돌방파제	281
충남 태안군 소원면 의항리	의항2구방파제	281
충남 태안군 소원면 의항리	천리포방파제	284, 281
충남 태안군 소원면 파도리	통개방파제	281
충남 태안군 안면읍 승언리	방포방파제	270, 281
충남 태안군 안면읍 창기리	백사장방파제	281
충남 태안군 안면읍 황도리	황도선착장	281
충남 태안군 원북면 방갈리	학암포방파제	284, 281
충남 태안군 이원면 밤섬	밤섬선착장	281
충남 태안군 이원면 사창리	사창선착장	281
충남 태안군 이원면 청산리	청산리나루터	281
충남 홍성군 서부면 궁리	궁리선착장	281
충남 홍성군 서부면 남당리	남당리방파제	281
충남 홍성군 서부면 어사리	어사포구방파제	281
충남 홍성군 서부면 어사리	연새골선착장	281
충남 홍성군 서부면, 보령시 천북면	홍성방조제	281

한국의 名방파제 100+100선

1판 12쇄 인쇄 2021년 2월 2일
1판 12쇄 발행 2021년 2월 9일

지은이 낚시춘추 편집부

발행인 김국률
발행처 예조원

디자인 이상준, 김광규, 이근우, 최효수

출판등록 제301-2010-184호

주소 서울특별시 중구 퇴계로 180-3
전화 (02)2272-7272 팩스 (02)2272-7275

값은 표지에 있습니다.
ISBN 978-89-94129-19-8 (03690)